**The Report on the Sustainable
Development of China's Foreign Trade:**
Focus on Trade in Cultural Goods

中国对外贸易可持续发展报告

——文化贸易篇

曲如晓　曾燕萍　杨　修／著

中国财经出版传媒集团

经济科学出版社

Economic Science Press

随着经济一体化的深化，文化与经济、政治相互交融，文化与科技结合日益紧密，文化的重要性已得到政府、学界和社会的广泛关注。党的十八大报告指出，"文化实力和竞争力是国家富强、民族振兴的重要标志"，并提出要"扩大文化领域对外开放，积极吸收借鉴国外优秀文化成果"；党的十九大报告进一步强调了"文化建设在中国特色社会主义新时代的基本定位和文化自信的基础性地位"。可见，文化驱动力已经成为与经济驱动力并重的影响中国经济可持续发展和国际竞争力的因素。那么，在以文化为标志的新一轮国际竞争中，如何实现中华文化的伟大复兴，使中国在政治上更有影响力、经济上更有竞争力、形象上更有亲和力、道义上更有感召力，具有重要的战略意义。在这一过程中，全面把握和分析中国文化贸易发展现状、主要特征及演变趋势，探讨可能存在的问题，分析文化企业投资情况等，对于进一步促进中国文化贸易增长、制订新时期文化贸易发展战略具有重要的现实意义。

本报告立足中国文化贸易的发展，通过总论篇、行业篇、地区篇、专题篇四部分共13章进行系统梳理：

（1）总论篇：包括四章内容，对本书文化贸易、文化产品、文化服务基本概念及文化统计框架进行界定，利用新贸易理论和新新贸易理论对文化贸易理论模型进行阐释，并重点分析中国核心文化产品贸易的总体发展格局。

（2）行业篇：包括四章内容，根据《对外文化贸易统计体系2015》，分行业重点分析新闻出版、广播影视、文化艺术、文化创意与设计等细分文化产品和文化服务贸易发展。

（3）地区篇：包括三章内容，从京津冀地区、长三角地区、泛珠江三角洲地区等地区视角分析中国文化贸易的发展现状、主要特征及演变趋势。

（4）专题篇：包括两章内容，以演出市场和文化企业对外投资为专题，重点分析演出市场的发展概况、面临的主要问题以及未来发展趋势；文化企业对外投资的整体发展概况、细分文化行业的投资特征、投资国别结构以及国内投资主体的分布情况。

我们深知，文化建设是习近平新时代中国特色社会主义思想的重要组成，但是文化建设并非一朝一夕之事，包括文化战略、文化制度、文化产业、文化贸易、文化投资等丰富内容。本报告从文化贸易视角出发，通过探讨中国文化贸易的发展现状、主要特征及演变趋势，分析中国对外贸易可持续发展，是集中了作者及其团队在这一领域长期研究的主要成果。当然限于能力和所处阶段的认识局限，不足之处在所难免，敬请各位不吝赐教。

曲如晓

2018 年 8 月

目　录

Contents

总 论 篇

地 区 篇

专 题 篇

总 论 篇

第 1 章

导　论

党的十九大报告指出"加强中外人文交流，以我为主、兼收并蓄""推进国际传播能力建设，讲好中国故事，展现真实、立体、全面的中国，提高国家文化软实力"。在以文化为标志的新一轮国际竞争中，如何实现中华民族伟大复兴，提升中华文化在全球的感召力和影响力具有重要的现实意义。文化贸易是国家核心文化传播的重要方式。《文化部"一带一路"文化发展行动计划（2016—2020 年）》明确提出"促进'一带一路'文化贸易合作"。加快推动文化贸易发展将进一步拓宽我国文化发展空间，培育外贸新业态新模式，优化进出口结构；更重要地，将促进不同文明交流互鉴，实现民心相通，推动社会主义文化繁荣兴盛。在这一过程中，全面把握和分析中国文化贸易发展概况、探讨影响因素以及存在的问题，对于新时代推动中国文化贸易发展，提升中国文化软实力具有重要意义。

近十年来，文化贸易正日益受到世界各国的重视，贸易竞争的激烈程度也在逐渐加剧。主要原因存在于以下三个方面。首先，有形资源日益紧缺，环境压力越来越大，这使传统产品生产的成本不断加大，生产的边际收益迅速减少。而文化产品由于主要依赖于智力资源进行生产，且其边际收益是递增的，所以吸引了主要发达国家的注意，各国都在努力扩大生产并促进对外文化贸易。其次，全球生活水平总体上升，消费的文化内容、精神满足方面的追求正不断加强，文化贸易的国际市场规模逐步扩大。最后，世界主要国家都已经意识到通过文化贸易出口，是使本民族文化得以融入世界体系、与其他民族文化共存的有效途径。同时，通过扩大文化贸易出口，增强民族自信心，进而增强本民族的文化生命力，从而保持本民族的独特性和民族生存力。

尽管近年来中国文化贸易取得了快速发展，但依然存在着若干值得高度重视的问题，如贸易平衡、出口竞争力、市场多元化等问题。因此，在对中国文化贸易总体情况分析的基础上，我们还需要进一步探讨中国文化贸易在世界格局中的地位、竞争优势和劣势，从而找准未来发展定位，采取有效措施，促进文化贸易跨上新台阶，使之成为新的经济贸易增长点，充分发挥其在政治、经济、社会领域的特殊功能和作用。

1.1 研究的背景与意义

1.1.1 世界范围内文化产业的迅猛发展

在日益全球化的世界里，经济驱动力和文化驱动力可以被视为影响人类行为的两个重要力量（Thorsby，2001）。文化与经济、政治相互交融，文化与科技结合日益紧密，在很多发达国家，文化产业正逐步成为经济活动的核心。对于转型发展中的中国而言，文化的重要性已成为政府和社会的共识：一方面，文化产业在承接经济结构转型过程中潜力巨大，在改变经济增长价值含量的同时，也为经济增长方式的转变提供了巨大的创造性空间；另一方面，通过制定、运用和实施国家文化战略去获得本国战略利益的最大化，是国家与国家之间战略竞争的重要手段。

20世纪80年代以来，文化在经济领域内经历了巨大的转变。文化产品不再被视为与"真正的"经济活动隔着一层沙的"次级品"，因为曾几何时，人们认为只有生产耐久而"有用的"商品才是"真正的"经济活动。随之而来的，是文化企业的所有权与组织形式的剧烈变化，大型企业不再专注于某个特定的文化产业门类，如电影、出版、电视或唱片；相反，它们开始跨行业运作，公司与公司之间的兼并重组程度空前激烈，也形成了类似迪斯尼（Disney）和新闻集团（News Corporation）这样跻身于世界最有价值公司之列的文化企业。在政府层面，文化政策和文化规制也经历着重大改变，长期存在的公共所有制及规制传统已被摈弃，重要决策的制定日益在国际层面上执行。

在上述的转变过程中，具备先行优势的国家逐步形成了对世界文化发展的垄断地位。以 2008 年数据为例，2008 年世界文化产业规模达 1.70 万亿美元，但如此庞大的文化产品供给规模仅由少数国家垄断。其中，美国文化产业规模占比最大达到 36.6%，以下依次为日本、英国、德国和法国，见图 1-1。

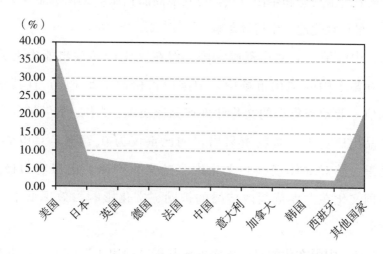

图 1-1　主要国家文化产业市场规模面积

资料来源：韩国文化体育观光部，《韩国文体观光部 2008 文化产业白皮书》，第 48 页。

从具体数据分析，市场规模前 10 位的国家中除去中国（含港澳地区）均为发达国家，规模总占比为 73.9%，文化贸易国际市场中的"南—北"差异十分显著。发达国家文化贸易输出的比较优势格局对发展中国家文化多样性形成巨大威胁（UNESCO，1999），一国思想、信仰、传统和价值观的多样性是文化资本的重要属性，它具有促使新资本形成的能力，文化产品的创新在某种程度上受到现有文化资源的启发，而更多样化的资源会在将来产生更多样性和更有文化价值的艺术作品。

可见，注重文化的发展，特别是文化贸易的发展，对中国而言不仅有战略层面的意义，也有着现实的经济意义。

1.1.2　文化贸易是"中国文化走出去"的必然之路

文化产品凝结了一国价值观、信仰和行为准则等文化内涵，文化产品的输出，可以最大限度地增加进口国对本国文化的认知和理解，从某些方面来讲，文化产品的社会价值输出超过其商品价值。文化如水，具有独特的渗透力，文化产品承载着价值观念和生活方式，与其他商品相比，文化产品在文化特征上会对消费者潜移默化地产生持续影响。

无疑，中国是一个文化资源大国，但在文化产品输出能力上并不是文化强国。在整个国际文化市场中，中国所占份额不足6％，且其中大部分由低附加值、劳动密集型的文化硬件产品所贡献。"十一五"期间，中国核心文化产品出口占中国货物贸易出口的比重仅为0.74％，且电影、电视、演出、动漫、游戏等体现核心文化内容的文化产品，出口能力极其薄弱，这表明中国文化在世界范围内传播的被动、文化影响力效率低下，文化软实力"软弱"。

一直以来，中国文化的对外传播主要基于"送出去"的形态，也在一定程度上导致了部分国家对"中国威胁论"的炒作，文化发展空间长期受到压制。必须改变这种被动的思维模式，将文化"送出去"变为"卖出去""走出去"，通过文化产品在国际市场的贸易行为，将中国文化形象化、具体化，这不仅有利于吸引更多的贸易伙伴并获得经济利益，同时也能让世界更好地了解逐步开放的中国，带来外交和文化传播的辐射效果。作为对外文化贸易的重要组成部分，推进中国文化贸易对于促进中国文化的对外传播、提升中国文化"软实力"具有重要意义。因此，积极推进中国文化贸易的发展是当前不可替代的最现实手段和最有效路径。

1.2　文献综述

文化产品的生产方式与传统的一般物质产品相比，它在生产、流通、分配和消费等方面，与普通商品有着并不完全等同的经济规律。然而，在文化的经济学领域并未建立起一个成熟的、经过大量经验检验的理论模型框架，这也导致在很长一段时间内，对于文化产业以及文化产品的研究更多的是由文化学和传媒学者来完成的。虽然经济学向文化领域的渗透进展缓慢，但是可以看到，全世界范围内对经济和文化现象之间关系的研究兴趣越来越浓。特别是近年来，文化的经济地位逐渐凸显，以新闻、出版、广播、影视、艺术欣赏、广告、动漫、娱乐等形式的文化产业，在为国民获取信息、学习、享受娱乐的同时，也创造出了巨大的社会产出，成为国民经济的一个重要组成部分。作为文化产业发展的必然落脚点，文化贸易就体现了宏观层次比较优势的微观细致化。

文化贸易被作为国际贸易中的热点问题进行专题研究是在 20 世纪 90 年代初，"文化产业"被发达国家逐渐作为各自的产业发展战略重点之后。就可查的文献来看，国外对文化贸易的研究最早出现在 20 世纪 90 年代中期，代表性学者包括马弗斯蒂和坎特伯雷（Marvasti and Canterbery，1994）以及霍斯金斯和麦若斯（Hoskins and MiruS，1995）等。国内对文化贸易开展有针对性的研究虽起步稍晚，但进入 21 世纪发展迅速，尤其是"十一五"时期中国确立文化产业发展战略之后，国内有关文化贸易的研究文献成倍增加。本章将尝试从文化贸易的相关定义、发展现状、影响因素以及发展对策等几个方面进行系统梳理，为之后的研究提供一定的线索和分析思路。

1.2.1　文化贸易的界定

对于文化贸易的概念，国内外的文化学者、经济学者、政府官员及业内人士众说纷纭。到目前为止，仍没有统一的界定。

　　有国内学者认为，文化贸易属于国际贸易中的一种特殊的服务贸易，它是与知识产权有关的文化产品和文化服务的贸易活动。文化产品不仅具有商品属性，同时也具有精神和意识形态属性（周成名，2006）。还有国内学者认为，文化贸易主要是指与知识产权有关的文化产品（cultural goods）和文化服务（cultural services）的贸易活动（高洁，2005）。

　　国外学者则指出，从概念上讲，可交易的文化实体可被定义为能生产或分配物质资源的产品和服务，这些产品和服务能通过音乐、文学、戏剧、喜剧、文档、舞蹈、绘画、摄像和雕塑等艺术形式娱乐大众或激发人们思考。这些艺术形式，有的能以现场表演的方式（如音乐厅和舞台剧）展示给大众，有的则先被存储记录下来（如在压缩光盘里）再卖给大众。这里面同样还包括储存和分配文化产品的机构。它们有的以公共服务的形式存在（如图书馆和博物馆）；有的以商业的形式存在（如电视台和美术馆）；有的则两者兼而有之（Van Grasstek，2005）。

　　总体而言，对于文化贸易的界定，国内外已有较为一致的看法，认为文化贸易是指国际间文化产品与服务的输入和输出的贸易方式，是国际服务贸易中的重要组成部分。贸易一方向另一方提供文化产品和服务并获得收入的过程称为文化产品和服务出口或文化产品和服务输出，购买外方文化产品和服务的过程称为文化产品和服务进口或文化产品和服务输入。国际文化产品和服务是跨境产物，是文化产业国际化经营的必然。

1.2.2　文化贸易的分类与统计

　　现有研究常将文化贸易分为文化产品贸易和文化服务贸易，并以此划分标准制定统计框架。联合国教科文组织（UNESCO）最早对这两个概念做出定义：文化产品一般是指传播思想、符号和生活方式的消费品。它能够提供信息和娱乐，进而形成群体认同并影响文化行为。基于个人和集体创作成果的文化商品在产业化与在世界范围内销售的过程中，被不断复制并附加了新的价值。图书、杂志、多媒体产品、软件、录音带、电影、录像带、视听节目、手工艺品和时装设计组成了多种多样的文化产品。文化服务是指满足人们文化兴趣和需要的行为。这种行为通常不以货物的形式出现，它是指政府、私人机构和半公共机构为社会文化实践提供的各种各样的文化支持。这种文化支持包括举行各种演出、组织文化活动、推广文化信息以及文化产品的收藏（如图书馆、文献资料中心和博物馆）等。文化服务可以是免费的，也可以有商业目的。

据此分类，联合国教科文组织在《2009 年联合国教科文组织文化统计框架》中，进一步根据产品本身是否有着文化、艺术特征的组成部分将文化产品划分为核心文化产品和相关文化产品，将文化服务划分为核心文化服务、装备和辅助材料和相关文化服务。其中，核心文化产品主要包括书籍、记录媒介、文化遗产、视听产品等，而相关文化产品则主要指支撑创意、生产、销售核心文化内容的设备、材料等，如手工艺品、空白胶片、录影带等。核心文化服务主要包括音像产品的再生产或分配许可、音像相关产品的再生产或分配许可、新闻机构的服务、其他信息服务、广告、市场研究和民意调查、建筑服务、音像产品、音像产品相关服务、遗产和娱乐服务；装备和辅助材料包括计算机软件的再生产和分配许可、计算机服务和其他计算机服务；相关文化服务主要是旅游业。

在此产品细分的标准上，联合国教科文组织将每类文化产品与联合国国际贸易商品标准分类（SITC.3）以及关税协调编码制度（HS）相对应，以利用世界海关组织提供的海关数据对文化产品的流动数据进行统计，文化服务则采用扩大的国际收支服务分类（EBOPS）获取，以跨境交付统计为主。

作为目前世界范围内最主要的文化统计框架，联合国教科文组织对文化贸易的分类和统计框架有着较为广泛的应用，但目前来讲，不存在国际上统一的统计框架。各国主要根据本国实际情况从相关产业指标中，按照一定的原则建立起有机组合的指标体系来作为文化统计框架。以加拿大为例，其文化产品统计包括了以经济、文化为主题的产品主体（广播、电影、电视、音像、图书、出版、杂志等）的印刷、生产、制作、广告和发行；还包括了诸如博物馆、图书馆、档案馆、书店、表演艺术、可视艺术在内的服务。

中国相关政府部门则制定了《对外文化贸易统计体系》，对进出口文化产品和文化服务进行了细分，其中进出口文化产品包括图书、报纸、期刊，音像制品及电子出版物，其他出版物等核心层产品，以及工艺美术品、收藏品、文化用品等相关层产品；进出口文化服务包括新闻出版服务、广播影视服务、文化艺术服务、文化信息传输服务核心层，以及文化创意和设计服务、其他文化服务相关层。

1.2.3　文化贸易的发展现状研究

现状研究一般是发现问题和寻求对策的前提和基础。国内学者最早关注的是版权贸易，其中又以图书版权贸易为核心，至 21 世纪初有关图书版权贸易现状的研究，几乎构成中国文化贸易研究文献的全部。21 世纪以来，有关中国图书版权贸易现状、问题及对策的研究，在文化贸易研究文献中所占比重最大（李嘉珊，2012）。随着研究不断深入，相关文献也从图书版权扩展到包括图书版权在内的新闻报刊、音像制品、广播影视作品、计算机软件以及网络游戏、动漫作品的版权贸易等各个领域。这一时期的文献，不仅对中国版权贸易现状进行了总结，而且对存在问题及其原因开展了多层面的分析。姚德权、赵洁（2007）以及包温慧、邓志龙（2007）对 2006 年以前国内版权贸易研究进行了综述。王清、杨威（2010）则对"十一五"期间中国图书版权引进与输出研究现状进行了综述。

从文化贸易整体视角进行研究的国内文献出现在中国加入 WTO 之后（李怀亮，2002），2003 年 9 月文化部制定下发《关于支持和促进文化产业发展的若干意见》，2004 年 4 月国家统计局发布《文化及相关产业分类》以后，国内文化贸易研究进入快速发展期。众多研究表明，文化贸易在中国对外贸易中的地位较低，占世界文化贸易份额较小，文化贸易缺少"明星"企业和品牌产品（彭育园，2006；张海涛等，2007）；文化产品出口结构单一，国际营销手段落后，贸易渠道狭窄（蒋晓梅，2007）；由于文化信息传播渠道和影响力不够，使中国文化贸易存在结构性劣势、品牌劣势和外部认知性劣势（王学成、郭金英，2007）；文化服务贸易严重落后于文化产品贸易，文化产业外向国际化刚刚起步（赵有广、盛蓓蓓，2008；杨文兰，2011）；由于文化出口中重产品形式，轻产品内容，导致文化出口产品附加值和利润率低（梓豪，2009）；中国文化出口贸易中的文化折扣度高，国际竞争力弱（魏雪莲，2009；王丽丽，2011）；中国文化贸易主要与收入水平差距较大的国家或地区进行（霍步刚，2008；黄娟，2009）。在对中国文化贸易增长、贸易差额、贸易结构、贸易主体和贸易市场现状的研究方面，由于中国缺乏完整的文化贸易统计数据，绝大多数文献仍基于国家版权局发布的版权贸易数据进行分析，因此，得出的研究结论与前面对版权贸易现状研究的文献得出的结论基本一致（李清亮，2009；孙海鹊，2011）。

在 2008 年联合国贸易和发展会议（UNCTAD）发布《创意经济报告》之后，国内从创意文化贸易概念视角开展研究的文献逐渐出现，这些研究均依据创意经济数据库中的统计数据进行比较分析，因此，在对中国创意文化贸易现状的认识上得出了一些不同的结论。胡飞葛、秋颖（2009）研究发现，中国创意产品贸易发展迅猛，贸易顺差逐步扩大；国际贸易地位不断提升，中国内地已成为创意产品的主要出口地区；创意产品进出口类别结构不断调整，但总体相对稳定。白远、陶英桥（2009）研究认为，随着全球文化市场规模的不断扩大和中国出口产品竞争力的提升，中国创意产品出口增长迅速，在核心创意文化产品出口规模上已居世界第三位，仅次于英国和美国，中国创意文化贸易呈现明显贸易顺差。何伟、常深（2009）则认为，中国在世界创意产业国际贸易中占有举足轻重的地位，但仍存在商品结构单一、服务贸易巨额逆差等问题。

总之，现状研究是国内文化贸易研究的另一重点，从起初简单的历史数据分析和对贸易现象的定性描述，逐步转向国际数据比较基础上的实证研究，对中国文化贸易现状的认识更加全面和深入。但是，由于国内外对文化贸易概念的理解、分类及统计标准不统一，文化贸易统计数据不完整，不同学者采用不同来源数据，对中国文化贸易或创意文化贸易现状进行分析，得出了一些不同的结论。而且，由于缺乏统计数据，迄今有关中国文化服务贸易现状研究的文献不多。

1.2.4　文化贸易的影响因素研究

文化产品和文化服务不同于普通的商品，其本身具有"双重属性"特征，即商品属性和文化属性的统一，因此对于文化贸易而言，除了传统的地理距离、国家规模效应、共同边界等因素外，一些反映文化属性、文化差异的变量对贸易额的影响更应该值得关注。

早期文献将文化差异作为一种宽泛意义上的交易成本直接引入引力模型框架进行研究，即除了地理距离体现的贸易成本外，利用共同语言与殖民联系的虚拟变量来反映贸易国间的文化差异，但塔德塞和怀特（Tadesse and White，2010）通过对美国和加拿大、墨西哥间的贸易关系分析发现，上述这些所谓的交易成本变量并不能完全解释文化差异所带来的影响。正如迪尔多夫（Deardorff，2004）所说，区别于传统的可观测变量，一些无法直接观测的"文化因素"变量同样对贸易产生了抑制效应。而这些无法直接观测的影响因素中，反映两国间文化差异的文化距离（Hofstede，2001）和一国消费者对于他国文化产品的消费成瘾性特征（Schulze，1999）对文化贸易有着显著作用。

前期文献中对于影响贸易的一些无形距离因素（intangible distance barriers）的忽视逐渐引起了学者们的关注（Grossman，1998；Frankel，1997），贸易国间对于彼此文化的不熟悉以及不完全信息都会增强距离因素对于贸易的抑制效应。较大的文化差异会增加彼此间了解对方市场、预测对方行为的难度（Elsass and Veiga，1994），从而使彼此间的经济往来更为复杂化。因此，一些文献开始利用不同的代理指标来研究文化差异与贸易间的关系，圭索（Guiso et al.，2009）使用双边信任变量、帝斯尔和迈耶（Disdier and Mayer，2007）使用双边共同观点变量、梅里兹（Melitz，2008）使用语言相似度、罗斯（Rose，2000）使用过去的殖民联系，等等。但对于类似研究普遍存在着一个疑问，就是这种单维度的指标能否如实"体现"文化这种多维度概念？因此，近年来部分学者通过使用文化距离来反映贸易国间的文化差异，进而引入计量模型进行实证研究。文化距离指标的构造通常有三种思路：一是利用世界价值观（WVS）或欧洲价值观（EVS）调查数据，选取价值准则、行为准则、服从性等指标维度，配以不同的权重来构造文化距离指标（Tadesse and White，2010；Maystre and Olivier，2005）；二是通过传统与世俗行为、自我生存与自我表现二个综合维度，构造的文化距离指数（Inglehart and Baker，2000）；三是利用横跨 50 个国家的 117 000 名 IBM 员工调查数据，从权力距离、不确定规避、个人与集体主义、男性气质、长期取向、放纵与克制六个文化维度构造的文化距离指数（Hofstede，1991、2001）。这些文化距离指标的构造，尽可能地体现了样本国居民所共享的传统习惯、信仰、风俗、行为准则以及价值观，更好地反映了国家间的文化差异。

但值得注意的是，在利用文化距离进行的具体实证研究中，却有着不一致的结论：塔德里和怀特（Tadesse and White，2007）、林德等（Linders et al.，2005）、波圭斯和费兰蒂诺（Boisso and Ferrantino，1997）发现较大的文化距离对贸易存在着抑制效应，增加贸易成本，减少双边文化贸易额；而圭索（Guiso et al.，2005）利用 16 个欧洲国家 1970~1996 年的数据，从企业角度研究发现较大的文化距离反而会促进贸易的发生。出现这一结果的一个重要原因就是对文化距离变量内生性问题的忽视，就目前文献来看，并没有一个恰当的、构造合理的文化距离工具变量出现，梅斯特等（Maystre et al.，2008）依据世界经济调查（World Economic Survey）数据构造了用以反映国家间文化相似度的指标，但后来的研究发现该指标消除文化变量内生性影响的效果并不十分有效；缔斯尔和迈耶（Disdier and Mayer，2010）在对商品总贸易的研究中使用已发生的文化贸易额作为双边文化距离的工具变量，发现文化贸易额用以反映双边文化距离是一种有效的手段。无法取得一致研究结论的另一个重要原因在于样本数据结构的差异，部分研究使用单一国家对其主要贸易伙伴的数据用以实证分析，其潜在的必然前提就是这些主要贸易伙伴与该国间已经具有较好的贸易往来和较近的文化距离，最终结果必然会低估文化距离的影响，而高估语言、共同边界、殖民联系等国家特征的影响，此结果只能用以解释针对该国文化贸易的影响因素。

另一个影响文化贸易的主要因素就是文化产品消费具有的成瘾性特征，即消费者对于某种文化产品产生的依赖性和消费持续性，比如对于某类音乐的偏爱、某种风格电影的欣赏、某类艺术品的鉴赏，等等，不仅会持续增加这种所熟知的文化产品的消费，而且会排斥其他替代性的文化产品，这也是文化产品拥有的重要特质之一。经济学中对于消费成瘾性特征的研究由来已久，贝克尔和墨菲（Becker and Murphy，1988）利用需求函数分析了香烟的成瘾性与香烟消费间的关系，并解释了吸烟所带来的成瘾性特征；查卢普卡（Chaloupka，1991）使用年度贴现因子，将成瘾性量化为过去消费对当前所累积的"消费资本存量"（stock consumption）；舒尔策（Schulze，1999）在新贸易理论框架下研究了贸易国间艺术品消费的成瘾性特征，发现艺术品如同意大利托斯卡纳的红酒、法国的奶酪一样会由于消费习惯而产生依赖效应，进而引致增加了下期艺术品贸易额。因此，那些文化贸易额有限的国家之间由于不能积累足够的"文化消费资本"（cultural consumption capital），而无法提升对于彼此产品的"鉴赏"能力，进而又抑制了未来期文化贸易的发生。

1.2.5　文化多样性与文化贸易

文化多样性最早被定义为"来自不同文化背景（价值观念、生活方式、行为习惯、宗教信仰等）的人们之间源于文化的差异性"（Taylor Coase，1993）。也有学者认为，文化多样性可理解为人类的不同群体体现在生活方式、价值体系、宗教信仰、风俗习惯等方面的表达方式与组织形式的多元化（David Harmon，2002）。泰勒·柯文（Tylor Cowen，2007）认为，文化多样性是指某一特定国家或民族独有价值观念、宗教信仰、思维方式、道德伦理、风俗习惯等文化内涵的丰富程度。联合国教科文组织（UNESCO，2005）则从人类社会文明发展的角度，将文化多样性定义为"各群体与社会借以表现其文化的多种不同的形式，这些表现形式在不同群体内部及其间传承，既体现在人类文化遗产通过丰富多彩的文化表现形式来表达，也体现在借助各种形式和技术进行的艺术创造、生产、传播、销售和消费的多种形式"。

在文化多样性的测度方面，麦克阿瑟（MacArthur，1965）认为可利用某一群体具有的不同文化特性的种数表示，种类越多则文化多样性程度越高。这种方法简单地将种类数等同于多样性，无法全面衡量多样性程度。香农（Shannon，1969）在研究美国音乐行业的文化多样性时，指出不同类型音乐所占比重是衡量音乐行业文化多样性的重要指标，各比重的均衡程度越大，文化多样性程度越高。借鉴生物多样性的研究，安德卢斯特灵（Andrew Stirling，1999）提出文化多样性应同时包含"种类数、均衡度、差异性"三个维度，某一群体具有的不同文化特性的种类越多、各自所占比重越平均、任意不同文化特性之间的差异越大，则该群体的文化多样性程度越高。斯特灵（Stirling，2007）构建了测算文化多样性的综合指标，并以不同文化特性之间的欧氏空间距离表示差异程度。本哈墨和佩尔蒂埃（Benhamou and Peltier，2009）在斯特灵（Stirling，2007）研究的基础上引入特定参照基准类别，得到新指标，使定量测度文化多样性的综合指标更加完备。

在文化多样性与文化贸易关系方面，已有研究中仅是少量的文献定性说明中国文化多样性变动的事实，或是间接探讨文化多样性与文化贸易的问题，如罗能生（2007）定性地论述了国际贸易和文化之间的互动，但没有涉及文化多样性与文化贸易的关系；林德（Linders，2005）、奎索（Guiso，2009）利用殖民联系、移民、语言相似度、双边信任等变量表示文化差异分析了文化差异对文化贸易的影响，但文化差异性并不等同于文化多样性。

1.2.6　文化贸易其他相关主题的研究

除对文化贸易中的上述五个主题进行了相对集中的关注和研究外，国内少部分文献也对"中国文化贸易长期存在逆差的原因"和"WTO 与文化贸易"两个专题，进行了分析和探讨。

关于 WTO 与文化贸易这一专题，国内现有文献的研究结论表明：一方面，WTO 自由贸易体制对文化贸易增长起到了积极作用；另一方面，自由贸易又导致文化产品与服务过于集中，形成市场垄断，导致文化多样性面临挑战（马冉，2006）。虽然 WTO 并没有将文化例外明确写入有关协定，但是在 GATT

乌拉圭回合谈判过程中，欧盟各成员国和加拿大等国提出的文化产品及服务具有特殊性，不应被视为普通贸易商品及服务，不必完全履行 GATT 原则的主张，在 WTO 成立以来的贸易实践中还是被很多国家所"默认"并付诸实践（姚新超，2008）。事实上，分散在 1994 年 GATT 第 4 条有关"电影放映限额"和第 20 条（f）项有关"保护具有艺术、历史和考古价值国家财产规定的一般例外"、服务贸易总协定（GATS）所包含的属于"视听服务"的最惠国豁免清单，以及文化服务部门开放需做出单独承诺等规定，还是为文化贸易"例外"保留了一定的空间（张斌，2011）。这也就为某些成员国以保护文化多样性和"文化安全"为由，对部分文化产品和服务实施进口限制提供了借口。对中国而言，这既对扩大文化产品和服务出口带来潜在威胁，也对中国保护本国文化市场提供了一定政策空间（张丽英，2011）。鉴于文化产品和服务具有超越商业价值的特殊属性，而且随着技术进步所导致的文化传播手段更新，不仅文化产品和服务种类日益增多，而且文化产品和服务之间的界限也日益模糊，这必然对 WTO 现有贸易规则提出挑战（马冉，2009，2010）。但是，GATT 乌拉圭回合谈判中，文化例外的主张未被采纳的现实也表明，寻求在 WTO 规则体系中引入"单独的"文化条款困难很大。因此，WTO 成员只能充分利用并进一步发展现有 WTO 规则所提供的政策空间，尽可能在贸易自由化与文化保护的冲突中取得平衡（李墨丝、佘少峰，2011）。

1.2.7　相关文献的评价

现有文献已针对文化贸易相关问题进行了较为丰富的探讨，为本报告的研究内容提供重要参考和思路。但已有相关研究主要侧重理论性分析，探讨文化差异、文化多样性、文化安全等话题为主，缺乏对文化贸易界定、统计及发展演变等基础性分析。

（1）文化贸易界定、文化贸易分类和统计框架较为混乱。什么样的文化贸易界定决定了什么样的文化产品和文化服务分类，进而决定了文化贸易统计框架。而部分涉及定量研究的文献对于文化贸易、文化产品和文化服务等概念的界定和文化贸易统计框架并不"配套",前后的不统一导致研究的规范性受到质疑。

(2) 将文化产品贸易等同于文化贸易,忽略文化服务贸易的研究。文化贸易属于服务贸易的一种,但文化贸易又具有自身特点,既包含图书、报纸、音像制品等有形商品的交易,同时包括著作版权、文化艺术、创意设计等无形服务的交易。实际上,无形的文化服务贸易是文化贸易关键部分,不考虑文化服务贸易的研究往往难以掌握文化贸易发展的实际概况。

(3) 缺乏对细分文化产品以及不同地区文化贸易发展的分析。文化产品可分为出版物、音像制品、工艺美术品等不同类型文化产品,以及新闻出版、广播影视、文化艺术、文化创意等不同部门,不同类型文化产品或文化服务各具特点,所承载的文化内涵也不同,发展趋势各有差异;不同地区由于经济发展和对外开放程度不同,文化贸易的发展存在异质性,因此需要对文化贸易的发展进行差异化分析。

1.3 研究内容与框架

文化贸易正日益受到世界各国的重视,特别是中国近年来在文化贸易发展上取得了惊人的成绩,但是,依然存在着如贸易不平衡、出口竞争力差、市场多元化程度低的问题。本报告立足中国文化贸易的发展,通过总论篇、行业篇、地区篇、专题篇四部分深入探讨中国文化贸易的发展现状、主要特征及演变趋势,为中国文化贸易的进一步增长提供了重要的事实基础。本报告的研究内容主要包括以下几个方面:

(1) 对文化贸易、文化产品、文化服务的概念进行界定,并列示研究所使用的文化贸易统计框架。本报告综合考虑文化产品的特征,并基于联合国教科文组织关于文化产品和文化服务的分类框架以及中国《对外文化贸易统计体系(2015)》,对文化贸易、文化产品、文化服务、核心文化产品、相关文化产品及核心文化服务、相关文化服务等概念,进行了详细而明确的界定,并列示了文化产品和文化服务相关数据的分类标准和统计口径。本报告通过规范研究对象的概念及统计口径，确保报告所有定性及定量分析规范性和统计数据来源的一致性，为接下来对文化贸易的进一步研究奠定了基础。

（2）尝试用新贸易理论与新新贸易理论对文化贸易的理论模型进行系统阐释。文化产品作为特殊的商品，既有一般贸易商品的共同性，又有其自身的独特性。因此，对于文化贸易的理解，仅仅从传统的一般贸易理论出发是不够的。本报告首先就传统贸易理论对文化贸易的解释进行了梳理，并以此为背景，阐释新贸易理论框架下的垄断竞争模型，通过文化差异影响消费者效用函数的设定，推导得出文化产品进口国的购买能力、出口国的生产能力、传统文献中地理距离等冰山成本，以及文化距离等文化因素是影响文化贸易的主要因素。接着，以梅里兹（Melitz，2003）新新贸易理论框架为基础，分析双边固定贸易成本与全球固定贸易成本两种情况下贸易成本对文化贸易的影响。

（3）系统梳理中国文化贸易发展演变。本报告从总体格局、行业层面、地区层面系统分析了近年来中国文化贸易发展的总趋势。在总体格局层面，重点分析了中国核心文化产品贸易的总体规模、市场结构和主要贸易伙伴；此外，从新闻出版、广播影视、文化艺术、文化创意细分文化服务行业，以及京津冀区域、长三角区域、珠三角区域等地区视角分析了中国文化贸易的发展现状、主要特征及演变趋势。

（4）深入探讨文化贸易相关专题内容。本报告以演出市场和文化企业对外投资为专题，重点分析演出市场的发展概况、面临的主要问题以及未来发展；文化企业对外投资的整体发展概况、细分文化行业的投资特征、投资国别结构以及国内投资主体的分布情况。

第 2 章

文化贸易概念界定及统计框架

文化贸易包括文化产品贸易和文化服务贸易，对文化产品和文化服务的不同分类决定文化贸易进出口数据的统计。因此，界定文化贸易、文化产品、文化服务等概念，对文化产品和文化服务的统一分类，确定统一的文化贸易统计框架，是后续研究的重要保证。本章将在对文化贸易进行界定和分类的基础上，对文中所使用的文化产品、核心文化产品、相关文化产品、文化服务、核心文化服务、相关文化服务等概念进行分类，以确定后文分析所使用的统计框架。

2.1 文化贸易概念界定

文化贸易是国际服务贸易中的重要组成部分，联合国教科文组织发布的《1994～2003 年文化产品和文化服务的国际流动》将文化贸易定义为"国家间文化产品和文化服务的流入和流出的贸易方式，其中文化产品和文化服务包括传播思想、符号和生活方式，并能够提供信息和娱乐进而形成群体认同、影响文化行为的消费品"（见表 2—1）。

表 2—1　　　　　　　　　　　　　　**相关概念的界定**

联合国教科文组织（UNESCO）针对文化产业、文化贸易、文化产品、文化服务的定义

文化产业 （cultural industries）	对本质上无形并具有文化含量的创意内容进行创作、生产，并使之商业化的产业称为文化产业
文化贸易 （cultural trade）	文化贸易是指国家间文化产品和文化服务流进和流出的贸易方式
文化产品 （cultural goods）	文化产品指的是那些能够传达生活理念、表现生活方式的消费品，它具有传递信息或娱乐的作用，有助于建立集体认同感，并能影响文化实践活动。在取得版权后，文化产品能够通过工业过程大量生产并在全球广泛传播。它包括图书、杂志、多媒体产品、软件、唱片、电影、录像、视听节目、工艺品和设计。文化产品包括核心文化产品（即传统的文化产品）和相关文化产品两大类。文化产品主要以有偿形式提供
文化服务 （cultural services）	文化服务指的是政府、私人、半公立机构或公司取得文化利益或满足文化需求的活动。文化服务不包括其服务所借助的物质形态，只包括艺术表演和其他文化活动，以及为提供和保存文化信息而进行的活动（包括图书馆、档案馆和博物馆等机构的活动）。文化服务包括核心文化服务（即传统的文化服务）和相关文化服务两大类。文化服务以有偿服务或免费服务的形式提供

资料来源：联合国教科文组织（UNESCO），《1994～2003 年文化产品和文化服务的国际流动》。

　　2005 年，联合国教科文组织对文化产品和文化服务进行了划分，并以文化内容的概念作为标准区分了核心文化产品和相关文化产品、核心文化服务和相关文化服务。2015 年，中国商务部、中宣部、文化部、新闻出版广电总局、海关总署等部门对中国现行的文化产品和文化服务进出口统计目录进行修订，并制定《对外文化贸易统计体系 2015》。根据《对外文化贸易统计体系 2015》，文化贸易包括文化产品进出口和文化服务进出口。其中，文化产品进出口包括书报纸期刊、音像制品及电子出版物、其他出版物等核心层产品，以及工艺美术品、收藏品、文化用品等相关层产品的流进和流出；文化服务进出口包括新闻出版服务、广播影视服务、文化艺术服务、文化信息传输服务核心层文化服务，以及文化创意和设计服务、其他文化服务相关层文化服务的流进和流出。

2.2　文化产品和服务的分类及统计框架

文化贸易包括文化产品与文化服务的进出口。因此，文化产品与文化服务的合理分类以及据此确定的统计框架决定文化贸易数据统计。本章将对报告所使用的文化产品和文化服务分类以及文化贸易统计框架进行细致说明。

2.2.1　文化产品和服务分类原则

文化产品和服务的定义和分类直接影响文化贸易的统计，由于关于文化产品和服务的定义、分类很多，所以统计指标也有很多差异。要有效地测量文化领域，并确定哪些范畴属于文化领域以及哪些不属于文化领域，就必须首先规定文化领域的范围，也就是说必须以文化表现形式作为划分领域的基础，这样才能较为有效地衡量产业和非产业流程中生产的文化活动、产品和服务。原因在于，文化产品和服务具有艺术价值、审美价值、象征价值和精神价值；文化产品和服务的特征不同于其他产品，因为它们的价格体系与欣赏价值或娱乐价值是紧密联系的，而且它还具有不可复制性（Throsby，2001）。文化产品传递着思想、象征意义和生活方式，有些产品还受到版权限制；文化服务本身并不代表物质文化产品，却能促进它们的生产和分配。例如，文化服务包括授权活动和其他与版权相关的服务，音像产品销售活动，艺术和文化演出宣传，以及文化信息服务和（图书馆、文献中心、博物馆）收藏书籍、唱片、艺术品的活动。文化活动的表现形式或传递文化的方式，与它们可能存在的商业价值无关，这些活动本身就是终点，也可能继续推动文化产品和服务的生产（UNESCO，2005）。

就目前而言，世界范围内并无统一的文化统计框架，无论是联合国教科文组织、联合国贸发会议等国际组织，还是加拿大、英国、澳大利亚等文化产业发达国家，其制定和执行的统计框架之间也无法确保文化产品数据的可比性和统一性。究其原因，主要有以下三个方面：

（1）文化的生产和分配同时存在于正规和非正规的经济领域和社会领域，发达国家和发展中国家都有着非正规的文化生产。

（2）文化生产和传播的资金和管理存在三个来源：第一，公共资金，主要来自政府和公共机构，包括直接（补贴和拨款）或间接（免税）两种形式；第二，私人来源，来自资本市场的融资；第三，非营利性组织和捐赠，由于各国的公共财政结构（集中化和分散化）和采用的方法不一致，导致数据对比极其困难①。

（3）文化同经济和社会的关系是很难割裂的，许多文化要素，包括那些市场范围之外的要素，只能依靠参与度、时间的使用或者社会资本等指标进行追踪和测度。

2.2.2　文化贸易统计指标体系的特点

目前，国际上对文化产业尚无统一明确的界定，所以各个国家文化贸易方面的统计口径也存在差别。但由于发达国家文化产品与服务的生产和实际消费量处于较高水平，对国民经济的贡献度较大，因此，发达国家文化贸易的统计体系也较为完善。国际上文化贸易统计的主要特点有以下三个方面：

（1）文化贸易统计指标体系是各国根据本国国情从第二产业和第三产业众多的指标中选择出来并按照一定的原则建立起有机组合的指标群。

（2）文化贸易统计涵盖面广。发达国家根据其对国民经济贡献率的大小不断增加文化产品和服务的统计口径，如随着信息技术的发展，将在线游戏、动漫和卡通形象等也纳入文化贸易统计范畴。

（3）文化贸易统计为一个部门牵头，多部门协作完成。在此基础上，发达国家定期对外发布相关数据或出版相关政府报告。

---

① 文化支出和财政特别工作组承认，获取有关欧洲国家在文化上的公共支出数据，并确保数据的可比性和统一性的确非常困难。

2.2.3 文化贸易统计体系的比较

不同的文化统计框架、不同的文化产品分类，会导致文化贸易在各国各部门的统计口径和方法不一致。目前，国际上有关文化贸易分类及统计主要以联合国贸易发展会议（UNCTAD）对于创意产品和创意服务的分类和联合国教科文组织（UNESCO）制定的相关文化统计框架及分类为主，不同国家则根据本国自身制定文化贸易分类和统计体系。

1. 联合国贸易发展会议关于创意产品和创意服务的分类及统计体系

2007 年，联合国贸易发展会议在综合各种分类基础上，对创意产业内涵和外延进行了界定。按照 UNCTAD 的界定，创意产业应具有以下特点：

（1）创造力和智力作为首要的投入商品和服务的创造、生产和分配活动。

（2）构成了一套以知识为基础的活动，侧重但不局限于艺术和文化，可以从国际贸易和知识产权中获取潜在的收入。

（3）带有创造性内容、经济价值和市场目标的有形产品和无形的智力或艺术服务。

（4）它是贯穿于艺术领域、服务业部门和工业部门的一个交叉领域。

（5）已经成为国际贸易中较为活跃的新兴部门。

在创意产业的外延方面，UNCTAD 将文化创意产业分为四组，包括了创意产品和创意服务两个部分，具体见表 2—2。

表 2—2 文化创意产业分类

范围	子范围	产品
文化遗产	传统文化遗产	手工艺、节日和庆祝活动
	文化遗址	考古遗址、博物馆、图书馆、展览馆等
艺术品	视觉艺术	绘画、雕塑、摄影和古董等
	表演艺术	现场音乐、戏剧、舞蹈、戏曲、马戏、木偶等

续表

范围	子范围	产品
媒体	出版物、印刷媒体	包括图书在内的一切出版物
	视听媒体	电影、电视、广播等
功能型产品	设计	室内设计、图形设计、时装、珠宝首饰及玩具等
	新媒体	软件、视频游戏、数字化创意
	创意服务	建筑、广告、创意研发、文化和娱乐活动等

资料来源：联合国贸易发展会议（UNCTAD）发布的《创意经济发展报告2010》。

在创意服务和创意产品方面，联合国贸易发展会议将创意产品定义为"具备创意内容、经济与文化价值以及市场目标的有形产品的创造、生产和分销过程，是以最终产品出现的有形的生产要素组合"（罗立彬、孙俊新，2013），具体包括设计品、艺术品、出版物、表演艺术品、新媒介、视听产品。而认为创意服务主要是指那些无形的，往往涉及生产要素本身，包括广告、市场调研、建筑、工程、个人、文化和娱乐服务等。然而，文化产品和文化服务与创意产品和创意服务是存在区别的。联合国贸易发展会议指出，所谓的文化产品（cultural products）是指"无论是从人类学还是从功能来看，均可以表现出'文化'概念的商品"。无论是文化服务还是文化产品，如电影、电视节目、艺术品、表演等，它们都要拥有下述三个特征：首先，生产中需要创造性投入；其次，除了满足实用功能外，它们充当消费者信息传播的载体；最后，对于产品和服务的生产者而言，它们至少应该包含其生产者的知识产权。联合国贸易发展会议认为文化产品与文化服务是创意产品与创意服务的子集，除了文化产品与文化服务外，创意产品与创意服务还包括如软件、时尚产品等。与其他类创意产品与创意服务相比，文化产品与文化服务除了拥有商业价值外，它们自身还蕴藏着难以用金钱来衡量的文化价值。而其他类创意产品与创意服务只是包含了商业价值，虽然它们的生产过程中确实需要一定的创意投入。

在创意产品和创意服务统计分类方面，联合国贸易发展会议在统一界定文化创意产品和创意服务的内涵和外延的基础上，将文化创意产品与创意服务分成了四大类和七小类，其中四大类包括文化遗产、艺术品、媒体和功能性产品，七小类包括工艺品、视听媒体、设计、新媒体、表演艺术、出版物、视觉艺术。具体分类见表2—3。

表 2—3　　　　　　　　UNCTAD 有关创意产品和创意服务分类

范围	子范围	产品	HS2002 代码
工艺品	地毯	包括羊毛或其他细的动物毛、棉、椰子纤维打结或编制的地毯	17
	庆祝用品	圣诞节、节日、嘉年华等使用的物品	2
	其他	蜡烛、人造花朵、木工艺品等	6
	纸制品	手抄纸	1
	藤制品	编篮、藤垫、柳条制品等	4
	纱制品	手工花边、手工编织、刺绣、床上用品、人为或印刷或勾编的材料	30
视听媒介	电影	两种曝光的电影片	2
设计	建筑设计	建筑设计的原始绘图	1
	时装设计	太阳镜、头饰、皮革制品等；不包括服装和鞋；手袋、配件等	37
	玻璃器具	餐桌、厨房器具、水晶制成的杯子	5
	室内设计	家具、餐具、桌布、壁纸、陶瓷、照明装置等	32
	首饰	由金、银、珍珠或其他贵重金属制成或纺织的首饰	17
	玩具	娃娃、轮式玩具、电动火车、谜题、游戏等	10
新媒体	数字录制	声音、影像数字录制	6
	视频游戏	视频游戏	2
表演艺术	音乐制品	磁带、影碟	6
	音乐印刷品	印制或手稿音乐	1
出版物	图书	书、词典、百科全书、说明书、传单、儿童绘图、彩印书等	4
	报纸	报纸、杂志、期刊	3
	其他出版物	地图、小册子、明信片、日历等	8

续表

范围	子范围	产品	HS2002 代码
视觉艺术	古董	100 年以上的古董	3
	绘画	绘画、手工蜡笔画等	3
	摄影	胶印感光片、已曝光和显影的摄影胶卷	4
	雕塑	小雕像、瓷器、象牙或其他金属的装饰品、处理过的雕刻材料	7

资料来源：联合国贸易发展会议（UNCTAD）发布的《创意经济发展报告 2010》。

2. 联合国教科文组织（UNESCO）有关文化产品及服务的分类及统计框架

联合国教科文组织于 2006 年公布的《1994～2003 文化产品和文化服务的国际流动》将文化贸易从文化产品和文化服务两个大类层面进行了统计，并且将每一大类又划分为核心层与相关层，而核心层与相关层进一步将文化产品划分为核心文化产品和相关文化产品，将文化服务划分为核心文化服务和相关文化服务。

直观来讲，核心文化产品是指凝结了创造性和艺术特质在其中的商品；而相关文化产品是指为核心文化产品生产、传播提供介质的可重复性生产，如艺术创作所需的专业工具、基础设施和流程（如乐器生产、报纸印刷等）。对于相关文化产品而言，区别于核心文化产品，它们主要参与文化内容产品的生产和传播。核心文化产品主要与文化内容、艺术的创作有关，而相关文化产品的生产则仅需要运用半工业化或非工业化的方法。例如，电视节目的制作是基于文化传播意图的行为，几乎所有的文化产品统计都会将电视内容节目囊括其中，电视节目本身属于核心文化产品；而电视机的制作却是相关文化产品范围，消费类电子产业研发技术并制造机器，使得我们可以体验和消费核心文化产品，因为它们提供了文化内容得以复制和传输的硬件[①]（电视机、个人音响、

---

① 尽管这些相关文化产品本身也可能存在着"设计"因素，但这并不是设计师工作的核心，其主要的使用功能才是这类产品价值的体现。

放映机等）。本报告研究所关心的文化产品主要指核心文化产品，因为核心文化产品更加体现了一国文化资本存量、文化创造性和文化竞争力的水平；而相关文化产品的生产只不过是国际化生产背景下专业化分工的结果。

文化服务本身并不代表物质文化产品，却能促进它们的生产和分配。例如，文化服务包括授权活动和其他与版权相关的服务、音像产品销售活动、艺术和文化演出宣传，以及文化信息服务和（书馆、文献中心、博物馆）收藏书籍、唱片、艺术品的活动。这些产品和服务大部分都受版权的限制。

在《1994～2003文化产品和文化服务的国际流动》中，联合国教科文组织给出了文化产品核心层和相关层（见表2—4）、文化服务核心层和相关层（见表2—5），以及对应的SITC3分类（见表2—6）。

表2—4　　　　　　　　　　文化产品统计指标体系

文化产品核心层		
大类	中类	小类
一、文化遗产	（一）古董	1. 100年以上的古董
二、印刷品	（一）图书	1. 印刷读物、小册子和传单等
		2. 儿童图片、图画和彩色书籍等
	（二）报纸和期刊	1. 报纸、杂志，不论是否装订或带插图
	（三）其他印刷品	1. 音乐，不论印刷品还是手稿，是否装订或带插图
		2. 地图、水文图或其他类似制图
		3. 明信片和问候卡
		4. 日历
		5. 图画、设计图和照片
		6. 邮票
三、音乐和艺术表演	（一）录音媒介	1. 留声机唱片
		2. 激光唱片
		3. 宽度大于4毫米的磁带
		4. 宽度介于4～6.5毫米的磁带
		5. 宽度大于6.5毫米的磁带
		6. 其他录音媒介

续表

文化产品核心层

大类	中类	小类
四、视觉艺术	（一）绘画	1. 绘画、图画、彩色蜡笔画和平贴画等
	（二）其他视觉艺术	1. 原创雕刻品、普通印刷物和平板印刷物
		2. 原创雕塑和雕像
		3. 小型雕像和其他装饰物
		4. 小型雕像和其他木制装饰物
		5. 小型雕像和其他陶制装饰物
		6. 小型雕像和其他镀金装饰物
		7. 其他金属制小型雕像和装饰物
		8. 经加工的动物的骨头、角、壳等及其加工而成的产品
五、视听媒介	（一）摄影	1. 摄像带和胶卷
	（二）电影	1. 电影胶片
	（三）新型媒介	1. 电视机用录像带或光盘

文化产品相关层

大类	中类	小类
一、音乐	（一）乐器	1. 乐器及其零部件
	（二）声音播放或录音设备	1. 电子声音生成设备
		2. 电子录音设备
		3. 录像及其生产设备
	（三）录音媒介	1. 空白录音带
二、影院和摄影	（一）照相机	1. 照相机及其附属设备
	（二）电影摄影机	1. 电影摄影机及放映机
		2. 图像放映机、照相放大器或缩小器
		3. 照相馆所用设备
	（三）照相馆和电影院使用的产品	1. 感光板，已曝光的胶片
		2. 未曝光的胶卷
		3. 易于感光但未曝光的照相纸和照相板
		4. 已曝光但未冲洗的感光板、胶片和照相纸
		5. 已曝光但未冲洗的感觉板和胶片
		6. 缩影胶片

续表

文化产品核心层		
大类	中类	小类
三、电视和收音机	（一）电视机	1. 电视机、录像监控器和放映机
	（二）收音机	1. 收音机、收音电话两用机
四、建筑和设计		1. 建筑、工程、工业、商业、地形规划和制图
五、广告		1. 广告材料、广告目录及相关产品
六、新型媒介	（一）软件	1. 用于复制的磁带
		2. 已录制的激光磁盘
		3. 其他已录制的激光磁盘
		4. 其他用于生产目的已录制的媒介

注：一些商品可能不具有文化性质，此分类只考虑具有文化性质的商品。

表 2—5　　　　　　　**文化服务统计指标体系**

大类	中类	小类
一、视听及相关服务	（一）视听及相关服务	1. 录音服务
		2. 声音后期处理服务
		3. 动作片、录像磁带和电视节目生产服务
		4. 收音机节目生产服务
		5. 视听生产支持服务
		6. 动作片和电视节目的发行服务
		7. 胶片和磁带的后期制作服务
		8. 其他与行为片、电视节目和收音机节目生产相关的服务
		9. 动作片放映服务
		10. 录像带放映服务
		11. 广播（规划和时间安排）服务
	（二）租赁服务	1. 电视机、收音机、录像机以及相关设备和附件的租赁服务
		2. 录像带的租赁服务
二、特许使用税和许可费		1. 计算机软件使用权的许可服务
		2. 娱乐设施、文学作品和听觉原著使用权的许可服务
		3. 其他非经济的无形资产使用权的许可服务

续表

大类	中类	小类
三、娱乐、文化和运动服务		1. 表演艺术活动的推广和组织服务
		2. 表演艺术活动的生产和表演服务
		3. 表演艺术活动设施的运转服务
		4. 其他表演艺术和现场娱乐服务
		5. 表演艺术家提供的服务
		6. 作者、作曲家、雕塑家和其他艺术家提供的服务
四、个人服务		1. 图书馆服务
		2. 档案馆服务
		3. 不包括历史遗址和建筑物在内的博物馆服务
		4. 对历史遗址和建筑物进行的保存服务
文化服务相关层		
（一）广告、市场研究和民意调查		1. 广告的规划、创造和布置服务
		2. 其他广告服务
		3. 交易会和博览会的组织服务
（二）建筑、工程和其他技术服务		1. 建筑咨询和设计前服务
		2. 建筑设计和合同管理服务
		3. 其他建筑服务
（三）新闻机构服务		1. 新闻机构对报纸和期刊提供的服务
		2. 新闻机构对视听媒介提供的服务

注：部分文化服务内容尚未在国际上达成共识。

表 2-6　　　　　UNESCO 分类下文化产品对应的 SITC 编码

核心文化产品（core cultural goods）	相关文化产品（related cultural goods）
文化遗产（SITC3：8965-8966） 　　——收集品和收藏家的珍藏品 　　——超过百年的古董 书籍（SITC3：8921） 　　——印刷的书、小册子、传单和蕾丝的印刷品等 　　——儿童图画书，绘画书/涂色书 报纸和期刊（SITC3：8922）	设备/支持材料（SITC3-761-762/882/898） 　　——乐器 　　——声音播放器和已记录声音的媒介 　　——电影摄录机和照相物资 　　——电视和收音机 建筑图纸贸易和贸易广告材料（SITC3-89282/89286）

续表

核心文化产品（core cultural goods）	相关文化产品（related cultural goods）
其他印刷品（SITC3：8924）	
——乐谱	
——地图	
——明信片	
——图片、设计图纸和照片	
记录媒介（SITC3：8986—8987）	
——唱片	
——预先录制的激光唱片，用于生产唱片	
——录制好的磁带	
——未另列明的已记录声音的媒介	
视觉艺术（SITC3：8961—8964）	
——绘画作品	
——其他视觉艺术（雕像、原始刻版书画、平板书画）	
视听媒介（SITC3：8826/883/89431）	
——带有电视接收机的视频游戏机	
——照相和电影胶片，已曝光和显影	

3. 中国有关文化产品及服务的分类及统计框架

2015 年，中国商务部、中宣部、文化部、新闻出版广电总局以及海关总署共同发布《对外文化贸易统计体系 2015》。该体系对进出口文化产品和文化服务进行了分类，其中进出口文化产品包括图书报纸期刊、音像制品及电子出版物、其他出版物等核心层产品，以及工艺美术品、收藏品、文化用品等相关层产品（见表 2—7）；进出口文化服务包括新闻出版服务、广播影视服务、文化艺术服务、文化信息传输服务核心层，以及文化创意和设计服务、其他文化服务相关层（见表 2—8）。

表 2—7　　　　　　　中国文化产品进出口统计目录（2015）

文化产品类别 （共 268 种海关商品编码）	海关商品编码 （HS2015）	海关商品名称
第一部分：核心层（39）		
一、出版物（39）		
（一）图书、报纸、期刊（9）		
1. 图书（7）	49011000、49019100、49019900、49030000、49040000、49059100、49059900	单张的书籍、小册子及类似印刷品；字典、百科全书及其连续出版的分册；儿童图画书、绘画或涂色书；乐谱原稿或印本；成册的各种印刷地图；其他书籍或印刷品
2. 报纸和期刊（2）	49021000、49029000	每周至少出版四次的报纸、杂志；其他报纸、杂志及期刊
（二）音像制品及电子出版物（20）		
1. 磁带（1）	85232928	重放声音或图像信息的磁带
2. 光盘（2）	85234910、95234990	仅用于重放声音信息的已录制光学媒体、其他已录制光学媒体
3. 唱片（1）	85238011	已录制唱片
4. 胶片（11）	37040010、37040090、37051000、37059010、37059021、37059029、37059090、37061010、37061090、37069090、37069010	已曝光未冲洗的电影胶片、教学专用幻灯片；书籍、报刊用的已曝光已冲洗的微缩胶片；其他已曝光冲洗的硬、软片
5. 新型存储媒介（5）	85232919、85235120、85235920、85238029、85238099	已录制磁盘；已录制固态非易失性存储器件；其他已录制半导体媒体、其他媒体
（三）其他出版物（10）		
其他出版物（10）	49051000、4906000、49090010、49090090、49100000、49111010、49119100、4911999 等	地球仪、天体仪；印刷或有图画的明信片；印刷的各种日历；印刷的图片、照片；其他印刷品

续表

文化产品类别 (共 268 种海关商品编码)	海关商品编码 (HS2015)	海关商品名称
第二部分 相关层 (229)		
二、工艺美术品及收藏品 (131)		
(一) 工艺美术品 (127)		
1. 雕塑工艺品 (9)	39264000、44201011、44201012、44201020 等	木刻、竹刻、木扇；已加工的兽牙及其制品；其他雕像及其他装饰品
2. 金属工艺品 (3)	83062100、83062910、83062990	镀贵金属的雕像及其他装饰品；景泰蓝雕塑品及其他装饰品；其他雕塑等
3. 花画工艺品 (14)	44140010、44140090、67021000、67029090 等	塑料、羽毛、丝、木制、化学纤维制花、叶、果实及其制品；拼贴画等
4. 天然植物纤维编制工艺品 (6)	46021100、46021200、46021910、46021920 等	竹、藤、草、玉米皮、柳条、其他植物材料编制的篮筐及其他制品
5. 抽纱刺绣工艺品 (19)	58101000、58109100、58109200、58109900 等	棉制、化学纤维、亚麻、其他纺织材料刺绣手帕、床上用织物制品、餐桌用织物制品
6. 地毯、挂毯 (3)	57021000、58050010、58050090	手织地毯、手工装饰毯等
7. 珠宝首饰及有关物品 (13)	71131110、71131190、71131911、71131919 等	银、黄金、珀金、贵金属、珍珠、宝石首饰等
8. 园林、陈设艺术陶瓷制品 (2)	69131000、69139000	瓷塑像、陶塑像及其他装饰用制品
9. 蚕丝及机织物 (58)	62141000、62151000、63022910、63023910 等	丝及绢丝制领带、床上织物、头巾、围巾等
(二) 收藏品 (4)		
收藏品 (4)	97040010、97040090、97050000、97060000 等	邮票、印花税票、收集品、超过 100 年古董等
三、文化用品 (54)		
(一) 文具 (5)		
文具 (5)	96033010、96033020、96083010、48021090 等	画笔、毛笔、宣纸、其他手工制纸及纸板

续表

文化产品类别 （共268种海关商品编码）	海关商品编码 （HS2015）	海关商品名称
（二）乐器（22）		
乐器（22）	92051000、92059010、92059020、92059090 等	铜管乐器；手风琴；口琴；打击乐器；乐器弦等
（三）玩具（12）		
玩具（12）	95030060、95030081、95030082、95030089 等	动物、智力玩具；玩偶；电动火车；玩具乐器
（四）游艺器材及娱乐用品（16）		
1. 露天游乐场所游乐设备（1）	95089000	其他游乐场娱乐设备
2. 游艺用品及室内游艺器材（7）	95043010、95043090、95043090、95045011 等	视频游戏控制器及设备；各种类型游戏机等
3. 其他娱乐用品（7）	95044000、95049030、95049040、95049090 等	扑克牌、象棋、跳棋、麻将、圣诞用品等
四、文化专用设备（44）		
（一）印刷专用设备（23）		
1. 胶印机（6）	8443110、84431311、84431312、84431313 等	平张纸进料式单色、双色、四色胶印机
2. 印刷机（17）	84431400、84431500、84431600、84431700 等	凹版、圆网、平网、其他网式及未列名印刷机
（二）广播电视电影专用设备（21）		
1. 广播电视接收及发射设备（3）	85255000、85256010、85256090	无线电广播、电视发送设备；卫星地面站设备、其他装有接收装置的发送设备
2. 广播电视节目制造设备（6）	85258011、85258012、85258013、85258031 等	电视摄影机、广播级视频摄录一体机等
3. 电影制作及放映设备（12）	85182200、85394100、90071090、90072010 等	多喇叭音箱、弧光灯、电影摄影、放映机等

表 2—8　　　　　　　　　**中国文化服务进出口统计目录（2015）**

文化服务类别（6 个大类，21 个种类，46 个小类）

大类	中类	小类
第一部分 核心层		
一、新闻出版服务	（一）出版服务	1. 图书、报纸、期刊出版
		2. 网络出版
		3. 音像制品及电子出版物出版
		4. 出版设计服务
		5. 出版印刷服务
		6. 版权和文化软件代理服务
	（二）新闻服务	通讯社服务
二、广播影视服务	（一）广播影视制作服务	1. 广播制作服务
		2. 电视制作服务
		3. 影视节目制作服务
		4. 录音制作服务
	（二）广播影视授权服务	1. 广播节目授权服务
		2. 电视节目授权服务
		3. 影视录音节目发行服务
	（三）广播影视对外工程服务	广播影视对外文化工程服务
三、文化艺术服务	（一）文艺创作与表演服务	1. 文艺创作与表演服务
		2. 艺术表演场馆服务
	（二）文化遗产保护服务	1. 文物及非物质文化遗产保护服务
		2. 博物馆服务
	（三）图书馆与档案馆服务	1. 图书馆服务
		2. 档案馆服务
	（四）文化艺术培训服务	文化艺术培训服务
	（五）其他文化艺术服务	"其他文化艺术业"的服务
四、文化信息传输服务	（一）互联网信息服务	互联网文化信息传输服务
	（二）电信信息服务（文化部分）	增值电信服务（文化部分）
	（三）广播电视传输服务	1. 有线广播电视传输服务
		2. 无线广播电视传输服务
		3. 卫星传输服务

文化服务类别（6个大类，21个种类，46个小类）		
大类	中类	小类
第二部分 相关层		
五、文化创意和设计服务	（一）广告服务（不含网络广告）	1. 户外广告
		2. 传统媒体广告
	（二）建筑设计服务	1. 房屋建筑工程设计服务
		2. 室内装饰设计服务
		3. 风景园林工程专项设计服务
	（三）专业设计服务	专业化设计服务
六、其他文化服务	（一）会展服务	会议及展览服务
	（二）文化代理服务	1. 文化贸易代理与拍卖服务
		2. 文化娱乐经纪代理服务
		3. 其他文化艺术经纪代理服务
	（三）文化休闲娱乐服务	1. 休闲健身服务
		2. 室内娱乐服务
		3. 游乐园服务
		4. 其他游乐活动
	（四）翻译服务	语言翻译服务
	（五）其他文化辅助生产服务	1. 公司礼仪和模特服务
		2. 大型文化活动组织服务
		3. 文化票务服务

　　可见，不同的文化产品和文化服务分类、不同的文化贸易统计框架会导致各国、各部门统计文化贸易进出口数据的口径和方法不一致，使研究结果出现较大差异。基于此，本报告的研究将以联合国教科文组织制定的相关文化统计框架以及中国《对外文化贸易统计体系2015》作为依据标准。其中，总论篇中，主要依据教科文组织框架下的统计和分类，研究能够体现各国文化内涵、差异化生产的核心文化产品，以此重点考察中国文化产品贸易的进出口规模、市场结构及商品结构等总体格局；在行业篇中，依据《对外文化贸易统计体系

2015》将文化服务进出口划分为新闻出版、广播影视、文化艺术、文化创意等部门，分别研究细分文化服务部门的发展及演变。

2.3　本章小结

基于联合国教科文组织关于文化贸易的分类框架，对文化贸易、文化产品、文化服务等相关概念进行了界定，并列示了文化产品和文化服务数据的分类标准，以确定文化贸易统计口径；以联合国教科文组织制定的相关文化统计框架以及中国《对外文化贸易统计体系 2015》作为后续统计依据。本章通过规范研究对象的概念及统计口径，确保报告所有定性及定量分析规范性和统计数据来源的一致性，为接下来对文化贸易的进一步研究奠定了基础。

第 3 章

文化贸易的理论基础

由于文化贸易是在 20 世纪 80 年代后才逐步兴起的，因此对其进行理论研究的国内外文献还比较少，缺乏系统性。现有文献的研究多集中在定性的理论层面的探讨，属于规范分析，缺乏定量的实证层面的验证。目前文化贸易理论还在发展之中，有关文化贸易的案例研究逐渐丰富，但理论研究相对不足，没有形成完整的体系。本章将在梳理文化贸易领域成熟文献的基础上，首先，就传统国际贸易理论对文化贸易的解释进行评价；其次，分别在新贸易理论和新新贸易理论框架下，就文化贸易模型进行探讨。

3.1 传统国际贸易理论对文化贸易的解释

在已有的文献中，大多理论和实证研究运用传统国际贸易理论对文化贸易进行解释。对普通的跨国产品贸易，人们通常倾向于以李嘉图的比较优势理论、H-O 的要素禀赋理论为分析工具。但由于国际文化贸易格局的复杂性，不同学者采用了不同的理论来解释。李怀亮（2003）从偏好相似理论解释文化产品进口和出口高度集中于少数几个国家的趋势。邱继洲（2005）运用比较优势理论对国际文化贸易的分析，认为由于发达国家早已完成了工业化进程，第三产业成为创造财富的主要手段。借助于网络化和信息化手段，发达国家的第三产业进一步升级，文化产业的异军突起就是第三产业升级的表现。

在国际文化产业的发展中，发达国家具有资金、技术、创意上的相对优势，从而可以拉开与发展中国家文化产品的价格差异，价格差异会导致文化产品由发达国家流入发展中国家。文化产品和文化服务是中高档消费品，某些文化产品和服务甚至是奢侈品，具有较高的需求收入弹性。文化背景相似的两个国家的消费者容易理解、接纳、欣赏来自对方的文化产品和文化服务。所以国际文化产品与文化服务贸易也呈现出产业内贸易的特征。还有学者运用波特的竞争战略理论解释文化产品的国际贸易。韩骏伟、胡晓明（2009）从产业融合理论进行解释，认为传统文化产业和新技术、新服务、新产业的融合创造出的产品往往具有较高的附加值，既可以作为传统文化产品的补充，也可以满足不同消费者的不同偏好，扩大了消费群体。

文化贸易实际上是产品和服务背后隐藏的文化。也就是说，在文化贸易中，实际交易的是各国不同的文化。所以，仅仅从一般贸易理论的角度考虑是不够的，还要涉及文化领域。白玲、吕东峰（2009）提出文化互补理论，文化互补理论有两个前提：不同国家和民族间的文化是不同的，人是有好奇心和探知欲的，不同国家生产者的文化背景是不一样的，所生产出来的产品即使是同一产品，仍然存在文化差异，这一差异永远存在。

3.1.1　比较优势理论

大卫·李嘉图在其代表作《政治经济学与赋税原理》中对比较优势理论进行了详尽阐述，该理论是在亚当·斯密的绝对优势理论的基础之上提出的。李嘉图认为，比较优势是指若一个国家生产一种产品的机会成本低于在其他国家生产该产品的机会成本，则该国在生产该种产品上就拥有比较优势。一国和另外一个国家相比，如果在两种商品生产上都处于绝对的优势或绝对的劣势，依据"两优取其重，两劣取其轻"的原则，国际分工和国际贸易在两国间仍可以发生。比较优势理论认为一些国家可以在各种产品上都具有绝对劣势，但是在某几种产品上具有比较优势，那么这些国家参与国际分工也能够获得贸易利益。如果各国都根据比较优势专业化生产并出口这些产品，那么就会获得更多的国际贸易利益，各个国家的人民生活水平也都将有所提高。

世界文化贸易格局是各国按比较优势分工的结果，比较优势理论可以运用到文化贸易中。例如，一个国家拥有要素禀赋、成熟的生产技术、很强的创新能力等比较优势的话，该国就可以培育文化产业，然后利用这一契机来发展文化贸易。

3.1.2 国家竞争优势理论

国家竞争优势理论是迈克尔·波特（Michalel E. Poter，1998）的主要理论贡献，波特认为，要素禀赋因素、需求条件、相关产业和支持产业、企业战略、结构和竞争、机遇和政府六个方面因素构成的动态激励、创新的竞争环境，是一国国际竞争优势的根源。根据该理论可知，影响一个国家的某个产业或者产业环节在国际竞争中是否具有优势的因素主要有四个基本因素和两个辅助因素，四项基本因素主要是指要素禀赋因素、国内外需求条件、企业战略、结构和竞争以及相关性产业和支持性产业的表现；两个辅助因素分别是机遇和政府作用。

该理论的主要观点有：

（1）要素禀赋包括物质资源、人力资源、资本资源、知识资源等，这些要素有些属于天然禀赋，有些属于后天创造。一国的产业要在国际竞争中保持优势地位，不仅要发挥天然禀赋，更要进行后天创造，创造出动态竞争优势。

（2）需求条件包括国内外市场的需求规模和需求水平。市场需求大，有助于本国企业迅速达到规模经济；而买主如果挑剔，必然提升国内企业的产品质量和服务水平，促进企业的技术升级和创新。

（3）一个国家的产业链越齐全，企业之间的互相沟通越频繁，越能促进企业的技术升级。

（4）企业的创立、组织、管理以及竞争对手的条件都将影响到产业的竞争优势，而激烈的同业竞争中往往能产生一些实力雄厚的企业，从而有利于产业获得较大的国际市场份额。

（5）机遇指的是一些重大的有利变化，但一个国家能不能把握这些机遇仍然取决于四个基本要素。

（6）政府可以通过四个基本要素而对产业和产业相关环节的发展施加影响，但不是直接参与。

波特的国家竞争优势理论不但强调了供给方面的要素分析条件，还突出了需求条件在竞争优势构建中的作用，是一种"动态比较优势"。该理论与比较优势理论不同的是，它在研究方法上突破了比较优势的分析范式，在内容和逻辑上是对比较优势理论的一种深入拓展。

3.1.3　产业内贸易理论

产业内贸易是产业内国际贸易的简称，其含义是指在某一段发展时间内，一个国家或地区的同一产业部门的产品同时存在着进口又存在出口的现象，它是以产品的异质性和规模经济为基础的。在产业内贸易理论中，符合产业内贸易标准的两种重要商品分别是同质产品和差异产品。所谓同质产品是指面对的产品消费者是一模一样的，产品之间互相具有完全替代性的商品，虽然同质产品多属于产业间贸易范畴，但由于市场区位、市场时间等的不同，也会发生产业内贸易。反观差别产品，它是指相似性的要素投入，基本相同的产品用途，虽然互相之间存在着替代性但又不能完全替代的产品。产业内贸易理论的主要内涵有：同类产品的异质性是产业内贸易的重要基础；经济发展水平相似性是产业内贸易的重要制约因素；造成产业内贸易的直接原因是自然禀赋和条件的差异性；同时，规模经济收益递增是产业内贸易的重要原因。

3.1.4　重叠需求贸易理论

重叠需求贸易理论最早由瑞典经济学家林德于 1961 年在《论贸易和转换》一书中提出，是一种从两国的需求结构与收入水平视角来探讨互相之间密切关系的贸易理论。林德的重叠需求理论认为两国人均收入水平越相近，双方需求结构的重叠部分也就越大，因此两国间的贸易关系也越紧密。

文化贸易适用于重叠需求理论，因为文化贸易分析满足该理论成立的三个基本条件，即一种产品的国内需求是能够确保其出口的前提条件、平均收入水平是影响一国需求结构的最主要因素、贸易国之间存在重叠需求。相对于一般的产品而言，文化产品和文化服务是中高档消费品，某些文化产品和服务甚至是奢侈品，具有较高的需求收入弹性。一个国家和地区的人均收入水平不断提高，其对文化产品和服务的需求才能不断增加，这就决定了国际文化贸易主要发生在收入较高的国家之间。

3.1.5　规模经济贸易理论

规模经济也被称为规模报酬递增，指的是所投入的等比例增长能够使产出超过该比例增长。马歇尔（1919）把规模经济分为内部经济和外部经济，普格尔和林德特（1953）将规模经济分为内部规模经济和外部规模经济。而徐松和刘玉贵（2005）提出将规模经济分为三个层次：第一个层次是内部规模经济，是指工厂或公司水平上的规模经济，可细分为工厂规模经济和范围经济；第二个层次为行业规模经济，是在假定厂商规模报酬不变时行业所存在的规模递增性，其来源是厂商没有能力完全利用知识或者信息，因而也是外部经济的一种存在形式；第三个层次是区域集中化经济，它也是外部经济的存在形式之一，通常被叫作集聚经济或者集群经济，是考虑了区位因素在内的行业规模经济，也称作区域行业规模经济。

规模经济理论在解释文化贸易方面仍然是适用的，无论企业内部规模经济理论，还是外部规模经济理论，对于分析文化贸易都具有其合理性。由于动态规模经济与知识积累有关，而文化产业往往也是人力资本密集型的产业，知识积累、知识扩散和学习效应常常会产生正的外部经济，因而利用动态规模经济理论也可以在一定程度上解释文化贸易。文化产品特别是文化创意产品具有初始成本比较高，但复制和传播具有规模递增的性质，在进行国家文化贸易时能够很好地体现，因此我们可以利用规模经济理论来解释国际文化贸易。

3.2　基于新贸易理论框架的文化贸易模型

传统的文化贸易模型大多直接基于引力模型，将文化距离、文化折扣等差异因素直观的视为"冰山成本"的一类，而忽视了文化差异因素是如何"进入"模型的。事实上，文化差异因素并不影响贸易的成本，而影响消费者在消费他国文化产品时的效用。

基于上述分析，我们沿着克鲁格曼的思路，考虑一个标准的 Dixit-Stiglitz 垄断竞争模型，假定文化产品消费者的效用方程满足 CES 形式，j 国消费者的效用取决于 i 国生产并出口到 j 国的文化产品 h 的数量 $x_{ij}(h)$，其中 $i=1,2,\cdots,s$，表示所有参与文化贸易的国家，并且每个国家是在递增的规模报酬下生产差异化的文化产品。

假定不同文化产品间的替代弹性为常数 δ，且 $\delta > 1$。考虑到不同国家间存在的文化差异性，我们用 a_{ij} 表示 i 国对 j 国文化产品出口的折扣关系，用以描述 j 国消费者对于 i 国生产的文化产品的"接受"程度。n_i 表示 i 国生产并用以出口的文化产品的种类数量，则相应的效用方程为：

$$U_j = \left[\sum_{i=1}^{s} \int_{n_i} (a_{ij} \cdot x_{ij}(h))^{\delta-1/\delta} \mathrm{d}h \right]^{\delta/\delta-1} \tag{3.1}$$

在均衡时，i 国生产并出口到 j 国的文化产品将具有相同的数量（Redding and Venables，2004），则上式可以从积分形式写为：

$$U_j = \left[\sum_{i=1}^{s} n_i \cdot (a_{ij} x_{ij})^{\delta-1/\delta} \right]^{\delta/\delta-1} \tag{3.2}$$

定义 i 国生产并出口到 j 国的文化产品价格为 p_{ij}，若 i 国文化产品的离岸价格为 p_i，则有：

$$p_{ij} = (1+\tau_{ij}) \ p_i = T_{ij} \cdot p_i$$

其中，τ_{ij} 表示 i 国和 j 国间的冰山成本等从价税形式的贸易成本。

在完成上述设定后，我们考虑 j 国消费者的效用最大化，令 $\rho = \delta - 1/\delta$。

$$U_j = \Big[\sum_{i=1}^{s} n_i \cdot (a_{ij} x_{ij})^{\rho} \Big]^{1/\rho}$$

$$\max U_j$$

$$\text{s. t. } \sum_{i=1}^{s} p_{ij} n_i x_{ij} = I$$

则 $F.o.C$ 为 $1/\rho \Big[\sum_{i=1}^{s} n_i \cdot (a_{ij} x_{ij})^{\rho} \Big]^{1/\rho} \cdot n_i \rho \ (a_{ij} x_{ij})^{\rho-1} \cdot a_{ij} = \lambda n_i p_{ij}$

解得：$\lambda = \Big[\sum_{i=1}^{s} n_i \cdot (a_{ij} x_{ij})^{\rho} \Big]^{1/\rho} / I$

设数量指数为：$Q = \Big[\sum_{i=1}^{s} n_i \cdot (a_{ij} x_{ij})^{\rho} \Big]^{1/\rho}$

则 $\lambda = Q/I$，代回 $F.o.C$ 并化简整理可有：

$$x_{ij} = Q^{\frac{\rho}{\rho-1}} \cdot p_{ij}^{\frac{1}{\rho-1}} / I^{\frac{1}{\rho-1}} \cdot a_{ij}^{\frac{\rho}{\rho-1}} \tag{3.3}$$

引入价格指数 G_j，使得 $G_j Q = I$ 成立，并代回 δ，则式（3.3）可整理为：

$$x_{ij} = Q \cdot (p_{ij}/G_j)^{-\delta} \cdot a_{ij}^{\delta-1} \tag{3.4}$$

进而 $G_j Q = I = \sum_{i=1}^{s} p_{ij} n_i x_{ij} = \sum_{i=1}^{s} p_{ij} n_i Q \cdot (p_{ij}/G_j)^{-\delta} \cdot a_{ij}^{\delta-1}$

化简归并可有，j 国对于文化产品消费的价格指数：

$$G_j = \Big[\sum_{i=1}^{s} a_{ij}^{\delta-1} n_i p_{ij}^{1-\delta} \Big]^{1/1-\delta} \tag{3.5}$$

同时定义 E_j 为 j 国对于 i 国生产并出口的文化产品的总支出，则 j 国进口的 i 国文化产品总量为：

$$n_i x_{ij} = E_j / p_{ij} \tag{3.6}$$

联立上述方程并化简：

$$n_i x_{ij} = E_j G_j^{\delta-1} \cdot n_i a_{ij}^{\delta-1} \cdot T_{ij}^{-\delta} p_i^{-\delta}$$

则 i 国对 j 国的文化产品出口总额为：

$$n_i p_i x_{ij} = \underbrace{(E_j G_j^{\delta-1})}_{j \text{ 国购买力}} \underbrace{(n_i p_i^{1-\delta})}_{i \text{ 国生产能力}} \underbrace{(T_{ij}^{-\delta})}_{\text{冰山成本}} \underbrace{(a_{ij}^{\delta-1})}_{\text{文化差异因素}} \qquad (3.7)$$

可以看出，i 对 j 的文化产品出口额取决于四个部分：一是 j 国总支出和价格水平的函数所反映的 j 国文化产品购买力；二是 i 国生产的文化产品种类和价格的函数反映的 i 国文化产品生产能力；三是传统文献中的"冰山成本"，包括共同边界、地理距离、殖民联系；四是我们所关心的造成文化差异的相关因素，包括文化距离、语言距离。考虑到 $\delta > 1$，直观地看，文化距离增大会减少 j 国对 i 国文化产品的"接受"程度，进而 a_{ij} 减小，降低 i 对 j 的文化产品出口。

3.3　基于新新贸易理论框架文化贸易模型

无论是传统贸易理论还是新贸易理论，都以"产业"作为研究单位；而并不涉及企业的边界问题，进而也忽视了企业的异质性与出口选择的问题。因此，在该部分，我们将结合梅里兹（Melitz，2003）的模型，从两个层面对文化产品进行探讨：

第一，假设出口固定成本来自进出口国双方，只要生产者进入一个新的出口市场就会产生相应的出口固定成本。

第二，假设固定成本来自全球所有贸易伙伴，即具有全球性。只要生产者进入一个新的出口市场就会产生这种全球性的贸易成本。

针对"贸易成本如何影响每部电影的票房"，我们的模型将给出截然不同的结论。同时，基于贸易成本产生于事前或事后两种情况，即贸易成本是否产生在厂商明确了其生产类型后，我们将对固定贸易成本对贸易模式的影响进行讨论。

3.3.1　基本模型的设定

本部分的研究主要以电影产品为例，而不考虑其他文化产品的存在。由于电影产品的消费具有离散性，所以我们采用离散选择模型的框架（Anderson，

Palma and Tisse，1992)。基本模型的设定与梅里兹（2003）相同：

假设存在多个行业，消费者满足科布—道格拉斯的效用函数，存在许多国家，其中 u 代表出口商，k 代表进口商；同时，根据梅里兹和奥塔维亚诺（Melitz and Ottaviano，2005）的模型，认为电影企业的利润加成具有异质性。

作为文化产品的一种，电影产品往往具有文化折扣的特征（Waterman，2005）。对于 k 国的消费者而言，同本国电影相比，u 国的电影带给消费者的效用往往会减少 δ_{uk}，其中 $\delta_{uk}>0$。δ_{uk} 代表了由于文化、习俗、价值观、翻译等原因造成 k 国电影文化价值的损失。一般而言，δ_{uk} 越小，两国文化、价值观、语言等因素就越为相似。

当然，电影产品也受到固定贸易成本与可变贸易成本的影响。我们将可变贸易成本定义为 $t_{uk}>0$，包括关税、国外电影销售额所征收的附加费用（Marvasti and Canterbery，2005）、电影分销商和国外电影放映商的交易成本（Gil and Laontaine，2007）、广告宣传费用和影片出版费用等。固定的出口成本主要和影片在国外的分销权、国际电影市场的竞争、出口影片的编辑与字母翻译等相关。一般而言，固定贸易成本分为两类：一类是特定市场的贸易成本（如果每一个国家或地区拥有其特定的市场竞争）；另一类是全球性的贸易成本（如果单一市场的竞争可以满足多个国家）。显然，可变贸易成本和固定贸易成本都拥有共同的决定因素，包括地理距离、语言、合同执行的成本。

对于 k 国而言，消费者 o 将从 n_k（本国和外国电影）中选择一部电影观看，如果他选择了影片 j，其效用函数为 $V_{jk}^o=v_{jk}+\varepsilon_{jk}^o$。
其中，ε_{jk}^o 是一个独立同分布且期望为 0，方差为 $\rho^2/6$，服从二元指数分布的随机变量。

v_{jk} 形式如下：

$$v_{jk}=\lambda_{jk}-\delta_{jk}-t_{jk}-p_{jk} \tag{3.8}$$

其中，p_{jk} 是指电影 j 在 k 国的价格（令 $\delta_{kk}=t_{kk}=0$）。

λ_{jk} 为需求解释变量，衡量电影的异质性。λ_{jk} 值越大，电影就越受欢迎，反之亦然。我们假定电影的受欢迎程度不取决于其放映所在国，对于所有国家 k

而言，可有 $\lambda_{jk}=\lambda_j$，同时，λ_j 服从 $G(\lambda)$ 的分布。

我们采用 Anderson 模型的结论，可以得到 u 国电影 j 在 k 国的票房数：

$$s_{juk} = (p_{juk}+t_{uk})\ \exp\ (\lambda_j-\delta_{uk}-t_{uk}-p_{juk})\ A_k \tag{3.9}$$

其中，$A_k=\alpha Y_k/M_k$，且 $M_k=\sum_l (p_{lk}+t_{lk})\exp(v_{lk})$，$Y_k$ 是收入，α 是电影行业的支出份额，p_{juk} 是电影 j 在 k 国的价格，M_k 描述了 k 国电影市场的竞争程度，类似于 CES 价格指数的形式。

式（3.10）描述了一个 CES 形式的每一种电影的需求方程。k 国电影 h 的国内票房数量为：

$$s_{hkk} = p_{hk}\exp\ (\lambda_h-p_{hk})\ A_k \tag{3.10}$$

我们假设电影的生产有以下四个步骤：

第一，u 国电影生产者雇佣 u 国 f_E 单位的劳动力来生产，称为沉没劳动投入；

第二，电影生产者将拥有一个服从 $G(\lambda)$ 分布的 λ 指数；

第三，电影的放映需要可变劳动力，该投入成本源于观众所在国市场；

第四，电影生产者获得利润。

考虑到电影生产者将拥有一个服从 $G(\lambda)$ 分布的 λ 指数，我们假设固定的生产成本产生在电影未获得知名度之前，我们将这种成本称为完全的沉没成本。这和梅里兹（2003）的模型不同，在梅里兹（2003）模型中假设固定的生产成本来源于企业的异质性，我们将其称作部分的沉没成本。相比较部分沉没成本，完全的沉没成本涵盖了电影生产者所面临的未知性风险和电影"寿命短"的特性。衡量一部电影知名度最佳指标是该影片放映一周的票房数量（特别是在本国电影市场），在这段时间内将存在电影的生产成本与国内发行成本。从大量的统计观察来看，三周时间后平均一部电影将获得其票房的 66% 的收益（Vany and Walls，1999）。

在梅里兹的模型中，我们将把生产者进入市场的沉没成本锁定在 N_k 上，即 k 国服从 $G(\lambda)$ 分布的电影生产者的数量。同时，假定每个电影公司都将生产一类特定的电影。但是，根据伯纳德·雷丁和肖泰（Bernard Redding and

Schott, 2006），我们的模型同样也考察了一个生产多种不同类型影片的电影公司。通常，大部分影片都是由几个大的电影工作室发行的，这其中也包括了电影的生产环节。虽然存在许许多多的影视公司或电影工作室，但实际上大部分高票房电影的发行一半是由电影工作室完成的。因此，我们不妨将电影工作室看作一个生产多部影片的影视公司。在一年内，一个电影工作室可以发行许多部电影，其中每一部电影都看成为一类特定的影视作品。由于电影的"寿命短"的特性，使每一个电影工作室生产的影片具有一定的差异性，来避免同时发行多部电影的情况。虽然一个工作室可以生产多部电影，但每类电影只生产一部。因此，在上述情况仍然适用于电影生产的四个步骤，我们也将对其进行进一步解释。

根据梅里兹的模型，我们假设电影行业是一个垄断竞争行业。根据式（3.9）和式（3.10），国内电影 h 的需求弹性为 p_{hkk}，u 国电影 j 在 k 国的需求弹性为 $(p_{ukj} + t_{uk})$。当电影价格上升时，电影的需求将更加富有弹性，电影生产商的利润加成将进一步降低，这种情况和梅里兹和奥塔维亚诺（2005）的线性需求所得结论一样。具体形式如下：

$$p_{hkk} = w_k + 1, \quad p_{ukj} + t_{uk} = w_k + 1 + t_{uk} \rightarrow p_{hkk} = p_{juk} = w_k + 1 \qquad (3.11)$$

其中，w_k 为 k 国的工资水平。由于文化折扣是本国市场偏好的原因之一，因此，它将不影响电影价格（Anderson and Wincoop, 2004）。类似地，λ_j 将影响电影的需求量却不影响价格。根据式（3.11），我们不难发现在 k 国市场中，本国和外国的电影价格是相同的。

一旦 k 国的电影生产者确定了自己的 λ，将会开始拍摄并制作电影，沉没成本随之产生，销售量和价格如式（3.10）、式（3.11）所示。令 n_{kk} 为 k 国电影数量，N_k 为 k 国服从 $G(\lambda)$ 分布的电影数量，且 $n_{kk} = N_k$。

为了得到 k 国电影在本国的票房，我们假设 $G(\lambda)$ 为指数分布，即 $G(\lambda) = 1 - d^\kappa \exp(-\lambda\kappa)$，$\kappa > 0$ 且 $\lambda \in [\ln d, +\infty)$。

根据式（3.9），我们令 s_{hkk} 为帕累托分布，且 k 国电影的票房数量为：

$$S_{kk} = N_k \int_{\ln d}^{\infty} s_{hkk} \, \mathrm{d}G(\lambda) = n_{kk}(w_k + 1)e^{-(w_k+1)} A_k \frac{\kappa d}{\kappa - 1} \qquad (3.12)$$

当 k 国的支出 A_k 增加或 k 国工资 w_k 减少，k 国本国电影的票房数量将上升。

3.3.2　全球固定贸易成本下的企业出口选择

本部分我们将具体考察 u 国电影生产者，且这些生产者将准备向 k 国出口。当 λ 确定后，出口行为将产生全球性固定贸易成本，即 f_G 单位的 u 国劳动力。在电影行业中，电影生产者首先在国内进行电影的发行与放映，如果电影在国内取得好评，他们才将影片进行出口。因此，我们允许电影生产者在进行出口决定前可以观察到自己属于哪一类生产厂商，即仅在国内进行销售、还是从事电影的出口的两种类型。如果电影生产者可以支付其固定贸易成本，则其电影将出口到所有国外市场。根据式（3.9），u 国电影 j 的生产商将在 k 国获得 s_{juk} 的票房数量。电影 j 的出口总票房数量为 $\sum\limits_{k\neq u} s_{juk}$，电影 j 出口的利润为：

$$\pi_{ju} = e^{\lambda_j} Q_u - f_G w_u, Q_u = \sum_{k\neq u} e^{-(w_k+1+t_{uk}+\delta_{uk})} A_k \qquad (3.13)$$

令 $\pi_{ju}=0$，则 λ 的临界值为：

$$\lambda_0 = \ln\frac{w_u f_G}{Q_u} \qquad (3.14)$$

根据式（3.14），由于固定贸易成本具有全球性，λ_0 不会随着进口国家的改变而改变。一旦影片出口到国外，它将出口到世界所有的国家。u 国将生产两类电影：一种是只在国内放映的（$\lambda_j<\lambda_0$）；另一种是出口到世界所有的国家的。

根据 λ_0，我们将得到 u 国出口到 k 国的影片数量：

$$n_{uk} = N_u\int_{\lambda_0}^{\infty} \mathrm{d}G(\lambda_j) = N_u d^k \exp(-\lambda_0\kappa) \qquad (3.15\mathrm{a})$$

以及 u 国电影在 k 国的票房数量：

$$S_{uk} = N_u\int_{\lambda_0}^{\infty} s_{juk}\,\mathrm{d}G(\lambda_j) = n_{uk}(1+w_k+t_{uk})e^{-(w_k+1+t_{uk}+\delta_{uk})} A_k\,\frac{\kappa e^{\lambda_0}}{\kappa-1} \qquad (3.15\mathrm{b})$$

根据式 (3.15b)，S_{uk} 将随着 k 国经济情况变化而变化，比如 k 国的支出和可变贸易成本。

上述变化主要由两部分组成：广义边际，即 u 国出口到 k 国的影片数量；集约边际，即 u 国每部电影平均票房数量。在式 (3.15a) 中，广义边际是对特定的出口国家而言的，不随着进口国家经济情况的变化而变化，因此，S_{uk} 的变化会受到集约边际的影响。考虑到固定出口成本不随着进口国家改变而改变，因此固定出口成本并不影响集约边际。

结合上述方程，我们有：

$$\ln\left(\frac{S_{uk}/n_{uk}}{S_{kk}/n_{kk}}\right)=-\delta_{uk}-t_{uk}+\ln\left(1+\frac{t_{uk}}{w_k+1}\right)+\ln C_u \approx -\delta_{uk}-t_{uk}\frac{w_k}{w_k+1}+\ln C_u$$

$$\approx -\delta_{uk}-t_{uk}+\ln C_u \tag{3.16}$$

其中，$C_u=\exp(\lambda_0)/d$。根据式 (3.16)，S_{uk}/n_{uk} 和 S_{kk}/n_{kk} 为 u 国电影在 k 国的平均票房数量和 k 国本国的平均票房数量。式 (3.16) 左边，我们称为平均票房比率。对式 (3.16) 两边取对数后，市场竞争度 M_k 与本国电影支出 αY_k 将被剔除。不难发现，平均票房率与可变贸易成本呈负相关。

如果我们剔除电影生产者的异质性因素和固定出口成本，我们得到的结果和式 (3.16) 相似：

$$\ln\left(\frac{S_{uk}/n_{uk}}{S_{kk}/n_{kk}}\right)\approx -\delta_{uk}-t_{uk} \tag{3.17}$$

式 (3.17) 和标准的垄断竞争模型十分相似。正如式 (3.16) 所示，S_{uk} 的变动将受到集约边际的影响。但区别于梅里兹的模型，该方程得出的结论与之相反。

3.3.3 双边固定贸易成本下的企业出口选择

接下来，我们将考虑双边固定贸易成本的情况。为了出口电影，电影生产商将受到目标市场固定成本的影响。向 k 国出口 u 国的一部电影将需要 f_{uk} 个单位 k 国的固定劳动投入。其余假定同前文。在这里，虽然梅里兹（2003）没有考虑到具体固定的贸易成本（双边或全球性）情况，但在研究企业异质性的大部分文献中都考虑了双边固定贸易成本的情况。

对于 u 国的生产者而言，向 k 国出口电影 j 的利润为：

$$\pi_{juk} = e^{\lambda_j - (w_k + 1 + t + \delta)} A_k - f_{uk} w_k \tag{3.18}$$

令 $\pi_{juk} = 0$，可得到临界值 λ_{out}：

$$\lambda_{out} = w_k + 1 + t_{uk} + \delta_{uk} + \ln \frac{w_k f_{uk}}{A_k} \tag{3.19}$$

当 k 国的工资上升，将提高 u 国电影的固定出口成本，使得其需求更富有弹性，降低其利润加成。上述两种效应均会降低 u 国电影在 k 国的利润，并提高临界值 λ_{ouk}。上述特征在奥塔维亚诺和梅里兹（2005）的文章中均有体现。

利用 λ_{ouk}，我们将得到 u 国电影出口到 k 国的电影数量：

$$n_{uk} = N_u \int_{\lambda_{out}}^{\infty} dG(\lambda_j) = N_u d^\kappa \exp(-\lambda_{out}\kappa)$$

以及 u 国电影出口到 k 国的票房数量：

$$S_{uk} = N_u \int_{\lambda_{out}}^{\infty} s_{juk} dG(\lambda_j) = \frac{\kappa d^\kappa e^{-\lambda_{out}(\kappa-1)}}{(\kappa-1)} N_u (w_k + 1 + t_{uk}) e^{-(w_k + 1 + t_{uk} + \delta_{uk})} A_k$$

$$= \frac{\kappa n_{uk}}{\kappa - 1} (w_k + 1 + t_{uk}) w_k f_{uk} \tag{3.20}$$

进而我们有：

$$\ln\left(\frac{S_{uk}/n_{uk}}{S_{kk}/n_{kk}}\right) = \ln(f_{uk}) + \ln\frac{w_k}{A_k} + w_k + \ln\left(1 + \frac{t_{uk}}{w_k + 1}\right) + C_3$$

$$\approx \ln(f_{uk}) + \ln\frac{w_k}{A_k} + w_k + \frac{t_{uk}}{w_k + 1} + C_3 \tag{3.21}$$

其中，$C_3 = 1 - \ln d$。平均票房比率与固定贸易成本、可变贸易成本呈正相关，但和进口国家电影支出份额呈负相关。

可见，固定贸易成本对集约边际与广义边际有着重要影响，当固定贸易成本从全球性贸易成本向双边贸易成本转变，平均票房比率与贸易成本的关系将从负相关变成正相关。

3.3.4 完全沉没成本与部分沉没成本下的企业出口选择

与已有文献不同，在生产成本的处理方面，本部分假定生产成本是一种完全的沉没成本（事前成本，即贸易成本产生在电影生产者确定生产类型前，无论是在本国销售还是出口到国外）。接下来，我们将假定贸易成本是一种部分的沉没成本（事后成本，即贸易成本产生在电影生产者确定生产类型后）。

假设 k 国电影 h 的生产者需要 b 单位的 k 国劳动力作为其生产类型确定后（λ_j 确定）的固定生产成本。同时，认为在 N_k 个电影中，只有 $n_{kk} < N_k$ 最终被拍摄。因此，当电影生产者的 λ_j 确定后，为了避免支付额外的固定生产成本，生产者或许不决定对电影 h 进行出口。

与前述情况相类似，我们将得到电影 h 的利润：

$$\pi_{hkk} = e^{\lambda_m - w_k - 1} A_k - b w_k , \quad A_k = \alpha Y_k / M_k$$

临界值 λ：

$$\lambda_{0kk} = w_k + 1 + \ln \frac{w_k b}{A_k}$$

k 国实际拍摄的电影数量：

$$n_{kk} = N_k \int_{\lambda_{0kk}}^{\infty} dG(\lambda_h) = N_k d^{\kappa} \exp(-\lambda_{0kk} \kappa)$$

以及 k 国电影的总票房数量：

$$S_{kk} = N_k \int_{\lambda_{0kk}}^{\infty} s_{hkk} dG(\lambda_h) = \frac{\kappa d^{\kappa} e^{-\lambda_{0kk}(\kappa-1)}}{(\kappa-1) e^{w_k+1}} N_k (w_k + 1) A_k = \frac{\kappa n_{kk}}{\kappa - 1} (w_k + 1) w_k b$$

实际拍摄电影的比率 n_{kk}/N_k 将随着本国市场的经济情况改变，例如，本国支出和电影的支出份额，同时也受到调整机制的影响，这种调整机制在完全沉没成本情况下不存在的。

为了进一步分析这种调整机制的重要性，我们将考虑一下其对 k 国电影的本国票房的影响，即 S_{kk}。假设 k 国的规模上升，且在已知 λ 情况下 N_k 不发生任何改变。此时，S_{kk} 将上升。从式（3.10）我们不难看出此时 k 国每一部电影的国内票房数量将上升。由于每部电影的利润将上升，k 国将有更多电影被拍摄，即 n_{kk} 上升。

事实上，k 国市场规模的变化对集约边际 S_{kk}/n_{kk} 没有影响，但 S_{kk} 将会根据广义边际进行调整。相反，在完全的沉没成本模型中，市场规模将不会改变实际拍摄电影的数量；此外，S_{kk} 将会根据集约边际进行调整。

进一步，我们可以得到不同固定贸易成本假设下的平均票房比率。如果固定贸易成本是全球性的，则有：

$$\ln\left(\frac{S_{uk}/n_{uk}}{S_{kk}/n_{kk}}\right) = -\delta_{uk} - t_{uk} - w_k + \ln\left(1 + \frac{t_{uk}}{w_k+1}\right) + \ln\frac{A_k}{w_k} + C_{u1}$$

$$\approx -\delta_{uk} - t_{uk} - w_k + \ln\frac{A_k}{w_k} + C_{u1} \qquad (3.22)$$

其中，$C_{u1} = \lambda_{0u} - \ln b - 1$。显然，平均票房率与可变贸易成本成反比，但不同的是，与进口国家的支出成正比。本国电影的生产将根据广义边际进行调整，但电影的出口将根据集约边际进行调整，使得进口国的经济情况对国外和国内电影的票房量产生不同的影响。

如果固定的贸易成本是双边的，则有：

$$\ln\left(\frac{S_{uk}/n_{uk}}{S_{kk}/n_{kk}}\right) = \ln\frac{f_{uk}}{b} + \ln\left(1 + \frac{t_{uk}}{w_k+1}\right) \approx \ln\frac{f_{uk}}{b} + \frac{t_{uk}}{w_k+1} \qquad (3.23)$$

式（3.23）同梅里兹（2003）的模型结论十分相似，平均票房率与固定和可变的贸易成本呈正相关，但不同的是，其与进口国经济情况不相关。本国与外国电影的票房只随着广义边际进行调整，使得进口国经济情况对两类电影生产者的平均票房量影响相同。

3.4　本章小结

文化产品作为特殊的商品，既有一般贸易商品的共同性，又有其自身的独特性。因此，对于文化贸易的理解，仅从传统的一般贸易理论出发是不够的。

区别于已有文献认为的文化差异因素影响贸易成本，本章基于新贸易理论框架下的垄断竞争模型，通过引入文化产品影响消费者效应这一变量，推导得出文化产品进口国的购买能力、出口国的生产能力、传统文献中地理距离等冰山成本，以及文化距离等文化因素是影响文化贸易的主要因素。此外，以影视产品为例，利用新新贸易理论框架下的企业异质性模型分析了存在双边固定贸易成本与全球固定贸易成本两种情况下贸易成本对电影票房的影响，以此为例利用新新贸易理论解释了文化贸易。

第 4 章

中国文化产品贸易的总体地位

　　文化贸易是国家（地区）之间、经济体之间的文化交换行为，既包括了有形的商品形态，也包括了无形的服务形态。文化贸易不同于普通产品贸易，带给一国的福利不仅体现在市场份额的占有和利润的获得上，更体现在文化产品出口国对进口国产生的文化影响力上，具体指进口国对出口国文化的接受和认知程度。随着中国加入 WTO、对外开放的进一步深化和党的十九大关于提高国家文化软实力战略任务的提出，中国对外文化贸易快速发展，增长速度超过世界平均水平；与此同时，贸易结构、产品结构、市场结构和行业结构也在不断发生着变化。

　　本章依据联合国教科文组织制定的相关文化统计框架及分类，就中国核心文化产品贸易的整体发展现状进行描述，并通过国际间的比较来研究中国文化产品贸易的总体地位。

4.1　中国核心文化产品贸易的发展规模

　　随着经济全球化的推进，国家和地区间的文化产品贸易发展迅速，并在全球贸易中显现出勃勃生机。来自联合国贸易和发展会议数据库（UNCATD）的数据表明，文化产品的贸易出口总额从 2002 年的 1 982 亿美元增长到 2012 年的 3 832 亿美元，年均增长率 8.7%，与同时期商品贸易出口增幅持平；而文化服务贸易出口以高于同期国际服务贸易 3.2% 的年均增速发展（达到 14.4%），从 2002 年的 496 亿美元增长到 1 450 亿美元[①]。特别是在 2009 年，世界贸易在金融危机的冲击下整体萎缩时，文化产品贸易的降幅远低于一般商品贸易，体现出文化产品贸易较强的抗经济波动的能力。图 4—1 直观地描述了这一变动过程。

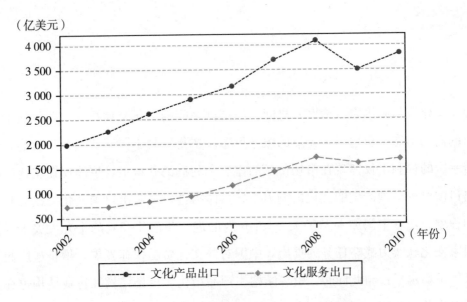

图 4—1　2002~2010 年世界文化产品出口和服务出口情况

从目前的文化统计框架的划分来看，近十年来文化贸易中文化产品贸易的比重一直保持在 75% 以上，而当前对文化服务贸易的统计只涵盖了个人娱乐，而对于涉及版权交易以及商业存在形式的服贸易形式却没有包括。统计上的局限性，加之文化服务贸易原本所占比重并不高，故下面的探讨并不将文化服务

---

① 从理论划分上，版权转让贸易应该属于文化服务贸易的组成部分，但由于数据的搜集上存在很大困难，所以在文化服务贸易数据库中并没有列出版权转让的内容，上述列出的数据存在着一定向下偏误，当然，这没有影响我们的基本判定。

贸易作为重点。数据主要来源于联合国商品贸易数据库（UNCOMTRADE）和联合国贸发数据库（UNCATD）。

区别于核心文化产品，相关文化产品贸易也受到世界文化贸易发展趋势的带动。2000～2010 年，世界相关文化产品贸易的年均增长速度为 8.58%，到 2011 年时，相关文化产品出口比重达到世界商品贸易的 7.3%。

从全球范围的文化产品出口贸易来看，发达国家占据传统的主导地位，但是近年来发展中国家增长态势迅猛。在 2002 年文化产品出口市场上，发达国家所占比重达到了 62.1%，而发展中国家仅为 37.3%；但到了 2010 年，发达国家和发展中国家所占比重各自为 51.2% 和 48%，分别下降了 10.9% 和增长了 10.7%。此消彼长之间，发达国家和发展中国家在贸易量上"平分秋色"。但这仅是表象，通过研究出口文化产品的结构我们发现，发达国家在视觉艺术、视听产品、新兴媒体、表演艺术等文化艺术含量更高、意识形态更强的核心文化产品贸易方面占有绝对优势；而发展中国家则更依赖于乐器制造、视听设备、手工艺品等劳动密集型的相关文化产品出口。

从文化产品进口贸易来看，发达国家占据文化产品进口的 70% 以上，居于主导地位，并且这一现状并没有因为发展中国家出口贸易的发展而改变。到 2010 年时，发达国家的文化产品进口总额占全部进口贸易的 75.2%，而发展中国家仅 22.5%，并且这一比重从 2002 年以来增速缓慢。较高的经济发展水平和消费结构，决定了发达国家对文化产品有更大的消费需求。就世界文化产品贸易的实际来看，发达国家既是核心文化产品的主要出口国，也是核心文化产品的主要进口国和消费国。

近十年来，文化产品贸易的一个突出现象是跨国公司越来越成为主导全球文化贸易的重要载体。自 2000 年以来，随着诸如时代华纳、美国电讯公司、新闻集团、国家广播环球公司、哥伦比亚广播公司、贝塔斯曼、迪斯尼集团、默多克、威望迪、维亚康姆、索尼、威廉希尔等跨国传媒集团的并购重组，全球文化产业格局也随之调整，来自西欧及日本、美国的跨国公司涵盖了全球文化贸易量的 2/3。国际文化贸易由政府主导逐渐转变为跨国公司主导的模式。

随着经济全球化的推进，国家和地区间的文化产品贸易发展迅速，并在全球贸易中呈现其重要的地位。尤其是伴随着中国文化产业的较快发展，中国核心文化产品的国际化进程也逐渐加快，文化产品贸易取得了一定成绩，这使得中国的文化在世界上的影响力与日俱增；但中国文化贸易仍处于初级阶段，并呈现以下特点：

首先，中国的文化产品贸易处于持续增长的阶段。来自联合国商品贸易数据库的数据表明，中国核心文化产品的贸易进出口总额从 2002 年的 46.62 亿美元，增长到 2016 年的 152.13 亿美元（见图 4-2），15 年间增长了约 3 倍。

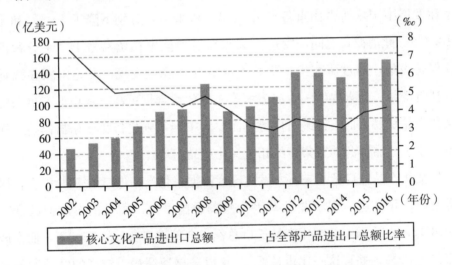

图 4-2　2002～2016 年核心文化产品进出口贸易发展趋势

尤其在 2002～2008 年，中国核心文化产品的贸易处于高速增长阶段（见图 4-2），6 年内中国核心文化产品进出口总额增加近 2 倍。自 2000 年以来，中国政府提出推动文化产业成为支柱性产业的政策后，逐步提高了对于文化贸易的重视程度，加之中国市场在国际分工中处于的有利地位，使得中国文化产品贸易得到了迅猛发展。2009 年，由于受到全球范围内金融危机的影响，世界贸易整体急剧萎缩，核心文化产品进出口总额也从 2008 年的 124.63 亿美元，急剧下降到了 2009 年的 90.83 亿美元，环比下降了 27.12% 之多；随着全球经济复苏，中国核心文化产品贸易再度增长至 2016 年的 152.13 亿美元，超过 2008 年金融危机之前的文化产品贸易水平。

　　其次，虽然中国核心文化产品贸易处于快速发展阶段，但是它仍然处于初级发展阶段。15 年来，核心文化产品进出口总额占中国全部商品进出口总额的比重，基本维持在 5‰ 左右（见图 4－2），占比最高的年份也仅达到 7.51‰（2002 年），还不到中国商品贸易总额的 1%。由此可见，核心文化产品贸易在中国商品贸易中，仍然处于较低的地位，贸易所占比重可以说是微不足道。因此，中国核心文化产品产业仍然具有很大的发展空间，为了提升中国文化在世界上的影响和地位，加强国际间的文化交流，中国仍应大力加强核心文化产品产业的发展，促进国际文化交流与进步。

　　此外，一个国家、地区的产品进出口贸易结构，可以很好地反映该国在相关产业方向的优势与劣势所在，进而反映出相关产业的结构特点以及产品在国际市场上的竞争力。就中国的核心文化产品的进口贸易与出口贸易而言，两者呈现出不太相同的态势。

　　从图 4－3 可知，2002～2016 年，中国核心文化产品出口额始终大于进口额，表现为顺差；同时，核心文化产品出口占中国全部产品出口总额的比重，明显大于核心文化产品进口额所占全部商品进口总额的比重，在核心文化产品贸易中占主导地位；但总的来说，两者所占全部商品进口（出口）贸易总额的比重仍低于 1%，其中，进口所占比重甚至不超过 4‰。虽然，中国核心文化产

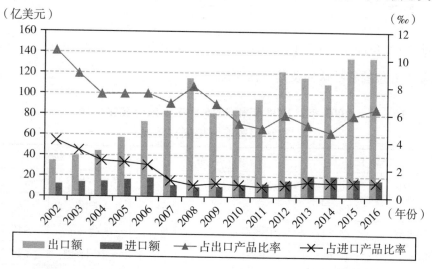

图 4－3　2002～2016 年核心文化产品进口（出口）发展趋势

品进口（出口）贸易在全部商品贸易中，均处于较低的地位，但是，中国核心文化产品的进/出口贸易，却处于快速发展阶段。尤其是中国核心文化产品的出口，在绝大多数年份，处于高速增长阶段。

综上所述，中国核心文化产品贸易处于快速增长的初级阶段，进出口贸易增长速度较快，但占全部商品贸易比重较低；核心文化产品出口贸易在中国核心文化产品贸易中占主导地位，中国更多的是在输出本国文化；然而，对于外国文化产品的进口，由于中国文化产业的管理制度中，对文化产品的进口存在一定程度的限制，因此，中国核心文化产品进口贸易处于高速增长阶段，但却远远低于出口贸易的增长，并没能做到完全开放地融入全球文化交流当中去。

4.2　中国核心文化产品贸易的市场结构

在分析中国核心文化产品贸易发展规模的基础上，本节将进一步探讨中国核心文化产品贸易的市场结构，分析中国主要的文化贸易伙伴及其相互关联程度。

4.2.1　中国核心文化产品进出口贸易的市场结构

表4—1反映了2002年、2008年、2016年中国核心文化产品进出口总贸易排名前十五位的贸易伙伴及其占比情况。

表4—1　　　　2002年、2008年和2016年中国核心文化产品
进出口国家（地区）情况

2002 年		2008 年		2016 年	
国家（地区）	占比（%）	国家（地区）	占比（%）	国家（地区）	占比（%）
美国	28.95	美国	36.04	美国	32.72
中国香港	24.51	中国香港	25.80	荷兰	16.77
荷兰	16.09	德国	9.76	中国香港	10.58

续表

2002 年		2008 年		2016 年	
国家（地区）	占比（%）	国家（地区）	占比（%）	国家（地区）	占比（%）
德国	8.15	英国	6.29	英国	8.04
日本	8.04	日本	4.80	日本	7.31
英国	2.76	荷兰	2.97	加拿大	6.41
新加坡	2.00	澳大利亚	1.74	澳大利亚	2.36
加拿大	0.97	加拿大	1.62	德国	1.58
韩国	0.88	新加坡	1.04	韩国	0.85
澳大利亚	0.57	韩国	0.90	法国	0.68
法国	0.35	法国	0.53	新加坡	0.54
俄罗斯	0.22	俄罗斯	0.52	意大利	0.32
意大利	0.17	意大利	0.24	巴西	0.24
印度	0.09	巴西	0.23	印度	0.16
新西兰	0.03	印度	0.08	俄罗斯	0.10
总占比	93.76	总占比	92.55	总占比	88.65

资料来源：联合国商品贸易数据库（UN COMTRADE）。

可以看出，2002 年中国核心文化产品进出口总额排在前十五位的国家（地区）分别是美国、中国香港、荷兰、德国、日本、英国、新加坡、加拿大、韩国、澳大利亚、法国、俄罗斯、意大利、印度、新西兰。中国与这十五个国家（地区）的核心文化产品进出口贸易额占中国全部核心文化产品进出口贸易额的比重高达 93.76%，说明 2002 年中国核心文化产品进出口贸易集中程度极高，中国主要是与这些发达或者高收入国家（地区）进行核心文化产品贸易。其中，中国与美国、中国香港、荷兰的核心文化产品进出口贸易额分别是 12.01 亿、10.17 亿和 6.67 亿美元，占全部核心文化产品进出口贸易额的比重分别是 28.95%、24.51% 和 16.09%。中国与这三个国家（地区）的贸易额就高达中国全部核心文化产品贸易额的 69.55%，可见这三个国家（地区）是中国极其重要的文化贸易对象。

2008 年，巴西取代新西兰成为中国核心文化产品进出口贸易的前十五位国家（地区）。虽然中国与巴西的核心文化产品进出口额占比仅为 0.23%，但说明中国与其他发展中国家的核心文化产品贸易逐渐增多，尤其是与巴西、印度、俄罗斯等金砖国家的贸易往来加强。对比 2002 年，2008 年中国与前十五位贸易伙伴的核心文化产品进出口额的总占比已降为 92.55%，同样表明中国核心文化产品进出口贸易集中度在降低。此外，其他国家（地区）的贸易占比及贸易排名在发生不同程度的变化：美国和中国香港仍然排在中国核心文化产品进出口贸易的前两位，且占比分别由 2002 年的 28.95%、24.51%增加到 2008 年的 36.04%、25.80%，可见中国与美国在核心文化产品贸易方面的关联更加紧密；荷兰则被德国、英国和日本超越，由 2002 年的第三位降到第六位，占比由 16.09%减少到 2.97%。

2016 年，中国核心文化产品进出口贸易的前十五位贸易伙伴没有发生变化，但中国与这十五个国家（地区）的进出口贸易总占比进一步减少到 88.65%，说明中国与其他国家（地区）的文化产品贸易往来日益频繁和增加，中国核心文化产品进出口贸易的集中度逐渐减小。具体来看，2016 年美国仍是中国最大的核心文化产品进出口贸易伙伴，贸易额占比相比 2008 年虽有所下降，但仍超过 30%；荷兰与中国的核心文化产品贸易显著增加，成为第二大贸易伙伴，占比也回升到 2002 年的大致水平 16.77%；中国香港与内地的核心文化产品进出口贸易减少，占比降低到 10.58%。中国与美国、荷兰和中国香港这三个国家（地区）之间的核心文化产品贸易占比一直超过 60%，可见这三个国家（地区）始终是中国核心文化产品最重要的贸易伙伴。

4.2.2 中国核心文化产品出口贸易的市场结构

表 4—2 反映了 2002 年、2008 年、2016 年中国核心文化产品出口排名前十五位的贸易伙伴及其占比情况。整体来看，中国核心文化产品出口贸易主要伙伴与进出口总贸易的主要伙伴基本一致，2002 年排名前十五位国家（地区）分别是美国、中国香港、荷兰、日本、英国、加拿大、韩国、澳大利亚、德国、新加坡、俄罗斯、法国、印度、意大利和新西兰，中国与这十五个国家（地

区）的核心文化产品出口额占中国核心文化产品出口总额的比重高达 97.12%，其中仅前三位的美国、中国香港和荷兰就占比 81.77%，可见中国核心文化产品出口贸易的集中程度比进出口总贸易的更为严重。2016 年，中国核心文化产品出口的主要贸易伙伴依旧是美国、荷兰、中国香港、英国、加拿大、日本、澳大利亚、德国、韩国、法国、巴西、新加坡、意大利、印度和俄罗斯。虽然中国与这些国家（地区）的出口额占比已由 2002 年的 97.12% 逐渐降低到 2016 年的 92.65%，但贸易集中度仍然偏高。与此同时，出现好转的是，2016 年，美国、荷兰和中国香港的出口总占比已明显下降为 64.37%，而巴西逐渐成为中国核心文化产品的重要出口目的国家，占比已达到 0.25%，也成为中国核心文化产品出口贸易排名第十一位的国家。

表 4—2　　　　2002 年、2008 年和 2016 年中国核心文化产品出口国家（地区）情况

2002 年		2008 年		2016 年	
国家（地区）	占比（%）	国家（地区）	占比（%）	国家（地区）	占比（%）
美国	31.63	美国	37.82	美国	34.76
中国香港	28.54	中国香港	27.28	荷兰	18.58
荷兰	21.60	德国	10.20	中国香港	11.03
日本	8.77	英国	5.96	英国	7.84
英国	2.91	日本	4.04	加拿大	7.11
加拿大	1.17	荷兰	3.05	日本	7.07
韩国	0.53	澳大利亚	1.86	澳大利亚	2.62
澳大利亚	0.52	加拿大	1.74	德国	1.30
德国	0.47	新加坡	0.97	韩国	0.82
新加坡	0.40	韩国	0.84	法国	0.60
俄罗斯	0.23	俄罗斯	0.53	巴西	0.25
法国	0.15	法国	0.45	新加坡	0.25
印度	0.11	巴西	0.25	意大利	0.17
意大利	0.05	意大利	0.22	印度	0.17
新西兰	0.03	印度	0.09	俄罗斯	0.09
总占比	97.12	总占比	95.31	总占比	92.65

资料来源：联合国商品贸易数据库（UN COMTRADE）。

4.2.3　中国核心文化产品进口贸易的市场结构

对比表4—2和表4—3可知，中国核心文化产品进口贸易的市场结构较为多元，贸易集中度明显优于核心文化产品进出口总贸易及出口贸易。具体来看，2002年，德国是中国核心文化产品最大的进口来源地，占中国核心文化产品总进口的29.32%；其次是美国和中国香港，分别是21.56%和13.40%。这三个国家（地区）的占比总计超过60%，表明2002年中国核心文化产品进口主要来自这三个国家（地区）。

表4—3　　　　　2002年、2008年和2016年中国核心文化产品
进口国家（地区）情况

2002年		2008年		2016年	
国家（地区）	占比（%）	国家（地区）	占比（%）	国家（地区）	占比（%）
德国	29.32	日本	14.30	美国	14.51
美国	21.56	美国	13.71	英国	9.83
中国香港	13.40	英国	10.49	日本	9.46
新加坡	6.39	中国香港	7.16	中国香港	6.53
日本	6.02	德国	4.19	德国	4.00
英国	2.34	新加坡	1.93	新加坡	3.13
韩国	1.84	荷兰	1.92	意大利	1.65
法国	0.92	韩国	1.65	法国	1.42
荷兰	0.89	法国	1.50	韩国	1.15
澳大利亚	0.69	意大利	0.38	荷兰	0.57
意大利	0.51	俄罗斯	0.32	加拿大	0.15
加拿大	0.41	澳大利亚	0.21	巴西	0.13
俄罗斯	0.21	加拿大	0.16	印度	0.11
印度	0.01	印度	0.04	俄罗斯	0.10
新西兰	0.01	巴西	0.01	澳大利亚	0.09
总占比	84.52	总占比	57.98	总占比	52.84

资料来源：联合国商品贸易数据库（UN COMTRADE）。

　　2008 年之后，日本、英国成为中国核心文化产品的主要进口来源地。2008年，日本成为中国核心文化产品最大的进口来源地，占比为 14.30%；2016 年是第三大来源地，占比为 9.46%。英国分别于 2008 年和 2016 年成为中国核心文化产品的第三大和第二大进口来源地，这与中国核心文化产品进出口总贸易及出口贸易的前五大伙伴略有不同。此外，2008 年之后，中国核心文化产品进口贸易的集中度得到明显改善，中国从其他更多的国家（地区）进口核心文化产品。2008 年中国与排名前十五位的国家（地区）的核心文化产品进口总额占中国核心文化产品进口额的比例已降为 57.98%，2016 年进一步减少到 52.84%。

　　此外，图 4—4 显示了 2016 年中国核心文化产品贸易顺差情况。由图 4—3可知，中国核心文化产品贸易长期处于贸易顺差地位。具体到国别（地区），2016 年仅意大利和新加坡是中国核心文化产品主要贸易伙伴中的两个逆差来源地，逆差额分别为 0.02 亿美元和 0.12 亿美元。美国、荷兰、中国香港不仅是中国核心文化产品进出口主要伙伴、重要的出口目的地，而且是中国核心文化产品贸易顺差的前三大来源地。2016 年，中国到美国核心文化产品贸易顺差额高达 39.43 亿美元，到荷兰顺差 22.03 亿美元，到中国香港 12.26 亿美元。

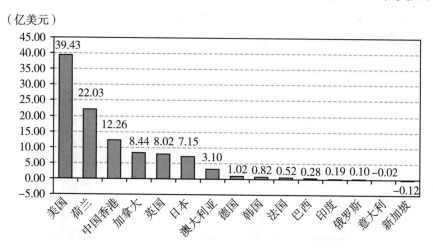

图 4—4　2016 年中国核心文化产品贸易顺差情况

资料来源：联合国商品贸易数据库。

　　综合来看，中国核心文化产品贸易集中度较高，贸易伙伴主要来自欧美日等发达国家（地区）和个别金砖国家，市场结构有待进一步优化。

4.3　中国核心文化产品贸易的商品结构

　　本报告主要考察中国核心文化产品贸易的总体地位。联合国教科文组织将所有文化产品分为核心文化产品和相关文化产品，其中核心文化产品有文化遗产、书籍、报纸和期刊、记录媒介、视觉艺术、视听媒介和其他印刷品。本节根据各类核心文化产品的SITC 3编码，从联合国商品贸易数据库获得2002年、2008年和2016年不同核心文化产品的进出口贸易数据，以分析中国核心文化产品贸易的商品结构。考虑到其他印刷品中主要是乐谱、地图、明信片、设计图纸和照片贸易量较小，而记录媒介的数据在2008年之后没有明确统计数据，本节主要考察了文化遗产、书籍、报纸和期刊、视觉艺术、视听媒介的贸易占比和总体发展情况。

　　图4—5、图4—6、图4—7分别报告了2002年、2008年和2016年中国各类核心文化产品进出口贸易、出口贸易和进口贸易的占比情况。可以看出，视听媒介是中国核心文化产品贸易最重要的产品；其次是书籍、报纸和期刊、视觉艺术、文化遗产。2002年、2008年和2016年，视听媒介的进出口贸易额、

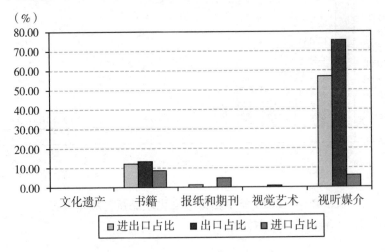

图4—5　2002年中国各类核心文化产品进、出口占比情况

资料来源：联合国商品贸易数据库（UN COMTRADE）。

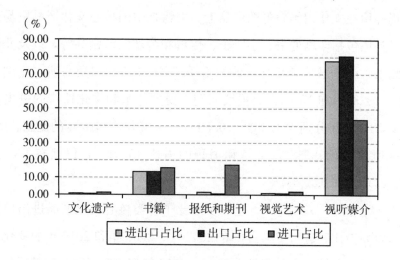

图 4—6   2008 年中国各类核心文化产品进、出口占比情况
资料来源：联合国商品贸易数据库（UN COMTRADE）。

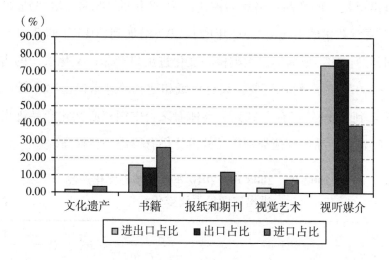

图 4—7   2016 年中国各类核心文化产品进、出口占比情况
资料来源：联合国商品贸易数据库（UN COMTRADE）。

出口贸易额和进口贸易额占对应的中国核心文化产品总贸易额的比例均位居第一，占比分别高达 74.91％、80.81％和 77.56％，表明中国核心文化产品贸易主要集中在视听媒介上。值得注意的是，视听媒介主要是带有电视接收机的视频游戏机、照相和电影胶片等产品，相比报纸期刊、视觉艺术等文化产品，视听媒介产品更多是与文化类相关的设备，这在很大程度上说明中国核心文化产品贸易仍停留在文化内涵较低的产品上。书籍是中国核心文化产品贸易第二大类产品，具体包括印刷的书、小册子、传单和蕾丝的印刷品等，以及儿童图画书、绘画书、涂色书。2002 年、2008 年和 2016 年进出口贸易所占比例分别为 12.34%、13.34% 和 15.01%。报纸期刊、视觉艺术和文化遗产的进出口占比相对较少，2002 年分别为 1.38%、0.59% 和 0.07%，2016 年的比例有所增加，但相比视听媒介的占比 73.65% 和书籍的占比 15.01%，仍然较低，分别为 1.25%、2.12% 和 0.55%。

　　表 4—4、表 4—5、表 4—6 进一步对比了各类核心文化产品进出口贸易占比、出口贸易占比、进口贸易占比在 2002 年、2008 年和 2016 年的变化。进出口贸易方面，多数核心文化产品在 2002～2016 年都出现不同程度的增加。视听媒介的占比由 2002 年的 56.66% 提高到 2016 年的 73.65%，一直是中国核心文化产品进出口最多的产品；书籍的占比由 2002 年的 12.34% 增加到 2016 年的 15.01%，视觉艺术的占比由 2002 年的 0.59% 增加到 2016 年的 2.12%，超过报纸和期刊的占比，成为第三大类核心文化进出口产品；文化遗产的占比也由 2002 年的 0.07% 提高到 0.55%。只有报纸和期刊的进出口占比降低，2002 年为 1.38%，到 2016 年仅有 1.25%。整体看来，中国核心文化产品进出口贸易集中在视听媒介产品，其他类别产品的占比仍有待进一步提高。

表 4—4　　　　　　2002 年、2008 年、2016 年各类核心文化产品
进出口贸易占比变化情况　　　　　　　　　单位：%

产品	2002 年	2008 年	2016 年
文化遗产	0.07	0.10	0.55
书籍	12.34	13.34	15.01
报纸和期刊	1.38	1.51	1.25
视觉艺术	0.59	0.79	2.12
视听媒介	56.66	78.08	73.65

资料来源：联合国商品贸易数据库（UN COMTRADE）。

　　出口贸易方面，中国核心文化产品出口明显集中在视听媒介上，2008 年占比已超过 80%，占比最低年份 2002 年也高达 74.91%。书籍、视觉艺术、报纸

和期刊、文化遗产的份额相对偏低，2016 年分别为 13.82%、1.54%、0.11%和 0.27%。值得一提的是，2016 年文化遗产的出口占比已超过报纸和期刊的出口占比，尤其是其中收集品和珍藏品的出口占比明显增加（其他是超过百年的古董）。

表 4—5　　　　　　2002 年、2008 年、2016 年各类核心文化产品
出口贸易占比变化情况

单位：%

产品	2002 年	2008 年	2016 年
文化遗产	0.08	0.02	0.27
书籍	13.59	13.16	13.82
报纸和期刊	0.15	0.25	0.11
视觉艺术	0.67	0.72	1.54
视听媒介	74.91	80.81	77.56

资料来源：联合国商品贸易数据库（UN COMTRADE）。

表 4—6 对比了各类核心文化产品进口的占比情况。相对进出口总额占比、出口额占比，中国各类核心文化产品的进口占比分布较为均衡，没有出现过度集中于某类产品的情况，表明中国核心文化产品进口贸易的商品结构相对优化合理。2016 年，视听媒介的进口占比为 38.67%，其次是书籍的进口，占 2016 年中国核心文化产品总进口的 25.67%，报纸和期刊、视觉艺术、文化遗产的进口占比分别为 11.40%、7.23% 和 3.08%。

表 4—6　　　　　　2002 年、2008 年、2016 年各类核心文化产品
进口贸易占比变化情况

单位：%

产品	2002 年	2008 年	2016 年
文化遗产	0.07	1.05	3.08
书籍	8.90	15.59	25.67
报纸和期刊	4.77	17.28	11.40
视觉艺术	0.35	1.67	7.23
视听媒介	6.30	43.77	38.67

资料来源：联合国商品贸易数据库（UN COMTRADE）。

对比表4—5和表4—6可知，报纸和期刊的进口占比、文化遗产的进口占比均大于对应的出口占比。因此，表4—7进一步报告了2002年、2008年和2016年各类核心文化产品的贸易顺差情况。可以看出，报纸和期刊、文化遗产保持贸易逆差地位，尤其是报纸和期刊一直是贸易逆差，且额度达到13 859万美元，表明报纸和期刊贸易方面，中国长期是进口的多、出口的少。报纸和期刊是特定文化的重要载体，中国报纸和期刊的长期逆差不利于中国文化的传播和"走出去"。视听媒介、书籍和视觉艺术保持贸易顺差地位，尤其是视听媒介产品的贸易顺差高达871 369万美元，这类产品主要是文化相关的设备设施，这与中国在工业制成品方面具有较强的出口竞争力有关，因此，中国出口文化类设备明显较多。

表4—7　　　　**2002年、2008年、2016年各类核心文化产品贸易顺差情况**　　　　单位：万美元

产品	2002年	2008年	2016年
文化遗产	164	−609	−914
书籍	31560	121426	130298
报纸和期刊	−4808	−11426	−13859
视觉艺术	1662	5977	8751
视听媒介	221215	787683	871369

资料来源：联合国商品贸易数据库（UN COMTRADE）。

4.4　本章小结

本章系统地梳理了2002～2016年中国文化产品贸易规模的发展演变及其国际地位转变的过程。中国核心文化产品贸易处于快速增长的初级阶段，进出口贸易增长速度较快，世界排名已上升到第三位，但占全球文化产品贸易及本国全部产品贸易的比重均较低。此外，包括报纸、书籍、期刊在内的印刷品是中国文化产品贸易的重要部分，而视觉艺术品及视听媒介的贸易仍发展不足。

行业篇

第 5 章

新闻出版类进出口贸易

5.1 概念及统计范畴

5.1.1 概念

新闻出版类服务分为新闻类服务和出版类服务。其中传统意义上的新闻服务是指以文字印刷等形式对新闻内容所做出的概述和评论，而近代的新闻服务是随着欧洲报纸的普遍发行而逐渐形成。传统主要以文字印刷等形式对新闻内容进行概述和评论，发展到现代，如今的新闻服务是指通过网络、电子书等现代媒介进行专业化的新闻传播，并且具有专业新闻从业人员及受众群体。出版服务则是指通过一定有形载体，将著作制成各种形式的出版物的服务，其主要目的是传播信息并进行思想交流。广义层面是指通过生产、出版产品及提供相关出版服务来满足受众精神需求的出版门类的总称；而狭义层面是指把出版产品和相关服务当作一种经营行为，并且按照市场经济运行规律从事的活动。

5.1.2 统计范畴

2015年6月,商务部、中宣部、文化部等联合出台《对外文化贸易统计体系 (2015)》(以下简称《统计体系》),界定了中国文化产品和服务进出口的统计范畴。其中,文化服务进出口共包括六个大类,分别为新闻出版服务、广播影视服务、文化艺术服务、文化信息传输服务、文化创意和设计服务及其他文化服务。表5-1为新闻出版服务大类的下层分类。

表5-1 中国新闻出版服务文化进出口统计范畴

大类	中类	小类
新闻出版服务	出版服务	1. 图书、报纸、期刊出版
		2. 网络出版
		3. 音像制品及电子出版物出版
		4. 出版设计服务
		5. 出版印刷服务
		6. 版权和文化软件代理服务
	新闻服务	通讯社服务

出版业包括六个小类。其中,图书、报纸、期刊出版类包括单独出版及合作出版的书籍、报刊的版权许可使用和转让。网络出版类包括将图片、文字、视频、音频等信息内容运用数字化技术进行加工处理并整合应用的网络出版物的版权许可使用和转让。网络出版物包括:(1)文字、图片、地图、游戏、动漫、音视频读物等原创数字作品;(2)与已出版的图书、报纸、期刊、音像制品、电子出版物内容相一致的数字作品;(3)将上述作品通过选择、编排、汇集等方式形成的数字作品;(4)国家新闻出版广电总局认定的其他类型的数字作品。音像制品及电子出版物出版分为音像制品的版权许可使用和转让以及电子出版物的版权许可使用和转让。出版设计服务指对以图书、报刊、音像制品、电子出版物、网络出版物等媒体承载的内容进行编辑、复制、发行(或网

络传播）等方面的设计服务。出版印刷服务指出版物的印刷，书、报刊印刷，由各种纸及纸板制作的，用于书写和其他用途的本册印刷活动。版权和文化软件代理服务类包括版权代理服务和文化软件代理服务。前者包括版权鉴定服务、版权咨询服务、作品登记服务、音像合同认证服务、版权使用报酬收转服务及其他版权中介服务；后者指与文化有关的软件服务，包括软件代理、软件版权登记、软件鉴定等服务。

新闻类提供新闻服务，即通讯社服务，是指向媒体提供新闻、照片、音视频和有关资料报道的服务。

5.2　新闻出版类进出口贸易规模

随着经济全球化的不断推进，中国新闻出版类国际竞争力逐步增强，对外贸易快速发展，总贸易规模逐年增加。鉴于新闻出版物兼有物质和精神两种特性，其进出口贸易会对贸易双方的经济、政治、文化、宗教信仰、民俗习惯等方面产生一定的影响，因此快速发展新闻出版类贸易对促进贸易双方社会文化交流具有十分重要的意义。

5.2.1　图书、报纸、期刊进出口贸易以逆差为主

2008～2015 年，中国图书、报纸、期刊贸易长年逆差且幅度较大，贸易总额也在波动中上涨，进出口贸易国际市场竞争力较小，但正在逐步发展过程中。2008～2012 年，中国图书、报纸、期刊贸易总额持续上涨到 3.74 亿美元，四年来上涨幅度较大，最大涨幅约为 35.78%。之后两年贸易总额连续下降，2015 年图书、报纸、期刊贸易总额重新又回到 3.63 亿美元，见图 5-1。

出口方面，2008 年中国图书、报纸、期刊总出口额为 3.49 亿美元，2009年因经济危机影响造成贸易额小幅下降，幅度为 1.42%，截至 2012 年末，该数据为 7.28 亿美元，较 2008 年翻了一番，2013 年、2014 年连续两年下降。进

（亿美元）

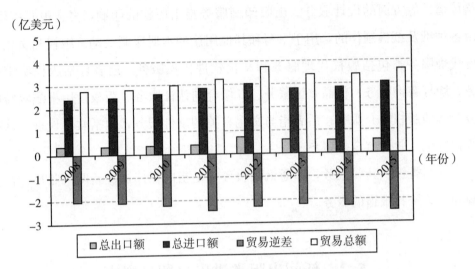

图 5—1　2008～2015 年中国图书、报纸、期刊总进出口规模

资料来源：《中国统计年鉴》（2008～2015 年）。

口方面，2008～2012 年，图书、报纸、期刊进口额连年上升，上涨幅度较大为25.19%，2014 年、2015 年进口额又出现再一次上涨，2015 年为近八年来进口额最大的一年，中国图书、报纸、期刊进口贸易波动较大，但整体形势向好。

因此，中国图书、报纸、期刊进出口贸易不平衡，总体上呈逆差状态。统计数据显示，中国图书、报纸、期刊贸易逆差情况较为严重，且持续多年，贸易逆差额一直维持在 2 亿美元左右。因此中国政府应大力支持图书、报纸、期刊出版业贸易，推进中国向出版贸易大国迈进一步。

1. 图书进出口贸易规模

中国图书进出口贸易总额连续 7 年皆呈波动上升态势，但进出口贸易不平衡，贸易逆差较大。

（1）图书出口规模呈波动式上升。图 5—2 是中国图书对世界的出口情况，2008～2015 年，中国图书总出口额表现出先增长后下降的趋势。2008 年，中国出口图书数量为 653.40 万册（份），2009 年受经济影响，数量有小幅度下降。经济危机过后，图书出口数量有巨大上涨，2013 年出口图书数量较 2008年增长幅度为 165.90%，到达制高点后，图书出口数量连续两年下降。在出口额方面，整体增长下降趋势与出口数量相似。以上分析说明，七年来，中国图书出口情况逐渐向好，但是波动幅度较大，尤其近两三年来，出口图书市场不够景气，中国图书出版业出口能否坚持以往的上涨趋势和幅度，还要靠政府给予出版商的大力支持。

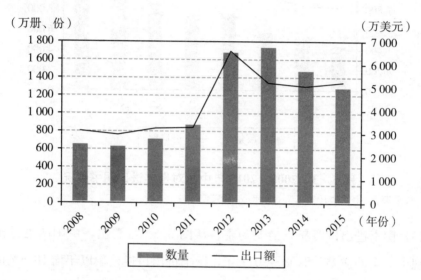

图 5-2 2008～2015 年中国对世界出口图书情况

资料来源：《中国统计年鉴》(2008～2015 年)。

(2) 图书进口贸易额持续增加。2008～2015 年，中国图书进口的数量和进口贸易额趋势皆为波动上涨（见图 5-3）。2008 年，中国对外出口图书数量为437.71 万册（份），在之后 3 年，出口数量一直增加，2013 年出口图书较 2008年翻了 1 倍；2015 年出口图书量较 2008 年增长了 2 倍多，图书出口量增长迅速。在出口额方面，2008 年后，图书出口额连续四年持续增长，增长率达到68.1%，2013 年图书出口额下降到约 12 000 万美元，而 2014 年、2015 年两年出口额恢复上升态势。

综合图 5-2 和图 5-3 可得，2008～2015 年，中国图书出版类进出口贸易规模不断增加，出版业的国际竞争力也与日俱增。然而图书贸易的逆差问题是困扰图书出版业贸易发展的问题，中国图书出版业要不断提高服务质量，促进中国图书出版类产品和服务的对外出口，提升中国的国际影响力。

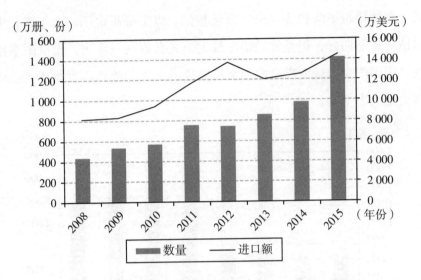

图 5—3　2008～2015 年中国对世界进口图书情况

资料来源:《中国统计年鉴》(2008～2015 年)。

（3）图书进出口贸易以逆差为主。从图 5—4 可看出，中国图书进出口贸易呈现出一定的逆差。2008～2011 年，图书进出口逆差额以年均 18.6% 的速度增加，在 2015 年图书进出口贸易逆差额达到了 9 277.60 万美元，成为这八年来的最高点。近年来，图书出口额增长速度较慢，而进口贸易额却增长较快，

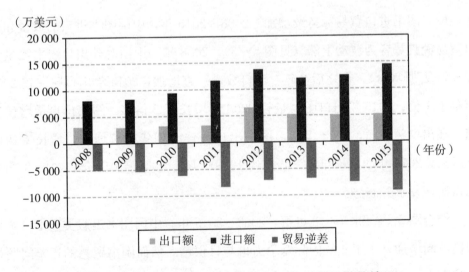

图 5—4　2008～2015 年中国图书进出口贸易逆差情况

资料来源:《中国统计年鉴》(2008～2015 年)。

这样无疑会渐渐拉大两者的差距，造成中国图书进出口贸易长期逆差。

（4）图书进出口价格差距较大。中国图书的出口数量远远超过进口数量，但图书出口的贸易额却低于进口贸易额，这是由于中国出口图书的平均价格远低于进口图书的平均价格（图书进出口价格＝图书进出口额/图书进出口数量）。

从图5－5可以看出，进出口图书每册（份）的平均差价在6～14美元，进口图书的平均价格是出口图书价格的2.5～4倍。这就可以解释为什么在出口图书数量大于进出数量的情况下，贸易逆差仍然不断扩大的原因。进出口价格的差距反映出了中国图书编辑内容、装帧技术、印刷质量等方面可能存在的不足。

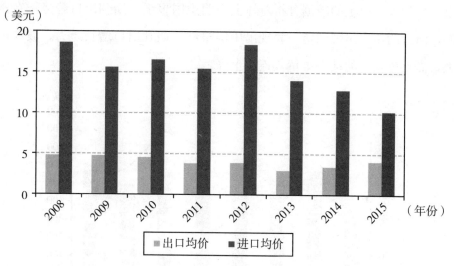

图5－5 2008～2015年中国图书进出口平均价格比较

资料来源：《中国统计年鉴》（2008～2015年）。

由表5－2可知，除了2015年进口均价是出口均价的2.51倍以外，2008～2014年图书进口平均价格都是出口平均价格的3倍以上。因此，中国图书出版业出口还应继续提高图书的质量，以提高出口价格，从而缩小进出口图书贸易的逆差。

表5－2　　　2008～2015年中国图书进出口平均价格相差倍数

	2008年	2009年	2010年	2011年	2012年	2013年	2014年	2015年
进口均价/出口均价	3.91	3.30	3.59	4.01	4.72	4.58	3.70	2.51

资料来源：《中国统计年鉴》（2008～2015年）。

2. 报纸、期刊进出口贸易规模

从整体上来看，中国报纸、期刊进出口贸易额波动幅度较大，且进出口贸易极不均衡，贸易逆差较大。

（1）报纸、期刊出口规模先增后减。2008~2015 年，中国对世界出口报纸、期刊整体幅度波动较大（见图5-6）。2008 年，中国出口报刊总额为3 577 万美元，此后5 年一直为增长趋势，到2013 年较2008 年翻了一番多。峰值的错开出现说明中国报纸、期刊出口种类不稳定，不同年份对不同期刊、报纸的需求差异较大。以上的数据分析总体上说明中国报纸、期刊出口趋势正在逐渐向好，但近两年来出现回落，表现出中国报纸、期刊出口增长乏力，波动幅度较大，需要更长久的动力维持其连续上涨。

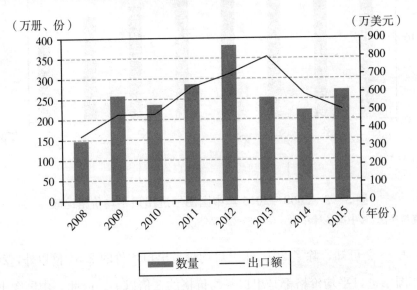

图5-6 2008~2015 年中国对世界出口报纸、期刊情况

资料来源：《中国统计年鉴》（2008~2015 年）。

（2）报纸、期刊进口规模稳定。2008 年，中国进口报纸、期刊数量为3 015 万册（份），为2008~2015 年八年来最高值，之后呈现下降趋势，2015 年中国进口报刊数量较2008 年下降幅度为53.8%。2008 年中国报刊进口额约为15 906.0 万美元，而后呈增长态势，2012~2014 年呈现出小幅的波动，但是整体的变化趋势较平稳，且一直维持在比较高的水平上（见图 5—7）。

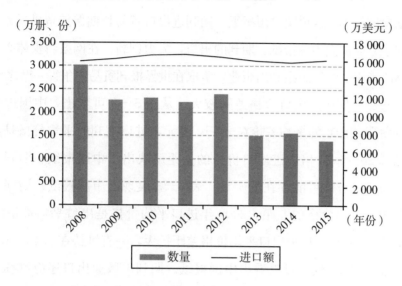

图 5—7　2008～2015 年中国对世界进口报纸、期刊情况

资料来源：《中国统计年鉴》（2008～2015）。

（3）报纸、期刊进出口贸易以逆差为主。根据图 5—8 的统计结果，中国报刊进出口贸易逆差情况严重。2008 年中国报纸、期刊贸易逆差为 15 549.02 万美元，2009 年、2010 年连续两年上升到 16 127.69 万美元，而后一直下降到 2014 年

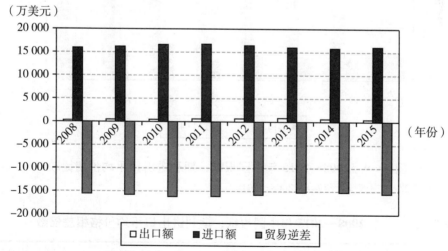

图 5—8　2008～2015 年中国报纸、期刊进出口贸易逆差情况

资料来源：《中国统计年鉴》（2008～2015 年）。

的 15 198.10 万美元，2014 年重新上涨，2015 年贸易逆差为 15 553.40 万美元，整体波动幅度较小。这说明中国报纸、期刊进出口贸易长期保持贸易逆差，解决的根本问题是应加大中国报纸、期刊的出口，大力创新，在网络新媒体兴起的时代，能够改革中国纸质版报刊出版业，争取在世界报刊贸易中争得一席之地。

（4）报纸、期刊进出口价格差距较大。从图 5－9 可看出，中国进出口报纸、期刊每册（份）的平均差价在 2～10 美元，进口报刊的平均价格是出口报刊价格的 2.20～6.30 倍。进出口价格的差距反映出了中国报纸、期刊编辑内容、印刷质量等方面可能存在的不足。表 5－3 表现出中国报纸、期刊进口平均价格与出口平均价格的差距。2008 年进口平均价格是出口平均价格的 2.20 倍，此后 2009～2014 年进出口平均价格差距扩大，一直维持在 3.40～3.94 倍，2015 年上涨到 6.30 倍，可以看出中国报纸、期刊出版业出口还应继续提高报刊的质量，以提高出口价格，从而缩小进出口报刊贸易的逆差。

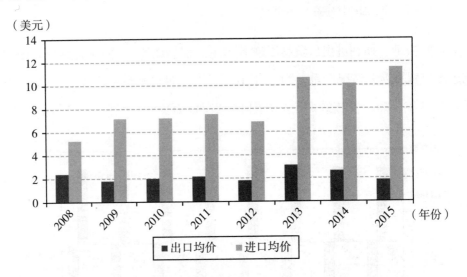

图 5－9　2008～2015 年中国报纸、期刊进出口平均价格比较

资料来源：《中国统计年鉴》（2008～2015 年）。

表 5－3　　　　2008～2015 年中国报纸、期刊进出口平均价格相差倍数

	2008 年	2009 年	2010 年	2011 年	2012 年	2013 年	2014 年	2015 年
进口均价/出口均价	2.20	3.94	3.61	3.40	3.81	3.42	3.78	6.30

资料来源：《中国统计年鉴》（2008～2015）。

5.2.2 网络出版产品出口规模较小

中国网络出版物的出口规模较小，且进出口贸易不均衡。根据统计数据，中国网络出版物同样以贸易逆差为主。

可从图 5—10 看出，2012～2015 年中国网络出版物进的出口规模情况，即出口额较小且逐年下降。出口额与进口额差距较大，贸易以逆差为主，逆差额也逐年增加。2012 年，中国网络出版物出口额为 0.19 亿美元，2013 年就降至 0.09 亿美元，2014 年、2015 年出口额进一步降低至 0.01 亿美元左右，比起 2012 年下降幅度达到 94.22%，幅度较大。2012 年进口额为 1.64 亿美元，后两年出现连年增长，截至 2015 年末，中国网络出版物进口额为 2.41 亿美元，较 2012 年增长了 46.65%。中国网络出版物不断增大的贸易逆差说明中国的网络出版物国际竞争力较低，且中国消费者更加偏好于国外的网络出版物，导致进口的种类和数量均多。因此，未来几年，中国应当顺应潮流趋势，大力发展网络出版，提高其质量，丰富其内容，使其具有独特的中国亮点，从而提高在国际中的竞争力。

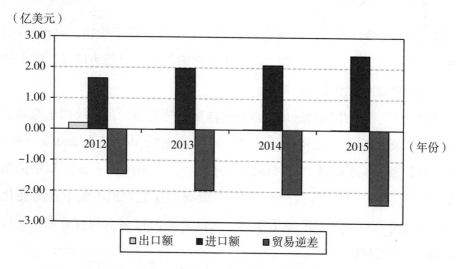

图 5—10 2012～2015 年中国网络出版物进出口规模

资料来源：《中国统计年鉴》（2012～2015 年）。

5.2.3 音像、电子出版进出口贸易规模波动较大

2008～2015 年，中国音像、电子出版物总出口额波动较大，呈下降趋势。且贸易以逆差为主，逆差额波动幅度较大（见图 5—11）。

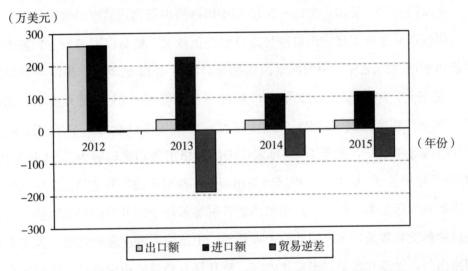

图 5—11 2012～2015 年中国音像、电子出版物进出口规模

资料来源：《中国统计年鉴》（2012～2015 年）。

由于全国音像、电子出版物进出口情况表中将音像出版物、电子出版物、网络出版物一起统计，因此音像、电子出版物的总进出口额为统计年鉴上的数额减去对应年份网络出版物的数额。

中国音像、电子出版物进出口数额整体呈下降趋势，且连续四年为贸易逆差。在出口额方面，2012 年中国音像、电子出版物出口额为 250.4 万美元，2013 年该数额大幅度跌落，下降幅度达到 86.9%，2014 年、2015 年中国出口额持续下降。在进口方面，音像、电子出版物同样呈现出不断下降的变化趋势，2013 年进口额约为 216.00 万美元，2014 年、2015 年大幅度衰减，一直维持在 100 万美元左右。

在贸易逆差方面，2012 年中国音像、电子出版物逆差额较小，仅为 2.50 万美元，2013 年因出口额的锐减，导致逆差大幅度提高到 183.31 万美元，较

上一年增长了约 75 倍，2014 年、2015 年逆差额维持在 80 万美元左右。由此可见，中国音像、电子出版物进出口逆差情况较为严重，国内出版的产品在国际市场上占有率低下，竞争力不强。且近年来受到网络出版物兴起的影响，中国音像、电子出版物贸易逐渐衰落，贸易额下跌幅度较大。

1. 录音出版物进出口规模

（1）录音出版物出口规模波动较大。中国录音出版物出口波动幅度很大，总体为下降趋势（见图 5-12）。中国录音出版物包括录像带、激光唱片、数码激光唱片。从数量来看，2008 年后，中国录音出版物出口数量出现大幅度下降，由 2008 年的 9.88 万盘（张）到 2011 年仅为 0.13 万盘（张），下降幅度达到了 98.64%，而后又出现大幅度波动。而出口额的波动趋势与数量波动趋势相似，波动幅度仍然较大。中国录音出版物进出口贸易呈现出这样的波动趋势，说明中国录音出版物贸易不稳定，且受到网络出版物的影响，消费者对传统的录音出版物消费欲望已不强烈。

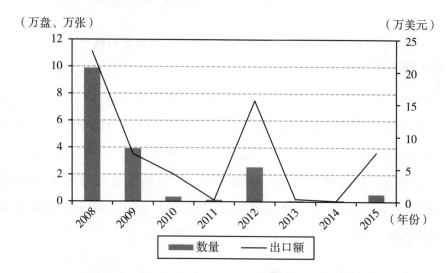

图 5-12　2008～2015 年中国录音出版物出口情况
资料来源：《中国统计年鉴》（2008～2015 年）。

（2）录音出版物进口规模较为稳定。中国录音出版物进口波动幅度较小，进口额基本保持平稳（见图 5-13）。从数量来看，2008 年中国录音出版物进口为 10.82 万盘（张），2009 年下降幅度较小，继 2010 年、2011 年连续两年增长后，2012 年进口数量又出现第二次下降，下降到 12.34 万盘（张），2014～2015 年进口数量连续两年下降，总体趋于平稳状态。从进口额来看，在 2011 年和 2013 年有两次峰值，分别为 130.79 万美元和 128.93 万美元，2014 年和 2015 年进口贸易额趋于平稳，约为 100 万美元。

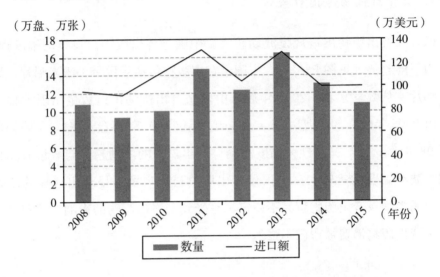

图 5－13　2008～2015 年中国录音出版物进口情况

资料来源：《中国统计年鉴》（2008～2015 年）。

（3）录音出版物进出口不平衡，呈现出一定的贸易逆差。从图 5－14 可以看出中国录音出版物的贸易以逆差为主，且逆差额波动幅度较大。2008 年中国录音出版物贸易逆差为 72.05 亿美元，2009～2011 年连续三年增长至 130.54 亿美元，增长幅度较大，2008 年为 81.17%。2012 年逆差额降低到 88.14 亿美元，而在 2013 年又出现上升态势，2014 年、2015 年逆差又呈现出下降的趋势。

2. 录像出版物进出口规模

（1）录像出版物出口规模波动明显。如图 5－15 所示，中国录像出版物包括 DVD-V 和 VCD 的出口数量除了 2010 年非常高以外，其他年份均在 25 万盘（张）以下。具体地，2008 年中国录像出版物的出口量为 17.22 万盘（张），由

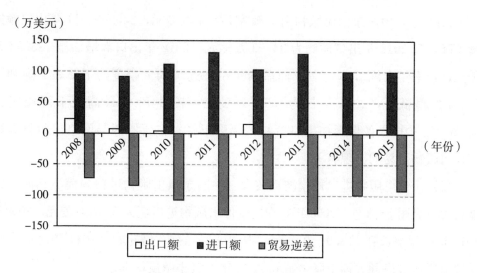

图5—14　2008～2015年中国录音出版物进出口贸易逆差

资料来源：《中国统计年鉴》（2008～2015年）。

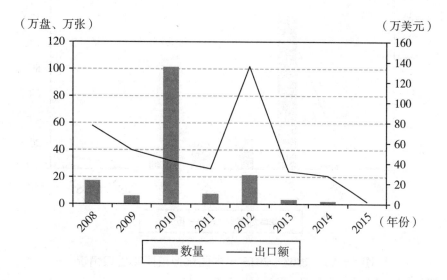

图5—15　2008～2015年中国录像出版物出口情况

资料来源：《中国统计年鉴》（2008～2015年）。

于受到金融危机的影响下降幅度达到64.77%，2010年出口数量达到最高值，且为2009年的17倍左右，之后几年除了2012年有小幅增长之外，其他年份均呈现出下降的趋势。2015年，中国出口录像出版物数量仅有0.37万盘（张），达到了近8年来的最低点。

2008 年，中国录像出版物出口额为 77.14 万美元，2009～2011 年出口额连续下降，到 2011 年出口额约为 34.93 万美元。2012 年出口额增加至 135.93 万美元，较上年上涨 289.18%，而后两年出现连续的大幅度的下降，下降到了 7 年来的最低值，2015 年仅为 0.24 万美元，较 2012 年最高值下降幅度为 98.26%。中国录像出版物出口贸易大幅度下降，主要原因与网络出版物等数字化出版物贸易的出现有关。

（2）录像出版物进口规模波动较大。中国录像出版物进口规模波动同样幅度较大（见图 5—16）。2008 年，中国录像出版物进口额为 5.34 万美元，2009～2010 年迅猛增长到 118.91 万美元，为 2008 年的 22 倍左右。2011 年之后中国录像出版物进口额大幅下降，直到 2015 年又有小幅度回调。

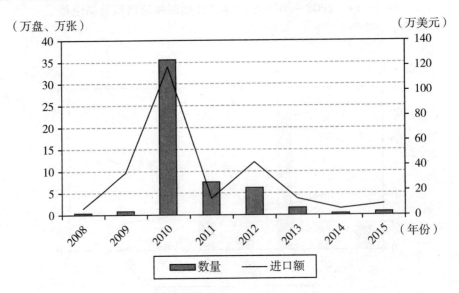

图 5—16　2008～2015 年中国录像出版物进口情况
资料来源：《中国统计年鉴》（2008～2015 年）。

（3）录像出版物进出口贸易顺差波动较大。可以从图 5—17 看出，中国录像出版物进出口额波动幅度很大，2008～2015 年有顺差也有逆差，不过以顺差为主。2008 年录像出版物贸易顺差为 71.8 万美元，2009 年因出口额的降低，导致顺差减少到 19.3 亿美元，下降幅度较大为 73.1%。2010 年中国录像出版物出口额继续降低，导致这一年录像出版物的贸易顺差变成了逆差，且数额较大。2011 年之后贸易由逆差变为了顺差，2012 年因出口额大增，贸易顺差继续上升，2013 年、2014 年贸易顺差因出口额大幅降低而减小，2015 年为 7 年间的第二次逆差。可见，中国录像出版物进出口贸易顺差逆差交替出现，贸易顺逆差额不稳定。

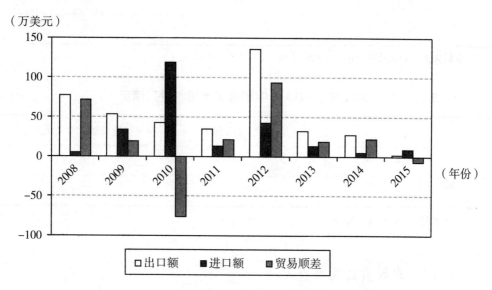

图 5—17 2008～2015 年中国录像出版物进出口贸易顺差情况

资料来源：《中国统计年鉴》(2008～2015 年)。

（4）电子出版物进出口规模。从表 5—4 可以看出，中国电子出版物出口波动幅度较大。2012 年出口数量为 21 608 盘（张），但 2013 年与 2015 年，出口数量却下降为 100 张和 284 盘（张）。同样，表 5—5 统计数据显示，2012 年中国电子出版物进口数量仅为 157 盘（张），进口额为 106.73 万美元，平均1 盘（张）电子出版物的进口价格为 6 798.10 美元；而在 2013 年中，中国进口电子出版物数量为 10.36 万盘（张），但是进口额仅为 73.86 万美元，均价为7.13 美元。因此在最近这几年中，电子出版物不仅进口价格下降幅度较大，而且进口数量变化幅度也较大，2012 年仅进口一百多盘（张），2013 年上涨到 10万余盘（张），可见中国电子出版物进口贸易量非常具有随机性，并没有形成稳定的贸易趋势。

表 5—4　　　　　2012 年、2013 年、2015 年中国电子出版物出口情况

年份	数量（盘、张）	出口额（万美元）
2012	21 608	98.86
2013	100	0.16
2015	284	18.77

资料来源：《中国统计年鉴》（2012 年、2013 年、2015 年）。

表 5—5　　　　　2012 年、2013 年中国电子出版物进口情况

年份	数量（盘、张）	进口额（万美元）
2012	157	106.73
2013	103 619	73.86

资料来源：《中国统计年鉴》（2012 年、2013 年）。

5.2.4　版权引进规模较大

2007～2015 年中国图书、录音制品、录像制品、电子出版物等版权输出远远小于版权引进，巨大的差额说明中国新闻出版物在国际文化市场上实力较差，国际竞争力有待进一步提高（见图 5—18）。

从图 5—18 可看出，2007～2015 年中国图书、音像制品、电子出版物版权的引进大于输出，但整体呈缩小趋势。2007 年，中国版权输出种类较少，仅为 2 591 种。然而 2009～2015 年中国出版物的版权输出种类又开始逐年递增；版权引进量呈现出一定的波动性，但整体上来看仍然具体增加趋势，从 2007 年的 10 761 种多次波动最终增加到 2015 年的 15 973 种；而版权输出和引进的差额整体呈下降趋势，到 2015 年差额达到 7 108 种。可见，随着中国图书、音像制品、电子出版物等国际竞争力的不断提高，中国的版权输出将进一步增加，输出与引进的差额将逐渐较少。

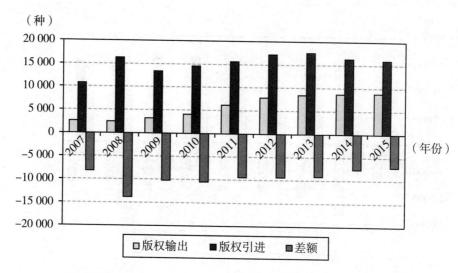

**图 5—18　2007～2015 年中国图书、音像制品、电子出版物
版权的引进与输出情况**

资料来源:《中国统计年鉴》(2007～2015 年)。

1. 图书版权的引进与输出

中国图书版权的输出相较图书版权引进数量较小,但呈连年上升的趋势,而版权引进略有增长,幅度较小;两者的共同作用使中国图书版权引进与输出的差额逐渐减小。说明中国图书在国际文化市场上的地位逐渐提高,有利于中国以图书的形式传播本国先进文化。

从图 5—19 中可以看出,中国图书版权输出较小,且输出种类呈上升趋势,而版权引进呈波动上升趋势,两者差额波动减小。2007 年中国图书版权输出为 2 571 种,之后几年呈现小幅增加的变化趋势。2015 年增加到 7 998 种,约为 2007 年的 3 倍。2007 年中国图书版权引进种类为 10 255 种,2008 年之后也保持了持续上升的发展趋势,最终中国图书版权引进由 2007 年的 10 255 种增加到 2015 年的 15 458 种,增加幅度较大。版权输出与引进的差额在 2007 年为 7 684 种,经过一系列的波动下降,2015 年差额为 7 460 种。说明中国出版的图书在国际市场上竞争力上升,使得中国图书版权输出与引进有了下降趋势。

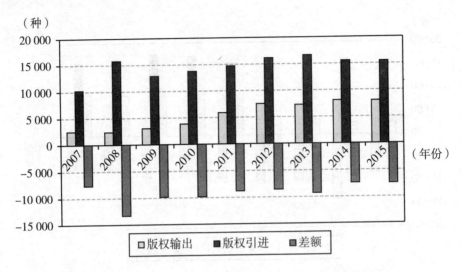

图 5—19　2007～2015 年中国图书版权的引进与输出情况

资料来源：《中国统计年鉴》(2007～2015 年)。

2. 录音制品版权的引进与输出

从整体上看，中国录音制品版权引进和输出较图书的版权情况波动幅度更大且引进和输出的差额呈缩小趋势，可见中国录音制品版权发展情况较好，国际市场对其认同度持续提高。

从图 5—20 中可以看出中国录音制品版权引进和输出波动幅度较大，2007～2014 年版权输出种类数均小于了版权的引进，只在 2015 年版权输出种类超过版权引进。具体地，从 2009 年之后中国录音制品的版权输出才呈现出明显的变化趋势，从 2009 年的 77 种经过小幅波动逐渐增加到 2013 年的最大值 300 种，之后又开始小幅下降，2015 年版权输出种类约为 217 种；2007 年版权引进种类为 270 种，同样经过较大幅度波动后，在 2012 年达到最高值 378 种，2015 年录音制品版权引进数量又一次下降；两者的差额跟随版权输出和引进的波动而波动，可以看到 2007 年两者差额为 270 种，2010 年到达最高值 403 种，2014 年下降到 69 种，且 2015 年首次版权输出种类超过了版权引进种类。因此，尽管目前中国录音制品版权的引进和输出种类相对较小，但随着版权业的迅速发展，中国录音制品版权对外输出有不断增加的变化趋势。

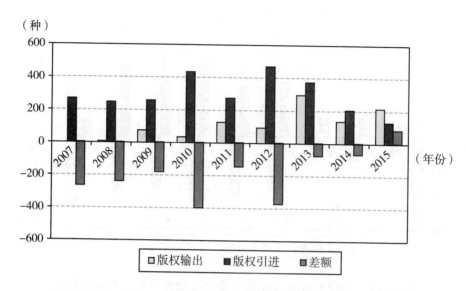

图 5—20　2007～2015 年中国录音制品版权的引进与输出情况
资料来源：《中国统计年鉴》（2007～2015 年）。

3. 录像制品版权的引进与输出

中国录像制品版权输出数量非常小，而引进量逐年递增使其版权净输出为负且数额较大。因此中国要不断提高录像作品的制作水平，增加对外输出数量。

中国录像制品版权的输出和引进种类相差较大，两者都是先增加后下降的发展趋势，且两者之差波动幅度较大，整体也是先上升后下降趋势（见图 5—21）。2007 年，中国录像制品版权输出为 19 种，2009 年并没有录像制品版权的输出，2013 年到达最高值 193 种，此后又开始下降；2007 年中国录像制品版权引进种类为 106 种，之后逐年增加到 2013 年最高值 538 种。两者差额由 2007 年的 87 种先上升到 2012 年最高值 452 种，随后下降到 2015 年的 90 种。可见中国录像制品版权引进和输出波动幅度较大且不稳定。

4. 电子出版物版权的引进与输出

2007～2015 年，中国电子出版物版权的引进和输出变动幅度较大较，但输

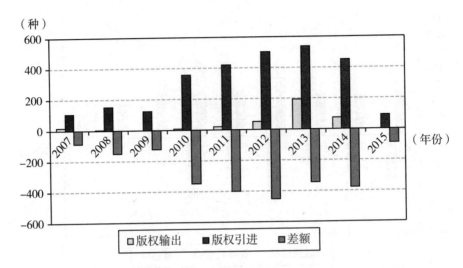

图5—21　2007～2015年中国录像制品版权的引进与输出情况

资料来源：《中国统计年鉴》（2007～2015年）。

出整体呈不断增加的趋势，这使中国电子出版物版权由引进为主变为输出为主（见图5—22）。

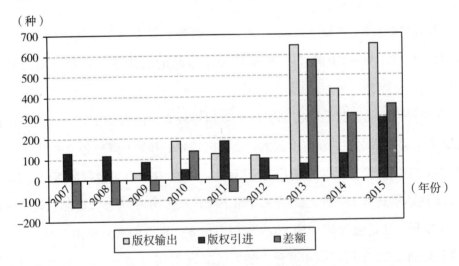

图5—22　2007～2015年中国电子出版物版权的引进与输出情况

资料来源：《中国统计年鉴》（2007～2015年）。

2013～2015年中国电子出版物版权输出种类出现快速增长，2007年、2008年中国电子出版物版权的输出种类仅为1种，此后一直增加到2015年最高值

650 种；而版权引进量从 2007 年的 130 种开始下降一直到 2011 年出现了较大幅度的增长，之后整体趋势不断增加，2015 年到达最高值 292 种；两者差额在 2007～2009 年为负，2010 年中国电子出版物版权输出增加，导致两者差额变成正数。之后几年电子出版物版权输出与引进之差正负变化趋势交替出现并在 2013 年到达最高值为 574 种，之后一直保持输出大于引进的发展趋势。

5.3　新闻出版类进出口贸易结构

5.3.1　图书、报纸、期刊进出口结构

1. 图书、报纸、期刊进出口占比结构分析

（1）图书出口占比较大。根据图 5—23 可以看出，图书出口在该类产品出口中占比最大，而期刊和报纸出口均较少。具体而言，2008 年图书出口额占比约为 90%，期刊和报纸出口额共同占比约 10%，；而后，图书出口占比

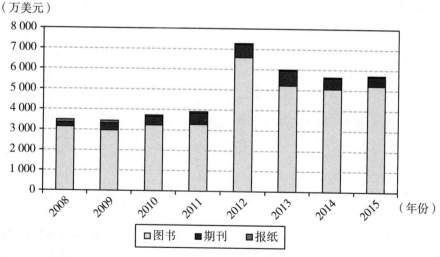

图 5—23　2008～2015 年中国图书、期刊、报纸出口额对比
资料来源：《中国统计年鉴》（2008～2015 年）。

下降而期刊占比上升，报纸基本保持不变；因2012年图书占比重较前一年大幅增加，当年中国出口图书、报纸、期刊总出口额达到2008～2015年的最高点，2013～2015年中国图书、期刊、报纸出口额保持平稳，维持在6 000万美元左右。

（2）报纸进口规模较小。根据图5—24可以看出，中国图书、期刊、报纸进口额中期刊占比较为稳定，维持在50%左右，而图书进口额占比呈现出持续上升的趋势，报纸进口额占比持续下降。2008年中国图书、期刊、报纸占比分别为33.89%、55.22%、10.90%；2009～2015年，图书进口规模占比重波动上升，报纸成为中国进口图书、期刊、报纸规模最小的种类。中国图书、期刊、报纸进口由期刊为主转变为图书为主。

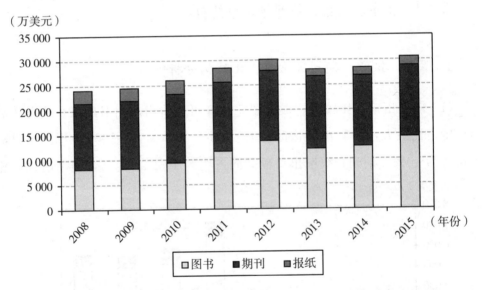

图5—24　2008～2015年中国图书、期刊、报纸进口额对比

资料来源：《中国统计年鉴》（2008～2015年）。

2. 六类图书进出口在图书总进出口占比结构

（1）中国图书出口以哲学社会科学类为主。图5—25是中国各类图书出口额之间的对比，可以看出哲学社会科学类图书、文化教育类图书、综合性图书、文学艺术类图书出口额占比重较大，但波动幅度也较大。

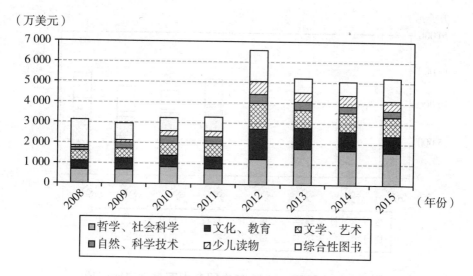

图 5－25　2008～2015 年中国各类图书出口额对比

资料来源：《中国统计年鉴》（2008～2015 年）。

2008 年，综合性图书占比近半数，为中国图书出口额最多的门类，占比最小的为少儿读物，仅为 2.8%；2012 年中国图书出口额有较大幅度的上升，主要是因为文化教育类图书、文学艺术类图书在出口额上有较大幅度提高；随后几年，哲学、社会科学类图书成为中国图书出口额占比最多的种类。中国出口图书种类由综合性图书为主转变为专业书籍为主，表现出中国出口图书层次的进一步提高。

（2）中国图书进口种类转变较大。从图 5－26 可以看出中国六类图书进口额占比重情况，综合性图书占比重逐渐提高，自然科学技术类图书占比在下降，除少儿读物外，其他五类图书进出口额在总进口额中都占据较为重要的地位。

2008 年中国进口图书中自然科学技术类书籍占比重最高，哲学社会科学类图书和少儿读物占进口额占比相对较低，2009～2015 年自然、科学技术种类的图书进口额逐年减小，文化、教育类图书和综合性图书成为中国图书进口额最多的种类。

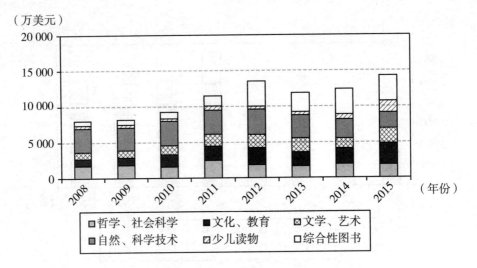

图 5-26 2008~2015 年中国各类图书进口额对比

资料来源：《中国统计年鉴》(2008~2015 年)。

5.3.2 音像、电子出版物进出口结构

1. 中国出口录像出版物所占比重较大

从图 5-27 可以看出中国音像、电子出版物出口以录像出版物为主，出口额较大。具体地，2008 年录音出版物和录像出版物出口额占音像、电子出版物总出口额的比重分别为 23.10% 和 76.89%；2009~2011 年，录像出版物出口所占比重逐渐增加，至 2011 年已经达到 99.30%；2012 年电子出版物出口额大幅度提高，占总体的 39.45%；随后几年，三者出口额恢复到 2011 年水平。中国录像、音像、电子出版物出口波动幅度较大，其中录像出版物在多数年份占比最大。

2. 中国录音出版物进口占比较大

从图 5-28 可以看出中国录音、录像、电子出版物进口额波动幅度较大，其中以录音出版物为主。具体地，2008 年录音出版物进口额占三者总进口额的 94.71%，在总进口额中占据非常重要的作用；2010~2013 年中国录音、录像、

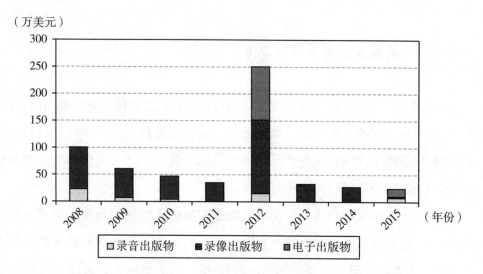

**图 5－27　2008～2015 年中国录音出版物、录像出版物、
电子出版物出口额对比**

资料来源：《中国统计年鉴》（2008～2015 年）。

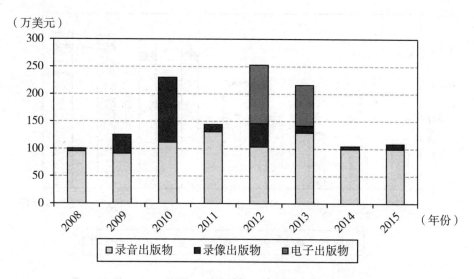

**图 5－28　2008～2015 年中国录音出版物、录像出版物、
电子出版物进口额对比**

资料来源：《中国统计年鉴》（2008～2015 年）。

电子出版物进口结构波动不断，录像出版物和电子出版物超过录音出版物成为
最主要进口出版物。总体来看，2008～2015 年，中国进口录音出版物比重
最大。

5.3.3 版权输出规模持续增加

中国图书、录像、电子出版物版权引进和输出量总体呈现不断增加的趋势，总输出数量连续八年提高，幅度较大，而总引进数量较为平稳，说明中国新闻出版物逐渐得到国际文化产品市场的认同。其中，图书版权的引进和出版占中国出版物引进出版的绝大部分。

从图 5-29 中可以看出，中国出版物版权的输出以图书为主，电子出版物仅次其后，但有逐渐升高的趋势。具体地，2007 年中国图书版权输出的比例为 99.23%，占据绝大部分比重。2010～2015 年，电子出版物、录像出版物版权输出占比重提高。

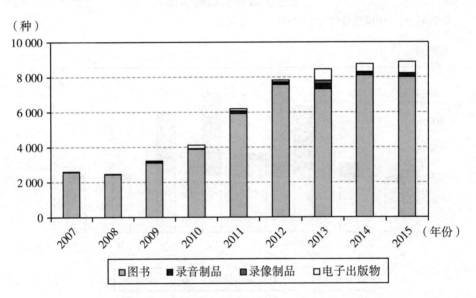

图 5-29　2007～2015 年中国图书、录音制品、录像制品、电子出版物版权输出结构

资料来源：国家新闻出版广电总局历年统计公报。

从图 5-30 中可看出，图书在中国出版物版权引进中占据非常重要的地位，2007～2015 年其占比始终在中国出版物版权引进的 93% 以上。2007 年中国图书、录音制品、录像制品、电子出版物版权引进比例分别为 95.30%、

2.51％、0.99％、1.20％，此后几年，各类出版物版权引进比例一直在小幅浮动。中国各类出版物版权引进的占比较为稳定，引进的趋势向好。

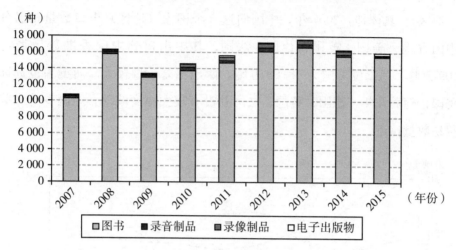

图 5—30　2007～2015 年中国图书、录音制品、录像制品、
电子出版物版权引进结构

资料来源：《国家新闻出版广电总局—统计公报（2008～2015 年)》。

5.4　新闻出版类进出口贸易伙伴

根据国家统计局 2007～2016 年的中国重要贸易伙伴数据，可看出中国出版物进出口贸易伙伴较为多元。本节选取 2007 年中国前五大贸易伙伴进行分析。在联合国商品贸易统计数据库中进行相关贸易额的查询，通过分析得到，2007～2016 年，在这五大贸易伙伴中，与中国内地文化较为相近的中国香港以及文化强国美国是中国最重要的两大贸易伙伴。

5.4.1　中国香港为中国图书、报纸、期刊进出口重要贸易伙伴

1. 中国香港为中国第一大图书、报纸、期刊出口贸易伙伴

图 5—31 可以看出，近十年中国对德国、中国香港、英国、美国、法国

5个国家（地区）图书、报纸、期刊的出口数量，中国香港始终处于第一位，但2016年美国超越中国香港，成为中国图书、报纸、期刊出口数量最多的国家（地区）。具体地，2007年，中国向这5个国家（地区）出口数量排名分别为中国香港、美国、英国、德国、法国，其中出口到中国香港数量最大为27.09万吨，第二位美国为18.88万吨，两地相差数量较大，而英国也远远低于美国；随后几年，德国、英国、法国并没有较大幅度波动，中国香港和美国的贸易数量拉近。

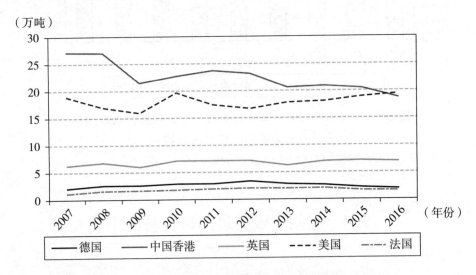

图5—31 2007～2015年中国对重要贸易伙伴出口图书、报纸、期刊数量变化情况

资料来源：联合国商品贸易统计数据库（UNCOMTRADE）。

图5—32表现出5个国家（地区）对中国图书、报纸、期刊进口额情况。可以看出，十年来中国香港基本处于第一位，但2014年美国超越中国香港成为进口中国图书、报纸、期刊最多的国家（地区），英国排在第三位，德法分列其后。2007年，五国（地区）进口中国图书、报纸、期刊额排名为中国香港、美国、英国、德国、法国，该趋势一直持续到2014年，中国香港整体呈先上升后下降的趋势；2014年，美国超越中国香港，成为中国图书、报纸、期刊重要的出口伙伴。

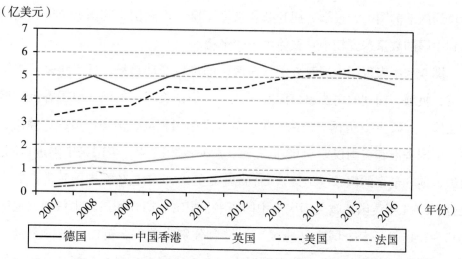

**图 5—32　2007～2016 年中国对重要贸易伙伴图书、
报纸、期刊出口额变化情况**

资料来源：联合国商品贸易统计数据库（UNCOMTRADE）。

2. 美国与中国香港是中国图书、报纸、期刊重要进口贸易伙伴

图 5—33 可看出，近十年来中国对香港地区、美国、德国、英国、法国 5
个国家（地区）图书、报纸、期刊的进口数量，香港地区始终处于第一位，但

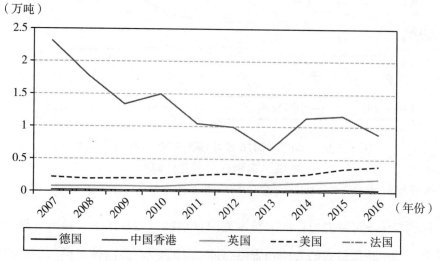

**图 5—33　2007～2016 年中国对重要贸易伙伴进口图书、
报纸、期刊数量变化情况**

资料来源：联合国商品贸易统计数据库（UNCOMTRADE）。

出口到内地的图书、报纸、期刊数量波动下降。而美国、德国、英国、法国出口到中国的数量差异较小，整体水平较平稳。

图 5—34 表现了中国对五国（地区）的进口变动趋势。近十年来，中国的图书、报纸、期刊的主要出口国家（地区）为：美国、英国、中国香港、德国和法国。2007 年，五国（地区）排名分别是中国香港、美国、英国、德国、法国，中国香港和美国仅差 0.03 亿美元。2008～2013 年，美国是中国进口图书、报纸、期刊最多的国家（地区），而英国又在 2008 年超越了中国香港，成为第二位。2014 年英国超越美国成为中国图书、报纸、期刊的最大出口国（地区）。2015～2016 年，5 个国家（地区）的排名分别为美国、英国、中国香港、德国、法国。可以看出，美国为中国近十年来进口图书、报纸、期刊最重要的贸易伙伴。

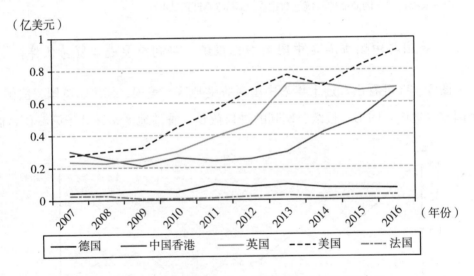

图 5—34　2007～2016 年中国对重要贸易伙伴图书、报纸、期刊进口额变化情况

资料来源：联合国商品贸易统计数据库（UNCOMTRADE）。

从图 5—35 可以看出，中国与该五国（地区）贸易图书、报纸、期刊全部为顺差，其中顺差最大的为中国香港（除 2016 年），美国排名第二位。中国内地与香港的顺差波动幅度较大，最高值为 2012 年的 5.52 亿美元，中国与英国的顺差十年来在 1 亿美元左右，而德国、法国在 1 亿美元以下。

（亿美元）

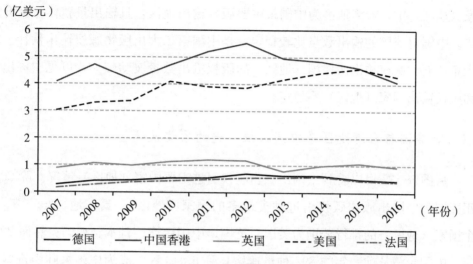

图 5－35   2007～2016 年中国对重要贸易伙伴进出口贸易顺差
资料来源：联合国商品贸易统计数据库（UNCOMTRADE）。

5.4.2 台湾地区为中国版权贸易主要伙伴

1. 台湾地区为中国出版物版权输出的最大贸易伙伴

从图 5－36 中可以看出，2007～2015 年，中国出版物版权输出五大主要国

（种）

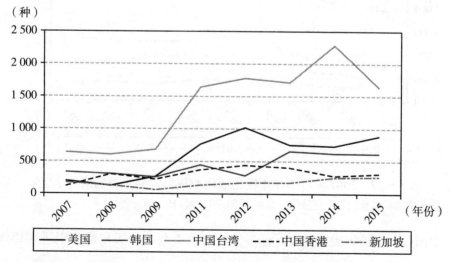

图 5－36   2007～2015 年中国出版物版权输出的主要国家（地区）
资料来源：联合国商品贸易统计数据库（UNCOMTRADE）。

家（地区）中，台湾地区为中国最主要版权输出地区，且输出量整体呈上升趋势。中国对美国的输出数量比较稳定，是中国第二大出版物版权输出伙伴。近十年，五大版权输出伙伴国（地区）的版权输出数量波动较大，可见中国出版物版权输出国家（地区）不稳定。

2. 美国与台湾地区是中国版权引进的重要伙伴

从图 5—37 可以看到中国出版物版权引进主要国家（地区）情况。除 2008 年美国为中国出版物版权引进种类最多的国家（地区）。具体地，2007 年，5 个国家（地区）的排行分别为美国、英国、中国台湾、日本、德国；然而 2008 年，中国台湾从前一年的 892 种迅速增长到 6 040 种，成为中国大陆引进版权最多的地区，且比美国版权输出的种类多 2 000 多种；随后几年，中国台湾版权输出种类恢复到 2007 年的水平并较为稳定，美国再次成为中国出版物版权引进最重要伙伴。

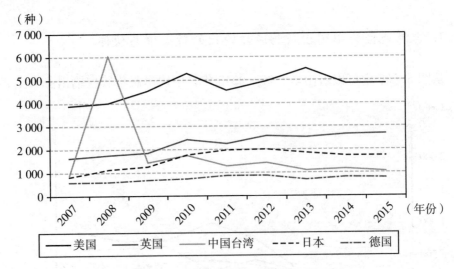

图 5—37　2007～2015 年中国出版物版权引进的主要国家（地区）
资料来源：联合国商品贸易统计数据库（UNCOMTRADE）。

中国版权引进种类数量要远远多于输出种类数，且版权输出引进主要国家（地区）集中在中国台湾及美国、英国。

5.5　建议与对策

第一，深化出版体制改革。目前，中国图书、报纸、期刊、音像出版物、电子出版物等进出口贸易以逆差为主，出版贸易的"文化赤字"要求我们更加积极地参与到世界出版市场中，这就必然要扩大版权输出量，放开出口权。中国文化体制改革应充分利用 WTO 提供的全球市场平台，积极参与国际出版物贸易竞争。同时进一步放宽政策，让各种文化力量都可以在实现"走出去"的战略中发挥自己的作用，共同促进中国出版企业出口贸易的发展。

第二，开发适销对路的出版服务与产品。开拓国际市场，首先要深入了解国际市场的需求，开发出适合国际市场需求的产品。在贯彻"走出去"战略之时，应对国际市场读者偏好进行调研，积极输出适合海外读者偏好的出版物。对于国外读者来说，具有中国特色的出版产品渗透着中国传统文化气息，这也许与国外读者生长的环境、习惯、理念格格不入。因此中国在向国际市场提供出版服务之时，应将中国出版产品内容进行适量"本土化"，以海外市场读者更易了解的方式进行阐述或体现。除内容以外，中国出版物也要从表现方法、图片、装订设计、印刷等多个方面满足海外读者的需求。

第三，适应当今信息化时代要求。中国出版企业应找准自身在当今电子信息化世代的定位以及发展方向。如今越来越多的电子书替代了纸质版图书，网络的便利性、涵盖内容之多让人们减弱了对纸质版图书、报刊以及音像出版物的购买，相应中国的出版物贸易也深受网络影响。中国出版物企业应适应当今信息化时代要求，变换自身思路与发展策略，重新定位自身的优势以及弱点，在充分顺应时代的同时，发挥自身优势，为中国出版物贸易寻找新的突破口。

第四，提高中国出版企业创新能力。创新是每个国家和企业发展永恒的原动力，是企业生命活力的源泉。作为内容产业和创意产业，出版选题成为创新的基础。目前，国内市场的出版物选题并不十分适合国外读者，包括文化差异、理论结构、内容体系、表现方式等。中国出版贸易企业应大力推陈出新，找到发光点，提高中国图书、报纸、期刊、音像出版物及电子出版物等在选材、表现形式等方面的创新水平，助中国出版贸易在国际文化市场上赢得一席之地。

5.6　本章小结

中国图书、报纸、期刊进出口贸易整体呈现先增加后减少的趋势，转折点位于 2013 年。贸易以逆差为主，且逆差额较大，其中图书在三者出口中的占比较大，而报纸为进口量的第一位。从进出口种类来看，中国进出口量最多的图书种类为少儿读物，最少的为自然科学技术类图书；从贸易伙伴来看，中国香港和美国是中国重要的图书贸易合作伙伴。可见中国图书、报纸、期刊进出口贸易水平较低，在国际市场中竞争力较差。

中国录音、录像、电子出版物出口贸易额整体呈下降趋势，其中，录像出版物出口量为三者中的第一位，进口量最多的则为录音出版物；录音、录像、电子出版物进出口贸易波动幅度较大。

在中国新闻出版物版权的总引进输出量中，图书版权引进、输出量占 90% 以上。整体来看，各类出版物的版权引进基本大于输出，但差额逐渐减少，其中电子出版物国际竞争力的不断提高，中国对外已由引进为主转变为输出为主。在版权引进与输出贸易伙伴中，美国、中国台湾和英国是中国重要的版权引进与输出伙伴，但台湾地区的波动幅度较大。中国新闻出版物版权输出的不断增加，与中国文化国际影响力和国际竞争力的不断增强密切相关。

第 **6** 章

广播影视

6.1　概念及统计范畴

6.1.1　基本概念界定

广播影视服务包括三部分：一是广播电视制作服务，其中包括广播、电视、影视节目和录音的制作服务；二是广播影视授权服务，其中包括影视节目授权服务、电视节目授权服务和影视录音节目发行服务；三是广播影视对外工程服务，指除广播电视传输服务外的广播电视对外技术、设计、咨询、勘察、监理、运行维护、管理等工程服务。基于数据的可得性、系统性以及研究的需要，本章只探讨了电影、录像制品和电视节目的贸易情况，也分析了对应的服务贸易发展。

电视节目授权服务指的是有线电视、无线电视、卫星电视（转让、获得复制或分销）等的授权服务，包括体育赛事的转播权。电视节目指电视台通过载有声音、图像的信号传播的作品。电视节目包含多种类型，依据不同的标准，电视节目有不同的划分。按照节目制作方式，可以划分为直播节目、影片节目、录像节目；按照节目的性质和功能，可划分为新闻性节目、教育性节目、文艺性节目和服务性节目。

影视录音发行服务指的是影视节目（转让、获得复制或分销）等的授权服务，包括电影和录音、录像的授权服务，不含以磁带、光盘为载体的录像制品发行。电影是由活动照相术和幻灯放映术结合发展起来的一种连续的影像画面，是一门视觉和听觉的现代艺术，也是一门可以容纳悲喜剧与文学戏剧、摄影、绘画、音乐、舞蹈、文字、雕塑、建筑等多种艺术的现代科技与艺术的综合体。录像制品是指电影作品和以类似摄制电影的方法创作的作品以外的任何有伴音或者无伴音的连续相关形象、图像的录制品。

6.1.2 统计范畴

由于文化贸易得到各国重视的时间较短，文化贸易流量的测度也较为困难，所以目前各国文化贸易系统性的统计数据并不完善。2015 年 6 月，商务部、中宣部、文化部等联合出台《对外文化贸易统计体系（2015)》界定了中国广播影视服务大类的下层分类（见表 6-1)。本章以《对外文化贸易统计体系（2015)》作为统计规范，数据来源于联合国商品贸易数据库（United Nations COMTRADE Database）和中国国家统计局。本章将从制品产品和制品版权两个方面进行分析。

表 6-1   中国广播影视服务进出口统计范畴

大类	中类	小类
广播影视服务	广播电视制作服务	广播制作服务
		电视制作服务
		影视节目制作服务
		录音制作服务
	广播影视授权服务	影视节目授权服务
		电视节目授权服务
		影视录音节目发行服务
	广播影视对外工程服务	广播影视对外工程服务

资料来源：《对外文化贸易统计体系（2015)》。

6.2　摄影或电影产品

6.2.1　摄影或电影产品的贸易规模

从总体上来看，1992～2016 年中国的摄影或电影产品（photographic or cinematographic goods）的进口、出口以及进出口贸易总额都呈现出不断增加的趋势。同时，在 2005 年之前中国对摄影或电影产品的进口额和出口额基本持平，但是在 2006 年之后中国摄影或电影产品贸易开始出现了大量的逆差。

根据联合国商品贸易数据库的统计，中国的摄影或电影产品进口额从 1992 年的 0.91 亿美元逐步增加到 2016 年 22.27 亿美元，增幅达到了 24.5 倍左右；出口额从 1992 年的 0.38 亿美元逐步增加到 2016 年的 10.71 亿美元，增幅达到了 28.2 倍左右（见图 6-1）。

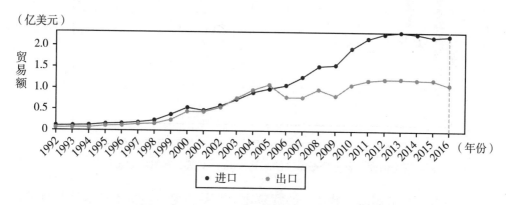

图 6-1　1992～2016 年中国的摄影或电影产品贸易额变化情况
资料来源：联合国商品贸易数据库（United Nations COMTRADE Database）。

需要指出的是，自 2001 年中国加入世界贸易组织以来，中国的摄影或电影产品的进口贸易额增长明显高于出口贸易额增长，进口额由 2001 年的 4.59 亿美元逐步增加到 2016 年的 22.27 亿美元，而出口额由 2001 年的 4.19 亿美元仅增加到 2016 年的 10.71 亿美元。

图6－2报告了2016年中国摄影或电影产品贸易逆差情况。由图6－2可以看出，中国摄影或电影产品贸易与13个伙伴国（地区）处于贸易逆差地位，虽相对较少，但是这13个国家（地区）所造成的逆差额非常大。具体为，2016年日本、美国、韩国、中国台湾、比利时、英国、德国、墨西哥、法国、瑞士、奥地利、以色列和爱尔兰是中国摄影或电影产品主要贸易伙伴国（地区）中的13个逆差来源地。其中，日本、美国和韩国不仅是中国摄影或电影产品进出口主要伙伴、重要的进口来源国（地区），而且是中国摄影或电影产品贸易逆差的前三大来源地。2016年，来自日本的摄影或电影产品的贸易逆差额高达9.03亿美元，来自美国的逆差达4.69亿美元，来自韩国的逆差为2.04亿美元。

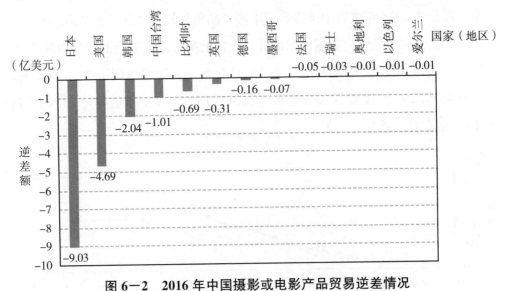

图6－2　2016年中国摄影或电影产品贸易逆差情况

资料来源：联合国商品贸易数据库（United Nations COMTRADE Database）。

中国与大部分国家（地区）的贸易处于顺差的地位，从中选取贸易顺差额最大的15个国家（地区）获得图6－3。中国香港、印度、越南、印度尼西亚、泰国、土耳其、俄罗斯、新加坡、澳大利亚、伊朗、菲律宾、马来西亚、孟加拉共和国、巴西、巴基斯坦是中国摄影或电影产品主要贸易伙伴国（地区）中的主要顺差来源地。可以看出，其中的大部分国家（地区）是亚洲国家（地区）或是发展中国家（地区），而且大部分国家（地区）与中国有地缘优势。其中，中国香港、印度和越南不仅是中国摄影或电影产品进出口的主要伙伴、重要的出口目的地，而且是中国摄影或电影产品贸易顺差的前三大来源地。2016 年，中国内地与中国香港摄影或电影产品贸易顺差额达 0.97 亿美元，与印度顺差额为 0.63 亿美元，与越南顺差额为 0.47 亿美元。

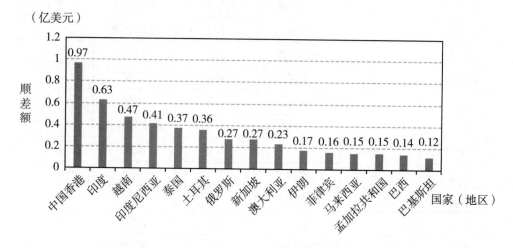

图 6—3　2016 年中国摄影或电影产品贸易顺差情况

资料来源：联合国商品贸易数据库（United Nations COMTRADE Database）。

6.2.2　摄影或电影产品贸易的市场结构

1. 摄影或电影产品进出口贸易的市场结构

表 6—2 反映了 2002 年、2008 年、2016 年中国摄影或电影产品进出口贸易排名前 15 位的贸易伙伴及其占比情况。

表 6—2　　　　2002 年、2008 年和 2016 年中国的摄影或电影产品进出口国家（地区）情况

2002 年		2008 年		2016 年	
国家（地区）	占比（%）	国家（地区）	占比（%）	国家（地区）	占比（%）
日本	25.6	日本	31.9	日本	30.9
美国	20.6	美国	15.5	美国	16.3
中国香港	10.6	比利时	8.0	韩国	15.4

续表

2002 年		2008 年		2016 年	
国家（地区）	占比（%）	国家（地区）	占比（%）	国家（地区）	占比（%）
澳大利亚	8.2	中国香港	7.0	中国台湾	7.7
中国台湾	7.4	韩国	6.0	中国香港	3.1
德国	6.9	中国台湾	5.2	比利时	2.4
新加坡	2.6	英国	3.9	印度	1.9
韩国	2.2	印度	2.3	越南	1.5
印度	2.2	新加坡	1.6	印度尼西亚	1.2
比利时	1.9	德国	1.3	泰国	1.2
英国	1.8	泰国	1.1	英国	1.2
泰国	1.4	澳大利亚	1.0	德国	1.1
法国	1.3	荷兰	1.0	土耳其	1.1
荷兰	1.2	印度尼西亚	0.9	新加坡	1.0
意大利	1.1	马来西亚	0.8	荷兰	0.9
总占比	94.9	总占比	87.5	总占比	87.0

资料来源：联合国商品贸易数据库（United Nations COMTRADE Database）。

根据联合国数据统计结果（见表 6－2），2002 年中国的摄影或电影产品进出口总额排在前 15 位的国家（地区）分别是日本、美国、中国香港、澳大利亚、中国台湾、德国、新加坡、韩国、印度、比利时、英国、泰国、法国、荷兰和意大利。中国与这 15 个国家（地区）的核心文化产品进出口贸易额占中国全部摄影或电影产品进出口贸易额的比重高达 94.9%，说明 2002 年中国的摄影或电影产品进出口贸易集中程度极高。其中，中国与日本、美国、中国香港和澳大利亚的摄影或电影产品进出口贸易额分别是 2.75 亿美元、2.21 亿美元、1.13 亿美元和 0.88 亿美元，占全部摄影或电影产品进出口贸易额的比重分别是 25.6%、20.6%、10.6% 和 8.2%。中国仅与这 4 个国家（地区）的贸易额就占到中国全部摄影或电影产品贸易额的 65%，可见中国的摄影或电影产品贸易的集中度比较高。

2008 年，印度尼西亚和马来西亚取代法国和意大利成为与中国进行摄影或电影产品进出口贸易前 15 位的国家（地区）（见表 6－2）。虽然中国与印度尼西亚和马来西亚的摄影或电影产品进出口额占比仅为 0.9％和 0.8％，但表明中国与其他发展中国家（地区）的摄影或电影产品贸易在 2002～2008 年间逐渐增多，尤其是与亚洲国家（地区）的贸易往来加强。对比 2002 年，2008 年中国与前 15 位贸易伙伴的摄影或电影产品进出口额的总占比已降为 87.5％，表明中国摄影或电影产品进出口贸易集中度在降低。此外，其他国家（地区）的贸易占比及贸易排名发生不同程度的变化：日本和美国仍然排在中国的摄影或电影产品进出口贸易的前两位，占比分别由 2002 年的 25.6％、20.6％变为 2008 年的 31.9％、15.5％，可见中国与日本在摄影或电影产品贸易方面的关联更加紧密；而与美国的贸易关联度下降。另外，中国香港、澳大利亚、中国台湾、德国、新加坡的占比排位下移，而韩国、印度、比利时、英国和泰国与中国的摄影或电影产品的贸易往来愈加紧密。其中，比利时由 2002 年排名第 10 位升到排名第 3 位，占比由 1.9％明显增加至 8.0％。

2016 年，越南和土耳其取代马来西亚和澳大利亚成为与中国进行摄影或电影产品进出口贸易的前 15 位的国家（地区）（见表 6－2），中国与这 15 个国家（地区）的进出口贸易总占比进一步减少到 87.0％，说明中国与其他国家（地区）的摄影或电影产品贸易往来日益频繁和增加，中国的摄影或电影产品进出口贸易的集中度逐渐减小。具体来看，日本和美国的占比改变程度相对较小，分别为 30.9％和 16.3％；韩国与中国的摄影或电影产品贸易显著增加，成为第三大贸易伙伴，占比为 15.4％，达到历史最高水平；比利时、中国香港和英国与中国的摄影或电影产品进出口贸易减少，占比降低到 2.4％、3.1％和 1.2％。中国与日本和美国这两个国家之间的摄影或电影产品贸易占比一直超过 45％，可见这两个国家始终是中国摄影或电影产品最重要的贸易伙伴。

2. 摄影或电影产品出口贸易的市场结构

表 6－3 反映了 2002 年、2008 年、2016 年中国摄影或电影产品出口排名前 15 位的贸易伙伴及其占比情况。

表6—3   2002 年、2008 年和 2016 年中国摄影或电影产品
出口国家（地区）情况

2002 年		2008 年		2016 年	
国家（地区）	占比（%）	国家（地区）	占比（%）	国家（地区）	占比（%）
美国	20.3	中国香港	17.9	韩国	14.2
中国香港	19.5	韩国	8.7	中国香港	9.4
日本	13.8	日本	8.5	中国台湾	7.2
澳大利亚	9.3	美国	8.1	印度	5.9
德国	5.7	印度	6	日本	5.5
中国台湾	5.4	中国台湾	5.8	越南	4.5
新加坡	4.7	比利时	4.7	印度尼西亚	3.8
印度	4.5	新加坡	3.8	泰国	3.6
韩国	3.6	泰国	2.7	土耳其	3.4
泰国	2.9	澳大利亚	2.6	美国	3.2
法国	1.7	印度尼西亚	2.4	新加坡	2.8
菲律宾	1.6	荷兰	2.3	俄罗斯	2.5
英国	1	马来西亚	1.9	澳大利亚	2.1
越南	0.7	土耳其	1.9	马来西亚	1.8
荷兰	0.7	越南	1.8	荷兰	1.6
总占比	95.4	总占比	79.1	总占比	71.5

资料来源：联合国商品贸易数据库（United Nations COMTRADE Database）。

整体来看，中国摄影或电影产品出口贸易主要伙伴与进出口总贸易的主要伙伴基本一致，2002 年排名前 15 位国家（地区）分别是美国、中国香港、日本、澳大利亚、德国、中国台湾、新加坡、印度、韩国、泰国、法国、菲律宾、英国和越南（见表 6—3）。中国与这 15 个国家（地区）的摄影或电影产品出口额占中国摄影或电影产品出口总额的比重高达 95.4%，其中前四位的美国、中国香港、日本和澳大利亚占比 62.9%，较进出口总贸易的贸易集中度稍轻。

2008 年，中国向前 15 位出口伙伴国（地区）摄影或电影产品出口贸易占比下降到 79.1%，贸易集中度得到极大改善，中国向更多其他国家（地区）出口摄影或电影产品（见表 6—3）。中国香港成为中国内地摄影或电影产品最大

的出口地区，占比达 14.30%；韩国成为中国摄影或电影产品的前三大出口地，占比达 8.7%。

2016 年，中国摄影或电影产品出口的主要贸易伙伴是韩国、中国香港、中国台湾、印度、日本、越南、印度尼西亚、泰国、土耳其、美国、新加坡、俄罗斯、澳大利亚、马来西亚和荷兰（见表 6－3）。中国向前 15 位出口伙伴国（地区）摄影或电影产品出口占比已由 2002 年的 95.4% 降低到 71.5%，贸易集中度得到极大改善。印度已分别于 2008 年和 2016 年成为中国摄影或电影产品的第五大和第四大出口地，这与中国摄影或电影产品进出口总贸易前五大伙伴国（地区）及 2002 年的出口贸易前五大伙伴国（地区）略有不同，印度也是唯一跻身于前五大伙伴国（地区）的发展中国家。其他国家（地区）的贸易排名发生不同程度的变化：韩国和中国香港仍然排在中国摄影或电影产品出口贸易的前两位，且占比分别由 2008 年的 8.7%、17.9% 变为 2008 年的 14.2%、9.4%，可见中国与韩国在摄影或电影产品贸易方面的关联更加紧密；日本则被中国台湾和印度超越，由 2008 年的第三位降到第五位，占比由 8.5% 减少到 5.5%；印度尼西亚、泰国、越南和土耳其的占比大大增加，分别达到 3.8%、3.6%、4.5% 和 3.4%，说明中国向发展中国家（地区）出口的摄影或电影产品的比重逐年上升。

3. 摄影或电影产品进口贸易的市场结构

表 6－4 反映了 2002 年、2008 年、2016 年中国摄影或电影产品进口贸易排名前 15 位的贸易伙伴及其占比情况。

表 6－4　　　　　　2002 年、2008 年和 2016 年中国摄影或电影产品
进口国家（地区）情况

2002 年		2008 年		2016 年	
国家（地区）	占比（%）	国家（地区）	占比（%）	国家（地区）	占比（%）
日本	35.6	日本	46.7	日本	43.1
美国	20.3	美国	20.2	美国	22.6

续表

2002 年		2008 年		2016 年	
国家（地区）	占比（%）	国家（地区）	占比（%）	国家（地区）	占比（%）
中国台湾	9.0	比利时	10.1	韩国	16.0
德国	7.8	英国	5.6	中国台湾	8.0
澳大利亚	7.0	中国台湾	4.9	比利时	3.3
比利时	3.5	韩国	4.2	英国	1.6
英国	2.4	德国	1.5	德国	1.5
中国香港	2.0	法国	0.9	墨西哥	1.2
意大利	1.7	意大利	0.8	荷兰	0.7
荷兰	1.6	阿根廷	0.8	法国	0.5
阿根廷	1.1	瑞士	0.7	以色列	0.3
墨西哥	1.0	墨西哥	0.3	马来西亚	0.3
法国	0.9	爱尔兰	0.2	新加坡	0.2
韩国	0.8	新加坡	0.2	中国香港	0.1
新加坡	0.5	荷兰	0.2	瑞士	0.1
总占比	95.2	总占比	97.3	总占比	98.1

资料来源：联合国商品贸易数据库（United Nations COMTRADE Database）。

根据联合国数据统计结果（见表6-4），2002 年中国摄影或电影产品进口总额排在前15位的国家（地区）分别是日本、美国、中国台湾、德国、澳大利亚、比利时、英国、中国香港、意大利、荷兰、阿根廷、墨西哥、法国、韩国和新加坡。中国与这 15 个国家（地区）的摄影或电影产品进口贸易额占中国全部摄影或电影产品进出口贸易额的比重高达 95.2%，说明 2002 年中国摄影或电影产品进口贸易集中程度极高。其中，中国与日本和美国的摄影或电影产品进出口贸易额分别约为 2.02 亿美元和 1.15 亿美元，占全部摄影或电影产品进出口贸易额的比重分别是 35.6% 和 20.3%。中国仅与这两个国家的贸易额就达到中国全部摄影或电影产品贸易额的 55%，可见中国摄影或电影产品贸易的集中度极高。

2008 年，比利时和瑞士取代澳大利亚和中国香港成为中国摄影或电影产品进口贸易前 15 位的贸易伙伴（见表 6—4）。相比 2002 年，2008 年中国与前 15 位贸易伙伴的摄影或电影产品进出口额的总占比增加为 97.3%，表明中国摄影或电影产品进口贸易集中度极高。此外，其他国家（地区）的贸易占比及贸易排名发生不同程度的变化：日本和美国仍然排在中国摄影或电影产品进出口贸易的前两位，占比为 46.7% 和 20.2%，表明中国与日本和美国在摄影或电影产品贸易方面的关联更加紧密。

2016 年，中国摄影或电影产品进口的主要贸易伙伴的进口额占比已由 2008 年的 97.3% 增加到 2016 年的 98.1%，贸易集中度没有好转。意大利、阿根廷、瑞士、爱尔兰占比排位下移，而韩国、墨西哥、以色列、马来西亚的占比排位提高，说明中国对这些国家的进口依赖度越来越高（见表 6—4）。

综上所述，中国对世界各国（地区）在摄影或电影产品的进出口贸易在国家（地区）结构上集中度较高；进口主要集中社会经济发展速度较快的国家（地区），市场结构有待进一步优化；出口主要集中在发展中国家（地区），与其他国家（地区）的贸易额虽然占比相对小，但也在日益增加，表现出了一定的多元性。根据以上对中国与世界各国（地区）贸易总体发展趋势和国别结构的分析可知：首先，中国与各国（地区）的进出口贸易规模在不断扩大，近年来进口远大于对其出口，呈现出一定的贸易逆差，但是逆差额在逐年缩小；其次，双方在各自贸易中的地位日益提高，经贸合作日益频繁；最后，进出口国家（地区）的集中度比较高。

6.3　录像制品

6.3.1　录像制品的贸易规模

由图 6—4 可知，2014 年中国录像节目版权进出口总数分别为 451 项和 73 项，进口总数远远多于出口总数，贸易逆差非常明显。2010~2014 年，中国引进录像节目版权累计达 2 269 项，输出版权累计达 345 项。2010 年中国录像节目版权贸易总数是 364 项，2014 年达 2 614 项，贸易规模增大了 7 倍。其中，版权引进由 356 项增加到 451 项，缩小了约 26.7%；版权输出由 8 项增加到 73 项，增大了 9 倍，可见中国录像节目版权进口量基本保持不变，出口规模大幅增长。中国录像节目版权引进和输出状况如图 6－4 所示。可以看出在 2010～2014 年，中国电视节目版权的引进数量和输出数量的变化幅度相似，都是在 2010～2013 年缓慢增加，在 2014 年有较小幅度的回落。2012 年，中国的电视节目版权贸易逆差最大，达 452 项。

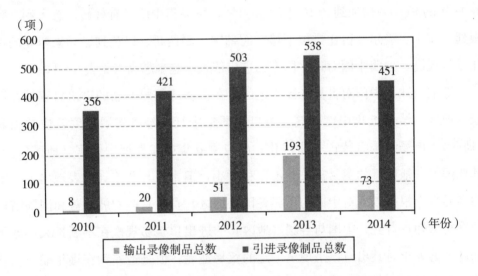

图 6－4　2010～2014 年录像制品版权进出口额变化情况

资料来源：中国国家统计局。

6.3.2　录像制品贸易的市场结构

1. 录像制品进出口贸易的市场结构

表 6－5 反映了 2010 年、2012 年、2014 年中国录像制品进口贸易排名前 4 位的贸易伙伴及其占比情况。

表 6-5　　2010 年、2012 年和 2014 年中国录像制品进口国家（地区）情况

2010 年		2012 年		2014 年	
国家（地区）	占比（％）	国家（地区）	占比（％）	国家（地区）	占比（％）
美国	82.3	美国	86.6	美国	90.9
英国	10.0	英国	6.3	英国	7.1
法国	3.7	德国	2.6	德国	1.4
日本	1.1	法国	1.5	法国	0.6
总占比	97.1	总占比	97.0	总占比	100

资料来源：中国国家统计局。

根据中国国家统计局的统计结果（见表 6-5），2010～2014 年，中国录像节目版权贸易对象的国家（地区）集中度非常高。2010 年中国录像制品进口总额排在前 4 位的国家分别是美国、英国、法国和日本。2010 年中国与这 4 个国家的录像制品进口贸易额占中国全部录像制品进出口贸易额的比重高达97.1％，说明中国录像制品进口贸易集中程度极高。2012 年，德国取代日本成为中国录像制品进口贸易前 4 位的国家。对比 2002 年，2008 年中国与前 15 位的贸易伙伴的摄影或电影产品进出口额的总占比为 97.0％，表明中国录像制品进出口贸易集中度依旧偏高。2014 年，中国录像制品进口的主要贸易伙伴的进出口额占比已达 100％，贸易集中度情况持续恶化。

2. 录像制品进口贸易的市场结构

2014 年，美国（404）和英国（37）是录像节目版权进出口贸易的交易大国，其他国家包括日本（7）和韩国（3）。可见，目前中国录像节目版权引进主要集中在欧美地区。2010～2014 年，中国的录像节目的版权引进的主要国家（地区）是英国（256）、美国（1895）、德国（3）、日本（28）、法国（15）、中国香港（12）、中国台湾（19）、新加坡（1）、德国（3）、加拿大（5）和俄罗斯（2）。2010 年，以上 11 个国家（地区）的引进额合计占当年引进总额的96.9％，这一比例在 2011～2014 年基本保持不变，引进对象的国别与地区分

布极为集中（见表6－6）。

表6－6　　　　　2010～2014年中国录像制品版权主要引进地情况　　　单位：项

国家（地区）	2010年	2011年	2012年	2013年	2014年	总数（项）
美国	284	289	444	474	404	1 895
英国	35	90	34	60	37	256
德国	1	0	1	1	0	3
法国	13	1	1	0	0	15
俄罗斯	1	0	1	0	0	2
加拿大	0	5	0	0	0	5
新加坡	1	0	0	0	0	1
日本	4	10	7	0	7	28
韩国	1	9	0	2	3	15
中国香港	4	3	5	0	0	12
中国台湾	1	9	8	1	0	19
总数	356	421	503	538	451	2 269
合计占比（%）	96.9	98.8	99.6	100	100	99.2

资料来源：中国国家统计局。

3. 录像制品出口贸易的市场结构

表6－7展示了中国录像制品版权输出的国家（地区）分布可以看出，2010年录像制品大部分输出到美国（5）和加拿大（1），2011年主要是韩国（2），2012年主要是美国（23）、加拿大（14）和中国香港（1），2013年主要是中国香港（183）、美国（1）和俄罗斯（1），2014年主要是美国（66）。可以发现，除了2011年之外，这些国家（地区）的输出合计额至少占当年输出额的74%。并且在2013年和2014年分别达到了97.9%和90.4%。这说明中国录像制品版权输出的国家（地区）非常集中，且主要集中在美国和中国香港。

表 6-7　　　**2010～2014 年中国录像制品版权主要输出地情况**　　　单位：项

国家（地区）	2010 年	2011 年	2012 年	2013 年	2014 年	总数
美国	5	0	23	1	66	95
俄罗斯	0	0	0	1	0	1
加拿大	1	0	14	0	0	15
日本	0	0	0	2	0	2
韩国	0	2	0	2	0	4
中国香港	0	0	1	183	0	184
总数	8	20	51	193	73	345
合计占比（％）	75	10.0	74.5	97.9	90.4	87.2

资料来源：中国国家统计局。

6.4　电视产品

6.4.1　电视剧

1. 电视剧的贸易规模

中国电视剧起始于 1958 年，由于自身节目源的缺乏，当时的电视剧有很大的一部分是引进剧。特别是在 20 世纪八九十年代，随着人民物质生活的日益丰富，中国百姓开始对文化娱乐生活有了较高的需求，引进剧在很大程度上弥补了中国电视剧制作的不足。在当时，引进电视剧也在很大程度上促进了中国电视剧的发展。

随着全球化的纵深发展和国际竞争的加剧，国家对外传播能力的提升成为现实需求。近年来，政府提出要积极推动文化产品"走出去"。中国电视剧作为主流文化表征的一个媒介产品，反映了中国不同时期的发展面貌与特征。一批优秀的中国电视剧正走出国门，国际市场正不断开拓。自此以来，中国电视剧无论从生产还是出口规模，均呈大幅增长趋势。

从总体上来看，除了 2014～2015 年中国电视剧进口额有下降趋势外，2008～2015 年中国对电视剧的进口、出口以及进出口贸易总额都呈现出不断增加的趋势。2008～2014 年，中国的电视剧的贸易额一直呈现逆差状态，尤其是 2014 年逆差额达到了 14.90 亿元，巨大的逆差反映了中国电视产品贸易发展所面临的严峻现状。具体看来，2008～2013 年中国全年电视剧进口总额都维持在 2 亿元以上，但出口总额却停留在 1 亿元以下。此外，2013 年之前中国电视剧的进口额和出口额总体变化较小，在 2013～2014 年增幅剧烈，从 2013 年的 2.45 亿元到 2014 年的 16.98 亿元，达到一个小高峰，增幅达 6.93 倍。2015 年贸易逆差的情况则有所缓解，达到 0.82 亿元的顺差额（见图 6-5）。

从电视剧的进出口集数来看，一方面，2008～2015 年，中国电视剧进出口集数整体呈现增加趋势。进口集数由 2008 年的 3 594 集增加到 2014 年的 14 022 集。但这一规模在 2015 年出现急剧下降，2015 年仅为 2 340 集。出口集数由 2008 年的 6 662 集增加到 2015 年的 15 902 集。另一方面，中国电视剧出口集数一直大于进口集数，表明从电视剧集数来看，中国电视剧贸易呈现顺差状态（见图 6-6）。

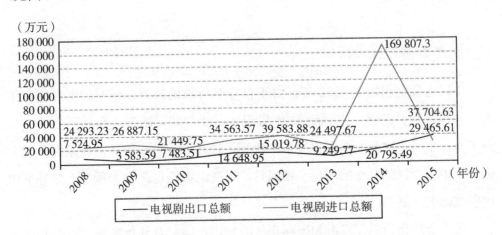

图 6-5　2008～2015 年电视剧进出口总额变化情况

资料来源：中国国家统计局。

从电视剧进出口平均价格上看，2008～2015 年电视剧的进口单价均比出口单价高出许多倍，2008～2013 年，倍数都维持在 2 倍以上，2014 年电视剧

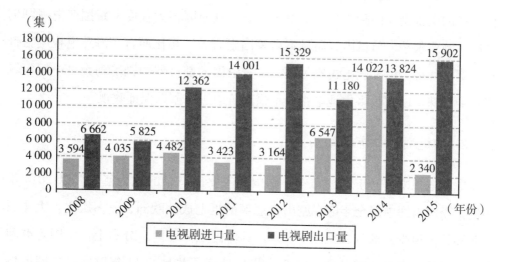

图 6—6　2008~2015 年电视剧进出口集数变化情况
资料来源：中国国家统计局。

的进口平均价格甚至达到了出口平均价格的 8.17 倍，然而 2015 年的电视剧进口单价与出口单价基本持平，初步缓解了不平衡的状况（见图 6—7）。中国电视剧出口还应继续提高产品的质量，以提高出口价格，从而缩小电视剧的贸易逆差。一方面中国电视台不惜高价引进国外优秀电视剧；另一方面，中

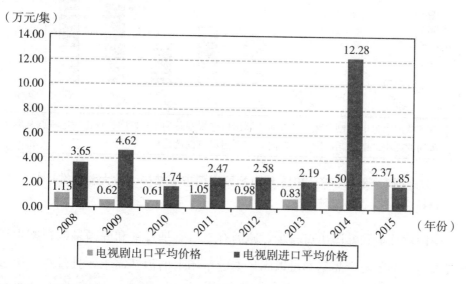

图 6—7　2008~2015 年电视剧进出口平均价格变化情况
资料来源：中国国家统计局。

国生产的电视剧在国际市场上卖不了高价，其原因很大程度上跟国产电视剧创新度、制作水平、节目内容质量不高等因素有关。相比而言，海外电视剧在价格上更占优势。以韩国电视剧为例，唯美浪漫的都市偶像剧受到大批中国年轻观众的青睐，以致很多内地电视台不惜高价引进韩剧以保证收视。

2. 电视剧出口市场结构

中国电视剧贸易市场分布上，中国的主要出口目的地为亚洲。以 2015 年为例，亚洲占到中国全年电视剧出口总额的近七成，欧洲、美洲次之，大洋洲和非洲只占很少一部分（见图 6—8）。具体国家（地区）分布上，中国香港和中国台湾是中国电视产品最大的两个出口地区，并且 2014 年以来出口额保持着持续增长的态势，表明中国的电视剧在这两个市场上已经有了较为稳定的信誉。韩国、美国和日本位居其后（见图 6—9）。

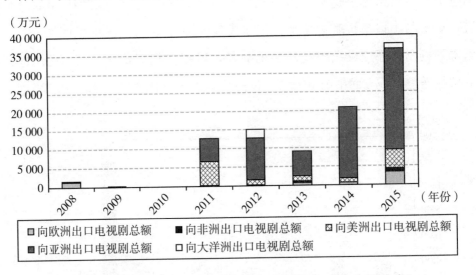

图 6—8　2008～2015 年电视剧出口市场结构（按大洲分类）
资料来源：中国国家统计局。

中国对日本和韩国出口较少，原因有二：一是日本和韩国是电视剧生产和消费大国，本国的产品基本可以满足本国市场上的消费需求，且日本经历过一系列社会变革，当下电视收视群体的分众化趋势明显，中国电视剧的题材很难满足这样的多元化市场；二是本国的电视剧的质量高于中国的电视剧，中国电

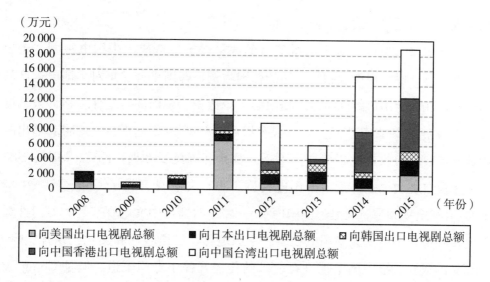

图 6—9 2008～2015 年电视剧出口市场结构（按国家和地区分类）
资料来源：中国国家统计局。

视剧的制作水平在日本和韩国的市场不具有竞争优势。

与日本和韩国的情况相似，中国对非洲和大洋洲的出口量同样很少，并且从近八年的数据看，波动较大，但原因却与日本和韩国不同。一方面，文化折扣造成了中国电视剧传播的主要障碍；另一方面，表明中国电视剧在这些国家（地区）还没有建立稳定的市场地位。为此，提高产品质量，走精品化路线是当务之急。2013 年 3 月习近平总书记对非洲进行国事访问时，在坦桑尼亚尼雷尔国际会议中心的演讲中提及了电视剧《媳妇的美好时代》在当地的热播，使坦桑尼亚观众了解到中国老百姓家庭生活的酸甜苦辣。习近平提出"我们要更加重视中非人文交流，增进中非人民的相互了解和认知，厚植中非友好事业的社会基础。中非关系是面向未来的事业，需要一代又一代中非有志青年共同接续奋斗。双方应该积极推动青年交流，使中非友好事业后继有人，永葆青春和活力。"[1] 该剧 2011 年被引入坦桑尼亚，用斯瓦希里语译制，在当地市场反响强烈。中国电视剧在政府政策的推动下以较低的价格向非洲市场输出，非洲也

---

① 2013 年 3 月 25 日，国家主席习近平在坦桑尼亚尼雷尔国际会议发表的题为《永远做可靠朋友和真诚伙伴》的重要演讲。

成为现代生活题材剧的主要输出地区。

一些国家（地区）对于电视节目的政策保护也造成了中国电视剧"走出去"的难题。以电视产业相对发达的韩国为例，韩国十分注重对本国电视产品的保护，在大量出口的同时也严格限制进口数量。中国的《还珠格格》被韩国 SBS 电视台在 2002 年引进后，收视率极高，韩国 SBS 电视台立即将其播出时间调至深夜，但收视率仍然居高不下，从此韩国接受教训，KBS、MBS、SBS 三大主流电视台很少再播放中国电视剧。2005 年韩国开设了 ChingTV（中华 TV）有线电视频道，它是韩国国内唯一 24 小时播出中文电视节目的专门性综合电视频道，主要播放中国电视剧、中国电影、汉语教学和文化纪录片。ChingTV 的成立，给中国电视剧在韩国的传播开辟了专门渠道。但是 ChingTV 需要付费播出，其付费制度会流失一批中国电视剧的潜在观众。

中国电视剧在东南亚地区没有出口，也是由于东南亚国家对于电视剧的政策保护。以在社会制度方面与中国相似的越南为例，其同中国于 1950 年建交，1992 年中国向越南出口电视剧《渴望》，在当地市场引起较大反响。由于中国与越南地域接近、文化同源，并且观众的日常生活和社会文化与中国相似，20 世纪 90 年代之后，中国电视剧在越南的传播数量可观。但由于南海争端和当地政府对本国文化的保护，2012 年越南国家信息传媒部要求限制中国电视剧的播出时长，同时提高越南本土电视剧的质量和映播时长，这对中国电视剧的传播造成了非常严重的阻碍。再以受西方影响较大的新型工业化国家新加坡为例，一方面，新加坡政府对媒介有较为严格的管制政策，对于引进剧的题材、数量和映播时长都有限制；另一方面，中国电视剧的出口渠道不自主，由于投入的资金和资源有限，不能像日韩出品方有直接的出口渠道，而是委托海外合作方发行，实际传播效果并不理想。

3. 电视剧进口市场结构

由图 6—10 和图 6—11 可知，亚洲是中国电视剧进口的主要地区，原因在于亚洲各国（地区）的文化与中国文化相近，且地理位置相邻，进口到中国所面对的文化折扣较少。其中，从 2014 年的数据可以看出，日本是中国电视剧最大的进口来源国，约占电视剧总额的 50.82%；其次是韩国，约占 26.24%。
2015 年的数据显示，美国和韩国排位前两位，分别为 43.79% 和 40.05%。

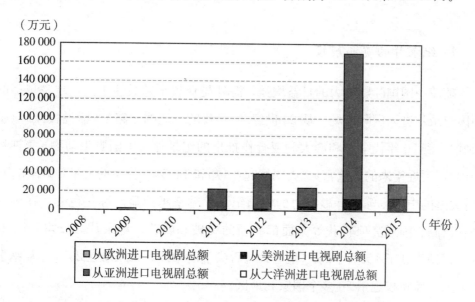

图 6—10 2008～2015 年电视剧进口市场结构（按大洲分类）
资料来源：中国国家统计局。

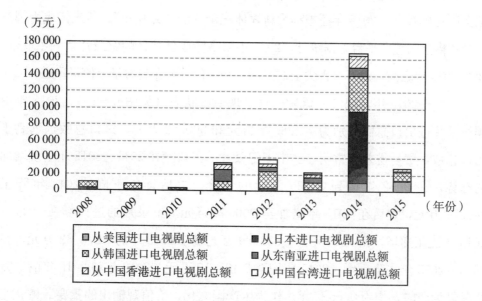

图 6—11 2008～2015 年电视剧进口市场结构（按国家和地区分类）
资料来源：中国国家统计局。

6.4.2 纪录片

1. 纪录片的贸易规模

随着中国国际影响力的日益增强，海外受众越来越关注中国，越来越多的中国纪录片进入国际市场。从 20 世纪 80 年代的《丝绸之路》《话说长江》《望长城》，到 90 年代中国和澳大利亚合作推出的纪录片《中国野生动物》《神秘中国》，到近年来的《故宫》《大国崛起》《郑和 1405》《公司的力量》《华尔街》《舌尖上的中国》等，有影响力的中国纪录片越来越凸显国际化色彩，在国际联合摄制、国际奖项斩获等方面都有新的突破和收获。纪录片《故宫》以 26种语言销售到了 126 个国家（地区）；《舌尖上的中国》第二季在 2014 年戛纳电视节上，播映权远销 20 多个国家和地区。

2015 年，中国纪录片行业总投入 30.24 亿元，总收入达 46.79 亿元，较上一年实现了大幅增长。其中，省级卫视、民营公司、商业视频网站均加大了对纪实产业的投入。2015 年还被称为新媒体纪录片的"井喷年"，新媒体成为国产纪录片传播的重要平台，据统计，2015 年网络播放量破亿的纪录片达到了 9 部，而在 2015 年之前，只有《舌尖上的中国》和《侣行》在观看量上值得称道。

2011～2015 年，纪录片贸易一直呈现逆差状态（见图 6-12）。2015 年中国纪录片进出口总额分别为 7 488.17 万元和 900.62 万元，进口总数远远高于出口总数，贸易逆差非常明显。中国纪录片的出口额在 2011～2012 年呈现增加的态势，在 2012 年达到 3 226 万元的顶峰，之后逐年下降，2014 年降至745.71 万元，之后在 2015 年增加至 900.62 万元。纪录片的进口额在 2011～2013 年逐年递增，由 2011 年的 1 833.89 万元增至 2013 年的 9 273.32 万元，在2013～2015 年先降后增，2015 年增至 7 488.17 万元。2013 年和 2015 年的逆差状况最为严峻，均为 0.66 亿元。作为生产国文化、价值观输出的重要载体，纪录片产业长期大幅逆差对于维护中国国家文化安全、对外传播和塑造"文化中国"的国家形象极为不利。

图 6—12　2008～2015 年纪录片进出口总额变化情况

资料来源：中国国家统计局。

对于纪录片的进口时长和出口时长而言，纪录片的出口时长在 2011～2012 年急剧增加，由 2011 年的 111 小时增至 2012 年的 2 369 小时，在 2012～2013 年继续增长，至 2013 年达到 3 241 小时的顶峰。在 2013 年之后有所下降，在 2015 年降至 1 233 小时。纪录片的进口时长在 2011～2013 年呈现增加趋势，在 2013～2015 年先有所下降，后提高至 2015 年的 3 722 小时（见图 6—13）。

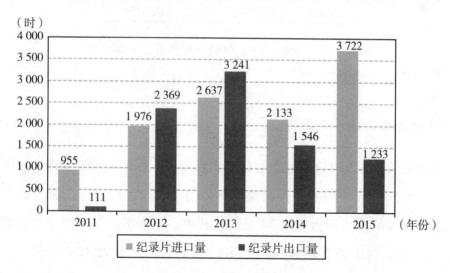

图 6—13　2008～2015 年纪录片进出口小时数

资料来源：中国国家统计局。

2011 年纪录片的进口单价高出出口单价 4.28 倍，在 2012～2015 年价格差异有所缓解，在 2015 年纪录片的进口单价比出口单价高出 2.75 倍，海外生产的纪录片在价格上比中国生产的纪录片更占优势（见图 6-14）。与美国和日本相比，中国纪录片海外传播的数量和影响力依然不足。这与作品的质量有关，然而作品质量并不是唯一的原因，很多我们认为质量上乘的作品，外国观众仍然看不懂或是不能接受，如很多文献纪录片。

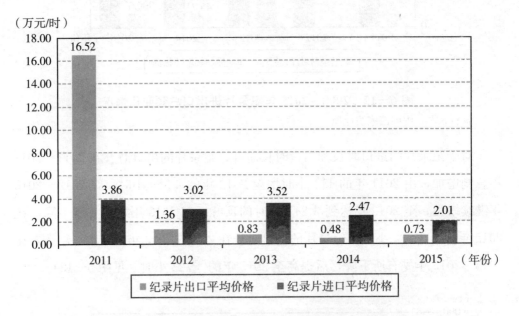

（万元/时）

图 6-14 2008～2015 年纪录片进出口平均价格

资料来源：中国国家统计局。

2. 纪录片出口市场结构

中国纪录片的出口目的地主要是亚洲和美洲。由图 6-15 和图 6-16 可以看出，2015 年，中国纪录片向亚洲其他国家（地区）的出口额为 386.88 万元，向美洲的出口额为 349.34 万元。其中，向美国出口的纪录片总额为 331.64 万元，向中国香港和东南亚出口的纪录片总额为 128.37 万元。从 2011～2015 年的出口记录可以发现，在 2012 年和 2013 年出口总额最高，出口目的地区主要是美洲、欧洲和亚洲。纪录片尽管在中国香港、中国台湾以

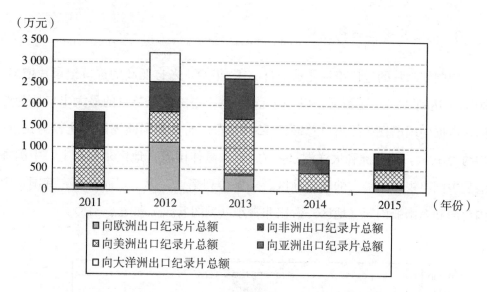

图 6－15　2008～2015 年纪录片出口市场结构（按大洲分类）

资料来源：中国国家统计局。

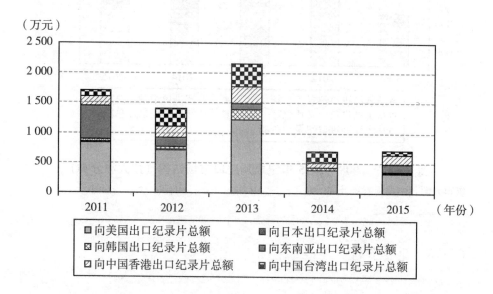

图 6－16　2008～2015 年纪录片出口市场结构（按国家和地区分类）

资料来源：中国国家统计局。

及美国、东南亚有着良好的销售发行纪录，但从整体上来看，中国纪录片的输出规模与其形成的国际影响力不成正比，中国纪录片在国际市场上的品牌竞争力仍然薄弱。

3. 纪录片进口市场结构

中国纪录片的进口市场显示，自 2013 年始，来自亚洲的进口纪录片增多，2013 年达到 2 530.68 万元。以 2015 年为例，中国电视节目的最大出口地为亚洲，占据中国电视产品出口总额的 72% 左右，而美洲和欧洲的占比较为接近，均约为 10%，而非洲和大洋洲只占约 2%。具体国家（地区）分布上，中国香港是中国电视产品最大的进口地区，美国位列第二、第三，而日本、韩国、中国台湾和东南亚国家（地区）占比非常小（见图 6—17 和图 6—18）。

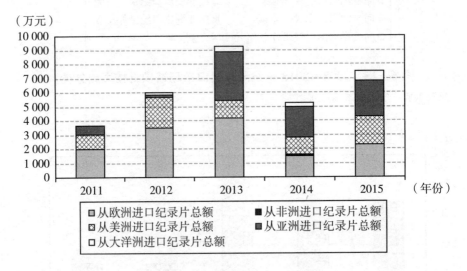

图 6—17 2008～2015 年纪录片进口市场结构（按大洲分类）
资料来源：中国国家统计局。

6.4.3 电视节目

随着全媒体时代的到来，影视产业贸易在文化贸易中的地位逐步增强。电视产品作为影视产业中至关重要的一部分，在贸易多样化的今天扮演越来越重要的角色，逐步成为衡量一个国家"文化软实力"的重要指标。中国的电视产品贸易自 20 世纪 80 年代起步以来，经过三十多年的摸索发展已经取得了一些成就，但与同产业发达的其他国家还存在一定差距。随着中国文化产品制作和

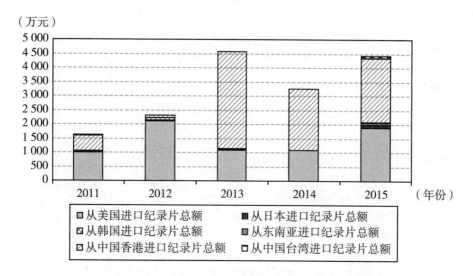

（万元）

图 6—18 2008～2015 年纪录片进口市场结构（按国家和地区分类）
资料来源：中国国家统计局。

发行水平的提高，中国文化产业进入世界文化市场的进程较之前大大加快。其中，中国电视产业国际贸易的情况正随着中国电视节目制作、发行水平的提高而得到明显改善。以下将从产品、服务和版权三方面来详细介绍中国电视节目国际贸易的发展状况。

1. 电视节目的贸易规模

根据中国国家统计局的统计，2008～2015 年，中国的电视节目的贸易额一直呈现为逆差。2008～2015 年中国全年电视节目进口总额都维持在 4 亿元以上，而出口总额却停留在 3 亿元以下。尤其是 2014 年，逆差额达到了 18.2 亿元（见图 6—19）。

中国电视节目出口规模保持持续增长趋势，2008～2014 年，中国电视节目出口额呈现平稳态势，在 2014～2015 年增长明显，从 2014 年的 2.72 亿元增加到 2015 年的 5.13 亿元，增幅达到了 1.89 倍左右。

中国对电视剧的进口规模的变化相对波动较大，在 2014 年之前中国对电视节目的进口呈逐年缓慢上升趋势，在 2013～2014 年增幅剧烈，由 2013 年的 5.87 亿元增加到 2014 年的 20.90 亿元，增幅达到 3.56 倍，在 2014 年达到高峰，

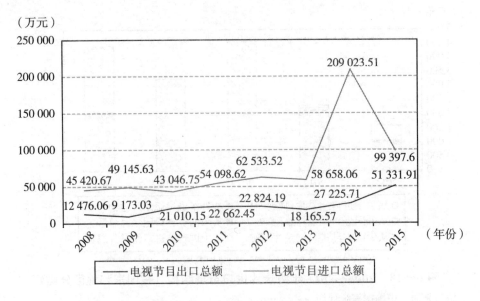

图 6—19　2008~2015 年电视节目进出口总额变化情况

资料来源：中国国家统计局。

之后跌至 2015 年的 9.94 亿元。

　　电视节目的进口时长在 2008~2011 年呈现缓慢增加的趋势，在 2011 年进口时长稍有下降，由 2011 年的 21 790 小时降至 2012 年的 13 089 小时。2012年后进口量上升趋势明显，2015 年达到 31 109 小时的高峰，增幅达 237.67%。在 2008~2010 年，出口量稍有增加。自 2011 年开始，出口量急剧上升，至2012 年达到 37 573 小时的高峰。2012 年之后呈现下降趋势，2013 年的出口时长仅为 21 270 小时，2013~2015 年又稍有增加，2015 年达到 25 352 小时（见图 6—20）。

　　由图 6—21，2008~2016 年，中国电视节目的进口单价均明显超出出口单价。2012 年电视节目的进口单价甚至是出口单价的 7.84 倍，之后未能有明显好转，2014 年电视节目的进口单价是出口单价的 6.35 倍，可以发现，海外的电视节目在价格上比中国生产的电视节目更占优势（见图 6—21）。

　　2010~2015 年，中国电视节目版权贸易引进和输出状况如图 6—22 所示。2010~2015 年，中国引进电视节目版权累计 3 203 项，输出版权累计 9 654 项。2010 年中国电视节目版权进出口贸易总数是 3 007 项，2015 年达到 1 647 项，贸

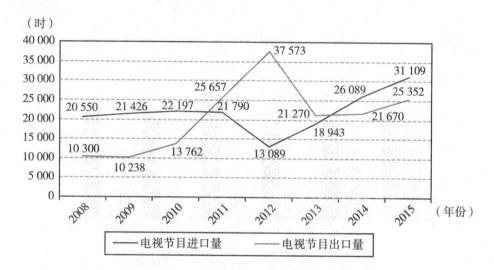

图6—20 2008~2015年电视节目进出口时长

资料来源：中国国家统计局。

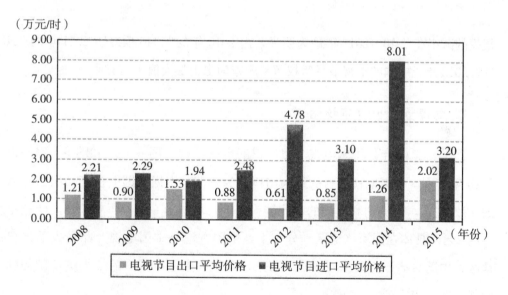

图6—21 2008~2015年电视节目进出口平均价格

资料来源：中国国家统计局。

易规模缩小了约45.2%。中国电视节目版权出口量基本保持不变，进口规模在减小，版权引进由1 446项减少到136项，缩小了约90.6%；版权输出由1 561减少到1 511项，基本不变，说明贸易规模的缩小主要是由于进口规模的减小。进口

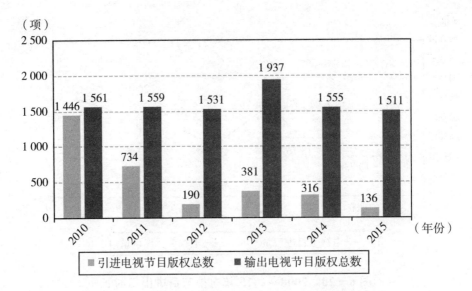

图 6-22　2010～2015 年电视节目版权进出口总数

资料来源：中国国家统计局。

规模的减小在 2010～2011 年最为明显，由 2010 年的 1 446 项减至 2011 年的 734 项。2013 年，中国的电视节目版权贸易顺差为史上最大值 1 556 项。

2. 电视节目出口市场结构

2008～2015 年，中国电视节目出口的市场结构见图 6-23 和图 6-24。以 2015 年为例，中国电视节目的最大出口地为亚洲，占据中国电视产品出口总额的 72% 左右，而美洲和欧洲的占比较为接近，均约为一成，而非洲和大洋洲只占约 2%。具体在国家（地区）分布上，中国香港是中国电视产品最大的出口地区，中国台湾、美国位列第二、第三，而作为中国电视产品最大进口国的韩国并不在三甲之列。

2010～2015 年，中国电视节目版权出口的市场结构见表 6-8。就 2015 年中国电视节目版权输出地分布而言，主要包括美国（124）、新加坡（123）和中国香港（127）。2010～2015 年，中国电视节目版权输出的主要国家（地区）是美国（1 901）、中国香港（828）、新加坡（699）、中国台湾（428）、加拿大（292）、中国澳门（281）、英国（181）、德国（178）、法国（178）、日本（24）

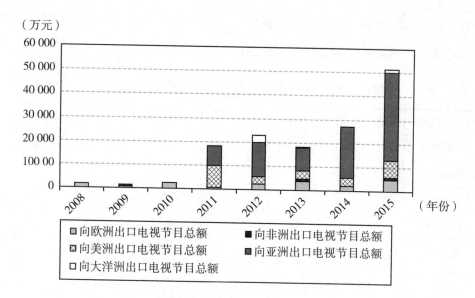

图 6—23 2008～2015 年电视节目出口市场结构（按大洲分类）

资料来源：中国国家统计局。

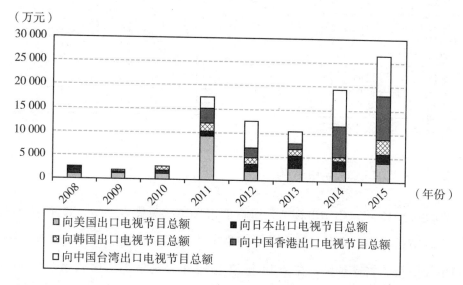

图 6—24 2008～2015 年电视节目出口市场结构（按国家和地区分类）

资料来源：中国国家统计局。

和韩国（4）。2010 年，以上 11 个国家（地区）的引进额合计占当年引进总额的 79.63%，这一比例在 2011～2012 年有一定程度的下降，分别占 26.62% 和 23.97%，2013 年又增长至 68.87%，2014 年和 2015 年分别为 56.33%、50.17%。

可见，目前国际电视节目市场对中国电视节目还缺乏了解和认识，虽然输出国家（地区）较多，但主要集中在亚洲地区。

表6—8　　　2010～2015年中国电视节目版权主要输出地情况　　单位：项

国家（地区）	2010年	2011年	2012年	2013年	2014年	2015年
美国	759	278	192	329	219	124
中国香港	158	79	66	273	125	127
新加坡	115	48	101	192	120	123
中国台湾	148	10	3	132	65	70
加拿大	54	0	3	111	61	63
中国澳门	0	0	0	119	94	68
英国	2	0	0	59	59	60
德国	0	0	1	59	58	60
法国	1	0	0	59	58	60
日本	6	0	1	1	15	1
韩国	0	0	0	0	2	2
总数	1 561	1 559	1 531	1 937	1 555	1 511
合计占比（%）	79.63	26.62	23.97	68.87	56.33	50.17

资料来源：中国国家统计局。

3. 电视节目进口市场结构

2008～2015年，中国电视节目进口的市场结构见图6—25和图6—26。从中国电视节目的进口来源区域看，亚洲是主要进口来源地，其中，日本是中国进口电视节目的主要对象，在2014年和2015年分别是47.96%、44.66%；对东南亚、中国台湾、中国香港、韩国均有少量进口。美洲排第二位，而在非洲、欧洲、大洋洲仅有少量进口。

2010～2015年，中国电视节目版权进口的市场结构见表6—9。可以发现，2010～2015年期间，中国电视节目版权贸易的对象不够均衡，贸易市场集中度较高。总体上看，2015年，美国（143）、新加坡（125）和中国香港（129）是

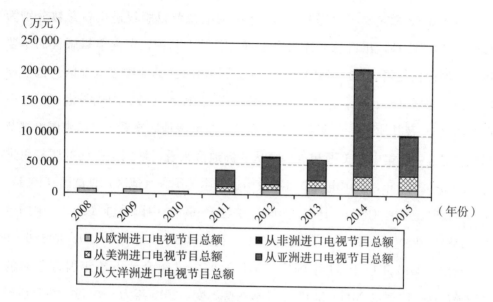

图 6—25　2008～2015 年电视节目进口市场结构（按大洲分类）
资料来源：中国国家统计局。

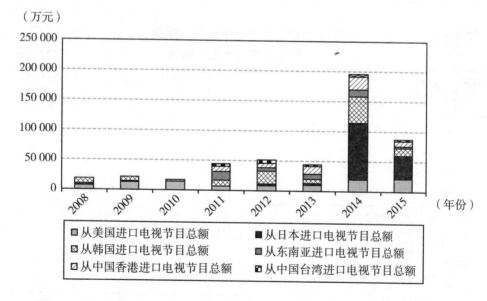

图 6—26　2008～2015 年电视节目进口市场结构（按国家和地区分类）
资料来源：中国国家统计局。

重点电视节目版权进出口贸易的交易大国（地区），而且对于这些国家（地区），贸易逆差非常明显。

由表6－8和表6－9可知，2015年中国电视节目版权进出口总数分别为136项和1 511项，出口总数远远多于进口总数。其中，电视节目版权的主要进口国家包括英国（40）、韩国（48）和美国（19）。其他国家（地区）包括德国（1）、法国（5）、加拿大（1）、新加坡（2）、日本（2）、中国香港（2）、中国台湾（3）及其他国家或地区（13）。可见，从欧美地区来看，目前中国电视节目版权引进主要集中在美国和英国。从亚洲地区来看，韩国是主要的版权引进地。2010～2015年，中国电视节目版权引进的主要国家（地区）是英国（1091）、美国（786）、韩国（258）、日本（206）、法国（160）、中国香港（140）、中国台湾（138）、新加坡（121）、中国澳门（24）、德国（12）、加拿大（5）。从表6－9可以看出，2010年以上11个国家（地区）的引进额合计占当年引进总额的88.9％，这一比例在2011～2015年基本保持不变，2015年为90.4％。除个别年份外，中国电视节目版权主要引进的11个国家（地区）的贸易量之和均占当年版权引进总量的90％以上，引进对象的国家（地区）分布集中。

表6－9　　　　　　　　　　2010～2015年中国电视节目版权
主要引进国家（地区）情况　　　　　　　　　　单位：项

国家（地区）	2010 年	2011 年	2012 年	2013 年	2014 年	2015 年
英国	585	212	73	66	115	40
美国	285	241	42	83	116	19
韩国	65	1	4	111	29	48
日本	62	130	1	4	7	2
法国	125	10	2	8	10	5
中国香港	23	32	24	51	8	2
中国台湾	102	0	0	22	11	3
新加坡	15	60	26	17	1	2
中国澳门	24	0	0	0	0	0
德国	0	0	2	7	2	1
加拿大	0	0	0	1	3	1
总数	1 446	734	190	381	316	136
合计占比（％）	88.9	93.5	91.6	97.1	95.6	90.4

资料来源：中国国家统计局。

6.5　广播影视类产品面临的贸易问题

中国国家广播电影电视总局早在 2001 年开始实施"走出去工程"，该政策的目的是将中国广播影视产品成功销售到欧美、日韩、东南亚等国际市场，在进行中国文化与思想宣传的同时获得经济利益上的丰收。国家广电总局为此进行了一系列政策的扶植和举措：2001 年国家广电总局《关于广播影视"走出去工程"的实施细则》指出，广播影视"走出去工程"的目标、任务是把中国的声音传向世界各地。此后，国家广电总局又相继出台了《关于促进广播影视产业发展的意见》（2004 年 2 月）、《国家"十一五"时期文化发展规划纲要》（2006）、《关于金融支持文化出口的指导意见》（2009 年 4 月）、《文化产业振兴规划》（2009 年 9 月）、《关于扶持培育广播影视出口重点企业、重点项目的合作协议》（2010 年 8 月）、《广播影视知识产权战略实施意见》（2010 年 11 月）等政策大力倡导广播影视产业要强化市场运作，主动参与国际合作和竞争，但从中国广播影视类商品国际市场的出口逆差情况来看，"走出去工程"收效甚微。笔者认为中国广播影视类产品的贸易主要存在以下问题：

第一，引进以简单的复制为主，本土化创新较少。国内制作单位向国外引进的电视节目，大致分为两种情况：一种是购买国外真人秀版权后，保留其既有的模式，再对其进行本土化改造，如央视早期引入的《幸运 52》《城市之间》等都是在引进国外版权的基础上对原节目进行本土化的"嫁接""移植"；另一种是根本不引进版权，直接将引进节目中的样式、流程拿过来用，这样的方式占 70%，是现在最为主流的做法。显而易见，借鉴与克隆具有质的不同。后者照抄照搬，前者汲取精神。但是只有结合本地观众的审美心理，不断创新才能打造出符合目标受众需求的电视真人秀节目同时形成自己的品牌。中国电视剧在外海市场中所出现的出口逆差很大程度与电视剧本身的质量水平有高度关联。纵观欧美、日韩电视剧的制作过程，除了有新意、有创意的好剧本，投入制作的费用也在很大程度上决定电视剧节目质量。在全球范围内热播的美国电视连续剧《绝望的主妇》一集的制作费用约六七千万美元，《兄弟连》每集平均制作费用在 1 200 万美元。相比之下，中国的电视剧制作的投入成本与资本力量就薄弱许多，制作经费与资本的投入对电视剧的质量本身有很大的影响。

第二，贸易平台、渠道单一，相关贸易非常态化、缺乏稳定性。中国的电视制作在引进方面往往追求立竿见影，总是引进在国外已经取得良好效果的节目。这就导致在引进的过程没有固定的合作伙伴，增加交易成本；同时也会使节目的引进后劲不足，对方提供的指导不足，自身的学习和借鉴很难学到精髓的东西。

第三，版权贸易的主体分布不平衡。2013～2014 年，中国录像制品版权引进及输出的交易主体的地区分布见表 6-10 和表 6-11。从中国录像制品版权贸易的情况上看，主体分布不平衡是一个急需解决的问题。可以发现，录像制品的引进主要集中分布于上海和广东，这些地区的版权贸易引进量几乎占据了全国的绝大部分。就输出版权而言，广东高居首位，2013 年、2014 年广东输出录像制品版权数量分别为 183 项和 66 项。第二名为北京，两年间分别为 9 项和 7 项。可以发现，中国录音制品版权贸易不论是贸易伙伴的国家（地区），还是在版权贸易主体的地区分布上，都表现出不均衡性。

表 6-10　　　　　　2013～2014 年中国录像制品版权引进情况　　　　单位：项

省份	2013 年	2014 年
上海	75	95
广东	461	354
湖南	0	2
辽宁	2	0
合计	538	451

资料来源：中国国家统计局。

表 6－11 2013～2014 年中国录像制品版权输出情况 单位：项

省份	2013 年	2014 年
广东	183	66
北京	9	7
山西	1	0
合计	193	73

资料来源：中国国家统计局。

2013～2014 年，中国电视节目版权贸易交易主体的地区分布见表 6－12 和表 6－13。从中国电视节目版权引进情况来看，一批版权贸易实力较强、社会效益与经济效益都取得较好收益的电视台开始出现，主要集中分布于北京和上海，这些地区的版权贸易引进量几乎占据了全国的绝大部分。就输出版权而言，上海高居首位，2013 年、2014 年上海输出电视节目版权数量分别为 378 项和 311 项，其他地区，2014 年内蒙古有 1 项，湖南有 4 项。可以发现，中国电视节目版权贸易不论是贸易伙伴的国家（地区），还是在版权贸易主体的地区分布上，都表现出不均衡性。

表 6－12 2013～2014 年中国电视节目版权引进情况 单位：项

城市	2013 年	2014 年
上海	1 679	1 457
北京	258	98
合计	1 937	1 555

资料来源：中国国家统计局。

表 6－13 2013～2014 年中国电视节目版权输出情况 单位：项

省份	2013 年	2014 年
上海	378	311
内蒙古	0	1
湖南	3	4
合计	381	316

资料来源：中国国家统计局。

虽然中国广播影视类产品的"走出去"现在成效还不明显，但是中国广播影视类产品的题材广阔、类型丰富。为了扩大中国广播影视类产品的出口，广播影视类行业改革势在必行。中国要以平等、开放的姿态，积极在国际舞台上进行文化交流，拉升外国人对中国文化的热情，培养固定的消费群体，为国产广播影视类产品出口海外打下广泛的消费群体基础。中国的广播影视类产品走向海外是一项长期的事业。作为中国文化的重中之重，广播影视类产品将担负起传播中华民族优秀文化的使命，为提高中国的文化软实力做出重要的贡献。

6.6　本章小结

近年来，在全球文化产业和服务贸易发展的宏观背景下，国际广播影视市场竞争激烈。为了实现文化大发展、大繁荣的战略目标，需要不断增强中华文化国际竞争力和影响力。广播影视产品作为有重大社会影响力的大众传播产品，在世界各国都受到了广泛的关注。作为文化产业的重要子行业，广播影视产品对外贸易成为文化"走出去"战略的重要组成部分。本章对广播影视产品的三个主要组成部分——电影、录像制品和电视产品的贸易情况进行了分析。2002～2016 年，在政府良好的政策支持和国内经济、技术环境的支持下，中国广播影视产品出口规模稳步增长，无论是出口量还是播出时长均有所增长，且在 2016 年创造了历年来中国广播影视类海外发行的最好成绩，"走出去"效果显著。在 2008 年之前，中国广播影视产品和服务的出口对象主要集中在日韩、东南亚以及中国香港、澳门和台湾等华语观众集中和受中国文化影响较深的国家（地区），而近年来出口受众转向欧美国家，可以说是中国广播影视产品走向海外的一大进步。与此同时，中国在广播影视产品对外出口上还应加强内容建设，避免出口题材单一重复，以期中国的广播影视产品在国际市场上走得更远。

第 7 章

文化艺术类进出口贸易

随着经济全球化的不断发展，文化服务贸易逐步成为全球经济增长的重要推动力。对中国而言在政府的大力支持下，文化服务贸易增速已高于世界平均水平，在全球的贸易占比进一步提升。2015 年国务院印发的《关于加快发展服务贸易的若干意见》中强调了中国服务贸易的发展目标，也对中国文化服务贸易结构以及国际市场布局提出了新的发展要求，并明确提出重点加快发展中国文化艺术、广播影视、新闻出版等文化服务的出口贸易。由此可见，充分发挥文化艺术服务的文化传播优势，增强中国与世界各国（地区）文化艺术服务贸易往来，对提升中国文化整体实力和对外影响力具有举足轻重的作用。

7.1 概念及统计范畴

根据商务部、中宣部、文化部、新闻出版广电总局、海关总署等部门印发的《中国文化服务进出口统计目录》，文化艺术服务是指包含从事文学创作、美术创作、表演艺术等活动、提供各类文艺演出设备和场所服务的文艺创作与表演服务，从事对具有历史、文化、艺术、科学价值且被列入文物保护范围的不可移动文物和传统美术、书法、音乐、舞蹈、戏剧、杂技以及传统技艺、医药、礼仪、节庆等非物质遗产保护和管理的文化遗产保护服务、从事图书馆、档案馆有偿服务的图书馆与档案馆服务和从事由正规学校或社会各界兴办的文化艺术培训活动的文化艺术培训服务以及其他文化艺术服务，其具体统计范畴如表7-1所示。

表7-1 **文化艺术服务的具体统计范畴**

大类	中类	小类
文化艺术服务	文艺创作与表演服务	文艺创作与表演服务
		艺术表演场馆服务
	文化遗产保护服务	文物及非物质文化遗产保护服务
		博物馆服务
	图书馆与档案馆服务	图书馆服务
		档案馆服务
	文化艺术培训服务	文化艺术培训服务
	其他文化艺术服务	"其他文化艺术业"的服务

资料来源：商务部、中宣部、文化部、新闻出版广电总局、海关总署办公厅印发的《对外文化贸易统计体系（2015）》。

7.2 文化艺术类进出口贸易发展现状

7.2.1 文化艺术服务贸易发展现状

在中国文化产业快速发展，文化贸易量不断增加的同时，中国的文化艺术服务贸易也呈现出了蓬勃发展的状态，进出口总额逐年增加。根据联合国贸易和发展会议（UNCATD）统计数据，中国文化艺术服务对外进出口贸易总额从2001年7 800万美元增至2016年的29亿美元。其中，对外文化艺术服务进口贸易额在2009年之后超过了出口，呈现出逐年增加的变化趋势，而出口总体上都呈现出相对稳定的发展状态。

1. 文化艺术服务贸易总体规模

（1）中国文化艺术服务贸易总体规模逐年扩大。自2000年起，中国文化艺术服务贸易总体规模呈现出稳步增加的发展趋势。具体而言，贸易总额在2014年之前体现出相对平稳的增加趋势，如图7-1所示，从2001年4 873万美元的贸易总额稳步增加到2014年的10.47亿美元。而2014年之后中国文化艺术服务贸易呈现了快速增长的趋势，以150%的增长率增加至2016年的28.86亿美元。这与近年来中国政府对文化产业和文化贸易发展的大力支持以及中国"一带一路"倡议的推进密不可分。

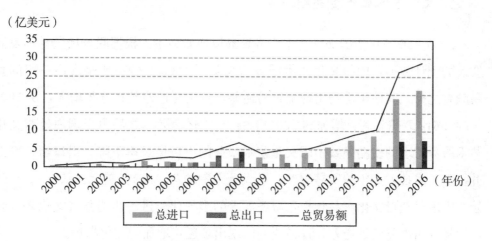

图7-1　中国文化艺术服务贸易总体变化趋势
资料来源：联合国贸易和发展会议（UNCATD）。

（2）中国文化艺术服务出口贸易波动较大。具体可以分为两个阶段，2001～2004年文化艺术服务的出口额增长相对较快，从1 100万美元的出口额快速增加到2004年的4 099万美元；而在2005～2014年，中国文化艺术服务的出口额又稳定地保持在1.50亿美元左右。但是随着中国经济社会的快速发展以及中国综合国力的不断增强，世界各国对中国文化的了解和认同逐步增加，因此对中国文化产品和文化服务的需求日益增加。在这样的经济发展背景下，中国文化艺术服务出口从2014年开始出现了迅速上升的趋势，在2016年出口额达到了约 7.44 亿美元。

(3) 中国文化艺术服务进口贸易稳步增加。进口方面，从 2005 年开始出现了明显的增加趋势，总进口额逐年攀升，大于出口的增加幅度。具体从 2005 年的 1.53 亿美元逐步增加到了 2016 年的 21.42 亿美元，进口额扩大了约 12 倍。在世界各国熟悉中国文化的同时，国内民众对世界先进文化的认同度也在提高，对世界先进文化产品和文化服务的需求也在增加。此外，随着经济科技的不断发展，中国特色社会主义进入了新时代，人民日益增长的美好生活需要日益丰富，因此人们对中外文化艺术服务的多样化需求，在一定程度下带动了中国文化艺术服务的进口。

2. 文化艺术服务贸易顺逆差

2000～2016 年中国文化艺术服务贸易以逆差为主。根据联合国贸易和发展会议的统计数据，中国文化艺术服务贸易除了 2005～2007 年呈现出一定的贸易顺差之外，其他年份均出现了贸易逆差，且贸易逆差额在逐年增大，从 2000 年的 2 612 万美元一直增加到 2004 年的 1.34 亿美元，之后由于国内外对文化艺术服务需求的变动导致中国文化艺术服务的进口增长率下降，出口增长率上升，随之出现了 3 年的贸易顺差，最大顺差额约为 1.63 亿美元。从 2009 年开始，中国民众对文化产品和文化服务需求的多样化又进一步增强，文化艺术服务贸易开始恢复贸易逆差，且逆差额体现出了逐年增加的变化趋势。

尽管近年来中国文化艺术服务业迅速发展，文化艺术服务出口规模开始增加，但是中国服务业整体的发展基础比较薄弱，出口贸易起点较低，这在很大程度上会影响文化艺术服务的出口贸易。此外，人们对其他国家文化艺术服务的需求在不断增加，这又极大地带动了中国文化艺术服务的进口。

3. 文化艺术服务贸易增长率

虽然近年来中国文化艺术服务进出口贸易额在不断增加，变化趋势也较一致，但是在进出口增长率方面却呈现出了不同的趋势。如图 7－2 所示，从 2001 年开始进口增长率和出口增长率均体现出一定的波动性，其中出口增长率的波动幅度大于进口。出口增长率在 2001～2016 年期间波动性较大，其中在 2005 年和 2015 年分别出现了 226.54％和 317.83％两个峰值；进口增长率的波动幅度相对较小，不过同样出现了两个峰值，分别为 2004 年的 152.87％和 2015 年的 117.52％。在波动的同时，在 2009～2013 年进出口增长率均保持了相对稳定的变化趋势，分别约为 30％和 20％。然而在 2008 年，受全球金融危机的影响，中国文化艺术服务和贸易出现了负增长。

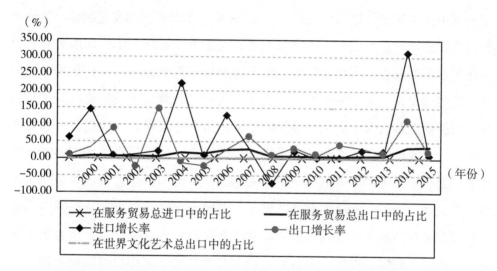

图 7—2　2000～2015 年文化艺术服务进出口占比及增长率趋势
资料来源：联合国贸易和发展会议（UNCATD）。

如图 7—2 所示，中国文化艺术服务出口贸易在中国服务出口贸易中的占比整体上呈现出不断上升的变化趋势。在 2000 年文化艺术服务出口额占比约为 3.71％，经过两个阶段的快速增长，在 2016 年占比达到了约 35.67％。而文化艺术服务的进口贸易在中国服务进口贸易中的占比却呈现出不同的变化趋势，2000～2016 年，进口占比一直维持在 0.50％之下，份额低，增幅小。尽管中国在文化艺术服务贸易中出口额小于进口额，目前以贸易逆差为主，但是出口的增长率从整体上是高于进口增长率的变动幅度，且文化艺术服务出口在中国服务贸易中的占比远大于进口。可见，中国文化艺术服务进出口贸易仍然以出口为主。且从全世界文化艺术服务贸易的视角看，中国文化艺术服务的出口额正呈现出不断上升的趋势，2016 年的出口额在世界文化艺术总出口中占比约为 1.64%。占比份额的不断增加，不仅体现出了中国文化产业的快速发展，也体现出了中国文化艺术服务国际竞争力的不断增强。

7.2.2 文艺创作与表演贸易发展现状

根据商务部、中宣部、文化部、新闻出版广电总局、海关总署等部门印发的《中国文化服务进出口统计目录》，文化艺术服务包括文艺创作与表演服务、文化遗产与保护服务、图书馆与档案馆服务、文化艺术培训服务和其他文化艺术服务五类。本报告将基于联合国贸易和发展会议的统计数据，进一步分析中国文化艺术服务中的文艺创作与表演服务贸易的发展现状与变动趋势。根据以上各大部门对文化服务的分类，其中文艺创造与表演服务包括文学创作、美术创作、各类表演艺术活动以及舞台、灯光等设备和专供文艺团体演出的场所提供的服务活动。而像文学创作、美术创作以及各类表演艺术活动等又兼具服务和商品的双重性质，一方面，在进行进出口贸易时难以清楚地将服务性质和商品性质区分开；另一方面，目前也没有关于该类服务贸易的明确统计数据。因此，结合联合国贸易和发展会议的已有统计数据，以艺术创作（art crafts）和表演艺术（performing arts）等创意类产业为代表进行的进行分析。

1. 文艺创作与表演服务贸易总体规模

在经济全球化的浪潮之下，广播、电视、出版、文艺创作、表演艺术等文化服务已经为社会创造了巨大的财富，文艺创作与表演服务迅猛发展，在整个经济发展中的地位也日益突出。

（1）出口增长率：各国均稳定增长，其中新兴国家增长较快。根据商务部公布的 2016 年《中国服务贸易统计报告》，本报告选取了世界服务出口贸易前20 位的国家针对中国文化艺术创作和表演的出口进行分析。图 7－3 为中国文化艺术创作与表演服务在 2003～2015 年与 2012～2015 年这两个阶段针对主要出口国家的增长率趋势。在 2003～2015 年这个阶段内，中国对印度、巴西、马来西亚、泰国、新加坡等国家的文艺创作与表演服务出口增长率较大，其中对印度的出口增长率高达 71.30%；而对美国、英国、日本、德国等国家在文艺创作与表演服务的出口增长率相对较低，分别为 13.75%、17.50%、11.55% 和 23.21%。在 2012~2015 年这个阶段内，中国同样对印度、新加坡等国家在文艺创作和表演服务的出口增长较快，而对德国、日本、美国等发达国家增长率相对较低。

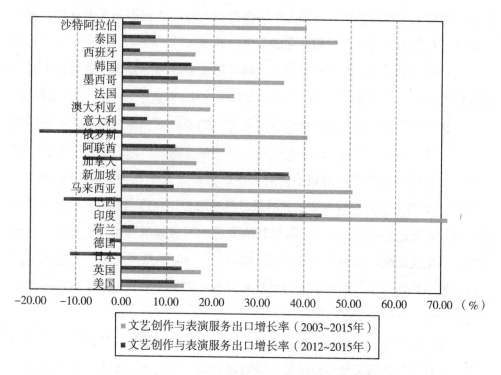

图 7—3　文艺创作与表演服务出口增长率趋势

资料来源：联合国贸易和发展会议（UNCATD）。

由此可见，对同一个时间段而言，中国对新兴发展中国家，如金砖国家等在文艺创作与表演服务的出口增长率高于发达国家，这主要由于近年来新兴经济体的发展速度较快，市场需求和市场规模相对较大，对中国文化商品以及文化服务需求增长较快；同时，新兴经济体与中国在文化上具有一定的相似性，对中国的各种文学创作、美术创作、表演艺术等认同度较高，这在一定程度上会促进中国对这些国家的出口。而不同时间段相比，除俄罗斯之外，中国对各国在文艺创作和表演服务的出口贸易增长主要集中在 2012～2015 年间，只有对少数国家，如泰国、西班牙等的出口集中在 2012 年之前。不管是否同一时间段，虽然中国对外的文艺创作与表演服务出口呈现出一定的国别差异性，但总体上出口增长率的分布比较均衡，各国各阶段均在 80％之内。出口增长率呈现出这样的发展趋势，主要与中国自身的经济发展状况以及政府的相关政策有关，特别是 2013 年中国提出了"一带一路"的发展倡议，对中国对外经贸的开展起到了很大的推动作用，再加上中国政府对文化产业发展的大力支持，进一步促进了对各国在文化商品和文化服务出口的增加。

（2）进口增长率：各国普遍较低，同时增长幅度差异较大。选取世界对中国进口服务贸易排名前 20 位的国家，2003～2015 年，中国对波兰、墨西哥、印度、土耳其等国家在文艺创作和表演服务上的进口增长率相对较大，分别为 96.13％、69.00％、50.47％、92.43％；同样对美国、英国、法国、德国、日本等国家的进口增长率相对较小，对日本的进口增长率仅为 16.39％。2012～2015 年，中国文艺创作与表演服务的进口迅速增长，对波兰、马来西亚等国的进口增长率远远超过了 100％，而对其他发展中国家如墨西哥、土耳其、印度等增长率也比较大，分别为 90.71％、65.95％、85.36％。此时对发达国家的进口增长率仍然较小，如对英国的增长率只有 4.25％左右，远小于 2003～2015 年这个阶段（见图 7-4）。

因此，中国文艺创作与表演服务进口贸易增长率增长较快的仍然是发展中国家，而对于发达国家增长较缓慢，特别是 2012～2015 年，对发展中国家进口与一些发达国家相比增加率差距较大，分布呈现出一定的不均衡性。而且对比两个时间段的增长率水平可以发现，中国文艺创作与表演服务的进口在近两年的增长强度较大，在"一带一路"建设过程中，中国与沿线各国正在逐步实现政策沟通、贸易畅通与民心相通，这不仅会带动中国人民对各类文化艺术产品和服务需求的增加，也为其他国家的文艺创作与表演服务进入中国提供机会。

2. 文艺创作与表演服务贸易区域结构

（1）出口区域分布：对各大洲出口逐年增加，分布比较均衡。中国文艺创

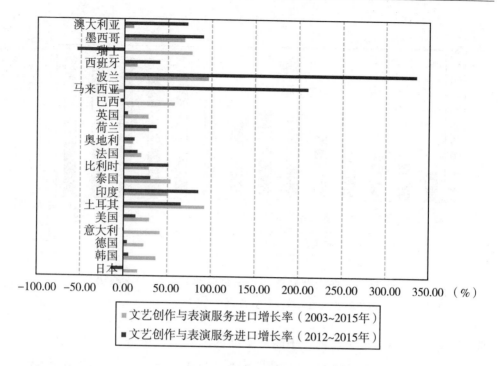

图7—4 文艺创作与表演服务进口增长率趋势

资料来源：联合国贸易和发展会议（UNCATD）。

作与表演服务的出口在各个大洲的分布相对均衡，具体出口规模与各大洲国家的数量和规模密切相关。根据联合国贸易和发展会议的统计数据，中国对各大洲在文艺创作和表演服务的出口，除了2009年受全球金融危机影响之外，总体上呈现出不断增加的趋势。2008年全球金融危机爆发，对世界各国需求造成很大冲击，不仅货物进出口贸易受到了影响，服务贸易也出现了下降趋势。对中国而言，根据图7—5所示，2009年对各大洲文艺创作和表演服务出口额出现了一个明显的下降趋势，不过随后又开始逐年增加，总出口所受影响较小，持续时间也较短。

贸易布局方面，中国文艺创作与表演服务的出口主要集中在欧洲、亚洲和美洲，而对于非洲和大洋洲出口额相对较小。2002年，中国对美洲的出口额最高，约为16.39亿美元，而对于亚洲、欧洲次之，出口额约为13.86亿美元和8.50亿美元，对美洲的出口额约是欧洲的2倍。此时对非洲、大洋洲的出口额分别只有4 625万美元和7 896万美元，之后对各大洲的总出口均逐年稳步增

（亿美元）

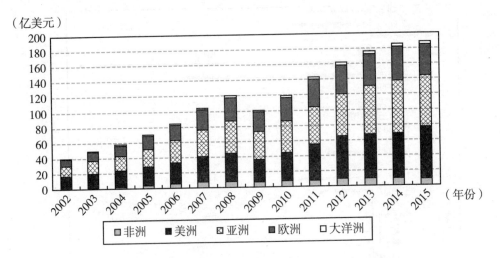

图7—5 各大洲文艺创作与表演服务出口变化趋势

资料来源：联合国贸易和发展会议（UNCATD）。

加。在 2008 年金融危机之前，中国对非洲的出口增长率最大，其中在 2005 年达到了 90% 左右，而对其他大洲的出口增长率比较稳定，一直保持在 20% 左右。2009 年之后，尽管中国对各大洲在文艺创作和服务表演的出口额总体仍保持着不断增长的趋势，但是出口增长率却出现了小幅的下降，甚至在 2014～2015 年出现了微小的负增长。对欧洲和亚洲的出口额在 2014 年达到最大值，分别为 44.52 亿美元和 69.15 亿美元，而增长率在 2015 年均显示为负；对美洲和大洋洲的出口额在 2015 年达到最大值，分别约为 67.84 亿美元和 3.94 亿美元。

（2）进口区域分布：进口主要集中在亚洲国家，各大洲分布不均衡。中国对文艺创作和表演服务的进口总体稳中趋增，其中主要集中在亚洲地区，其次是欧洲，而对于美洲、非洲和大洋洲的进口比较少，分布呈现出一定的区域不均衡性。对各大洲的总进口从 2002 年开始逐年增加，除了 2009 年受到金融危机的影响而呈现出小幅的下降之外一直到 2013 年达到了最大值 13.45 亿美元（见图 7—6）。而 2014 年之后中国在文艺创作和表演服务上的总进口也表现出了缓慢的下降趋势。除个别年份外，中国对亚、欧两洲的进口变化趋势大致与总进口趋势保持一致，并随时间的推移而增加。中国在文艺创作与表演服务的

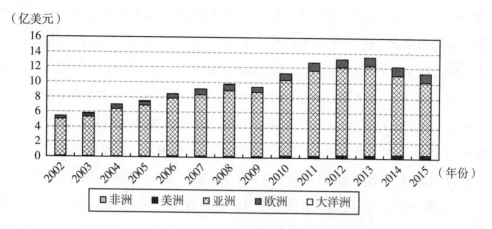

（亿美元）

图 7—6　各大洲文艺创作与表演服务进口变化趋势
资料来源：联合国贸易和发展会议（UNCATD）。

进口主要集中在亚洲地区，一方面因为亚洲地区的国家较多且人口比较集中，近年来亚洲各国的经济发展速度加快，各国经济实力迅速提升，对中国的出口在文化服务贸易上有所增加，进而带动了对中国在文艺创作和表演服务的出口；另一方面因为亚洲国家与中国的文化距离相对较近，各国在文化观念和传统习俗上有一定的相似性，文化差异相对其他洲国家而言较小，中国民众相对更加容易接受亚洲各国的文化服务，因此这在一定程度上也会增加对亚洲国家的进口。

　　具体而言，中国对各个大洲在文艺创作和表演服务的进口在 2002 年开始就表现出一定的不均衡性，同样是以亚洲为主，进口额约为 4.95 亿美元；其次是欧洲国家，中国对其进口额在 2002 年约为 0.33 亿美元；而对美洲、非洲和大洋洲的进口额较少，分别约为 0.12 亿美元、133 万美元和 376 万美元。2002 年之后对于亚洲国家的进口开始逐年增加，在 2013 年达到最大值 11.90 亿美元。虽然进口额一直在逐年稳步增加，但是增长率却比较稳定，一直保持在 10.00% 左右。且 2009 年受金融危机的影响也比较小，进口额只下降了 2 723 万美元，增加率只有 −3.11% 左右。金融危机之后，中国对亚洲国家在文艺创作和表演服务上的进口继续增加一直到 2013 年。而在 2014～2015 年，随着中国总体进口额的下降，对亚洲进口的增长率也出现了负值，分别为 −10.89%

和—8.20%。对于欧洲而言，中国对其进口同样从 2002 年开始逐年增加，尽管进口额低于亚洲，但是增长率较高，在 2004 年和 2010 年增长率高达 30% 以上。中国在文艺创作和表演服务上对欧洲的进口从 2002 年的 0.33 亿美元一直增加到 2014 年 1.20 亿美元的最大值，而在 2015 年出现了一个小幅下降。中国对美洲和非洲的进口从 2002 年起也一直保持着逐步增加的趋势，分别在 2014 年和 2015 年达到了最大值：0.01 亿美元和 0.37 亿美元。对于美洲的进口增长率而言，整体上低于欧洲，在 2004 年和 2010 年分别达到两个峰值约为 38.70% 和 26.26%，其他年份保持相对稳定的趋势。对于非洲，进口增长率在 2010 年之前呈现出不稳定的变化趋势，而在 2010 年之后一直保持在 40% 左右，直到 2013 年之后开始下降。2015 年，中国从大洋洲进口的文艺创作和表演服务仅为 84.13 万美元，特别是 2009 年金融危机之后，中国对大洋洲的进口额逐年减少。而在 2009 年之前进口额保持比较稳定的变化趋势，每年约为 350 万美元。对大洋洲的进口增长率从 2002 年开始一直呈现出小幅的波动趋势，而且增长率整体上较小。

由此可见，中国在文艺创作与表演服务的进口贸易在 2013 年之前不管是总体上还是具体到各个大洲上均呈现出不断增加的趋势，而近年来进口贸易规模收缩，不仅与中国目前文化产业和文化服务的快速发展有关，而且与中国政府的各项政策有关。一方面，随着中国经济科技的迅猛发展以及中国参与全球治理积极性的不断提高，中国文化日益被世界各国所熟悉和认同。中国文化产品质量不断提高，文化服务效率不断增强，世界各国对中国文艺创作和表演服务的需求量不断增加。这不仅促进了中国文艺创作和表演服务的出口，也大大满足了中国民众对文化艺术服务的需求，进而减少了对其他国家的进口。另一方面，中国在 2013 年提出了"一带一路"的发展倡议，"一带一路"各项措施的推进和实施对外有效地宣传了中国文化，极大地鼓励了中国文化产品和文化服务的出口，增加了进口需求。

3. 文艺创作与表演服务贸易国别结构

(1) 出口的国别分布：对美国相对集中，其他国家分布较均衡。以 2015 年为例，选择中国在文艺创作和表演艺术上的主要出口伙伴国，具体对各国的出口占比情况如表 7－2 所示。总体上看，中国 2015 年的出口主要集中在美国，其他各国分别比较均衡。根据联合国贸易和发展会议的统计数据，中国对美国在文艺创作和表演服务的出口在 2015 年达到了约 48.88 亿美元，占中国在该类服务总出口的 25.89%，是中国重要的文化艺术服务出口伙伴国。其次中国对英国、日本、德国和荷兰等国家在文艺创作和表演服务上的出口额分别约为 8.45 亿美元、8.10 亿美元、6.69 亿美元和 5.12 亿美元，分别占中国在该类文化服务总出口的 4.48%、4.30%、3.54% 和 2.71%。对印度、巴西、马来西亚、新加坡和加拿大这几个主要伙伴国而言，中国在文艺创作和表演服务上的出口额比较相近，均达到了 3.50 亿美元左右，占中国在该类服务总出口的比重约为 2.0%。而对于其他伙伴国的出口额相对较小，占比也低于 2%。

表 7－2　　　2015 年中国对各国文艺创作与表演服务的出口额　　　单位：亿美元

国别	出口额	国别	出口额	国别	出口额
美国	48.88	马来西亚	3.66	法国	2.86
英国	8.45	新加坡	3.62	墨西哥	2.61
日本	8.10	加拿大	3.50	韩国	2.57
德国	6.69	阿联酋	3.48	西班牙	2.48
荷兰	5.12	俄罗斯	3.42	泰国	2.38
印度	3.95	意大利	3.39	沙特阿拉伯	1.70
巴西	3.79	澳大利亚	3.28		

资料来源：联合国贸易和发展会议（UNCATD）。

中国在文艺创作和表演服务的出口之所以主要集中在美国、英国、日本、德国、荷兰、印度等国家，有多方面的因素在起作用。首先，近年来中国在思想文化建设方面取了重大成就，带动文化产业和文化服务迅速发展，并使中国的优秀传统文化得到广泛的弘扬，世界各国对中国文化商品和文化服务的偏好增加，尤其是具有艺术特色的各种文艺创作和具有感染力的文化表演服务。其次，美国、英国、日本、德国等发达国家，经济社会发展较快，人均 GDP 较高，居民对物质、文化等各方面的需求都较大。最后，随着经济全球化的不断发展，各国在了解中国文化的同时，对中国文化商品和文化服务产生了认同，因此各国稳定的需求市场进一步促进了中国文化艺术服务的出口。

此外，美国、英国、德国、新加坡、加拿大等国家有着庞大的移民网络，特别是美国、加拿大等国家，根据联合国数据统计，截至 2014 年，居住在美国的华人已经超过了 220 万人。且在 2001～2010 年有将近 33 万中国人加入了美国国籍，截至 2010 年，共有 40 多万移民美国的中国人加入美国国籍。如此庞大的移民网络对祖国文化的偏好和认同会直接导致中国文化服务的大量出口，同时在移民的网络效用之下，当地美国人也会逐步了解和喜欢中国的文化商品和文化服务，这在一定程度上也会增加对中国文化服务的需求。与此同时，仍以美国为例，中国移民在美国从事的职业主要集中在管理、服务、艺术娱乐行业，根据美国马里兰大学学者的研究，美国华人有 53.4％从事管理和职业性领域的工作，有 15.4％从事服务业领域的工作，再具体细分，有将近 15％的华人集中从事艺术、娱乐等行业。这些从事文化艺术服务行业的华人在从事本职工作的同时，会将他们所熟悉和偏好的中国文化艺术服务信息传递到美国市场，进一步促进了中国文化艺术创作和表演服务的出口。而加拿大、英国、日本、德国等国家同样聚集着以留学、经商、定居为目的的海外华人，因此这种海外华人的网络效用对中国文化艺术服务出口的重大影响在这些国家均存在。

（2）进口的国别分布：以日韩为主，各国分布不均衡。在 2015 年中国对世界主要贸易伙伴国在文艺创作与表演服务上的进口主要集中在日本、韩国，其他国家相对较少，呈现出较大的不平衡性。如表 7－3 所示，中国对日本和韩国的进口额较大，分别约为 1.90 亿美元和 1.51 亿美元，占中国在文艺创作和表演服务总进口的 16.78％和 13.34％。而中国对德国、意大利和美国的进口额相对较小，进口额分别为 0.36 亿美元、0.33 亿美元和 0.29 亿美元，占中国在该类文化服务总进口的比例约为 3％。不管是进口额还是进口占比都远低于日本和韩国，可见日韩是中国在文艺创作和表演服务的重要进口伙伴国。对于土耳其、印度、泰国、比利时和法国等国家，中国的进口额均低于 0.20 亿美元，占比均低于 2％，不过这些国家仍然是中国主要的文化服务进口国。还有一些国家，中国对其在文化艺术创作和表演服务上的进口额为零，因此中国在该类服务上的进口集中度较高，在国别分布上呈现出较大的不均衡性。

表 7—3　　　　2015 年中国对各国文艺创作与表演服务的出口额　单位：亿美元

国别	进口额	国别	进口额	国别	进口额
日本	1.90	泰国	0.13	马来西亚	0.03
韩国	1.51	比利时	0.09	波兰	0.02
德国	0.36	法国	0.08	西班牙	0.02
意大利	0.33	奥地利	0.05	瑞士	0.02
美国	0.29	荷兰	0.03	墨西哥	0.02
土耳其	0.19	英国	0.03	澳大利亚	0.01
印度	0.14	巴西	0.03		

资料来源：联合国贸易和发展会议（UNCATD）。

中国对文艺创作和表演服务的进口虽然也体现出了在个别国家的相对集中性，主要以日本、韩国等国家为主，但是整体上中国近年来的进口呈现下降的趋势，且进口与出口相比总额较小。随着中国公共文化服务水平的不断提高，中国文艺创作持续繁荣，文化事业和文化产业蓬勃发展，极大丰富了中国人民对文化艺术不断增长的需求，也降低了中国对国外文艺创作和表演服务的进口倾向。同时在中国文化自信不断彰显，国家文化软实力和中华文化影响力大幅提升的过程中，中国文艺创作和表演服务的出口将得到进一步的提高。然而尽管中国国内文化艺术服务蓬勃发展，但对国外文艺创作和表演服务仍存在一定的需求，如日本的动漫、韩国的电视剧等，这两个国家与中国在某些文化观念和风俗习惯上存在着一定的相似性，中国国民对这两个国家的文化艺术创作的形式和表演服务的内容相对更加容易接受，因此中国对这两个国家在该类文化服务上的进口额较大。

4. 文艺创作与表演服务贸易顺逆差分析

2015 年，中国对文化服务贸易主要伙伴国在文艺创作和表演服务上以贸易顺差为主。其中对美国的顺差额是对其他国家的 6 倍以上，对美国、英国、日本、德国、荷兰等贸易顺差额依次为 48.59 亿美元、8.42 亿美元、6.20 亿美元、6.33亿美元和5.09亿美元。除这几个重要伙伴国之外，中国在文化艺术创作和表演服务的进出口上对其他国家同样也存在着贸易顺差。

综上所述，中国在文化艺术服务贸易中整体以出口为主，贸易顺差优势明显，出口分布均衡。对各个大洲的出口量逐年增加，出口额的差距与各大洲的国家数量、国家经济规模以及海外华人数量等因素密切相关；对各国出口虽然美国的占比相对较大，但是与其他国家差异较小，出口增长率也比较稳定。而中国对于文化艺术创作和表演服务的进口却体现出较大的区域和国别差异性，其中进口主要集中在亚洲国家，具体以日本、韩国等为主，进口占比较大，而对其他各国的进口额相对较小，有的甚至为零，且对各国进口的增长率也存在较大的差异。

根据以上对于中国文化服务贸易的整体分析，尽管中国文化服务贸易总额体现出了不断增加的变化趋势，但是从顺逆差的角度看，2000～2016年，中国文化艺术服务贸易除了2005～2008年出现了贸易顺差之外，其他年份主要以贸易逆差为主，且2004年和2016年分别达到1.34亿美元和13.99亿美元的逆差峰值。2009年之后，贸易顺差消失，逆差额又开始逐年增加。但是对于中国的文化艺术创作和表演服务的进出口却一直以顺差为主，并且顺差额逐年增加。由此可见，中国文化创作与表演服务并不是文化艺术服务的总体出现贸易逆差的主要原因。

7.2.3 文化遗产贸易发展现状

文化遗产是一个国家和民族传统文化与历史情愫的综合体现，积极促进中国文化遗产类产品和服务进入国际市场，是推动中华文化"走出去"、提升国家软实力和扩大国际影响力的重要途径，也是促进国内经济发展方式转变、调整产业结构、保增长和增加就业的重要手段。

1. 文化遗产贸易总体规模

（1）文化遗产贸易总额日益增加，但增长率波动较大。总体上看，中国文化遗产贸易总额一直保持不断增长的趋势，但是增长率却出现了一定程度的波动。根据联合国商品数据库的统计数据，尽管中国文化遗产贸易总额在 2016 年出现了一定的下降趋势，但是在 2015 年之前贸易总额增幅明显，从 2000 年的 837.42 万美元一直持续增加到 2016 年 7 270.01 万美元。其中，在 2000～2011 年贸易额保持稳定的小幅增长，2011 年之后随着增长率的急速上升，在 2012 年增长率高达 75%，中国对外文化遗产贸易总额迅速增加，一直攀升到 2015 年 2.49 亿美元的最大值（见图 7-7）。

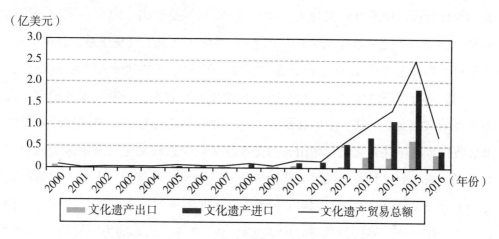

图 7-7　2000～2016 年文化遗产贸易发展趋势
资料来源：联合国商品数据库（UN Comtrade Database）。

　　中国文化遗产出口贸易也呈现出与总贸易额相似的变化趋势。具体见图 7-7，出口增长率在 2010 年之前一直保持正负交替的变化趋势，因此出口额变化幅度较小，一直维持在 200 万美元左右。但是在 2010 年之后，随着国家文化遗产保护力度的不断增强，中国文化遗产的国际竞争力有了明显提高。同时伴随"一带一路"倡议的推进和实施，中国文化遗产出口出现较大幅度的增加，在 2015 年出口额高达 6 525 万美元，出口增长率也高达 50% 以上。而对于中国文化遗产的进口总体上是不断增加，进口增长率波动较明显。从 2000 年的 171.19 万美元一直增加到 2008 年的 852.23 万美元，2009 年受到全球金融危机的影响，文化遗产进口也出现了明显的波动。2010 年之后开始稳步增加，同样在 2015 年达到了进口最大值，且进口增长在这段时间内一直保持在 30% 左右。

中国文化遗产进出口贸易在不断增长的发展趋势下，增长率之所以呈现出不断波动的变化趋势是与文化遗产自身的特性有关。文化遗产是一个国家民族文化和精神的高度体现，与日常生活必需品性质完全不同，各国对文化遗产的需求弹性较大。同时，对文化遗产的需求间隔时间较长，在此期间进出口贸易更加容易受到各国政府政策以及全球经济发展状态的影响。

（2）中国文化遗产贸易从顺差转为逆差。长期以来，中国文化遗产贸易从2000年顺差逐步转变为贸易逆差，且贸易逆差额逐年增大。根据联合国商品数据库统计分析，中国对外文化遗产贸易在2000年呈现出一定贸易顺差，达到495.03万美元，之后逐年减少，并在2005年首次出现了贸易逆差。具体而言，文化遗产贸易逆差从2005年开始逐步增加，在2015年达到最大约为1.19亿美元。可见随着经济全球化的不断发展，中国文化影响力在不断增强的同时，世界各国的文化交融发展。中国在提升自身文化竞争力过程中，也同样注重借鉴和吸收世界各国优秀文化，利用各国先进的文化信息和文化元素丰富国内的文化市场，满足人民日益增长的文化精神需求。根据统计数据，中国文化遗产贸易逆差在2016年出现了较大幅度下降，可见近年来随着政府政策的大力支持以及"一带一路"倡议的推进，中国文化对世界各国的影响力正在逐步增强，文化国际竞争力有了明显提升。

2. 文化遗产贸易国别结构

（1）中国文化遗产出口国（地区）分布较集中。根据联合国商品数据库数据统计分析，中国文化遗产贸易的出口国（地区）分布比较集中（见表7-4）。以2016年为例，中国文化遗产的出口主要集中在英国、韩国、法国、瑞士以及中国香港地区。其中，对英国、韩国和法国出口占比分别约为28%、20%和19%，同时对中国香港的出口占比高达15%。可见，就文化影响力这一角度来看，英、法等欧洲国家自身文化多样性程度较高，对中国文化更加容易接受，而且中国在英、法等欧洲国家对传统文化的推广力度较大，因此在这些国家对中国文化遗产的进口较多，对中国文化的接受程度较高。此外，一个文化圈的国家与地区之间也更加容易产生文化认同，如韩国、日本。

表 7—4　　　　　**2016 年中国对各国（地区）文化遗产出口占比**　　　　单位：%

国家（地区）	出口额	国家（地区）	出口额	国家（地区）	出口额
法国	19	英国	28	瑞士	13
朝鲜	5	韩国	20	中国香港	15

资料来源：联合国商品数据库（UN Comtrade Database）。

（2）中国文化遗产进口国（地区）分布较广。由于各个国家对中国文化认同度和接受度的不同，中国文化遗产的出口分布比较集中。但是对于进口而言，国别分布较广。根据数据统计分析可以发现（见表 7—5），2016 年中国文化遗产的十大进口国分别为英国、美国、意大利、德国、加拿大、法国、南非、希腊、瑞士和丹麦，除去其他国家的占比之外对各国进口的占比分别约为14%、7%、5%、5%、3%、3%、3%、2%、1% 和 1%，可见中国对英、美等欧美国家的进口相对较多。其中，英国和法国也同样是中国文化遗产的主要出口国，这两个国家内部文化多样性程度较高，与中国文化沟通交流比较频繁，是中国非常重要的文化遗产贸易伙伴国。中国文化遗产进口国别分布相对较广，这与经济全球化程度不断提高以及中国文化发展战略的实施密切相关。为了促进中国文化大繁荣，中国不仅要高度重视自身文化国际影响力和竞争力的提升，更要主动借鉴吸收世界先进文化，与世界各国优秀文化共同发展。

表 7—5　　　　　**2016 年中国对各国文化遗产进口占比**　　　　单位：%

国别	进口额	国别	进口额	国别	进口额
加拿大	3	南非	3	瑞士	1
法国	3	美国	7	丹麦	1
德国	5	英国	14	其他国家	56
意大利	5	希腊	2		

资料来源：联合国商品数据库（UN Comtrade Database）。

7.2.4　公共图书馆服务发展趋势

党的十九大报告中明确提出了"完善公共文化服务体系，深入实施文化惠民工程，丰富群众性文化活动"的要求，其中公共图书馆服务是构成公共文化服务体系的重要组成部分，提升公共图书馆服务效能是构建全覆盖、普遍化、标准化公共文化服务体系的基本要求和重要途径。

1. 公共图书馆服务总体发展现状

（1）公共图书馆总藏书量与机构数逐年稳步增加。根据《中国文化文物统计年鉴》历年统计数据分析，中国目前公共图书馆机构数和总藏数呈现逐年增加的趋势。尽管公共图书馆机构数总量较小，但是从 1995 年开始一直保持不断增加的发展趋势，从 1995 年的 2 615 个一直增加到 2015 年的 3 139 个。公共图书馆的总藏量总体规模较大，同样也在逐年增加，从 1995 年的 32 850 万册一直稳步增加到 2015 年的 83 844 万册，且增长率也比较明显。随着公共图书馆总藏量和机构数的不断增加，人均馆藏量也体现出了不断增加的趋势，从 1995 年的 0.27 册开始不断增加到 2015 年的 0.61 册（见图 7－8）。

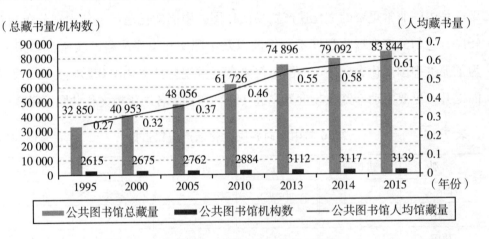

图 7－8　公共图书馆总体资源情况

资料来源：《中国文化文物统计年鉴》相关年份。

（2）公共图书馆人均服务次数不断增加。随着中国公共文化服务体系的不断完善和人民文化服务需求的日益增长，公共图书馆对外服务质量有了明显改善，全年流通人次和图书文献外借册次也在逐年增加。根据历年《中国文化文物统计年鉴》数据分析，如图 7－9 所示，中国公共图书馆总流通次数逐年稳步增加，特别是 2010 年之后，增长幅度较大。2015 年的总流通人次高达 58 892 万人次，是 2010 年流通人次的 2 倍左右。随着流通人次的不断增加，公共图书馆外借次数也随之上升，上升的整体趋势与流通人次相似，从 1995 年的 11 814 万册一直增加到 2015 年的 50 896 万册，比上一年增长了约 8.91%。因此，公共图书馆服务次数的逐年增加极大地满足了人们对公共文化服务不断增长的需求，同时也满足了公共文化服务体系建设的要求，进一步推动公共图书馆服务事业在服务内容、服务方式和载体以及服务效能等方面的全面拓展与提升。

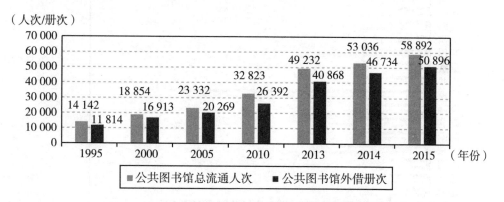

图 7—9 公共图书馆总流通人次及图书外借册次
资料来源:《中国文化文物统计年鉴》相关年份。

2. 公共图书馆服务各地区发展现状

根据历年《中国文化统计年鉴》数据分析，2015 年中国各个地区在公共图书馆服务分布总体上呈现出一定的不均衡性。公共图书馆总藏书量和总流通人次数据显示中国公共图书馆服务在东部沿海地区发展较快，分布较集中，而内陆和西部地区发展较缓慢，具体发展情况见图 7—10。2015 年公共图书馆总藏量在上海、广东、江苏和浙江较多，藏量分别约为 7 568 万册、7 008 万册、6 847 万册和 6 250 万册;而在西部地区如西藏、青海、甘肃等以及宁夏等经济发展较慢的地区总藏量较少，其中西藏公共图书馆总藏量只有 162 万册，为全国最少。对于公共图书馆总流通人次的区域分布与总藏量类似，仍然是浙江、广东、江苏以及上海的总流通次数较多，分别达到 7 942 万人次、7 855 万人次、6 001 万人次以及 3 931 万人次，在西藏等西部地区以及内陆经济较落后地区分布较少。而对于公共图书馆机构数的分布情况却呈现出与总藏量以及流通人次不同的趋势。机构数在全国的分布不仅与一个地区开放发展程度有关，而更多的是与该省份的占比面积有关，如西藏的公共图书馆机构数约为 79 个，而上海的机构数只有 25 个。

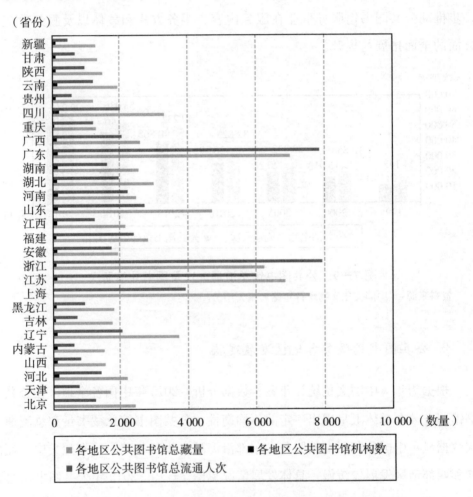

图 7—10　2015 年中国各地区公共图书馆资源分布情况

资料来源：《中国文化文物统计年鉴》相关年份。

中国各地区公共图书馆服务总体发展趋势的不均衡性主要与一个地区整体经济发展状况以及经济开放程度密切相关，一个地区人均 GDP 越高，人们对文化服务的需求相对越大，该地区的图书馆总藏量与流通人次也会越大。但是公共图书馆机构数除了受地区经济发展、放开程度以及市场需求之外，还与该地区占地面积有关。

7.3　发展中国文化艺术贸易面临的问题

中国整体经济实力与科技水平的提高，产业集聚与规模经济效应的增加，以及知识产权保护力度和国内市场需求的增强成为中国文化产业与文化服务业不断发展的重要条件，近年来中国文化艺术服务特别是文艺创作和表演服务的国际竞争力日益提升。然而，在中国文化艺术服务的贸易额逐年增加的同时，也存在以下方面的问题。

7.3.1　中国文化艺术贸易在全球占比较低，未来发展空间较大

按照联合国贸易和发展会议关于个人、文化以及娱乐艺术服务的进出口贸易数据的统计，中国 2016 年文化艺术服务的出口总额仅为 7.44 亿美元，在世界文化艺术总出口中只占 1.64%，占比仍然比较低。中国作为世界上最大的发展中国家，根据目前文化艺术贸易的发展现状，要成为文化艺术服务贸易大国还有一定距离，因此还要特别加强文化艺术产业的发展，调整文化艺术产业的链条结构，提高中国文化艺术服务的国际竞争力，促进文化艺术服务的出口。

7.3.2　中国文化艺术发展缺少属于自己的国际知名品牌和交流平台

打造属于中国自己的知名品牌以及艺术服务平台，对于扩充世界市场具有重要的战略意义。文化艺术上有国际竞争力的知名品牌不仅可以更好地宣传中国传统文化和传统艺术，而且可以通过品牌效应增强世界各国对中国文化的认同度，提高国外市场对中国文化产品和服务的需求，促进中国文化企业更好地

"走出去"。文化艺术产业发展较快的国家涌现出一系列国际知名品牌和服务平台，例如，美国本土每年举办的规模最大的西部艺术博览会，其中洛杉矶艺博会已成为国际新老艺术家每年向往的艺术盛会，这样的平台不仅促进了全世界文化艺术的沟通交流，更重要的是为本土文化艺术服务的市场化和国际化提供了良好的契机。纽约时代广场液晶屏、百老汇、巴塞尔的各种展会等，这些知名平台的出现为一国文化艺术信息的传播提供了良好的渠道。就目前中国而言，尽管正在以"寻找大平台，创立大品牌"的战略目标打造中国国家展这一可持续发展的文化贸易品牌，但是在文化艺术服务上尤其是文化艺术创作和表演服务方面，仍然缺少具有国际竞争力的文化领军品牌。因此，中国要积极打造具有中国文化特色的国际文化品牌，构建世界知名的文化艺术交流平台，同时可以充分利用世界其他国家已有的品牌和平台，宣传和推广形式多样的中国文化艺术，更多地向世界展示中国文化艺术所取得的重要成果。

7.3.3　文化遗产保护社会意识较薄弱，遗产保护服务质量有待提高

根据商务部、中宣部、文化部、新闻出版广电总局出台的《中国文化贸易统计体系》，在中国文化服务贸易的统计目录中将文化遗产保护服务定义为文物、非物质文化遗产保护服务以及博物馆服务。具体包括对具有历史、文化、艺术和科学价值的文物的保护与管理活动，以及中国传统美术、书法、戏剧、曲艺等各类传统技艺和各种传统文化习俗等的保护活动。由于文化遗产是一个民族自我认定的历史凭证，是民族满怀自信走向未来的根基，保护好文化遗产可以提高民族自信心和凝聚力，发扬民族优秀文化传统，增进民族团结和维护国家统一（张华，2016）。但是，对于文化遗产特别是非物质文化遗产，传统的口耳相传的传承方式以及保护方法已经难以适应经济全球化和生活现代化快速发展，且传统保护手段与文化遗产保护现实需要差距较大；而对于物质文化遗产，近年来保护力度下降，损坏和遗失较多，因此要加强对文化遗产保护服务的发展，同时兼顾物质和非物质文化遗产的保护，创新保护方式，提高保护服务质量，促进文化遗产服务进出口贸易额的增加。

此外，当今社会生活节奏日益加快，人们开始关注各种高新技术产品，越来越追求现代化的服务和体验，反而对传统文化的重视度逐渐下降。具有文化内涵的传统工艺品和文化遗产因为跟不上现代人审美节奏的变化而被忽视和冷落，导致传统文化艺术品市场需求疲弱，从事相关产业的工作人员因为较高的从业成本而退出，职业缺少吸引力，因此公众对其的关注度也逐渐减弱，文化传承意识日渐消失，文化遗产的保护最终会呈现出一种衰落的趋势。

7.3.4　文化艺术培训服务设备陈旧、经费和专业人才分布不均衡

虽然文化艺术培训服务对中国公共文化服务体系的构建以及文化服务的整体发展都有非常重要的推动作用，但是目前在培训服务开展过程中，仍然面临一定的困难。首先，文化艺术培训设施比较陈旧，难以满足公众对文化艺术的需求。根据《文化建设蓝皮书：中国文化发展报告（2017）》的统计数据，截至 2015 年底，中国建好的文化馆有 3 315 个，文化宫有 1 300 多个，艺术表演馆有 2 000 多个，相比 2014 年新建的文化艺术机构的增长幅度较小，已有的机构和场馆设备比较陈旧，功能和设置相对落后，艺术服务的场地较少、占地较小，服务和活动形式受到一定限制，与居民日益增长的文化艺术需求有差距。

其次，文化艺术培训服务经费有限且分布不均，难以广泛开展形式多样的艺术培训活动。同样根据《文化建设蓝皮书：中国文化发展报告（2017）》统计数据，仅 2015 年中国文化事业费支出达到 682.97 亿元，比 2014 年增加 99.53 亿元，文化事业费支出占国家财政支出的比重达到 0.39%。尽管文化事业的总支出在逐年增加，但是增加率较低，而且在国家财政总支出中的比重也相对较小。同时，文化事业经费的分布呈现出一定的区域不均衡性，目前中国东部地区所占经费较多，而中部和西部占比较少，其中东部地区文化事业费相当于中部地区的 2 倍左右（房志民，2017）。

此外，文化艺术培训服务的提供缺少专业的艺术人才。专业技能人才的缺乏不仅体现在文化艺术培训服务方面，还体现在文化艺术创作与表演服务发展，以及文化遗产保护服务等方面。一方面，在文化艺术培训服务的人才队伍

中，年龄结构偏大，且文化层次偏低，专业技术水平相对落后；另一方面，中国不同区域，培训服务人才的分布也体现出了一定的地域差异。文化经济发展相对落后的地区，人才缺乏更加严重，有能力的专业人才会优先选择发达城市就业，不愿意选择偏远地带以及经济发展较落后的地方，而恰恰是这些地方才有较大的文化艺术需求。因此，近年来国家高度重视文化艺术人才队伍的建设工作，从人才录用上放宽限制，同时在待遇上出台一系列优惠政策，并有特殊的资金支持，目的是鼓励优秀的文化艺术人才到文化经济发展较慢的地区提供服务，提高群众整体的文化艺术水平。

7.4 发展中国文化艺术贸易的政策建议

文化艺术服务贸易已经成为一个国家对外贸易可持续发展的重要支撑力量，中国应该大力发展文化艺术服务产业，促进文化艺术服务产业的转型升级，带动中国文化服务贸易的进一步发展。

7.4.1 加强高素质、高层次文化艺术服务人才的培养

中国文化艺术服务贸易的发展尤其是文艺创作和表演服务需要一批专业素养和综合素质都较高的人才。通过创新办学模式和办学组织，突破传统文艺创作和表演服务人才培养的"瓶颈"，为中国社会主义文化产业的繁荣发展提供一批有素质、有能力的服务人才，为中国文化艺术以及文化产业的转型与升级提供支撑。就目前中国文化艺术产业的发展现状，现有的艺术服务人才不管在数量、质量还是结构方面都未完全满足艺术服务贸易的发展要求，因此要对高素质专业艺术服务人才的培养高度重视，加大对高层次艺术服务人才的投入，积极探索和建立创新性的艺术服务人才机制，进而提升文化艺术服务在文化服务贸易中的地位。

首先，各类有文化艺术和表演艺术的院校要改进自己的人才培养方案，创

新各相关院校组织在文艺和表演方面人才的培养模式，改革一些不利于新时代艺术创作人才迅速成长的管理模式，更好地激励从事文艺创作和表演艺术人才的灵感；鼓励这些专业人才进行文化艺术创作和表演创作，提高他们的中国文化艺术理念，加强对中国文化艺术观念和思想的对外宣传。其次，培养一批文化艺术创作和表演创作的高素质人才，在创作的同时提供文化艺术和表演服务，丰富中国国民的精神文化生活，进一步提升中国文化艺术创作和表演服务的国际竞争力，促进其对外出口贸易的发展。

7.4.2 加强政府等相关部门对文化艺术的资金支持和技术平台的提供

文化艺术服务作为文化服务的重要组成部分，其贸易已经成为文化服务贸易的竞争焦点。中国政府针对文化艺术服务行业及相关企业采取税收优惠或者提供资助等扶持政策，促进文化艺术服务的出口贸易。政府的政策一方面可以为文化艺术服务的进出口贸易提供政策上的扶持，另一方面可以为文化艺术服务产业的发展筹措和吸引更多的社会资金，支持相关产业的发展。

政府部门一方面应构建共同投资平台，引导专项资金高效运行，为文化艺术服务的开展提供资金支持；另一方面应构建和完善信息技术平台，为文艺创作、表演艺术、各类场馆服务以及图书馆和档案馆服务充分实现信息化。同时，政府应该充分发挥自身对经济、社会的规范和调控作用，制定文化艺术服务发展相关的税收优惠政策、行业扶持政策等，健全法律法规，为文化艺术服务贸易的发展构建一个有序、和谐的环境。

7.4.3 打造中国文化产业国际知名品牌，提升中国文化艺术国际竞争力

中国文化艺术服务整体上仍然以贸易逆差为主，呈现出文化出口小国、消费大国的发展趋势。因此，要不断提升中国文化艺术服务的国际竞争力，培育属于中国自己的全球知名企业或者知名品牌，促进文化艺术的出口。打造和培

育中国文化产业的知名品牌，不仅可以提高中国企业从进口贸易中所获取的利润，而且为中国文化服务的出口打下基础。目前，尽管中国加工贸易企业数量众多，全球有大量的"中国制造"，但是属于中国自己的知名品牌却较少，在文化服务行业更为稀缺。例如，在美国文化产业中，仅米老鼠和史努比这两个动画产品在全球每年的收益超过 500 亿美元，而中国却缺少像这样的知名文化品牌。因此，中国应着力打造全球知名的文化产业品牌，提高中国文化艺术服务的质量，提升国际竞争力，为中国文化服务贸易的进一步发展提供助力；在技术上不断突破、创新，提高服务效率和质量，创立具有国际竞争力的中国文化艺术服务品牌，为文化艺术走出去提供支持和保障。

7.4.4 充分利用国际文化艺术交流服务平台，全面发展文化艺术贸易

国际文化艺术交流服务平台的出现为各国艺术收藏者以及艺术投资者提供了良好的机会，也促进了世界各国文化艺术产品和文化艺术服务的进一步市场化。如美国洛杉矶每年举办的受世界各国新老艺术家向往的艺博会，该博览会吸引着来自几十个国家的数百家画廊、机构参展，参展商的数量、规模等均在美国的博览会中名列前茅。像这样国际化的文化艺术交流平台，不仅为各国文化艺术的交流和文化艺术服务贸易的发展提供了平台，也促进了世界文化的交流和融合。

中国在打造有中国特色的文化艺术交流平台的同时，要充分利用这些已有的海外著名展览平台。2016 年，"中国国家展"第一站来到洛杉矶艺博会，以"传承的渡过"为主题，开设了"魅力水墨""华彩非遗"两个专题展。因此对于文化艺术交流平台的利用，一方面，不断获取海外文化贸易的新市场空间，有策划、成规模地向世界各国推广中国优秀的文化和艺术，将平台的品牌效应与市场收益相结合，从而更加有效地发展中国文化艺术的服务贸易；另一方面，利用海外优秀的艺术服务平台，将中国文化艺术更好地融合到西方主流的文化艺术中，利用文化的交流和融合带动中国文化艺术服务的出口，促进中国文化艺术服务质量的提升。

7.4.5　构建和完善新型文化艺术产业链条，提高文化艺术产业国际影响力

文化产业的发展需要构建完整的产业链条，文化商品和文化服务的市场化是文化产业整体链条的重要组成部分，各个部分之间相互关联，相互影响。中国在加快文化产品市场化、产业化和集约化的同时，也要加快对文化服务的市场化进程，让文化商品与文化服务更好地发挥文化产业的关联效应。其中，构建和完善新型的文化艺术产业链条，丰富文化艺术中所包含的文化信息和文化内涵，将文化内涵与信息科技相结合，加快文化艺术的数字化和信息化，通过信息技术将更多种类的文化艺术产品和服务推广到市场。同时，要提高各类文化艺术服务之间的水平关联性，将传统的垂直型产业链条结构与水平型的结构进行整合。

因此，增加文艺创作与表演服务、文化艺术培训、文化遗产保护服务以及图书馆和档案馆等服务的相互联系，构建一种以中国文化元素为内涵，以信息技术为载体，相互联系的水平化文化艺术产业链条，充分发挥各组成部分的规模效应和相互之间的互动效应，促进中国文化产业整体水平的提高，提升中国文化文艺服务的国际竞争力。例如，中国目前正在积极打造的文化艺术展览品牌——中国国家展，形成了以细致调研、充分把握市场需求为基础，策划并推出展场运营、展会策划、展品运输、海内外宣传、销售代理、市场拓展等适用于国家展的"一条龙"服务模式。

7.4.6　高度重视文化遗产保护，加强民众文化遗产保护意识

首先，加强文物保护利用和文化遗产保护传承是推动中国文化事业和文化产业发展的重要内容。为实现中国文化可持续发展，促进文化遗产保护工作的当务之急是提高公众对文化遗产特别是传统工艺、文物及非物质文化遗产的保护意识，吸引越来越多的专业人士从事文化遗产保护服务的工作，提高其保护

力度。文化遗产保护服务的发展直接影响到中国公共文化服务体系的构建，因此，要深入实施惠民工程，丰富群众性的文化活动，包括文化遗产保护活动，从而加强文物等文化遗产的保护和传承工作。

其次，要充分利用中国的图书馆、博物馆等各级文化机构，发挥其在中国文化遗产保护服务中的功能。国务院办公厅在《关于加强中国非物质文化遗产保护工作的意见》中指出，要充分发挥非物质文化遗产对广大未成年人进行传统文化教育和爱国主义教育的重要作用，各级图书馆、文化馆、博物馆、科技馆等公共文化机构要积极开展对非物质文化遗产的传播和展示。各级图书馆、博物馆等平台是信息资源的汇聚地，也是信息的传播和宣传中心，不仅可以为学术研究提供丰富的学术资源，还能为政府制定决策提供支持。更重要的是图书馆的信息资源和文化古籍中汇聚着优秀的中国传统文化，博物馆等收藏着中国古老的文化遗产，可以开展文物收藏、研究、展示等活动和提供相关服务。因此要充分发挥中国各级图书馆、文化馆、博物馆、科技馆等公共文化机构对文化遗产保护的作用，增强保护服务的强度，提高保护服务的质量。具体措施如下：为各级文化机构和平台培养专业的服务人才，提高专业服务人才的信息加工处理和分析技能，实现文化遗产保护服务的有序化和高效化；利用现代信息科学技术，建立有关文化遗产保护的专门网站，提供中国文化遗产的详细记录和数据，为从事文化遗产保护服务的工作者或志愿者提供客观翔实的资料；突破传统服务的缺陷和技术"瓶颈"，将文化遗产保护服务数字化，不仅利于保存，而且利于更加便捷地提供文化遗产保护服务（张华，2016）。

此外，还要逐步更改现代人的文化消费观念，"后现代"文化消费与传统文化消费并重。因为和谐的可持续发展文化消费观念不仅需要商业环境和市场的运作，更重要的是需要公共文化素养和消费观念，将传统文化艺术消费和文化遗产保护服务共同纳入中国公共文化服务体系的建设中。

7.4.7 加大对文化艺术培训的投入，促进文化艺术培训进出口贸易

随着社会文化艺术服务的不断发展，文化艺术培训服务已经成为文化艺术

中非常重要的部分，也是中国公共文化服务体系建设的重要环节，对中国整体文化事业的发展有着举足轻重的作用。艺术培训活动的开展，将文化传统和民族民俗更好地贴近人民生活，满足人民过上美好生活的新期待，为人民提供更加丰富的精神食粮。同时可以更加广泛地激发人民群众对文化艺术的创造活力，降低了人民群众普遍参与文化艺术创作的门槛，为中国市场提供更多形式的文化艺术服务，吸引更多的人从事艺术培训服务。此外，文化艺术服务培训活动的大力开展，可以帮助国家、社会和人民挖掘和培养更多的艺术专业人才，满足人民日益增长的文化艺术需求，让文化艺术逐步进入千家万户，融入人们的日常生活，逐步为中国文化艺术事业的发展拓展正确的方向，促进国家社会的稳定和经济文化的繁荣（房志民，2017）。

尽力搞好中国文化艺术培训服务，首先，要加强对民众文化艺术科学知识的普及和培训，同时针对不同的受众群体分别实施不同强度和不同方向的培训，让知识与实践相结合，从艺术知识到艺术实践。其次，注重培训服务形式和内容的调整，完善艺术培训服务的组织机构。随着经济社会的不断发展，人们生活逐步实现了现代化，居民的文化服务消费意识增强，文化服务消费方式更加多样化，对文化艺术的兴趣和偏好都发生了改变，偏离了中国传统文化艺术。因此，文化艺术培训的内容、形式以及目标都要与公众文化偏好以及公共文化服务职能相匹配，建立全新的文化艺术培训体系，提高培训的效率。如果组织机构不完整，那么艺术培训服务质量会受影响，服务者不能有效解决培训过程中的各种问题，培训服务开展效率低下，成效不佳。最后，建立有效的文化艺术培训服务反馈机制和评价体系。对于反馈机制是针对艺术培训的受众，具体可以通过满意度调查以及培训成效反馈，检验艺术培训的内容是否符合人民对文化艺术的需求以及人民群众对艺术培训的接受度。而对于艺术培训服务者而言，要建立有效的服务评价体系，对服务者的服务态度、服务专业程度以及服务能力进行评估。只有这样才能不断提升中国文化艺术培训服务的质量，增加培训服务的国际竞争力，为中国文化艺术培训服务走出国门提供了保障。

文化艺术服务贸易的发展过程是挑战和机遇并存。习近平总书记在中共第十九次党代会报告中强调：社会主义文艺是人民的文艺，必须坚持以人民为中心的创作导向，在深入生活、扎根人民中进行无愧于时代的文艺创造。要繁荣文艺创作，坚持思想精深、艺术精湛、制作精良相统一，加强现实题材创作，不断推出讴歌党、讴歌祖国、讴歌人民、讴歌英雄的精品力作。发扬学术民主、艺术民主，提升文艺原创力，推动文艺创新。倡导讲品位、讲格调、讲责任，抵制低俗、庸俗、媚俗。加强文艺队伍建设，造就一大批德艺双馨名家大师，培育一大批高水平创作人才。同时还要不断推动中国文化产业的发展，促进文化产业成为中国国民经济的支柱性产业。要构建现代文化产业体系，加快发展文化创意、数字技术、移动多媒体、动漫游戏等新兴文化产业，形成公有制为主体、多种所有制共同发展的文化产业格局，推进文化科技创新。

综上所述，中国的文化艺术服务贸易总体上呈现出蓬勃发展的状态，不仅进出口总额逐年增加，而且出口贸易在中国服务总贸易出口额中的占比也呈现出了不断上升的变化趋势。从顺逆差的角度来看，中国文化艺术服务贸易仍以逆差为主，除了2005~2007年呈现出一定的贸易顺差之外，其他年份均出现了贸易逆差，且贸易逆差额在逐年增大。因此，中国要不断增强文化艺术服务业的国际竞争力，促进更多优秀的中国文化艺术"走出去"，进一步发展中国文化艺术服务的出口贸易。

7.5　本章小结

文化艺术服务贸易的发展过程是挑战和机遇并存的，我们要抓住机遇，积极迎接一切挑战，推动中国文化艺术服务贸易的全面可持续发展。社会主义文艺是人民的文艺，必须坚持以人民为中心的创作导向，在深入生活、扎根人民中进行无愧于时代的文艺创造。加强文艺队伍建设，造就一大批德艺双馨名家大师，培育一大批高水平创作人才。同时还要不断推动中国文化产业的发展，促进文化产业成为中国国民经济的支柱性产业。要构建现代文化产业体系，加快发展文化创意、数字技术、移动多媒体、动漫游戏等新兴文化产业，形成公有制为主体、多种所有制共同发展的文化产业格局，推进文化科技创新。

第 8 章

文化创意与设计类进出口贸易

8.1 概念及统计范畴

8.1.1 概念

1. 创意类的概念

文化创意和设计类进出口包含于创意类进出口之中,是创意类进出口贸易的一种表现形式。联合国贸易和发展会议(UNCTAD,2004)对创意类的概念进行了延伸和拓展,将其从"仅包含艺术性极强的文化活动"(包括视觉艺术、表演艺术等传统的文化活动)拓展为"任何能够生产包含创意和知识产权的产品的经济活动,且其提供的产品或服务具有广阔的市场和巨大的商业价值"(如广告业、出版业以及媒体等相关行业)。创意类涵盖的范围非常广阔,UNCTAD 将创意类具体分为四大类:文化遗产、文化艺术、媒体和职能性创造活动。其中,职能性创造活动是指以需求驱动型和服务导向型为主的产业,其主要目的在于创造和提供具有特定职能要求的产品和服务。根据 UNCTAD 的分类标准,文化创意类和设计类都属于创意类中的职能性创造活动。两者都是以需求导向为核心，以知识产权和创意活动为依托，且能够通过贸易和产权保护带来巨大的经济效益。

2. 设计类的概念

设计是对产品的外观、包装以及各种表现形式进行创新和创造的一种经济活动。创意性的设计可以有很多表现形式，例如，用于装饰功能的珠宝奢侈品、独一无二的建筑设计类以及实用性较强的家居用品的设计等。设计性产品是基于理念和个性的具有美感的功能性产品的创造。通常来说，设计是所有工业生产流程的投入要素，与最终产品的生产密切相关。美国工业设计协会（Industry Design Society of America）将设计定义为能够优化产品的功能、改善产品的外观以实现消费者和厂商的双赢的目标的创意。根据 UNCTAD 的定义，设计是基于知识经济的创造性活动，并且能够将价值链上的设计、制造和服务等环节相互融合。同时，作为艺术性较强的经济活动，设计通常与知识产权特别是设计产权密不可分，如果离开了设计类，大部分的产品和服务都将不复存在或者趋于同质化。

3. 文化创意服务的概念

服务业是创意类中的重要组成部分，在所有的创意类部门中扮演着越来越重要的角色。文化创意服务业属于职能性创意服务业，与设计类相同，都是依托知识和创意，进而创造出巨大经济效益的活动。

8.1.2　文化创意和设计类进出口统计范畴

1. 设计类的统计范畴

设计类进出口贸易只包括商品，不包含服务。根据 UNCTAD 的划分标准，属于设计类的产品有图像设计（指建筑设计的原图纸等）、时尚设计、室内设计、珠宝设计、玩具设计。其中，时尚设计包含的产品都属于配饰，即围巾、腰带、钱包、香水等，服装和鞋子不包括在其中，因为在大规模生产中很难对这两类产品进行差异化分析。

以上所述为设计类的核心产品，但是还有很多与设计类核心产品息息相关的其他产品，这些产品一部分是作为设计类核心产品生产的投入要素，如珠宝设计产品需要的金、银等贵金属；另一部分是为核心产品提供安置器具的产品，如珠宝设计产品需要的包装盒以及珠宝产品展览需要的展台等。因此，本报告将把设计类的产品分为核心产品和相关产品，分别分析两种类型的设计产品的进出口贸易情况。

2. 文化创意类的统计范畴

根据 UNCTAD 的标准，文化创意类进出口包括广告业、以创意为导向的研发服务业以及建筑设计类。其中，以创意为导向的研发服务业侧重于科学创意和技术创新，因为文化创意服务业涵盖经济、文化和科技等多方领域，所以将其划为文化创意服务业是合情合理的。

文化创意服务业和设计类进出口贸易的具体统计范畴见表 8—1。

表 8—1   文化创意服务和设计类进出口统计范畴

大类	中类		小类	说明
职能性创造活动	文化创意类		广告服务业	策划、创意服务；其他广告服务；商品交易和展览服务
			建筑服务业	建筑咨询服务（初步设计类）；建筑设计类；其他建筑设计类
	设计类	核心产品	建筑设计类 室内设计产品	家具、桌子、玻璃器具、瓷器、照明器具等
			建筑设计产品	建筑图纸等
			专业设计类 玩具设计产品	玩具娃娃、电动火车、带轮玩具、智力玩具等
			时尚设计产品	手提包、腰带、配饰（领带、帽子、手套）、眼镜、头饰、皮具、香水等
			珠宝设计产品	由金、银、珍珠和其他贵金属制成的珠宝

续表

大类	中类		小类		说明
职能性创造活动	设计类	相关产品	建筑设计类	建筑设计相关产品	
				室内设计相关产品	
			专业设计类	时尚设计相关产品	
				珠宝设计相关产品	

根据上述统计范畴，本报告将分别从文化创意服务和设计类两个方面来介绍中国相关产业的进出口贸易情况。

8.2　文化创意与设计类进出口贸易规模

8.2.1　设计类核心产品进出口规模

近年来，设计类在国民经济中扮演着越来越重要的角色。这是因为设计相关产业的发展，不仅能够促进自身产业规模的壮大，而且能够提高其他行业产品的质量和价值量。当前，设计相关产业已经成为衡量一个国家综合竞争力的重要因素。中国拥有世界一流的设计行业以及设计人才，在国际上的地位日益增强。根据世界设计排名（World Design Rankings）统计，中国在2010～2017年位居世界设计排名第二位，获得520项奖励，仅次于拥有557项奖励的美国。同时，中国台湾、中国香港分别以447项、384项奖励排在第三位和第四位。在中国获得的所有奖项中，室内和展厅设计、建筑设计、图像与视觉传输设计分别为107项、12项和34项，成为96个设计项目中获奖数量最多的几个项目。中国设计相关产业的蓬勃发展能够带动中国相关产业出口贸易的增加，为中国提供新的经济增长点，促进中国对外贸易商品结构的改善，从而有利于中国对外贸易的可持续发展。

1. 中国文化创意类产品出口规模位居首位

中国是文化创意类相关产品的出口强国，联合国贸易和发展会议（2015）的报告显示，2012 年中国的文化创意产品出口额达到 1 512 亿美元，比 2003 年增长了 15％，世界市场占有率达到了 31.91％，成为世界排名第一的创意产品出口大国。在中国所有的文化创意产品出口中，设计类核心产品的出口量高达 67％，是中国文化创意类相关产品出口的主力军。

表 8－2 列出了 2015 年世界前 25 位设计类核心产品出口国（地区），2015 年中国的设计类核心产品出口总额为 1 223.57 亿美元，相比 2002 年的 227.74 亿美元增长了近 6 倍，2015 年世界市场占有率高达 38.45％，成为名副其实的设计类核心产品出口大国。同时，中国香港、中国台湾分别位于世界设计类核心产品出口的第 2 位和第 15 位，由此可见，中国的设计类蓬勃发展，在国际上的影响力逐渐增强。

表 8－2　　世界前 25 位设计类核心产品出口国（地区）（2002～2015 年）

排名	出口国（地区）	出口总额（亿美元）		排名	世界市场占有率（％）	增长率（％）
		2015 年	2002 年	2002 年	2015 年	2002～2015 年
1	中国	1 223.56	227.74	1	38.45	437.25
2	中国香港	235.90	136.87	3	7.41	72.35
3	意大利	196.57	174.92	2	6.18	12.38
4	德国	169.00	61.77	5	5.31	173.56
5	美国	160.77	47.85	6	5.05	235.97
6	法国	146.63	24.78	10	4.61	491.73
7	英国	134.80	64.25	4	4.24	109.80
8	瑞士	121.05	31.05	8	3.80	289.81
9	加拿大	102.66	40.77	7	3.23	151.76

续表

排名	出口国（地区）	出口总额（亿美元）		排名	世界市场占有率（%）	增长率（%）
		2015 年	2002 年	2002 年	2015 年	2002～2015 年
10	印度	57.92	14.14	19	1.82	309.36
11	泰国	53.23	24.10	11	1.67	120.82
12	比利时	51.76	4.70	23	1.63	1 000.94
13	西班牙	42.88	4.95	22	1.35	765.25
14	墨西哥	39.76	21.84	13	1.25	81.99
15	中国台湾	39.02	7.92	21	1.23	392.20
16	韩国	37.29	15.29	17	1.17	143.86
17	马来西亚	36.79	20.81	14	1.16	76.78
18	日本	36.58	22.16	12	1.15	65.00
19	土耳其	25.34	30.66	9	0.80	−17.34
20	奥地利	23.99	15.14	18	0.75	58.46
21	捷克	20.28	16.37	16	0.64	23.90
22	新加坡	19.88	16.84	15	0.62	18.04
23	越南	19.86	11.21	20	0.62	77.08
24	澳大利亚	4.50	2.24	24	0.14	100.69
25	南非	2.65	1.74	25	0.08	52.79

资料来源：UNCTAD Statistics。

2. 设计类核心产品进出口额变化趋势

图 8-1 显示了 2002～2015 年中国设计类核心产品的出口额，具体包含了设计类六个小类各自的出口额。从图 8-1 可以看出，2002～2009 年，中国设计类出口总额呈现平稳上升的趋势，到 2009 年由于受到全球经济危机的影响，中国设计类核心产品出口总额有所下降，但是自 2010 年起设计类出口总额以比先前更快的速度保持稳定的增长，2010～2014 年设计类出口总额的年平均增速达到 23.55%，到 2014 年中国设计类核心产品出口额达到最高值，为 1 486.11 亿美元，2015 年设计类核心产品出口额稍有回落，但仍然位于

世界设计类核心产品出口的首位。由设计类的六个小类的出口趋势可以看出，在 2013 年以前，中国设计类出口以时尚设计产品和室内设计产品出口为主，但是二者在 2002～2013 年的增长速度较为缓慢，年平均增速分别为 13.94％和 17.49％。珠宝设计产品出口额自 2009 年开始迅速增长，到 2014 年增长至 522.74 亿美元，超过时尚设计产品和室内设计产品出口额，成为中国设计类核心产品出口的主力军。玩具设计产品在 2002～2015 年的增长速度较为平稳，玻璃器皿设计产品在 2002～2011 年的出口额变化较小，但是到 2012 年和 2013 年，中国玻璃器皿设计产品的出口额迅速提升，比 2011 年增加了近 5 倍，到 2014 年之后，玻璃器皿设计产品的出口额又回落到之前的水平。建筑设计产品的出口额非常小，虽然其在 2002～2015 年一直保持着波动状态，但是出口额变动不大。

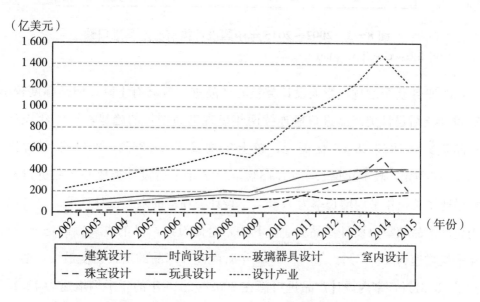

图 8—1 2002～2015 年中国设计类核心产品出口额

资料来源：UNCTAD Statistics。

图 8—2 是 2002～2015 年中国设计类核心产品进口额的变化情况，同图 8—1 相同，图 8—2 也包含了设计类项下的六类设计产品进口额的变动趋势。由图 8—2 可以看出，中国设计类核心产品的进口额在 2002～2015 年呈现出波动上升的趋势，其中 2002～2008 年设计类核心产品以平均每年 15.28％的速度平稳增

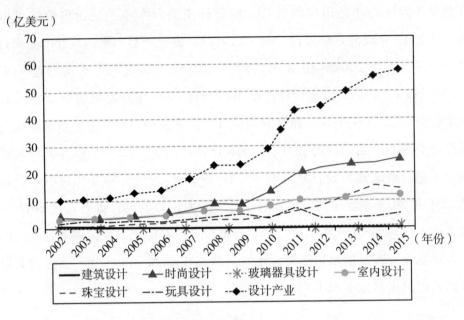

图 8－2 2002～2015 年中国设计类核心产品进口额

资料来源：UNCTAD Statistics。

长，2009 年受金融危机影响设计类核心产品进口额略有下降，但是幅度较小。
2009 年之后设计类产品进口额连续两年呈现迅速增长的趋势，2010 年设计类
产品进口额达到 28.56 亿美元，较上年增长了 24.35%，2011 年则增长至
43.34 亿美元，较上年增长了 51.78%，2012 年之后设计类核心产品进口额平
稳慢速增长，年平均增长率为 7.55%。设计类项下的六类设计产品的进口以时
尚设计产品和室内设计产品为主，其中，时尚设计产品的进口额的增速较快，
年平均增速为 16.97%。2009～2011 年时尚设计产品的增长速度最快，增速达
到了 53.81%，室内设计产品进口额在 2002～2015 年的年平均增速为 11.7%，
但是近年来，室内设计产品进口额的增速缓慢，进口额趋于平稳。珠宝设计产
品进口额在 2009～2014 年得到了快速增长，在 2013 年超过室内设计产品进口
额，成为第二大主要的设计类小类进口产品。玩具设计产品进口额增长速度缓
慢，一直保持着比较平稳的状态，2011 年玩具设计产品进口额骤然增加，达到
7.31 亿美元，2012 年又回落到 2010 年的水平，随后又以比较缓慢的速度增长。
玻璃器皿设计产品的进口额自 2002～2006 年一直保持着较低的增长速度，且

进口额比较小，到 2007 年，玻璃器皿设计的进口额得到了较大的增长，进口额从 2006 年的 900 万美元增长至 2007 年的 2 000 万美元。自 2007 年之后，玻璃器皿设计进口额在其基础上波动增加，年平均增长率为 21.13%。

图 8-3 显示了中国设计类核心产品及项下六类设计产品的进出口差额。由图 8-3 可以看出，中国设计类核心产品总体贸易呈现顺差，且顺差在 2002～2015 年呈现波动上升的趋势。2002～2008 年，设计类核心产品贸易稳定增长，年平均增长率为 16.36%。2009 年由于受全球经济危机的影响，设计类核心产品顺差额稍有下降，从 2008 年的 537.65 亿美元下降至 2009 年的 499.69 亿美元。2009 年经济危机之后，2010 年中国设计类核心产品顺差额迅速回升，超越经济危机之前的顺差额，并且以 16.67% 的速度保持稳定快速增长。其中，时尚设计和室内设计产品贸易顺差最大，但是珠宝设计产品贸易顺差增长速度快，在 2014 年珠宝设计产品贸易顺差超过时尚设计和室内设计产品顺差，顺差额达到 507.29 亿美元，成为贸易顺差额最大的设计类核心产品。玩具设计、玻璃器皿和建筑设计产品的顺差额在 2002～2015 年的变化幅度较小。

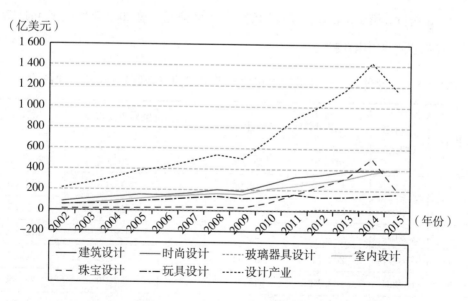

图 8-3　2002～2015 年中国设计类核心产品进出口差额

资料来源：UNCTAD Statistics。

8.2.2　设计类相关产品进出口规模

由表 8-1 中列出的设计类产品统计范畴可知，设计类产品不仅包括核心产品，还包括相关产品，而且相关产品贸易是设计类进出口贸易的重要组成部分。因此，本部分将对设计类相关产品的进出口规模、进出口贸易结构以及进出口贸易伙伴进行介绍。

1. 设计类相关产品文化贸易发展整体情况

表 8-3 展示了 2015 年设计类相关产品出口额居于世界前 20 位的国家（地区）。由表 8-3 可以看出，2015 年中国设计类相关产品出口额达到 143.5 亿美元，相比 2002 年的 16.07 亿美元增长了近 9 倍，增长速度在所有国家中居于首位。同时，设计类相关产品的出口总额在全球的排名也从第 10 位跃居到了第 6 位，设计类相关产品在 2015 年的世界市场占有率为 6.6%。除此之外，中国香港也是世界设计类相关产品出口的重要力量，2015 年出口总额达到 202.71 亿美元，位居世界第 4 位，仅次于美国的 21.31 亿美元，较 2002 年增长了 494.17%，增长速度仅次于中国内地。

表 8-3　世界前二十位设计类相关产品出口国（地区）（2002～2015 年）

排名	出口国（地区）	出口总额（亿美元）		排名	世界市场占有率（%）	增长率（%）
		2015 年	2002 年	2002 年	2015 年	2002～2015 年
1	英国	412.09	72.96	3	18.94	464.75
2	印度	226.48	74.90	2	10.41	202.38
3	美国	213.07	57.19	4	9.79	272.52
4	中国香港	202.71	34.11	6	9.32	494.17
5	比利时	168.12	137.36	1	7.73	22.39
6	中国	143.49	16.06	10	6.60	793.12
7	澳大利亚	111.07	32.75	7	5.11	239.14

续表

排名	出口国（地区）	出口总额（亿美元）		排名	世界市场占有率（%）	增长率（%）
		2015 年	2002 年	2002 年	2015 年	2002～2015 年
8	瑞士	68.42	16.12	9	3.15	324.44
9	南非	50.70	10.66	13	2.33	375.42
10	意大利	41.43	47.24	5	1.90	−12.30
11	泰国	31.53	7.19	15	1.45	338.15
12	法国	25.38	6.61	16	1.17	283.89
13	新加坡	22.17	6.59	17	1.02	236.02
14	日本	19.66	11.68	12	0.90	68.36
15	德国	19.17	11.71	11	0.88	63.64
16	加拿大	14.59	3.25	19	0.67	348.45
17	西班牙	14.02	26.12	8	0.64	−46.32
18	墨西哥	11.34	2.99	20	0.52	279.16
19	韩国	7.96	8.73	14	0.37	−8.80
20	土耳其	6.86	5.00	18	0.32	37.33

资料来源：UNCTAD Statistics。

2. 中国设计类相关产品对外贸易发展情况

图 8-4、图 8-5 和图 8-6 分别显示了 2002～2015 年中国设计类相关产品进出口总额、中国设计类项下的四种小类的相关产品的出口额以及进口额。由图 8-4 可以看出，中国的设计类相关产品的出口总额呈现相对平稳的上升趋势，出口总额由 2002 年的 16.07 亿美元上升至 2015 年的 143.5 亿美元，增长了近十倍。设计类相关产品进口总额在 2002～2013 年以平均每年 31.52% 的速度稳定增长，但是进口总额在 2014 年骤然提高，由 2013 年的 127.5 亿美元上升至 2014 年的 366.2 亿美元，进口总额增加了近两倍。综合图 8-4 和图 8-6 来看，设计类相关产品进口总额在 2014 年激增的原因在于珠宝设计类相关产品进口额的大幅度上升。造成这一现象的原因可能包括以下两个方面：一是中国消费者对珠宝设计相关产品的需求增加；二是珠宝设计相关产品的投

（亿美元）

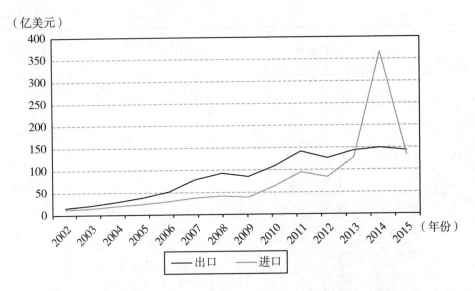

图8—4　2002～2015年中国设计类相关产品进出口贸易额

资料来源：UNCTAD Statistics。

（亿美元）

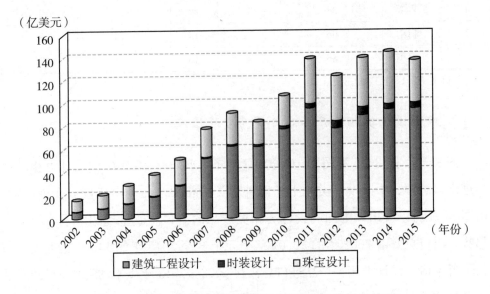

图8—5　2002～2015年中国设计类相关产品出口额

资料来源：UNCTAD Statistics。

资需求上升，在黄金价格下跌以及黄金价格不稳定的情况下，部分企业加大了对珠宝设计相关产品的资金投入，造成中国对珠宝设计相关产品的进口需求量增加。由图8—5可知，中国设计类相关产品的出口以建筑工程设计类和珠宝设计类相关产品出口为主，二者在 2002～2015 年都呈现波动上升的趋势。其中，建筑工程设计类相关产品出口的年平均增长率为 26.73%，珠宝设计类相关产品出口年平均增长率为 12.92%。时装设计相关产品和室内装饰服务相关产品的出口总额较小，但是增长速度很快，其中，时装设计相关产品出口的年平均增长速度为 23.59%，室内装饰设计类相关产品出口的年平均增长速度为 32.11%。图 8-6 显示了 2002～2015 年中国各类设计类相关产品的进口额。由图 8-6 可知，中国设计类相关产品进口以珠宝设计相关产品进口为主，2002～2013 年，中国珠宝设计相关产品进口额以平均每年 26.42% 的速度增长，到 2013 年增长至 125.98 亿美元。随后，由于消费需求和投资需求增加等原因，珠宝设计相关产品的进口额在 2014 年增长至 364.74 亿美元，与上年相比涨幅为 189.52%，达到历史最高点，接着在 2015 年回落到正常水平。

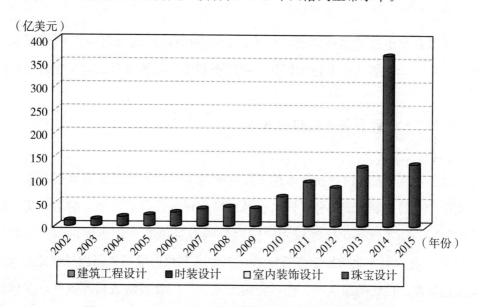

图 8-6 2002～2015 年中国设计类相关产品进口额

资料来源：UNCTAD Statistics。

图 8-7 显示了 2002～2015 年中国设计类相关产品贸易顺（逆）差额。由图 8-7 可知，2002～2012 年，中国设计类相关产品的贸易总额一直保持顺差，且顺差呈现平稳增长的趋势，从 2002 年的 3.97 亿美元增长至 2012 年的 43.01 亿美元，增长了 9.84%。但是到 2014 年，由于设计类相关产品的进口总额激

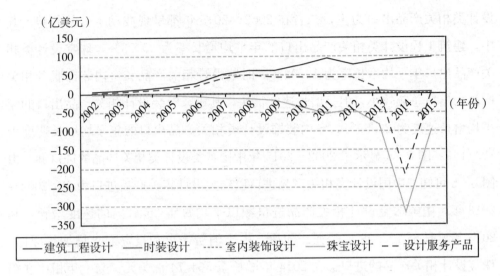

（亿美元）

图 8-7 2002~2015 年中国设计类相关产品贸易顺（逆）差额

资料来源：UNCTAD Statistics。

增，进口总额超过了出口总额，中国设计类相关产品的贸易也由顺差变为逆差。2015 年，随着进口总额的回落，设计类相关产品的贸易又重新变为顺差。

8.2.3 创意服务类进出口规模

服务业在创意经济中扮演着越来越重要的角色，创意服务业是现代服务业和文化产业的重要组成部分，同时也是市场化程度较高的产业。随着经济全球化的发展，创意服务业已经成为各国综合国力竞争的一个重要内容，2000~2008 年，全球服务业贸易额以每年 13.5% 的速度快速增长，而创意服务的增长速度远远高于传统的服务业。据联合国贸发会议创意经济数据库统计，全球创意服务业的出口贸易额从 2002 年的 620 亿美元增长至 2011 年的 1 720 亿元，增长了近 3 倍。在这一发展趋势下，中国政府也不断推进对创意服务业扶持政策，推出了一系列支持创意服务业发展的政策，如《国家"十二五"使其文化改革发展规划纲要》和国家工商总局印发的《广告产业发展"十二五"规划》，这是"十二五"期间国家服务业发展规划体系的重要组成部分，也是中国首个纳入国民经济与社会发展规划体系的创意服务业中长期发展规划。

1. 创意服务贸易发展整体情况

根据 UNCTAD 的划分标准，创意服务包括广告服务和建筑咨询服务，表 8-4 报告了发达国家、发展中国家和世界总体在 2003～2011 年及 2008～2011 年两个时间段内的创意服务进出口贸易的增长率。由表 8-4 可知，从 2003～2011 年，发展中国家的广告服务出口增长率为 20.93%，广告服务进口增长率为 23.88%，建筑服务出口的增长率为 21.49%，进口增长率为 22.44%。由此可以看出，在发展中国家，2003～2011 年创意服务的进出口贸易都有较大幅度的增长，且进口贸易表现出更强的增长趋势。但是，在 2008～2011 年，发展中国家的广告服务出口增长率为 21.06%，广告服务进口增长率只有 11.35%，建筑设计服务的出口增长率为 5.22%，建筑设计服务的进口增长率为 15.7%，可见，在 2008～2011 年，发展中国家的广告服务出口增长比进口快，但是，建筑服务的进口增长率仍然大于出口增长率。由于发达国家的创意服务发展较发展中国家早，因此，发达国家的广告服务和建筑服务进出口增长率都低于发展中国家，但是在 2003～2011 年，发达国家的创意服务贸易仍然呈现出快速增长的发展趋势。从数值上来看，广告服务出口的增长率为 12.85%，进口增长率为 11.52%，建筑服务的出口增长率为 7.81%。进口增长率为 7.28%，由上述数据可知，与发展中国家不同，发达国家的创意服务的出口增长较快，在全球创意服务贸易中，发达国家仍然占据着贸易顺差的优势。2008～2011 年，由于受到全球经济危机的影响，发达国家的创意服务贸易增长率明显下降，广告服务的进口贸易甚至出现了负增长的情况。

2. 中国创意服务对外贸易发展

由于目前仍然获取不到中国建筑服务贸易的数据，因此，表 8-4 只列出了中国的广告设计服务的进出口贸易增长率。由表 8-4 可知，中国的广告服务进出口无论是在 2003～2011 年，还是在 2008～2011 年，都保持着较高的增长率，而且中国的广告服务贸易进出口增长率高于发展中国家和发达国家总体的增长率水平。从数值上来看，2003～2011 年，中国广告服务的出口贸易增长了 26.43%，进口贸易增长了 24.48%，而在 2008～2011 年，虽然这期间爆发了全球经济危机，中国的广告服务业虽然也受到了一定的影响，但是仍然表现出快速增长的趋势，而且这一趋势在广告服务业的出口方面表现得更加明显。这说明近年来中国的广告服务业得到了较大的提升，广告市场增幅稳定，市场规模不断扩大，根据《中国路演车市场调研报告》，2007 年中国广告市场规模达到 1 741 亿元，到 2010 年中国超越日本成为全球第二大广告市场。随着中国在全球广告市场地位的不断提高，跨国广告公司也加快了在华扩张的步伐。

表 8—4　　　2003～2011 年和 2008～2011 年不同经济体创意服务
进出口增长率　　　　　　　　　　单位：%

贸易流向经济体	类别	2003～2011 年		2008～2011 年	
		出口	进口	出口	进口
世界总体水平	广告服务	14.11217	12.81606	6.813897	0.127285
	建筑服务	9.955954	11.11692	3.572659	7.378542
发达国家	广告服务	12.84715	11.52384	4.515361	−1.72313
	建筑服务	7.814194	7.281406	3.373805	5.016464
发展中国家	广告服务	20.93391	23.8805	21.05536	11.35223
	建筑服务	21.49145	22.43776	5.220725	15.70237
中国	广告服务	26.42857	24.4826	22.44641	11.7904

资料来源：UNCTAD Statistics。

自从中国允许外资广告公司进驻中国，这标志着中国广告市场全球化时代拉开序幕。中国的广告业不断发展，而广告作为高附加值服务贸易中的重要组成部分，出口快速增长，图 8—8 报告了 2003～2012 年中国广告服务业的进出口贸易情况。由图 8—8 可以看出，中国广告服务业出口额在 2003～2008 年呈现持续稳定的增长趋势，平均年增长率为 36.62%。到 2009 年，由于受全球金融危机的影响，中国的广告服务业出口增长率有所下降，增长率仅为 5.01%。但是，从 2010 年开始，中国的广告服务业又迅速走出经济危机的阴霾，呈现蓬勃发展的态势，2010～2012 年，中国的广告服务业的年平均增长率为 27.42%。与广告服务业出口迅猛增长的势头不同，中国广告服务业的进口在近年来呈现波动缓慢上升的趋势。2004 年广告服务业的进口增长较快，增长率为 52.51%，但是到 2005 年进口增长率仅为 2.42%。2006～2008 年广告服务业进口增长比较平稳，平均增长率为 39.56%。2009 年以来，广告服务业进口增长缓慢，在 2010～2012 年出现了近乎零增长的现象。从总差额的情况来看，近年来，中国广告服务业的贸易顺差不断扩大，顺差额由 2003 年的 2.83 亿美元增长至 2012 年的 19.77 亿美元，增长了 9 倍。

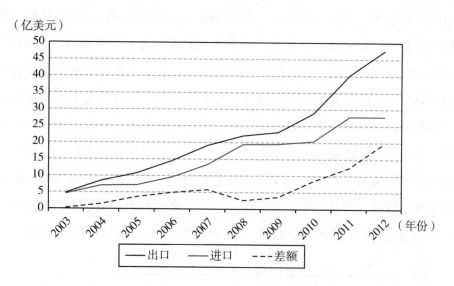

图 8－8　2003～2012 年中国广告服务进出口情况
资料来源：UNCTAD Statistics。

8.3　文化创意与设计类进出口贸易结构

8.3.1　设计类核心产品进出口贸易结构

本部分将从设计类核心产品进出口占中国商品进出口总额的比重、设计类核心产品进出口占中国所有创意类商品进出口总额的比重以及设计类核心产品进出口的构成三个方面来分析中国设计类核心产品的进出口商品结构。

1. 设计类核心产品进出口在中国总体贸易中所占比重仍然较低

图8—9展示了2002~2013年中国设计类核心产品进出口占中国商品进出口总额的比重变化趋势。由图8—9可以看出，中国设计类核心产品的出口占中国商品出口总额的比重呈现先下降后上升的趋势。2002年，中国设计类核心产品出口占中国商品出口总额的比重为7%，2002~2008年，设计类核心产品出口所占比重逐年下降，2008年下降至最低点3.91%。自2009年开始，设计类核心产品出口在中国商品总出口中所占的比重又重新呈现缓慢上升的趋势，到2013年设计类核心产品出口比重上升至5.47%。随着近年来中国设计类产品的蓬勃发展，设计类核心产品出口在商品总出口中所占的比重还会保持继续上升的趋势。中国设计类核心产品的进口占中国商品进口总额的比重一直保持着较低的水平，且波动幅度比较小。2002~2013年中国设计类核心产品的进口所占比重平均值为0.24%，可见，设计类核心产品进口比重在总体商品进口中的比重确实较低。图8—10显示了2002~2013年中国设计类核心产品进出口对中国贸易总进出口的贡献率。将图8—9和图8—10进行对比，可以发现，中国

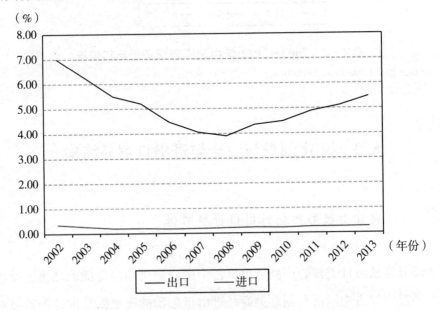

图8—9 2002~2013年中国设计类核心产品进出口占中国商品总进出口的比重
资料来源：UNCTAD Statistics.

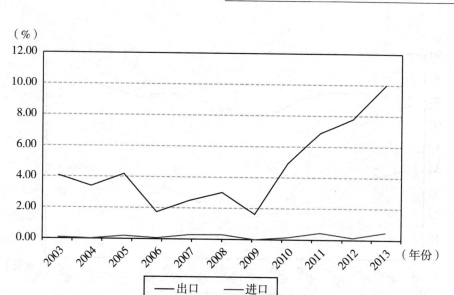

图 8－10　2002～2013 年中国设计类核心产品进出口对中国贸易进出口的贡献率
资料来源：UNCTAD Statistics。

设计类核心产品的出口在中国商品总出口中所占的比重虽然呈现波动下降的趋势，但是设计类核心产品的出口对中国贸易总出口的贡献率却呈现波动上升的趋势，贡献率由 2002 年的 4％左右上升至 2013 年的 10％左右。与出口相同，设计类核心产品进口对中国贸易总进口的贡献率也呈现逐年上升的趋势，由 2002 年的 0.07％上升至 2013 年的 0.48％。

2. 设计类核心产品进出口是中国创意类产品进出口的重要组成部分

图 8－11 展示了中国设计类核心产品进出口占中国创意类进出口总额的比重。由图 8－11 可以看出，中国设计类核心产品出口在创意类出口总额中所占的比重较高，是创意类出口的主力军。且在 2002～2015 年，设计类核心产品出口在创意类出口总额中所占的比重变化不大，始终维持在 70％左右。2002～2015 年，设计类核心产品进口占创意类进口额的比重年平均值为 32％，在波动中仍然保持着较为稳定的发展趋势。2002～2007 年，设计类核心产品进口额占创意类进口额的比重呈现下降的趋势，由 2002 年的 39.65％下降至 2007 年的 19.06％，随后在 2008～2015 年设计类核心产品进口额比

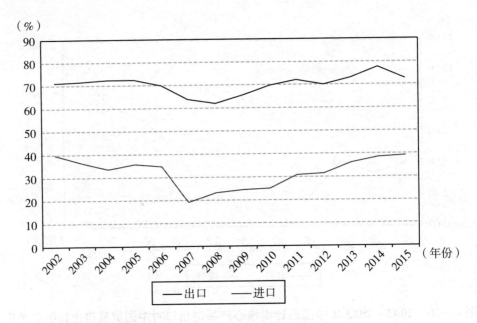

图 8—11　2002～2015 年中国设计类核心产品进出口比重

资料来源：UNCTAD Statistics。

重又逐年上升，由 2008 年的 23.31% 上升至 2015 年的 39.1%，又回到 2002 年的水平。图 8—12 为 2003～2015 年中国设计类核心产品进出口对创意类进出口的贡献率。由图 8—12 可知，设计类核心产品进出口对创意类进出口的贡献率呈现波动上升的趋势，由 2003 年的 74.2% 上升至 2015 年的 114.63%，设计类核心产品进口对创意类进口的贡献率从 2003 年的 18.23% 上升至 2015 年的 72.99%。

3. 设计类核心产品进出口以时尚设计产品为主

图 8—13 是 2002 年与 2015 年中国设计类核心产品出口构成对比。2002 年，中国设计类核心产品出口以时尚设计产品（40.76%）、玩具设计产品（26.33%）和室内设计产品（25.47%）出口为主，珠宝设计产品出口所占比重为 6.89%，而玻璃器具设计产品和建筑设计产品出口所占比重非常小，仅为 0.37% 和 0.18%。到 2015 年，中国设计类核心产品的出口结构发生了一些变化。第一，室内设计产品和珠宝设计产品的出口比重进一步增大，分别为

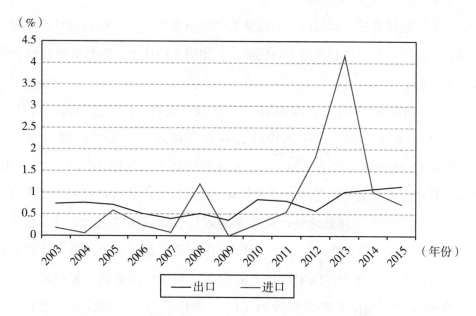

图 8-12　2002～2015 年中国设计类核心产品进出口对创意类进出口的贡献率
资料来源：UNCTAD Statistics。

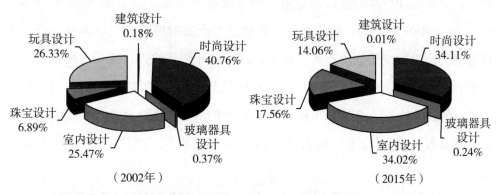

图 8-13　2002 年和 2015 年中国设计类核心产品出口产品构成
资料来源：UNCTAD Statistics。

34.02％和 17.56％，其中，珠宝设计产品的出口所占比重增加幅度较大，涨幅为 154.99％。第二，时尚设计产品和玩具设计产品出口所占比重与 2002 年相比略有下降，分别下降至 34.11％和 14.06％。第三，建筑设计产品和玻璃器具设计产品的出口比重进一步下降，分别由 2002 年的 0.18％、0.37％下降至0.01％、0.24％。综合来看，2015 年，中国设计类核心产品出口以时尚设计产品、室内设计产品、珠宝设计产品和玩具设计产品为主，与 2002 年相比，珠宝设计产品在设计类核心产品出口中扮演着更加重要的角色，时尚设计产品和玩具设计产品在设计类核心产品出口仍然占有相当大的比重，但是重要性较2002年有所下降。

图8—14展示了2002年与2015年中国设计类核心产品进口构成的对比。由图8—14可知，2002年中国设计类核心产品进口主要以时尚设计产品（40.09%）、室内设计产品（29.5%）和玩具设计产品（16.52%）进口为主。建筑设计产品和珠宝设计产品进口占中国设计类核心产品进口总额的比重分别为6.84%和6.52%。除此之外，玻璃器皿设计产品的进口额比重较小，仅占设计类核心产品总进口额的0.53%。2015年中国设计类核心产品进口构成格局有了较大的变化。首先，珠宝设计产品的进口额所占比重增长幅度较大，由2002年的6.52%增长至2015年的24.61%，增长了4倍；其次，玩具设计产品的进口额所占比重下降比例较大，由2002年的16.52%下降至2015年的9.11%；最后，建筑设计产品的进口额比重下降幅度也比较大，由2002年的6.84%下降至2015年的0.03%。除此之外，其他三类产品的进口占设计类核心产品进口总额的比重的变化幅度不大。其中，时尚设计产品的进口比重有所增长，但是增长幅度不大，由2002年的40.09%增长至2015年的44.29%；室内设计产品进口的比重较2002年有所下降，由2002年的29.5%下降至2015年的20.59%；玻璃器具设计产品的进口所占比重由0.53%上升至1.37%，进口比重略有提高。

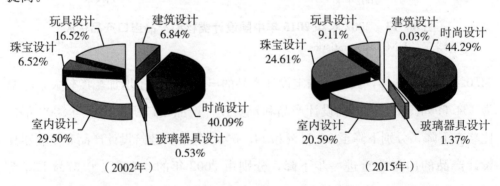

图8—14　2002年和2015年中国设计类核心产品进口产品构成

资料来源：UNCTAD Statistics。

　　由以上分析可知，中国设计类核心产品进出口具有以下三个特点。第一，设计类核心产品进出口在中国商品进出口总额中所占的比重仍处于较低的水平。设计类核心产品的出口在中国商品出口总额中所占的比重平均为 5.06%，而设计类核心产品进口在中国商品进口总额中所占的比重仅为 0.24%，说明设计类仍是中国众多产业中的一小部分。但是从设计类核心产品进出口对中国贸易进出口的贡献率来看，设计类核心产品对中国整体贸易进出口的贡献率都呈现逐渐上升的趋势。由此可知，设计类进出口对中国贸易和 GDP 的拉动作用越来越明显，设计类进出口在中国经济中的重要性在不断提高。第二，从设计类核心产品占创意类出口总额的比重上来说，设计类核心产品进出口是创意类进出口的重要拉动力量，设计类核心产品出口占创意类出口总额的 70% 左右，而进口占创意类进口总额的 32%。同时，设计类对创意类进出口贸易的促进作用也非常显著，到 2015 年，设计类对创意类出口的贡献率达到了 114.63%，对创意类进口的贡献率达到了 72.99%。第三，从设计类核心产品进出口的构成来看，设计类的进出口主要以时尚设计产品、室内设计产品和珠宝设计产品为主，且珠宝设计产品进出口在设计类进出口中所占的比重有继续上升的趋势。

8.3.2　设计类相关产品进出口贸易结构

　　本部分将按照设计类相关产品进出口占中国商品进出口总额的比重和设计类相关产品进出口构成的顺序，来介绍设计类相关产品进出口的商品结构。

1. 设计类相关产品进出口在中国商品进出口总额中的比重逐渐提高

　　自 2002 年以来，中国设计类相关产品进出口额在中国商品进出口总额中所占的比重保持相对平稳的上升的趋势，图 8-15 展示了 2002~2015 年中国设计类相关产品进出口占中国商品进出口总额的比重。由图 8-15 可知，中国设计类相关产品出口占中国商品出口总额的比重从 2002 年的 4.02% 上升至 2015 年的 6.46%。特别是从 2007 年开始，设计类相关产品出口占商品出口总额的比重迅速上升，由 2006 年的 2.90％提高至 2007 年的 5.46％，增长了 88.3％，此后以平均每年 12.22％的增速上升至 2015 年的 6.46％。中国设计类相关产品进口占中国商品进口总额的比重从 2002 年的 3.15％上升至 2015 年的 7.83％。2002～2012 年，设计类相关产品的进口与出口保持着一致的增长趋势，且设计类相关产品进口占商品进口总额的比重一直低于设计类相关产品出口占商品出口总额的比重。但到 2012 年，两者的数值基本持平，设计类相关产品进口出现赶超趋势，到 2014 年，设计类相关产品进口占商品进口总额的比重大幅提高，远超过出口比重，直到 2015 年，设计类相关产品进口比重回落到正常水平。

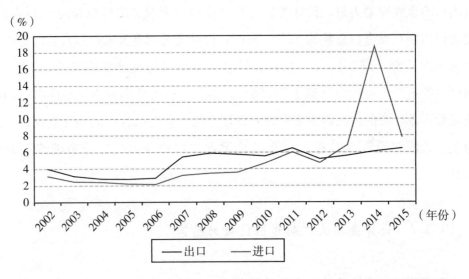

图 8－15 2002～2015 年中国设计相关产品进出口占商品进出口总额的比重
资料来源：UNCTAD Statistics。

2. 中国设计类相关产品进口和出口的构成各有特色

根据 UNCTAD 的分类标准，设计类相关产品包括建筑设计类相关产品和专业设计类相关产品两大类。图 8－16 和图 8－17 分别展示了 2002～2015 年建筑设计类相关产品和专业设计类相关产品的进出口情况，由此可以分析设计类相关产品的构成。由图 8－16 可以看出，建筑设计类相关产品和专业设计类相关产品的出口额在 2002～2015 年都呈现逐步上升的趋势，但是，建

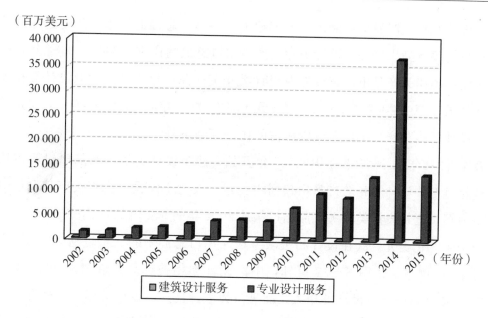

图 8—16　2002～2015 年中国建筑设计类和
专业设计类相关产品出口额

资料来源：UNCTAD Statistics。

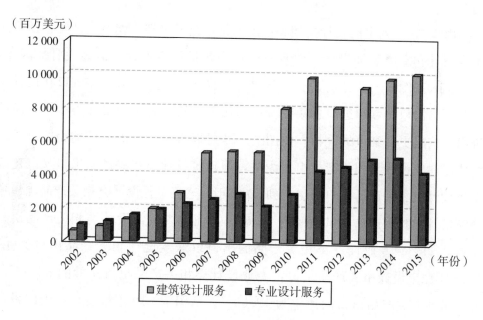

图 8—17　2002～2015 年中国建筑设计类和
专业设计类相关产品进口额

资料来源：UNCTAD Statistics。

筑设计类相关产品出口额占设计类相关产品出口总额的比重逐步超过专业设计类相关产品出口额占设计类相关产品出口总额的比重。2002～2004 年，中国设计类相关产品出口仍以专业设计类相关产品出口为主，专业设计类相关产品出口额由 2002 年的 9.97 亿美元上升至 2004 年的 16.17 亿美元，但是其在设计类相关产品出口总额中所占的比重逐渐下降，由 2002 年的 62.05％下降至 2004 年的 55.07％。从 2005 年开始，建筑设计类相关产品出口所占比重超过专业设计类相关产品出口所占比重，成为中国设计类相关产品出口的主力军。建筑设计类相关产品出口额从 2002 年的 6.10 亿美元增长至 2015 年的 101.3 亿美元，其在设计相关服务产品出口总额中的比重也从 37.95％上升至 70.60％。由图 8－17 可知，中国设计类相关产品的进口从 2002 年至 2015 年一直以专业设计类相关产品进口为主，且其占设计类相关产品进口总额的比重不断上升，由 2002 年的 95.69％上升至 2015 年的 99.24％；而建筑设计类相关产品进口的比重在不断下降，由 2002 年的 4.31％下降至 2015 年的 0.76％。

由表 8－4 列出的设计类相关产品的统计范畴可知，建筑设计类包括建筑工程设计和室内装饰设计，而专业设计类包括珠宝设计和时装设计。因此，图 8－18 和图 8－19 分别展示了设计类下的四个小类的出口和进口在设计类相关产品出口总额和进口总额中所占的比重，从而对中国设计类相关产品的进出口构成更加细致的分析。由图 8－18 可以看出，中国设计类相关产品的出口以建筑设计类相关产品出口为主，而建筑设计类相关产品出口又以建筑工程设计类相关产品出口为主，到 2015 年，建筑工程设计类相关产品出口占建筑设计类相关产品出口总额的 96.89％，而室内装饰设计类相关产品出口仅占 3.11％；专业设计类相关产品的出口以珠宝设计相关产品出口为主，2015 年珠宝设计相关产品出口占专业设计类相关产品出口总额的 87.97％，时装设计相关产品出口的比重为 12.03％。从图 8－19 不难看出，中国设计类相关产品进口以珠宝设计相关产品进口为主，且其规模和比重都在 2002～2015 年不断增大，到 2015 年，珠宝设计相关产品进口占专业设计相关产品进口总额的比重高达 99.88％，时装设计类相关产品进口仅占专业设计相关产品进口总额的 0.12%。

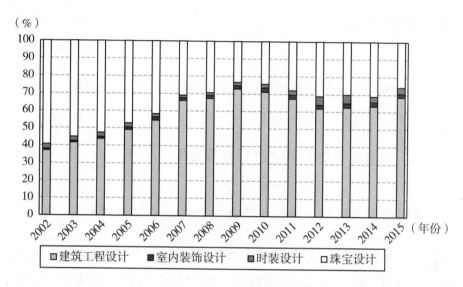

图 8—18　2002~2015 年中国设计类相关产品出口构成
资料来源：UNCTAD Statistics。

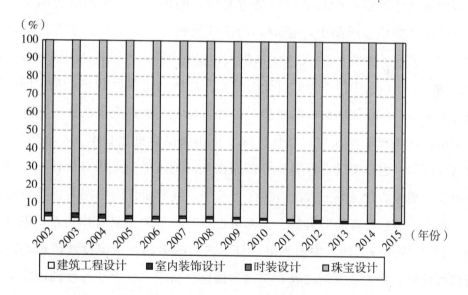

图 8—19　2002~2015 年中国设计类相关产品进口构成
资料来源：UNCTAD Statistics。

由以上分析可知，中国设计类相关产品的出口以建筑设计类相关产品出口为主，进口以专业设计类相关产品进口为主。具体到小类上来看，中国设计类相关产品出口以建筑工程设计类相关产品出口为主，而进口则以珠宝设计类相关产品的进口为主。

8.4 文化创意与设计类进出口贸易伙伴

8.4.1 设计类核心产品进出口贸易伙伴

1. 亚洲国家（地区）为设计类核心产品主要出口对象

表8－5和表8－6分别是按照大洲划分的2003年和2014年中国设计类核心产品出口目的地。由表8－5可知，2003年中国设计类核心产品的主要出口对象分布在美洲（41%）、亚洲（31%）和欧洲（25%）。其中，美洲是中国内地设计类核心产品出口的最重要的目的地。而在中国对美洲出口的41%的设计类核心产品中，有38%的设计类核心产品出口到了北美洲，其中，36%流入了美国、2%流入了加拿大，仅有5%流入了其他美洲地区。在亚洲地区，出口至中国香港的设计类核心产品所占比重为14%，是中国内地设计类核心产品在亚洲出口的重要目的地，也是在世界上仅次于美国的第二大中国设计类核心产品出口地区。除了中国香港以外，日本（8.55%）、韩国（1.65%）也是中国设计类核心产品在亚洲地区的重要出口伙伴。欧洲是中国设计类核心产品第三大出口地区，其中，俄罗斯作为中国的重要贸易伙伴，在设计类核心产品的贸易上，两国也具有良好的贸易合作关系，俄罗斯（5.23%）成为继美国、中国香港、日本之后的第四大中国设计类核心产品出口目的地。除了俄罗斯之外，英国、德国、荷兰、意大利等欧洲国家也成为中国设计类核心产品的重要贸易伙伴。大洋洲（1.62%）和非洲（1.40%）由于地理位置、经济、政治等因素，与中国的贸易联系较少，对中国设计类核心产品的进口规模也比较小。

表 8－5　　　　　2003 年中国核心设计产品出口目的地细分国家（地区）

大洲	国家（地区）	出口比重（%）	合计（%）
美洲	加拿大	2.22	40.92
	美国	36.37	
	墨西哥	0.74	
	其他	1.59	
大洋洲	澳大利亚	1.45	1.62
	新西兰	0.15	
	其他	0.01	
欧洲	俄罗斯	5.23	25.52
	英国	4.00	
	德国	4.35	
	荷兰	1.88	
	意大利	2.16	
	其他	7.90	
亚洲	中国香港	14.07	30.54
	日本	8.55	
	韩国	1.65	
	其他	6.27	
非洲	南非	0.37	1.40
	尼日利亚	0.32	
	埃及	0.13	
	阿尔及利亚	0.11	
	其他	0.47	

资料来源：UNCTAD Statistics。

　　表 8－6 是 2014 年按大洲划分的中国设计类核心产品出口目的地。与 2003 年进行对比可知，2014 年亚洲、非洲地区对中国设计类核心产品的进口增多，对美洲和欧洲的出口较 2003 年有所下降。其中，中国设计类核心产品对亚洲地区的出口比重由 2003 年的 31% 上升至 54.34%，亚洲超过美洲成为中国设计类核心产品出口的最主要的目的地。由于中国香港经济的迅速发展，同时凭借

表 8—6　　　　　　2014 年中国核心设计产品出口目的地细分国家（地区）

大洲	国家（地区）	比重（%）	合计（%）
美洲	加拿大	1.40	23.05
	美国	18.12	
	巴西	0.90	
	其他	2.63	
大洋洲	澳大利亚	1.39	1.58
	新西兰	0.16	
	其他	0.02	
欧洲	俄罗斯	3.62	17.91
	英国	2.86	
	德国	2.63	
	荷兰	1.50	
	法国	1.43	
	其他	5.88	
亚洲	中国香港	34.01	54.34
	日本	3.50	
	新加坡	1.94	
	其他	14.89	
非洲	南非	0.60	3.12
	尼日利亚	0.42	
	安哥拉	0.31	

资料来源：UNCTAD Statistics。

其作为重要的国际贸易中转港的优势，成为中国内地设计类核心产品在世界上出口规模最大的地区。中国设计类核心产品在亚洲地区出口规模增大的原因不仅包括中国香港地区进口规模的增大，而且在于亚洲地区贸易伙伴的增多。在 2001 年中国加入亚太经济合作组织（APEC）之后，与亚太地区国家的经济合作往来日益密切，新加坡、印度尼西亚、马来西亚、菲律宾、泰国、越南等国家与中国建立了信任关系，从而增加了与中国的贸易往来。中国设计类核心产品对非洲的出口比重由 2003 年的 1.40% 上升至 2014 年的 3.12%，中国设计类产品在非洲的主要贸易国家为南非和尼日利亚，其中，尼日利亚是非洲的第一大经济体，而南非是非洲第二大经济体。2010 年，南非正式加入由中国、俄罗斯、印度、巴西形成的金砖国家机制，从此之后，南非与中国的贸易往来更加密切，中国对南非设计类核心产品的出口占中国设计类核心产品出口总额的比重由 2003 年的 0.37％上升至 2014 年的 0.60％，成为拉动非洲地区对中国设计类核心产品进口的主要力量。与亚洲和非洲的增长势头相反，与 2003 年相比，2014 年美洲和欧洲对中国设计类核心产品的进口比重呈现下降趋势。在美洲地区，中国对美国的设计类核心产品的出口比重由 2003 年的 36％下降至 2014 年的 18.12％，在欧洲，中国对俄罗斯的设计类核心产品的出口比重由 2003 年的 5.23％下降至 2014 年的 3.62％。

2. 发达国家（地区）为中国设计类核心产品主要出口对象

表 8-7 和表 8-8 分别展示了 2002 年和 2015 年按国家（地区）类型划分的中国设计类核心产品出口目的地。由表 8-7 可知，2002 年中国设计类核心产品主要的出口目的地为发达国家，占出口总额的比重为 70.87％，在发达国家中，美国、欧盟 15 国和日本分别以 37.47％、18.37％和 9.43％的比重成为中国设计类核心产品的主要进口国家（地区）。2002 年，中国设计类核心产品对发展中国家（地区）的出口所占比重为 25.89％，其中，中国香港和韩国成为中国设计类核心产品出口的主要的发展中国家（地区）。由于转型国家（地区）的经济发展水平较低，以及地理位置较为偏远等原因，转型国家（地区）与中国的贸易往来较少，中国设计类核心产品对转型国家（地区）的出口比重仅为 3.24％，其中，只有俄罗斯、乌克兰、哈萨克斯坦三国与中国贸易往来较为密切，三者对中国设计类核心产品进口的比重之和为 3.18％。与 2002 年相比，按国家（地区）类型划分的中国设计类核心产品的出口目的地的结构发生了显著变化，主要表现为对发达国家（地区）的出口比重下降，而对发展中国家（地区）的出口比重有了显著的上升。中国设计类核心产品对欧盟 15 国、美国和日本的出口比重都有所下降，但是除了主要的出口国（地区），对其他国家（地区）的出口比重有所上升，这说明中国设计类核心产品的贸易伙伴国

数量增加，出口扩展边际提高。在对发展中国家（地区）的出口中，中国香港、新加坡、韩国依然保持着较高的出口比重，且比重有持续上升的趋势，此外，其他发展中国家（地区）对中国设计类核心产品的进口比重上升，中国与更多的发展中国家（地区）建立了紧密的贸易联系，南非、巴西、印度、菲律宾、马来西亚、印度尼西亚、越南等都逐渐发展成为中国设计类核心产品出口重要的贸易伙伴。中国设计类核心产品对转型国家（地区）的出口在出口总额中所占的比重较 2002 年来说没有显著的变化，而且在转型国家（地区）当中，主要的贸易伙伴依然是俄罗斯、乌克兰和哈萨克斯坦三国，其他国家（地区）与中国设计类核心产品的贸易并没有得到显著的提高。转型国家（地区）中涵盖了很多中亚国家，包括哈萨克斯坦、吉尔吉斯斯坦、塔吉克斯坦、土库曼斯坦等，而这些国家是中国"丝绸之路经济带"沿线具有重要战略意义的国家，但是目前，这些国家与中国的贸易往来还不是非常密切，双方的贸易还有很大的发展空间和发展潜力。2017 年 9 月 8 日，工信部工业文化发展中心、清华大学美术学院与西安浐灞生态区签署了战略合作协议，三方将共同搭建"一带一路"文化创新产业新平台。根据协议，三方将组织"一带一路"沿线多国专业人士，每年在西安浐灞生态区召开"'一带一路'工业设计先锋论坛""'一带一路'工艺美术产业创新发展论坛"及"'一带一路'国际创意设计大会"各一次。这一举措能够加强"一带一路"沿线转型国家（地区）与中国在设计类方面的交流与合作，从而促进"一带一路"沿线转型国家（地区）与中国在设计类核心产品方面的贸易往来，为中国设计类贸易的发展提供新的增长点。

表 8—7　　2002 年中国核心设计产品出口目的地（按国家和地区类型划分）

国家类型	国家（地区）	出口比重（%）	合计（%）
发达国家	欧盟 15 国	18.37	70.87
	美国	37.47	
	日本	9.43	
	加拿大	2.49	
	其他	3.11	

续表

国家类型	国家（地区）	出口比重（%）	合计（%）
发展中国家	中国香港	14.93	25.89
	新加坡	0.81	
	韩国	1.44	
	其他	8.70	
转型国家	俄罗斯	2.98	3.24
	哈萨克斯坦	0.10	
	乌克兰	0.10	
	其他	0.06	

资料来源：UNCTAD Statistics。

表 8－8　　　　2015 年中国核心设计产品出口目的地细分国家（地区）

国家类型	国家（地区）	出口比重（%）	合计（%）
发达国家	欧盟 15 国	16.35	50.94
	美国	24.83	
	日本	3.95	
	加拿大	1.76	
	其他	4.06	
发展中国家	中国香港	16.29	45.27
	新加坡	2.69	
	韩国	2.12	
	印度尼西亚	2.09	
	印度	1.37	
	菲律宾	1.29	
	马来西亚	2.09	
	其他	17.32	
转型国家	俄罗斯	2.89	3.80
	哈萨克斯坦	0.38	
	乌克兰	0.15	
	其他	0.37	

资料来源：UNCTAD Statistics。

3. 亚洲国家（地区）为中国设计类核心产品主要进口来源地

表8-9、表8-10是2002年和2015年中国设计类核心产品进口来源地。由表8-9可知，2002年中国设计类核心产品的进口主要来自亚洲（80.41%），在亚洲，日本以28.53%的比重成为中国在亚洲乃至全世界的第一大设计类核心产品进口来源地。此外，韩国（14.58%）、中国台湾（11.90%）、中国香港（10.19%）也成为中国主要的设计类核心产品的进口国家（地区）。中国设计类核心产品第二大进口来源地为欧洲（15.57%），在欧洲地区中，欧盟15国是中国设计类核心产品的主要进口来源地，俄罗斯（3.76%）是中国在欧洲地区的主要进口来源地。而在欧盟15国中，意大利（3.72%）、德国（2.42%）、法国（1.82%）成为中国在欧盟地区的主要设计类核心产品进口来源地。美洲（2.94%）是中国设计类核心产品第三大进口地区，美国（2.77%）、加拿大（0.12%）和墨西哥（0.04%）是美洲地区中国设计类核心产品的三个主要进口来源地，其他国家（地区）仅占0.01%。大洋洲和非洲对中国出口的设计类核心产品较少，分别占中国设计类核心产品进口的0.60%和0.48%。到2015年，中国设计类核心产品的进口格局出现了较大的变化。第一，欧洲超越亚洲成为中国设计类核心产品最重要的进口来源地区。到2015年，中国从欧洲进口的设计类核心产品在中国所有设计类核心产品进口中的比重达到了50.16%，与2002年相比增长了220.20%。其中，欧盟15国所占比重为43.65%，在欧盟15国中，意大利以25.84%的比重成为欧盟地区乃至全世界对中国出口设计类核心产品最多的国家，2015年意大利对中国设计类核心产品的出口额达到了14.93亿美元，与2002年相比增长了约40倍。此外，法国对中国设计类核心产品出口的增长速度也非常快，与2002年相比增长了近32倍，成为中国第二大设计类核心产品进口来源地。第二，中国从亚洲地区进口的设计类核心产品的比重由2002年的80.41%下降至2015年的43.79%。由于近年来，中国在亚洲地区的贸易伙伴数量不断增多，中国在亚洲地区的进口已经不仅限于日本、韩国及中国香港、台湾等国家（地区），与其他贸易伙伴的合作也越来越多。2015年，中国自日本进口的设计类核心产品的比重由2002年的28.53%下降至2015年的3.04%。自韩国

及中国香港、台湾进口的设计类核心产品的比重也出现了较大幅度的下降。与上述国家（地区）的下降趋势相反，越南、泰国成为中国在亚洲地区的最重要的设计类核心产品进口贸易伙伴。其中，越南对中国的设计类核心产品的出口额由2002年328万美元增长至2015年的3.11亿美元，增长了约95倍，成为中国设计类核心产品进口贸易伙伴中出口额增长最快的国家（地区）。泰国由2002年的1 034万美元增长至2015年的2.72亿美元，增长了26倍。中国由美洲进口的设计类核心产品所占比重由2002年的2.94％增长至2015年的4.76％，其中，自美国进口的设计类核心产品总额由2700万美元增长至2015年的2.45亿美元，增长幅度为781.48％。中国自非洲的设计类核心产品进口额也有了一定的增长，由2002年的0.48％增长至2015年的1.10％，其中，南非是中国在非洲地区最重要的设计类核心产品进口地。与上述大洲不同，2015年中国自大洋洲进口的设计类核心产品总额呈现下降的趋势，所占比重由0.60％下降至0.20％。中国自大洋洲的主要进口贸易伙伴澳大利亚进口的设计类核心产品总额所占的比重由2002年的0.56％下降至2015年的0.18％。

表 8—9　　　　　　2002 年中国核心设计产品进口来源地（按大洲分）

大洲	国家（地区）	进口比重（%）	合计（%）
大洋洲	澳大利亚	0.56	0.60
	其他	0.04	
非洲	南非	0.37	0.48
	其他	0.11	
美洲	美国	2.77	2.94
	加拿大	0.12	
	墨西哥	0.04	
	其他	0.01	
亚洲	日本	28.53	80.41
	韩国	14.58	
	中国台湾	11.90	
	中国香港	10.19	
	其他	15.21	
欧洲	俄罗斯	3.76	15.57
	欧盟 15 国	10.44	
	其他	1.37	

资料来源：UNCTAD Statistics。

表 8－10   2015 年中国核心设计产品进口来源地（按大洲分）

大洲	国家（地区）	进口比重（%）	合计（%）
大洋洲	澳大利亚	0.18	0.20
	其他	0.01	
非洲	南非	0.95	1.10
	其他	0.14	
美洲	美国	4.24	4.76
	加拿大	0.24	
	其他	0.28	
欧洲	欧盟 15 国	43.65	50.16
	俄罗斯	0.25	
	其他	6.26	
亚洲	越南	5.38	43.79
	泰国	4.71	
	日本	3.04	
	中国香港	2.49	
	中国台湾	1.73	
	印度	1.14	
	韩国	2.41	
	其他	22.88	

资料来源：UNCTAD Statistics。

4. 设计类核心产品项下小类进口来源国（地区）情况

图 8－20 展示了 2002 年和 2015 年设计类项下的建筑设计核心产品的进口来源地。由图 8－20 可知，2002 年中国建筑设计核心产品的主要进口国家（地区）主要分布在亚洲与欧洲。其中，亚洲地区中，中国台湾及日本、韩国是中国建筑设计产品主要的进口来源地，其在中国建筑设计核心产品的进口总额中所占的比重分别为 22.93%、18.83% 和 18.36%，占进口总额的 60.11%。欧洲地区中，欧盟 15 国和俄罗斯是中国建筑设计核心产品的主要的进口来源地，

中国从欧盟和俄罗斯的进口占建筑设计核心产品进口总额的 25.58％。美国是中国第六大建筑设计核心产品进口国（地区），自美国进口的建筑设计核心产品额所占比重为 4.05％。2015 年，中国建筑设计核心产品的进口来源地格局有了较大的变化。具体表现为以下几点：第一，中国从中国台湾、日本、韩国、中国香港进口的建筑设计核心产品的比重大幅下降。其中，中国台湾由 2002 年的 22.93％下降至 2015 年的 5.83％，日本由 18.83％下降至 2015 年的 8.14％，韩国由 2002 年的 18.36％下降至 2015 年的 4.73％，中国香港则由 2002 年的 3.9％下降至 2015 年的 0.19％。第二，在亚洲地区中，泰国、越南等东南亚国家（地区）对中国建筑设计核心产品的出口比重有了较大的提升。其中，中国从泰国进口建筑设计核心产品的比重由 2002 年的 0.87％上升至 2015 年的 5.81％，中国由越南进口的建筑设计核心产品的比重由 2002 年的 0.7％提高至 2015 年的 8.55％，成为中国进口建筑设计核心产品最多的亚洲国家（地区）。第三，中国从欧洲地区进口的建筑设计核心产品的比重在总体上有所提升，由 2002 年的 25.79％提高至 2015 年的 39.75％。就具体国家（地区）而言，欧盟对中国建筑设计核心产品的出口有了大幅的上升，2002 年中国自欧盟进口了 5 600 万美元的建筑设计核心产品，占中国建筑设计核心产品进口总额的 15.46％；而到了 2015 年，中国自欧盟的进口额上升至 3.86 亿美元，占中国建筑设计核心产品进口的 32.41％。与欧盟强劲的增长趋势相反，中国由俄罗斯进口的建筑设计核心产品的比重呈现下降的趋势，比重由 2002 年的 10.12％下降至 2015 年的 1.11％。近年来，波兰逐渐发展成为中国最重要的建筑设计核心产品的进口国（地区）之一。波兰在 2002 年对中国出口的建筑设计核心产品金额较少，仅为 75 万美元，占当时中国建筑设计核心产品进口总额的 0.2％；但是到了 2015 年，波兰对中国建筑设计核心产品的出口已经增加至 7 400 万美元，与 2002 年相比增长了近 100 倍，占中国建筑设计核心产品进口总额的比重也上升至 6.22％。第四，中国自美国进口的建筑设计核心产品的比重有一定的提高，但是增幅不大。2002 年，中国自美国进口的建筑设计核心产品总额为 1 478 万美元，所占比重为 4.05％；到了 2015 年，进口总额上升至 8 306 万美元，比重为 6.97％。

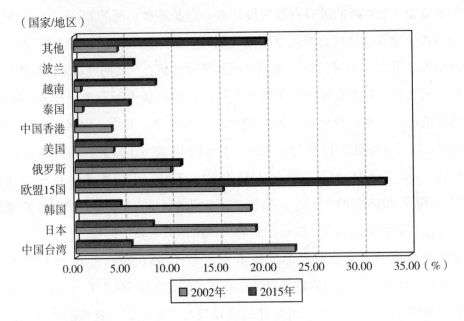

（国家/地区）

图 8-20　2002 年与 2015 年中国建筑设计产品进口来源地

资料来源：UNCTAD Statistics。

图 8-21 和图 8-22 分别展示了 2002 年和 2015 年中国建筑设计项下的室内设计核心产品和建筑工程设计核心产品的进口来源地。由图 8-21 可知，2002 年中国室内设计核心产品的进口国（地区）主要为中国台湾、韩国、日本和欧盟 15 国，分别占中国室内设计核心产品进口总额的 27.88%、22.61%、20.60% 和 13.15%，亚洲地区是中国室内设计核心产品的最重要的来源地。到 2015 年，中国从中国台湾、韩国、日本和中国香港进口的室内设计核心产品的规模大幅下降，其在中国室内设计产品进口总额中所占的比重分别下降至 5.84%、4.73%、8.09% 和 0.19%。与以上国家（地区）的变化趋势相反，亚洲地区的越南和泰国逐渐发展成为中国重要的室内设计核心产品进口贸易伙伴。2002 年越南出口到中国的室内设计核心产品仅为 257 万美元，占中国室内设计核心产品的 0.87%；到 2015 年，中国自越南进口的室内设计核心产品的金额已经达到了 1.01 亿美元，较 2002 年增长了近 40 倍，所占的比重也达到了 5.82%。泰国与越南类似，中国自泰国进口的室内设计产品所占的比重由 2002 年的 1.07% 增加至 2015 年的 5.82%，与中国的贸易关系越来越密切。在欧洲

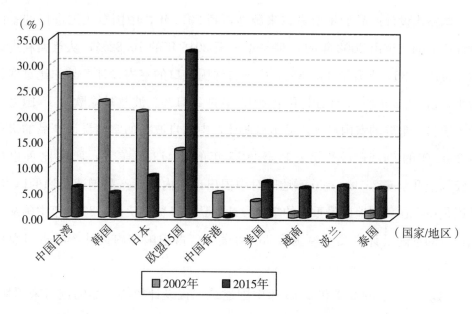

图 8—21　2002 年与 2015 年中国室内设计产品进口来源地

资料来源：UNCTAD Statistics。

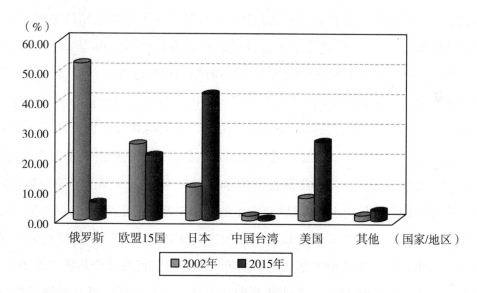

图 8—22　2002 年与 2015 年中国建筑工程设计产品进口来源地

资料来源：UNCTAD Statistics。

地区，中国对欧盟 15 国的室内设计产品进口贸易增长迅速，进口比重由 2002 年的 13.15％上升至 2015 年的 32.43％，在欧盟 15 国中，德国、意大利和法国是中国室内设计产品的重要进口来源地，到 2015 年，中国自德国进口的室内设计产品的比重由 2002 年的 4.69% 增长至 2015 年的 10.82%，从意大利进口的比重由 3.36% 上升至 14.53%，中国自法国进口的室内设计产品的比重变化较小，由 2002 年的 1.04% 上升至 2015 年的 1.41%。波兰是除欧盟 15 国之外的中国另一重要的室内设计产品出口伙伴，中国自波兰的室内设计产品的进口由 2002 年的 74.67 万美元上升至 2015 年的 7 413 万美元，所占比重也由 0.25% 上升至 6.23%，是欧洲地区对中国出口室内设计产品增速最快的国家。美国是中国在美洲地区最重要的室内设计产品进口贸易伙伴，2015 年中国从美国进口的室内设计产品总额为 8 261 万美元，占中国室内设计产品进口总额的 6.94%。

图 8—22 是 2002 年和 2015 年中国建筑工程设计核心产品的进口来源地。由图 8—22 可知，2002 年中国建筑工程设计核心产品进口的主要来源国（地区）是俄罗斯和欧盟 15 国。中国从俄罗斯进口的建筑工程设计核心产品占了中国建筑工程设计核心产品进口总额的 52.42%，占了进口总额的半壁江山。中国从欧盟 15 国进口的建筑工程设计核心产品进口所占比重为 25.46%，其中，德国、意大利和奥地利是欧盟 15 国中向中国出口建筑工程设计核心产品的主要力量。在亚洲地区，日本是中国最重要的建筑工程设计核心产品的进口来源地，所占比重为 11.19%。美国是中国另一重要的建筑工程设计核心产品进口来源地，2002 年中国自美国进口的建筑工程设计产品所占比重为 7.59%。2015 年，建筑工程设计核心产品进口总额较 2002 年呈现大幅下降的趋势，建筑工程设计核心产品的进口额从 2002 年的 6 868 万美元下降至 2015 年的 173 万美元，同时，建筑工程设计核心产品的进口来源国（地区）的格局发生了变化。其中，日本取代俄罗斯成为中国第一大建筑工程设计产品进口来源地，中国自日本进口的建筑工程设计产品的比重达到 42.20%，但是自俄罗斯进口的建筑工程设计产品的比重仅为 5.88%，另外，美国对中国建筑工程设计产品的出口比重也有了较大的提升，由 2002 年的 7.59% 上升为 2015 年的 26.29%。

　　图 8-23 是 2002 年和 2015 年中国专业设计产品进口来源地。由图 8-23 可知，2002 年中国专业设计核心产品的进口来源地主要为日本、中国香港、韩国、欧盟 15 国和中国台湾，中国自这些国家和地区进口的专业设计产品的比重分别为 34.07%、13.78%、12.11%、7.57% 和 5.60%。由本报告第一部分的设计类统计范畴划分可知，专业设计产品包括时尚设计产品、珠宝设计产品、玻璃器具设计产品和玩具设计产品四类。表 8-11 展示了 2002 年中国专业设计产品项下的四类细分设计产品的进口来源地。由表 8-11 可知，时尚设计产品的进口来源地主要为日本、中国香港、韩国、欧盟 15 国和中国台湾；珠宝设计产品的进口主要来源于中国香港、韩国、瑞士和欧盟 15 国；玻璃器具设计产品的进口来源国为欧盟 15 国和日本。玩具设计产品的进口情况比较特殊，由于加工贸易和出口退税制度，中国玩具设计产品的复进口规模较大，即中国对已经出口了的玩具设计产品实行再进口，2002 年中国玩具设计产品复进口占玩具设计产品进口总额的比重为 13.82%。据统计，玩具设计产品的出口退税率是 15%，高于中国 12.9% 的平均税率水平，因此，对玩具设计产品进行复进口成为一些企业获得高额退税的重要途径。此外，韩国是中国玩具设计产品进口的主要来源地，所占比重为 4.51%。表 8-12 报告了 2015 年中国专业设计产品项下的四类产品的进口来源地。由表 8-12 可知，与 2002 年相比，中国专业设计产品的进口来源地结构发生了较大的变化。其中，时尚设计产品的进口来源地由以日本为主变为以欧盟 15 国为主，越南和印度等亚洲国家（地区）与中国在时尚设计产品上的贸易联系日益紧密，逐渐发展成为中国重要的时尚设计产品进口来源地。在珠宝设计产品方面，2015 年欧盟 15 国取代中国香港，成为中国最大的珠宝设计产品进口来源地区，同时，泰国成为除欧盟 15 国和中国香港之外的第三大珠宝设计产品进口来源地。玻璃器具设计产品的进口来源地格局没有发生很大变化，中国的玻璃器具设计产品的进口仍然主要来源于欧盟 15 国。玩具设计产品的进口来源地由以韩国为主转变为以欧盟 15 国为主，另外，中国对玩具设计产品的复进口比重降低，由 2002 年的 13.82% 降低至 2015 年的 5.62%。

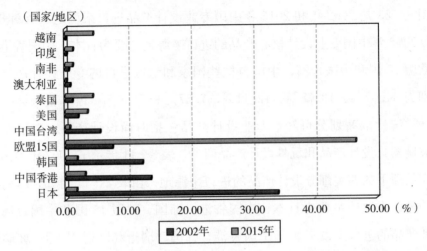

（国家/地区）

图 8-23 2002 年与 2015 年中国专业设计产品进口来源地

资料来源：UNCTAD Statistics。

表 8-11　　　　　　　2002 年中国专业设计产品进口来源地

产品类别	国家（地区）	进口比重（%）	合计（%）
时尚设计产品	日本	32.05	62.97
	中国香港	8.77	
	韩国	5.87	
	欧盟 15 国	5.61	
	中国台湾	4.45	
	其他	6.21	
珠宝设计产品	欧盟 15 国	0.36	10.24
	日本	0.20	
	中国台湾	0.02	
	美国	0.01	
	马来西亚	0.01	
	捷克	0.20	
	其他	0.04	
玻璃器具设计产品	中国香港	2.67	0.84
	韩国	2.04	
	瑞士	1.09	
	欧盟 15 国	0.96	
	日本	0.71	
	美国	0.63	
	南非	0.58	
	澳大利亚	0.26	
	其他	1.31	

续表

产品类别	国家（地区）	进口比重（%）	合计（%）
玩具设计产品	韩国	4.51	25.95
	中国香港	2.32	
	日本	1.12	
	中国台湾	1.03	
	泰国	0.85	
	欧盟 15 国	0.63	
	美国	0.62	
	印度尼西亚	0.62	
	中国	13.82	
	其他	0.43	

资料来源：UNCTAD Statistics。

表 8—12　　　　　2015 年中国专业设计产品进口来源地

产品类别	国家（地区）	进口比重（%）	合计（%）
时尚设计产品	欧盟 15 国	35.09	55.80
	越南	3.86	
	韩国	1.29	
	印度	1.13	
	日本	1.06	
	其他	13.36	
珠宝设计产品	欧盟 15 国	0.71	31.00
	美国	0.34	
	韩国	0.15	
	其他	0.53	
玻璃器具设计产品	欧盟 15 国	9.60	1.72
	中国香港	2.86	
	泰国	2.84	
	美国	2.39	
	瑞士	2.23	
	南非	1.20	
	其他	9.88	
玩具设计产品	欧盟 15 国	1.17	11.48
	泰国	0.55	
	马来西亚	0.49	
	中国	5.62	
	其他	3.66	

资料来源：UNCTAD Statistics。

5. 设计类核心产品项下小类出口目的地情况

图8－24报告了2002年和2015年的建筑设计核心产品的出口目的地。2002年，中国建筑设计核心产品主要出口至美国（42.59%）、欧盟15国（14.49%）、日本（10.38%）和中国香港（9.99%），中国出口至以上四大地区的建筑设计核心产品的总额占中国建筑设计核心产品出口总额的77.45%。2015年，中国建筑设计产品的出口伙伴数量增加，贸易伙伴更加多元化，主要表现为新加坡、印度、马来西亚、越南等亚洲伙伴国（地区）的增多。同时，建筑设计产品出口的目的地分布更加均衡，具体表现为出口至美国、日本、中国香港的建筑设计产品贸易额比重下降，澳大利亚、韩国等国家（地区）的比重上升，这表明中国建筑设计产品的出口伙伴结构得到优化。为了分析中国建筑设计项下的小类设计产品的出口地分布，本报告进一步将中国建筑设计产品进行分解，分为建筑工程设计产品和室内设计产品，并对这两类产品的出口伙伴分布进行分析。表8－13、表8－14分别报告了2002年和2005年的中国建筑设计项下的两类设计产品的出口伙伴情况。由表8－13可知，中国建筑工程

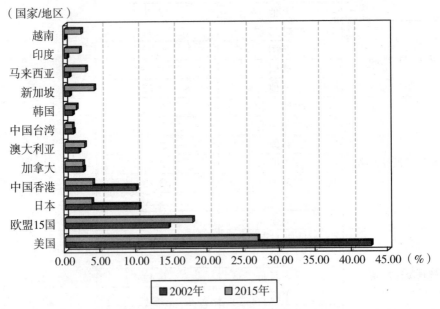

图8－24 2002年和2015年中国建筑设计产品出口目的地

资料来源：UNCTAD Statistics。

设计产品在建筑设计产品中所占的比重很小，仅为 0.1％左右，室内设计产品是中国建筑设计产品的主要组成部分。2002 年，中国建筑设计产品主要出口目的地为日本，而室内设计产品的主要出口目的地为美国、欧盟 15 国、日本和中国香港。2015 年，中国建筑工程设计产品和室内设计产品的主要出口伙伴没有发生明显变化，但是，除了主要的出口伙伴之外，出口至其他国家的建筑设计产品的份额增加，比重由 2002 年的 17％增加至 2015 年的 43％，说明中国建筑设计产品的出口伙伴数量增多，出口的扩展边际提升，中国建筑设计产品的出口结构得到明显改善。

表 8-13　　　　2002 年中国建筑设计产品出口目的地细分

产品类别	国家（地区）	出口占比（％）	合计（％）
建筑工程设计	日本	1.00	1
	其他	0.00	
室内设计	美国	43.00	99
	欧盟 15 国	14.00	
	日本	10.00	
	中国香港	10.00	
	加拿大	3.00	
	澳大利亚	2.00	
	其他	17.00	

资料来源：UNCTAD Statistics。

表 8-14　　　　2015 年中国建筑设计产品出口目的地细分

产品类别	国家（地区）	出口占比（％）	合计（％）
建筑工程设计	日本	0.01	0.01
室内设计	美国	27.00	99.99
	欧盟 15 国	18.00	
	新加坡	4.00	
	中国香港	4.00	
	日本	4.00	
	其他	43.00	

资料来源：UNCTAD Statistics。

图 8—25 为 2002 年和 2015 年中国专业设计产品的出口目的地分布。由图 8—25 可知，2002 年中国专业设计产品主要出口至美国（35.71%）、欧盟 15 国（19.7%）、中国香港（16.64%）和日本（9.1%），2015 年中国专业设计产品的主要出口目的地仍然集中于以上国家（地区）。但是，其所占的比重呈现明显下降的趋势，出口至以上国家（地区）的专业设计产品所占比重由 2002 年的 81.15% 下降至 2015 年的 66.1%，2015 年中国的专业设计产品出口至新加坡、墨西哥等国家（地区）的比重大幅提高，中国专业设计产品的出口结构趋于多元化。

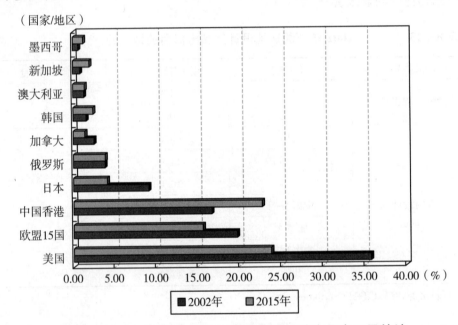

图 8—25　2002 年和 2015 年中国专业设计产品出口目的地

资料来源：UNCTAD Statistics。

表 8—15 和表 8—16 分别报告了 2002 年和 2015 年中国专业设计产品项下的四类设计产品的出口目的地分布。由表 8—15 可知，2002 年中国时尚设计产品的出口目的地主要集中于美国（10.9%）、欧盟 15 国（9.48%）、中国香港（4.98%）、日本（4.93%）和俄罗斯（2.58%），2015 年时尚设计产品的出口目的地结构没有发生显著变化，仍然以美国、欧盟 15 国、俄罗斯、日本为主，但是出口至这些国家（地区）的贸易额占时尚设计产品出口总额的比重有所下降，出口至其他国家（地区）的贸易额比重上升。2002 年玻璃器具设计产品的

出口目的地主要为美国、欧盟 15 国和日本，2015 年欧盟 15 国和美国仍然是中国玻璃器具设计产品的前两大出口目的地，印度尼西亚取代日本成为中国玻璃器具设计产品的第三大出口目的地。2002 年珠宝设计产品主要出口至中国香港、美国和欧盟 15 国等地，到 2015 年中国珠宝设计产品的出口额大幅上升，但是其出口地区仍然集中于中国香港、美国和欧盟 15 国。其中，出口至中国香港的珠宝设计产品比重大幅增加，由 2002 年的 3.87％上升至 2015 年的 12.33％。这是因为近年来，中国香港作为重要的转运地，已经成为中国重要的出口转运港，导致中国出口至中国香港的珠宝设计商品贸易量增加。对于玩具设计产品来说，2002 年中国玩具设计产品主要出口到美国、欧盟 15 国和日本等地，2015 年玩具设计产品的出口比重呈现下降趋势，但是美国和欧盟 15 国仍然是中国玩具设计产品出口的主要目的地，另外，菲律宾取代日本成为继美国和欧盟 15 国之后中国玩具设计产品的第三大出口目的地。

表 8—15　　　　　　2002 年中国专业设计产品出口目的地细分

产品类别	国家（地区）	出口比重（％）	合计（％）
时尚设计产品	美国	15.00	56
	欧盟 15 国	13.00	
	中国香港	7.00	
	日本	7.00	
	俄罗斯	2.50	
	其他	11.00	
玻璃器具设计产品	美国	0.55	1
	欧盟 15 国	0.35	
	日本	0.10	
	其他	0.00	
珠宝设计产品	中国香港	5.00	10
	美国	3.00	
	欧盟 15 国	1.00	
	其他	1.00	
玩具设计产品	美国	18.00	35
	欧盟 15 国	6.00	
	中国香港	5.00	
	日本	2.00	
	其他	4.00	

资料来源：UNCTAD Statistics。

表 8—16 2015 年中国专业设计产品出口目的地细分

产品类别	国家（地区）	出口占比（%）	合计（%）
时尚设计产品	美国	12.00	51
	欧盟 15 国	10.00	
	俄罗斯	3.00	
	日本	3.00	
	中国香港	3.00	
	其他	20.00	
玻璃器具设计产品	欧盟 15 国	0.01	0.04
	美国	0.02	
	印度尼西亚	0.01	
	其他	0.00	
珠宝设计产品	中国香港	19.00	27
	美国	5.00	
	欧盟 15 国	1.00	
	其他	2.00	
玩具设计产品	美国	7.00	21
	欧盟 15 国	4.00	
	菲律宾	1.00	
	其他	9.00	

资料来源：UNCTAD Statistics。

综上所述，中国设计类核心产品项下的各中类和小类设计产品的进出口贸易伙伴结构在 2002～2015 年都发生了较为明显的变化。第一，中国设计类核心产品的进出口贸易伙伴的数量明显增多。近年来，随着中国在亚太经济合作组织、中国—东盟自由贸易区等国际组织中发挥的作用越来越重要，中国与东亚和东南亚地区的国家贸易联系也日益紧密，这些国家也逐渐成为中国设计类核心产品重要的贸易伙伴。第二，中国与各贸易伙伴在设计类核心产品上的进出口规模也趋于均衡，2002 年中国设计类项下的各类设计产品的进出口主要集中于美国、欧盟、日本等国家（地区），与以上三地的进出口合作规模占到中国设计类核心产品进出口总额的 50％以上，进出口较为集中。但是到 2015 年，这一情况得到改善，中国设计类项下的各类设计产品对各贸易伙伴的进出口规模更加均衡，集中于某几个国家（地区）的情况得到改善，进出口贸易结构不断优化。

8.4.2　设计类相关产品进出口贸易伙伴

首先，本部分将按照大洲来分析中国设计类相关产品的进出口伙伴分布情况；其次，按照设计类相关产品项下的中类和小类进行划分，分别分析设计类相关产品中类和小类的进出口贸易伙伴。

1. 按大洲分设计类相关产品进出口情况

表 8－17 展示了 2002 年中国设计类相关产品的出口目的地。由表 8－17 可知，2002 年中国设计类相关产品的出口目的地主要集中于亚洲（63%）和欧洲（28%），其中，在亚洲地区，中国香港作为中国出口贸易的重要中转站，承接了来自中国的 40% 的设计类相关产品的出口。日本作为中国在亚洲最大的出口贸易伙伴，也成为中国在亚洲重要的设计类相关产品的出口目的地。在欧洲，欧盟 15 国是中国另一重要的设计类相关产品进口经济体，在欧盟 15 国中，比利时、德国、意大利和法国是承接中国设计类相关产品出口的主力军。除了上述国家（地区）之外，美国作为中国最大的贸易伙伴，同时也是中国设计类相关产品在美洲的主要出口目的地。表 8－18 是 2015 年中国设计类相关产品的出口目的地分布。由表 8－18 不难看出，中国设计类相关产品的出口格局在近年来发生了明显变化。第一，亚洲地区承接的中国设计类相关产品的出口额的比重进一步增大，由 2002 年的 63% 上升至 2015 年的 68%，而且中国在亚洲地区的贸易伙伴数量明显增多，中国设计类相关产品的出口目的地不再仅集中于中国香港和日本，新加坡、越南、马来西亚、印度尼西亚、印度等东南亚和南亚国家（地区）成为承接中国设计类相关产品出口的新兴力量。第二，中国出口至美洲地区的设计类相关产品的比重上升，主要原因在于设计类相关产品出口至墨西哥的份额大幅上升，直接拉动了中国向美洲的出口额。第三，中国设计

类相关产品出口至非洲的比重有了明显上升，其中，苏丹、毛里求斯、南非成为中国设计类相关产品在非洲的重要出口目的地。

表8-17　　　　　2002年中国设计类相关产品出口目的地（按大洲分）

大洲	国家（地区）	出口占比（%）	合计（%）
大洋洲	澳大利亚	0.54	0.61
	其他	0.08	
非洲	南非	0.24	1.46
	其他	1.22	
美洲	加拿大	0.26	6.96
	美国	5.99	
	墨西哥	0.21	
	其他	0.50	
欧洲	俄罗斯	0.32	28.45
	欧盟15国	26.99	
	其他	1.13	
亚洲	日本	8.54	62.52
	中国台湾	0.83	
	中国香港	40.22	
	韩国	3.70	
	马来西亚	0.76	
	其他	8.47	

资料来源：UNCTAD Statistics。

表8-18　　　　　2015年中国设计类相关产品出口目的地（按大洲分）

大洲	国家（地区）	出口占比（%）	合计（%）
大洋洲	澳大利亚	1.17	1.44
	其他	0.27	
非洲	苏丹	2.75	5.41
	毛里求斯	0.04	
	其他	2.62	

大洲	国家（地区）	出口占比（%）	合计（%）
美洲	美国	8.40	12.57
	加拿大	0.96	
	墨西哥	0.91	
	其他	2.30	
欧洲	欧盟 15 国	9.43	12.53
	其他	3.11	
亚洲	中国香港	17.58	68.04
	韩国	7.43	
	日本	5.31	
	越南	4.93	
	新加坡	4.30	
	马来西亚	3.60	
	中国台湾	2.57	
	印度尼西亚	2.22	
	印度	2.19	
	其他	17.91	

资料来源：UNCTAD Statistics。

图 8—26 显示了 2002 年和 2015 年中国设计类项下的建筑设计相关产品的出口目的地。由图 8—26 可知，2002 年中国建筑设计相关产品主要出口至韩国、美国、日本、中国香港和欧盟 15 国，但是到 2015 年，中国向上述主要出口目的地出口的建筑设计相关产品份额有了大幅下降，而越南、马来西亚、新加坡、泰国、印度等地成为中国建筑设计相关产品新兴的出口目的地。同时，中国出口至世界其他国家的建筑设计产品份额由 2002 年的 1.51% 上升至 2015 年的 39.02%，中国建筑设计相关产品的出口目的地更加多元化，建筑设计相关产品的出口扩展边际得到提升。

图 8—27 展示了 2002 年和 2015 年中国专业设计相关产品的出口目的地。由图 8—27 可知，2002 年，中国专业设计相关产品主要出口至中国香港、欧盟

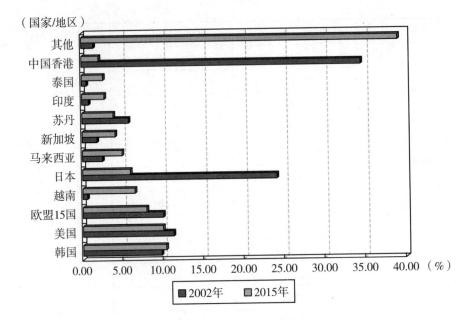

图 8—26   2002 年和 2015 年中国建筑设计相关产品出口目的地

资料来源：UNCTAD Statistics。

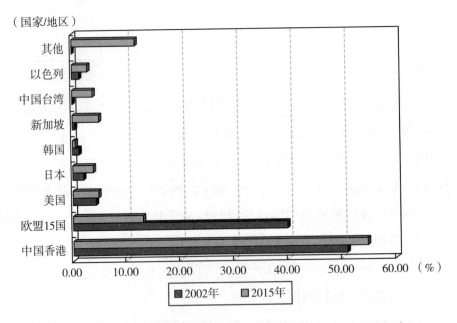

图 8—27   2002 年和 2015 年中国专业设计相关产品出口目的地

资料来源：UNCTAD Statistics。

15 国、美国和日本，2015 年中国出口至中国香港、美国和日本的专业设计相关产品比重进一步增加，但是出口至欧盟 15 国的专业设计相关产品比重下降。另外，与建筑设计相关产品出口发展趋势相同，专业设计相关产品的出口贸易伙伴数量有了较大幅度的增长，新加坡、以色列、中国台湾逐渐超越日本、美国，发展成为中国专业设计相关产品新的出口贸易伙伴。

2. 按类分中国设计类相关产品出口目的地

表 8—19 和表 8—20 分别为 2002 年和 2015 年中国建筑工程设计相关产品、室内设计相关产品、时尚设计相关产品和珠宝设计相关产品的出口目的地分布。

表 8—19　　　　　　　2002 年中国设计类项下小类出口目的地

产品类别	国家（地区）	出口占比（%）	合计（%）
建筑工程设计	中国香港	10.39	33.24
	日本	8.08	
	美国	3.75	
	欧盟 15 国	3.28	
	韩国	3.26	
	其他	4.49	
时尚设计	欧盟 15 国	0.77	2.92
	美国	0.75	
	中国香港	0.62	
	其他	0.78	
室内设计	中国香港	0.22	0.49
	欧盟 15 国	0.08	
	美国	0.05	
	其他	0.15	
珠宝设计	中国香港	33.12	63.35
	欧盟 15 国	25.63	
	美国	2.05	
	其他	2.54	

资料来源：UNCTAD Statistics。

表 8—20 　　　　　　　　2015 年中国设计类项下小类出口目的地

产品类别	国家（地区）	出口占比（%）	合计（%）
建筑工程设计	韩国	7.25	68.40
	美国	6.89	
	欧盟 15 国	5.42	
	越南	4.52	
	日本	4.20	
	马来西亚	3.46	
	其他	36.67	
时尚设计	美国	0.70	3.54
	欧盟 15 国	0.62	
	中国香港	0.38	
	其他	1.83	
室内设计	印度	0.22	2.19
	欧盟 15 国	0.17	
	美国	0.12	
	澳大利亚	0.11	
	俄罗斯	0.10	
	其他	1.47	
珠宝设计	中国香港	15.70	25.87
	欧盟 15 国	3.21	
	新加坡	1.33	
	其他	5.63	

资料来源：UNCTAD Statistics。

由表 8—19 可以看出，2002 年，中国设计类相关产品的出口以珠宝设计相关产品（63.35%）和建筑工程设计相关产品（33.24%）为主。其中，珠宝设计相关产品的出口目的地主要为中国香港、欧盟 15 国和美国等地，建筑工程设计相关产品主要出口至中国香港、日本、美国、欧盟 15 国和韩国等地。2015年中国设计类相关产品的出口结构发生了巨大变化，由表 8—20 可知，中国设计类相关产品由以珠宝设计相关产品出口为主变为以建筑工程设计相关产品出口为主，建筑工程设计相关产品超越珠宝设计相关产品，成为中国最重要的设计类相关产品出口类别。在建筑工程设计相关产品的出口中，韩国超越中国香港成为中国最大的建筑工程设计相关产品的出口承接地，另外，越南、马来西亚等东南亚国家（地区）成为中国新的建筑工程设计相关产品出口贸易伙伴。珠宝设计相关产品的出口目的地仍为中国香港和欧盟 15 国，但是出口份额大幅度下降。

　　由以上对中国设计类相关产品的出口贸易伙伴的分析可知，在 2002～2015 年，中国设计类相关产品的出口贸易伙伴结构发生了巨大的变化，主要表现为以下两个方面：第一，在中国设计类相关产品的各个小类中，虽然中国香港、欧盟 15 国、日本和美国一直是中国设计类相关产品的重要出口目的地，但是随着发展中国家经济的不断崛起，以及中国国际地位的不断提高，越来越多的东南亚、南亚、南美洲和非洲的国家（地区）成为中国重要的设计类相关产品的出口贸易伙伴，中国设计类相关产品的贸易伙伴数量不断增多。第二，从出口至各贸易伙伴的贸易份额来看，中国设计类项下各类设计相关产品的出口更加均衡。例如，2002 年中国建筑工程设计相关产品的出口主要集中于中国香港、日本、美国、欧盟 15 国等地，且出口至这些地区的贸易份额占建筑工程设计出口份额的 77％左右，但是，到 2015 年，中国建筑工程设计相关产品的出口伙伴数量迅速增长，出口至日本、美国、欧盟 15 国等地的份额仅占 24％左右。可见，中国设计类相关产品的出口份额在各出口贸易伙伴的分布更加均衡。

3. 按类分中国设计类相关产品进口来源地

　　表 8-21 和表 8-22 展示了 2002 年和 2015 年中国设计类相关产品进口来源地。

　　由表 8-21 可以直观地看出，2002 年中国设计类相关产品进口来源地主要为欧洲（49％）、亚洲（27％）和非洲（16％）。其中，在欧洲，中国设计类相关产品的进口来源地为比利时（40％）；在亚洲的来源地为印度（8％）、中国香港（8％）和以色列（4％）；在非洲，南非成为中国设计类相关产品的主要来

表 8—21　　　　2002 年中国设计类相关产品进口来源地（按大洲分）

大洲	国家（地区）	进口比重（%）	合计（%）
大洋洲	澳大利亚	0.37	0.38
	其他	0.01	
非洲	南非	16.29	16.30
	其他	0.01	
美洲	美国	7.10	7.75
	加拿大	0.03	
	其他	0.62	
亚洲	日本	2.10	26.63
	中国香港	7.50	
	泰国	1.19	
	以色列	3.91	
	印度	8.14	
	其他	3.80	
欧洲	比利时	40.22	48.94
	英国	5.37	
	其他	3.35	

资料来源：UNCTAD Statistics。

表 8—22　　　　2015 年中国设计类相关产品进口来源地（按大洲分）

大洲	国家（地区）	进口比重（%）	合计（%）
大洋洲	澳大利亚	0.32	0.33
	其他	0.01	
非洲	南非	33.08	34.02
	其他	0.94	
美洲	加拿大	0.15	1.53
	美国	0.48	
	其他	0.89	
亚洲	日本	1.46	54.03
	以色列	3.20	
	中国香港	6.49	
	印度	14.71	
	泰国	8.97	
	其他	19.20	
欧洲	比利时	7.59	10.09
	英国	0.04	
	其他	2.46	

资料来源：UNCTAD Statistics。

源地，同时，南非也是继比利时之后的中国第二大设计类相关产品的进口来源地。2015 年，中国设计类相关产品的进口来源地发生了很大变化（见表 8－22）。第一，中国自欧洲进口的设计类相关产品比重大幅下降，由 2002 年的 49％下降至 2015 年的 10％，这主要是由于比利时对中国的设计类相关产品的出口规模大幅度缩减造成的。第二，中国自亚洲地区进口的设计类相关产品的规模进一步扩张，亚洲取代欧洲，成为中国最重要的设计类相关产品的进口来源地。在亚洲地区，中国的设计类相关产品的进口贸易伙伴也发生了明显变化。印度对中国的出口规模进一步扩大，成为中国在亚洲地区最大的设计类相关产品贸易伙伴，泰国对中国出口的设计类相关产品的规模也迅速增加，成为中国在亚洲地区的第二大设计类相关产品贸易伙伴。除此之外，中国在亚洲地区的进口来源地数量不断增多，中国在亚洲地区的设计类相关产品的进口来源地已经不局限于中国香港、日本和印度，自亚洲其他国家（地区）进口的设计类相关产品的规模也呈现迅速上升的趋势。第三，中国自非洲进口的设计类相关产品的贸易额显著增加，自非洲进口的比重由 2002 年的 16％上升至 2015 年的 34％，这主要是由于近年来中国与南非的贸易往来逐渐密切，中国自南非进口的设计类相关产品的规模加大造成的。

　　图 8－28 报告了中国建筑设计相关产业的进口贸易伙伴情况。由图 8－28可知，2002 年中国建筑设计相关产品主要由美国、日本、意大利、中国台湾和韩国进口，到 2015 年，中国建筑设计相关产品的进口来源地仍集中于上述国家（地区），但是，由上述国家（地区）进口的建筑设计相关产品份额分布发生了一些变化。其中，中国由美国、韩国和德国进口的建筑设计相关产品份额增多，由日本、中国台湾、西班牙、中国香港和以色列进口的建筑设计相关产品所占比重下降。

　　由图 8－29 可知，在中国建筑设计相关产品的进口中，建筑工程设计相关产品的进口来源地主要为意大利，且从意大利进口的建筑工程相关产品所占的比重呈现逐年上升的趋势。这是由于意大利拥有许多世界级的建筑设计师，在意大利米兰，每年都会举办建筑设计工程展，意大利拥有领先于世界的建筑工程设计类。除意大利之外，西班牙是中国的另一重要的建筑工程设计相关产品

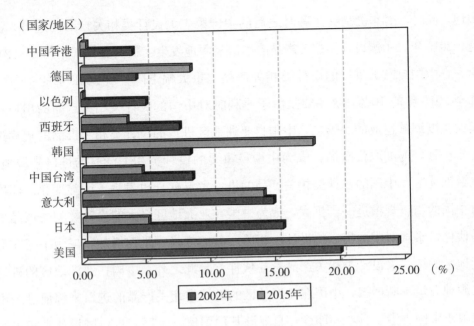

图 8—28　2002 年和 2015 年中国建筑设计相关产品进口来源地

资料来源：UNCTAD Statistics。

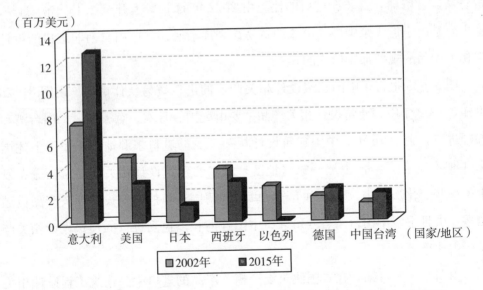

图 8—29　2002 年和 2015 年中国建筑工程设计相关产品进口来源地

资料来源：UNCTAD Statistics。

进口来源地，且近年来，中国自西班牙进口的建筑工程设计相关产品的份额大幅上升，西班牙成为继意大利之后的中国第二大建筑工程设计相关产品进口来源地。众所周知，西班牙的建筑风格以"含蓄中的震慑力"著称，在世界建筑界独树一帜，同时，西班牙汇聚了众多世界著名的建筑设计师，包括里卡多-波菲尔、安东尼奥-高迪、圣地亚哥-卡拉特拉瓦等。中国和西班牙定期举办"中国-西班牙"建筑师交流论坛，中国和西班牙在建筑设计方面的联系紧密，中国自西班牙进口的建筑工程设计相关产品总额也不断攀升。除了意大利和西班牙之外，中国从德国和中国台湾进口的建筑工程设计相关产品的份额也呈现逐年上升的趋势。

　　由图 8－30 可知，在室内设计相关产品进口来源地中，美国、韩国、德国和意大利逐渐发展成为中国主要的室内设计相关产品进口地。

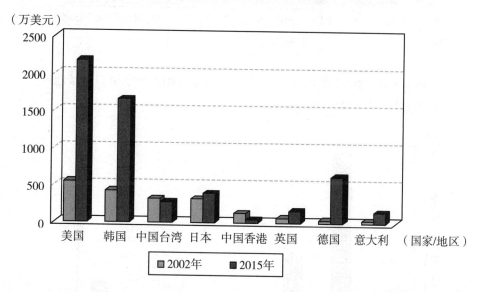

图 8－30　2002 年和 2015 年中国室内设计相关产品进口来源地
资料来源：UNCTAD Statistics。

　　图 8－31 报告了中国专业设计相关产品的进口来源地。由图 8－31 可知，2002 年中国专业设计相关产品的进口来源地主要为比利时、南非、印度、中国香港、美国和英国，其中，中国自比利时进口的专业设计相关产品的比重达到了 41.99%。综合图 8－32 来看，在中国自比利时进口的专业设计相关产品中，珠宝设计相关产品所占比重为 99%。比利时是欧洲历史悠久的奢侈品交易和钻石之都，比利时虽然没有大型的钻石矿，但是比利时自 1447 年来就开始进行

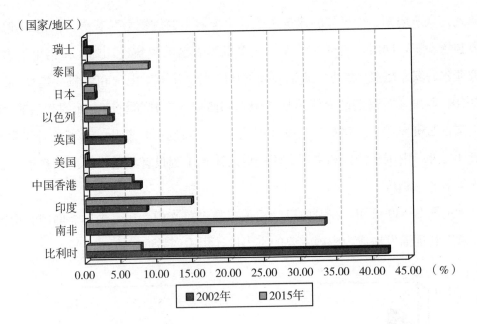

图 8—31 2002 年和 2015 年中国专业设计相关产品进口来源地

资料来源：UNCTAD Statistics。

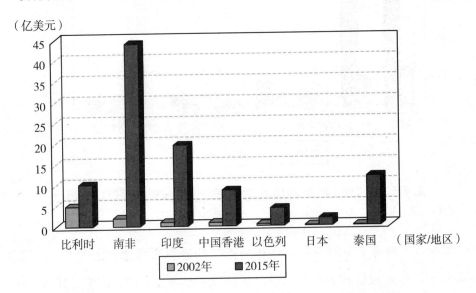

图 8—32 2002 年和 2015 年珠宝设计产品进口来源地

资料来源：UNCTAD Statistics。

钻石交易，比利时具有世界顶尖的钻石切割技术。同时，比利时拥有比利时钻石高层会议（HRD)，是全球设备最齐全、技术手段最先进的钻石实验室之一，是世界上第一个按照世界钻石委员会钻石分级规则建立的钻石分级实验室，也是世界上第一个世界标准化组织认证的钻石分级实验室。除了比利时之外，2002 年南非是中国第二大珠宝设计相关产品进口来源地，但是到 2015 年，中国从南非进口的珠宝设计相关产品的贸易额从 2002 年的 1.97 亿美元上升至2015 年的 44.06 亿美元，较 2002 年增长了 22 倍，南非出口至中国的珠宝设计相关产品主要为钻石相关产品，这是因为南非是世界上最大的钻石生产地。而且近年来，中国与南非的贸易往来越来越密切，2015 年南非超越比利时成为中国最大的珠宝设计相关产品进口地。除了比利时和南非之外，泰国和印度也是中国重要的珠宝设计相关产品进口地。其中，泰国是世界一流的宝石加工厂，全世界有超过 80％的红宝石和蓝宝石在泰国设计加工并通过泰国销往全球各地；近年来，印度珠宝设计的重点由黄金向钻石转移，即以钻石为点缀转为以黄金为衬托，这使得印度珠宝设计的国际地位得到很大提升，再加上中国与印度的贸易往来逐渐密切，印度逐渐成为中国第三大珠宝设计相关产品进口贸易伙伴。

　　由图 8－33 可知，在时尚设计相关产品的进口贸易伙伴方面，意大利、美国、中国台湾和韩国是中国主要的时尚设计相关产品的进口来源地。近年来，中国从意大利、美国和中国台湾进口的时尚设计相关产品的份额明显提高，尤其是意大利，中国从意大利进口的时尚设计相关产品贸易额从 2002 年的 9.12万美元上升至 2015 年的 288.61 万美元，增长了近 32 倍。意大利是世界著名的时尚设计之国，意大利的米兰更是成为世界时尚之都，米兰时装周是国际四大著名时装周之一，意大利的服装设计和配饰设计也成为世界流行的趋势。近年来，随着中国经济的迅速发展，国民对时尚设计产品和奢侈品的需求也日益旺盛，中国从意大利进口的时尚设计相关产品贸易额也不断扩张。除了意大利之外，美国和德国近年来也成为中国重要的时尚设计产品进口来源地。美国拥有规模最大的纽约时装周，并且汇集了世界各地的时尚设计人才；德国也拥有许多著名的设计师，德国拥有十几所所知名的设计学院，其中，柏林拥有 9 所时装设计学院，是德国时尚领域的创意中心。以上国家（地区）在时尚产业方面具有绝对优势，也因而成为中国主要的时尚设计相关产品进口来源地。

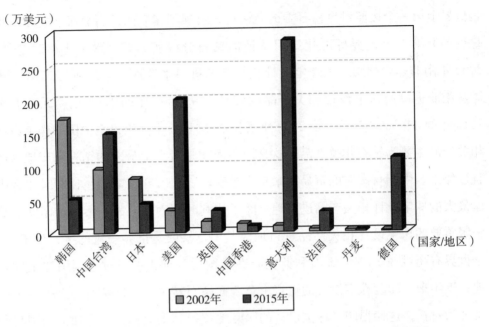

图 8－33　2002 年和 2015 年中国时尚设计相关产品进口来源地

资料来源：UNCTAD Statistics。

8.5　文化创意与设计类进出口贸易发展特点与对策

8.5.1　创意与设计类进出口贸易的发展特点

1. 设计类进出口贸易的发展特点

由以上几部分对设计类进出口贸易情况的分析可知，中国设计类进出口贸易的发展呈现出以下几个特点：

第一，中国设计类核心产品和相关产品总体贸易呈现顺差，且顺差在 2002～2015 年呈现波动上升的趋势。2002～2008 年，设计类核心产品贸易稳定增长，年平均增长率为 16.36%。中国设计类相关产品的贸易总额一直保持顺差，且顺差呈现平稳增长的趋势，从 2002 年的 3.97 亿美元增长至 2012 年的 43.01 亿美元，增长了 9.84%。

第二，设计类核心产品和相关产品进出口在中国商品进出口总额中所占的比重仍处于较低的水平，但是，设计类产品对中国整体贸易进出口的贡献率都呈现逐渐上升的趋势。

第三，从设计类产品进出口的构成来看，设计类的进出口主要以时尚设计产品、室内设计产品和珠宝设计产品为主，且珠宝设计产品进出口在设计类进出口中所占的比重有继续上升的趋势。

第四，中国设计类产品的进出口贸易伙伴的数量明显增多。近年来，随着中国在亚太经济合作组织、中国—东盟自由贸易区等国际组织中发挥的作用越来越重要，中国与东亚和东南亚地区的国家（地区）的贸易联系也日益紧密，这些国家（地区）也逐渐成为中国设计类产品重要的贸易伙伴。

2. 创意服务类进出口贸易的发展特点

随着世界经济全球化进程的加快和中国经济的不断发展，以广告服务业为代表的中国创意服务业迎来了前所未有发展机遇，同时也面临着来自跨国广告公司新一轮强势扩张的冲击。近年来，中国广告服务业贸易发展的主要特点和趋势表现为以下几点。

第一，跨国广告公司给中国本土广告公司带来严峻挑战。全球最大的几个广告巨头都希望在中国这样快速增长的领域占据一席之地，它们带来了强大的资金、先进的企业管理制度和成熟完备的商业模式与文化理念，挤压相对弱小的本土广告公司，抢占中国广告市场的主导权，使得本土广告公司面临严峻的挑战。如法国广告公司 VivaKi 将其数字广告商业模式用到中国的在线搜索、展示和视频广告上，面向市场帮助客户确定和开发相关营销技术、信息传播、受众聚合以及面向未来的内容解决方案。中国已成为全球最重要的媒体市场之一，网民数量位居全球第一，全球广告巨头纷纷抢占中国网络广告市场，并购中国的数字广告公司。当然，这些广告巨头也面临不少挑战，如处理与中国政府的关系，与本土公司的整合，与中国互联网企业打交道等。

第二，广告创意中的中国元素已经在全球范围内得到认可，并被广泛传播。2012 年国际广告节上出现更多中国元素，中国广告的影响力不断提升。如戛纳国际创意节，它被誉为广告界的奥斯卡，是全球广告和创意界最具影响力的年度盛事。随着中国经济持续发展，中国的市场空间逐年增长，中国广告与创意在国际上的影响力变得更加强大。中国在戛纳广告节上屡获大奖，开始可以用广告形态向世人传播中国文化、中国式营销模式和理念。2013 年，60 周岁的戛纳国际创意节将再次迎来吉祥的"中国狮"。由中国广告协会主办的戛纳·魅力中国周活动是中国广告协会与戛纳创意节合作多年来组织的规模最大、规格最高的交流展示活动，以"国家日"命名的中国日主题论坛在戛纳创意节历史上尚属首次。中国由过去简单参与到现在成为广告节的主角，运用影像向世界展示了中国的创意。除了戛纳国际电影节外，在纽约广告节、伦敦国际电影节上均有不俗表现。2013 年釜山广告节举办了首届中国专题，中国元素、中国创意正在被全球所关注。很多国际品牌都在积极利用中国文化的一些元素进行广告创意，赢得了很多消费者的喜欢，随着中国影响力的加大，中国创意和中国元素将有机会走向世界，但是中国文化中有很多内涵并没有被广告传播界深度挖掘，融入中国本土文化的创意元素也将是未来中国广告服务业发展的一个新的趋势。

8.5.2 文化创意与设计类进出口贸易的发展对策

为了更好地促进中国文化创意与服务类贸易的可持续发展，需要结合中国文化创意与设计贸易存在的问题进行分析，并提出相应的解决对策。本部分将分别从政府层面、产业层面、企业层面和人才层面对中国文化创意与设计类进出口贸易的发展提出对策。

第一，在政府层面，建立健全文化创意与设计产业进出口贸易政策扶持体系。政府要从宏观着眼，根据循序渐进原则，以市场为主导，遵循市场经济规律，积极进行制度、职能和行为的创新。首先，要推进创意设计产业园区建设，创意设计产业园区规划建设是落实创意设计发展战略，推进创意设计产业实现规模效应的根本途径。为此，要将创意设计产业园纳入整体规划中，确保对创意设计产业规划的科学性和预见性，更好地为创意设计产业及创意设计产业园区发展营造良好的经营环境和投融资环境，激励园区内创意设计公司的发展。此外，要支持发展创意设计集团，鼓励实力强劲的公司通过资本并购和联合重组等方式壮大规模。其次，政府相关统计机构要做好数据统计和收集工作，构建文化贸易数据指标统计体系，为相关学者和企业提供完善的创意设计进出口贸易数据，从而有利于相关意见政策的提出和海外市场调研活动的开展。

第二，在产业层面，目前，中国的创意设计产业亟须提高自主创新能力和核心竞争力。为此，要借助创意设计产业园区的集聚效应，实现中国创意设计产业品牌的整合和规模的壮大，实现创意设计产业的规模化、专业化、品牌化和国际化。同时，在开展创意设计园区规划和建设时，要结合地方特色，找准定位，进行差异化发展，使当地创意设计产业园建设更具竞争力。

第三，在企业层面，应该提升本土创意设计公司的国际竞争力。中国的创意设计产业要想"走出去"，就应该充分利用国内和国外两个市场，做好充分的市场调研，实现本土企业的国际化。在面对跨国公司全球化战略的挑战下，本土创意设计公司都应该根据自身特点来设定经营战略，提高公司的核心竞争力。在政府相关政策的指导下，中国的创意设计企业应积极通过兼并重组等资本运作，在适宜的条件下，进行资本运作实行并购、整合，在激烈竞争的环境中变大变强，形成具有国际影响力的创意设计公司是推动创意设计类贸易的关键所在。本国创意设计公司则必须突破旧的观念和体制，拓展海外市场时与外国国情相结合实现本土化，才能积极应对国际创意设计市场的激烈挑战。

第四，在人才方面，应该加快创意设计类专业人才的培养步伐。要注重培养具有创意设计、市场营销、金融、国际贸易、语言等交叉学科相关知识的专业复合型人才，要加快建设创意设计人才培育中心，完善创意设计人才培养政策。同时，可以实施海外人才引进政策，并鼓励国内创意设计人才到海外学习先进的知识，将"引进来"和"走出去"相结合，积极培养中国创意设计贸易和文化贸易需要的相关人才，为中国的文化贸易提供充足的人才资源。

8.6 本章小结

随着中国新型工业化、信息化、城镇化和农业现代化进程的加快，文化创意和设计服务已贯穿在经济社会各领域各行业，呈现出多向交互融合态势。文化创意和设计服务具有高知识性、高增值性和低能耗、低污染等特征。推进文化创意和设计服务等新型、高端服务业发展，促进与实体经济深度融合，是培育国民经济新的增长点、提升国家文化软实力和产业竞争力的重大举措，是发展创新型经济、促进经济结构调整和发展方式转变、加快实现由"中国制造"向"中国创造"转变的内在要求，是促进产品和服务创新、催生新兴业态、带动就业、满足多样化消费需求、提高人民生活质量的重要途径。

地区篇

第 **9** 章

京津冀地区文化贸易发展

　　当前，开展文化贸易已经成为迅速提升国家文化软实力的一条重要途径。京津冀地区是中国文化产业发展最具活力与潜力的区域之一。近几年来，京津冀文化产业协同发展取得了巨大的进步，各地文化产业实现优化升级，发展势头强劲，促进了当地经济发展以及京津冀经济一体化进程，为京津冀对外文化贸易的进一步发展奠定了坚实的基础。

　　京津冀地区文化产业之间关联度较高，各省市文化产业的带动能力和增长速度明显。文化产业在国别与区域文化的交流与合作中发挥着非常重要的作用。北京是京津冀文化产业发展的龙头，在文化艺术、新闻出版、广播影视和文化旅游资源及品牌等方面优势显著，新兴文化产业得到充分发展，文化创意人才等要素资源也非常丰富，对天津、河北能够形成巨大的辐射作用，带动三地文化产业协同发展。天津地理优势明显，便捷的海运、空港条件为发展高端文化装备制造业提供了便利。天津"津派"民俗文化、广告会展业、互联网产业优势明显，产业环节主要集中于内容创意、发行展示、加工复制等领域。河北作为一个有着悠久历史文化的大省，文化底蕴浓厚，拥有大量具有地方特色的文化资源，目前已形成以文化用品生产和销售、出版发行、文化旅游、文娱服务等行业为主导的特色文化产业，产业主要集中在生产复制环节，在文化制造业发展方面尤其具有潜力。京津冀地区文化产业成为该区域对外文化贸易开展的重要依托，京津冀文化产业协同发展有助于地区整体的文化产业发展，在很大程度上优化了京津冀对外文化贸易环境，便于文化的"走出去""引进来"。

9.1 京津冀地区对外文化贸易发展现状

根据 2014 文化产业综合指数统计显示，京津冀三地的文化产业综合实力均位于前列。其中，北京作为中国的首都，其战略定位为全国的政治中心、文化中心、国际交往中心和科技创新中心，文化消费需求大，国际合作与贸易环境好。天津不仅是京津冀地区连接东北亚与中西亚的海上门户、中蒙俄经济走廊的东部起点，同时也是 21 世纪"海上丝绸之路"的重要支点城市。近几年来，天津文化产业在政策扶持下，进入快速发展期，尤其在传媒、动漫、影视、艺术节等方面取得了极大的进步，拥有天津中国数字出版基地、国家动漫园、卡梅隆佩斯中国集团、天津曹禺国际戏剧节等一大批文化产业基地和企业等。河北与京津地区互联互通，有着深厚的文化底蕴，丰富的物质文化与非物质文化遗产。三地文化各具特色，优势互补，这无疑是为京津冀对外文化贸易的开展奠定了良好的基础，为中国文化的"走出去"提供了极大的便利。

9.1.1 京津冀地区对外文化贸易发展概况

2016 年北京市文化贸易进出口总额共计 46.9 亿美元，同比增长 9.5%。其中，进口 27.5 亿美元，同比增长 1.9%；出口 19.4 亿美元，同比增长 22.4%。自 2016 年 2 月国务院批复同意在天津开展服务贸易新发展试点以来，天津市积极推进服务贸易创新发展试点城市建设各项工作，取得了较好的成效：2016 年服务贸易进出口总额达到 291 亿美元，同比增长 24%。其中，出口 151 亿美元，同比增长 18%；进口 140 亿美元，同比增长 31%。2016 年，河北省服务业增加值达到 13 276.6 亿元，比 2012 年增长 45.3%，年均增长 9.8%，比生产总值和第二产业增加值年均增速分别高 2.7% 和 3.9%；2016 年，服务业对经济增长贡献创历史新高，达到 59.1%，比 2012 年提高 28.0%，高于第二产业 24.1%，服务业已经成为经济增长第一支撑力，远远高于工业的 28.9%。全省经济增长跨入由工业拉动转向服务业拉动的新时代，其中文化产业所占比例逐年增加。

在申报国家文化出口重点企业（项目）上，2011~2016 年，京津冀地区文化重点出口企业（项目）保持比较平稳的发展态势，2015~2016 年京津冀地区文化出口重点企业共 85 家，占全国的 1/4，同比增加 10.4%，文化出口重点项目共计 45 项，占到全国的 27%，增速平缓。分地区来看，北京近几年来一直居于全国省份首位，数量平稳变化，其中 2015~2016 年度国家文化出口重点企业（项目）中，北京共有 70 家企业、37 个项目入选，在全国占比分别为 19.9% 和 26.6%，初步形成了一批具有国际影响力的外向型文化企业。天津、河北远远落后于北京，文化重点出口企业及项目在全国来看也是基本处于末位，文化企业众多，但有知名度、影响力和传播力的文化企业不多，不过其所处环境优越，发展潜力巨大，有待进一步开发。具体见表 9—1。

表 9—1 **国家文化出口重点企业（项目）数量**

地区	2011~2012 年		2013~2014 年		2015~2016 年	
	企业数量（家）	项目数量（个）	企业数量（家）	项目数量（个）	企业数量（家）	项目数量（个）
全国	485	108	366	123	353	139
北京	72	36	60	37	70	37
天津	6	1	9	3	9	7
河北	11	2	8	0	6	1

资料来源：《国家文化出口重点企业目录》和《国家文化出口重点项目目录》。

如表 9—2 所示，在版权引进输出上，京津冀地区位居全国前列。北京更是成为全国版权引进输出数量最大的地区，2014 年在版权引进输出中分别占到全国总数的 51.79%、42.07%，图书版权引进输出的比例分别为 55.04%、46.76%，在电子出版物的输出更是占到了全国的 89.38%，远远领先于其他地区。而天津与河北数量上相对较少，主要表现为对图书版权的引进输出，天津在版权引进上领先于河北，但在版权输出上落后于河北。

表 9—2　　　　　　　2014 年全国版权引进输出情况统计　　　单位：种

	合计	图书	录音制品	录像制品	电子出版物	软件
版权引进全国合计	16 695	15 542	208	451	120	46
北京	8 647	8 555			61	31
天津	361	346			15	
河北	117	116				1
版权输出全国合计	10 293	8 088	139	73	433	5
北京	4 331	3 782	52	7	387	5
天津	38	38				
河北	68	68				

资料来源：由国家版权局数据整理而得。

在政策支持方面，各地政府已经深刻意识到文化在国际交往中的地位和作用及开展深层次文化贸易的重要性，纷纷推出相关政策。如为了把北京建设成为全国文化中心、国际交往中心，在"一带一路"倡议实施中发挥核心引领作用和带动作用。2016 年 3 月，北京市人民政府办公厅印发了《关于加快发展对外文化贸易的实施意见》，首次就对外文化贸易发展做出了详细的专项部署：到 2020 年，北京将培育一批具有国际竞争力的外向型文化企业，打造一批具有国际影响力的文化品牌。天津已经制定完成《中蒙俄经济走廊合作规划（文化部分）》，并起草了《关于进一步加强对外和对港澳台文化交流工作的规划》。2017 年 2 月天津市文化广播影视局出台了《天津市文化广播影视局落实"一带一路"国家战略实施意见（2017～2019 年)》，意见表示"结合天津实际，完善'一带一路'文化交流合作平台，打造'一带一路'文化交流品牌"，并提出要"发挥天津自贸区政策优势，用好国家部委对文化贸易的支持政策，以国家数字内容贸易服务平台为基础，为天津文化企业参与'一带一路'建设搭建坚实平台。"河北省编制《文化部"十三五"时期文化发展改革规划》以全力推动文化产业成为国民经济支柱性产业，提高文化开放水平，进一步发展对外文化贸易。

9.1.2 北京对外文化贸易发展基本情况

北京在引领中华文化走向世界、与世界文化交融互动、繁荣共生中起到至关重要的作用。近年来，北京立足"四个中心"功能定位，大力推动文化"走出去"，以对外文化交流为主，并不断创新文化"走出去"的方式。北京对外文化贸易一直走在全国前列，北京市文化贸易以核心文化领域为主，整体保持快速、平稳的增长态势，在全国占到较高的比例。商务部数据显示，自2006年以来，文化贸易额从12.65亿美元增长至2015年的30.28亿美元，再到2016年的46.9亿美元，维持着年均两位数的增长。其中，2015年北京市文化和娱乐服务进出口额10.5亿美元，进口额7.8亿美元，出口额达2.72亿美元，同期全国文化服务贸易进出口总额370.8亿美元，出口额200.2亿美元。动漫游戏出口、图书版权输出和电影出口始终位居中国前列，国家文化出口重点企业和项目数量居中国之首，企业类型主要以出版、印刷、影视制作、文化传播等形式为主，形成了一批具有国际影响力的外向型文化企业（见表9-3）。

表9-3　　　　　　2015～2017上半年北京对外文化贸易情况　　　单位：亿美元

	2015年	2016年		2017上半年	
	数量	数量	同比（%）	数量	同比（%）
文化贸易总额	30.28	46.9	9.5	22.94	11.0

资料来源：商务部。

1. 文化贸易核心仍是文化服务

2007年，商务部确定的核心文化服务进出口目录包含三大类：广告宣传、电影音像和版权、著作权和稿费。在对外文化贸易结构上，与全国以文化产品为主要出口类别不同，北京的文化贸易核心是以文化服务为主。2006～2012

年，北京文化产品出口占全国比重 1% 左右，而文化服务占比近 30%，文化服务贸易额近 50 亿美元。在纳入统计的三大类文化服务中，广告宣传的出口状况较好，而内容版权类的逆差明显。

2016 年，北京市核心文化产品贸易占比低于核心文化服务。如表 9—4 所示，2016 年核心文化产品进出口额为 20 亿美元，同比增速 0.6%，占文化贸易比重为 42.6%。其中，核心文化产品进口 13.7 亿美元，同比下降 10.4%，出口 6.2 亿美元，实现了 38.1% 的高速增长；进口逆差有所扩大，达到了 7.5 亿美元，表明北京的文化产品竞争力与影响力在国际市场上仍然有限。北京在核心文化服务上进出口基本持平，进口额 13.8 亿美元，同比增长 18%，出口额 13.2 亿美元同比增长 16.2%，总额达到了 26.9 亿美元，增速高达 17.1%。这一定程度上反映出北京在广告及电影影像的制作上实现了质的提升。2017 年继续保持 2016 年的良好态势，核心文化产品贸易同比增速加快，核心文化服务贸易稳步增加。

表 9—4　　　　　　　北京对外文化贸易结构分布情况　　　　单位：亿美元

	2016 年				2017 年上半年			
	总额	同比（%）	进口	出口	总额	同比（%）	进口	出口
核心文化服务	26.9	17.1	13.8	13.2	13.91	6.3	6.57	7.34
核心文化产品	20	0.6	13.7	6.2	9.02	19.5	6.59	2.34

资料来源：商务部。

2. 核心文化领域对外贸易成绩斐然

在演艺市场对外贸易上，2015 年仍是以引进剧目为主，剧目出口比 2014 年轻微增加，剧目进口模式实现多元化。

在广播影视对外贸易上，2009～2013 年，出口额从 3 583.59 万元增加到 9 249.77 万元，增幅高达 156%。从出口目的地来看，向欧洲出口总额由 77 万元增加到 623.72 万元，增幅高达 710%；向非洲出口总额由 161 万元增长到 547.95 万元，增幅为 240%；向美国的出口额由 246.14 万元增长到 868.4 万元，增幅 253%；向日本出口额由 327.4 万元增加到 1 545.8 万元，增幅为 315%；向韩国出口额由 298 万元增加到 1 126.49 万元，增幅为 278%（见表 9—5）。

表 9—5　　　　　　　**2009 年、2013 年北京广播影视出口额**　　　　　单位：万元

出口目的地	2009 年	2013 年	增幅（%）
欧洲	77	623.72	710
非洲	161	547.95	240
美国	246.14	868.4	253
日本	327.4	1 545.8	315
韩国	298	1 126.49	278

资料来源：由北京市新闻出版广电局数据整理而得。

在版权引进输出上，总体保持强劲增长，但引进数量一直高于输出数量，存在较大逆差。图书版权一直占据主导地位，且在全国处于领先地位。2014 年全国图书版权贸易总量为 25 630 种，北京以 12 337 种居于全国第一，占到全国总量的 52%。在版权引进上，北京引进 8 555 种，占全国总数 15 542 种的 55%。在版权输出上，北京输出 3 782 种，占全国总数 8 088 种的 47%。2015 年北京图书出版对外贸易持续快速发展，版权输出共计 4 331 种，与 2014 年基本持平。从输出品种看，既包括传统文化领域，如古籍、绘画书法、中医药类，也包括科技、教育、少儿等新兴文化领域。从版权输出的产品形态看，已经从单一的图书、期刊版权拓展为兼具音像电子、数字版权等多种形式（见图 9—1）。

在动漫网游上，北京 2015 年出口额达 58.7 亿元居全国首位，比 2014 年的 42 亿元增长 39.75%，比"十二五"初期 2011 年的 12 亿元增长 389%。游戏出口区域逐步从日韩向东南亚、欧洲、北美等全球市场拓展。

3. 文化产品出口明显加快、进口出现下降，但贸易逆差仍然明显

据北京海关发布的数据显示，文化产品进出口结构更加多元化，进出口文化商品科技含量不断提高，种类更加细化，由之前的 16 类增加到 30 类，文化走出去的步伐进一步加快。

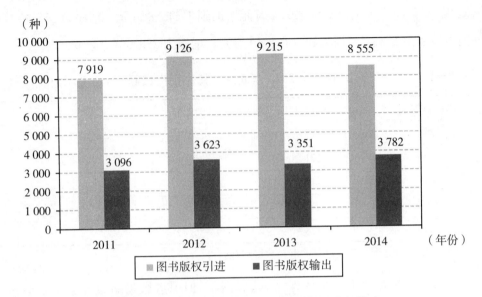

（种）

图 9—1　2011~2014 年北京图书版权引进输出

资料来源：由北京市新闻出版广电局数据整理而得。

2016 年，北京市主要文化产品出口 6.58 亿美元，同比增长 24.99%，进口 13.98 亿美元，同比下降 10.44%，首次出现文化产品出口增长速度大于进口增长速度，但是贸易逆差仍有进一步扩大的趋势，逆差达到了 7 亿美元。如表 9—6 所示，在北京进口的文化产品结构中，工艺美术品及收藏品占比最大达到 26.90%，出版物次之为 22.65%。从文化产品更具体分类看，如表 9—7 所示，所占比重较大的产品主要有：图书进口 1.81 亿美元，同比增长 16.06%，大约占到文化产品进口的 13%；报纸和期刊进口 1.35 亿美元，出现了剧烈的下降，同比下降 42.32%，占比约 10%；珠宝首饰及有关物品进口额 3.04 亿美元，虽出现了 33.2% 的下降，但在文化产品进口中占比最大达到 21.7%；广播电视节目制作设备和电影制作及放映设备进口共计 3.1 亿美元，占比 22.2%。在出口文化产品结构中，工艺美术品及收藏品占比最大达到 29.01%，音像制品及电子出版物次之，为 23.82%。从文化产品更具体分类看，如表 9—8 所示，图书、报纸和期刊同比前几年不再是占比较大的龙头产品，图书、报纸和期刊共出口 0.27 亿美元，仅占文化产品出口的 4%，而作为对比，新型存储媒介出口 1.52 亿美元，增速高达 2 032.64%，占比达到 23%。

表 9—6　　　　　　按商品大类分 2016 年北京文化产品进出口情况

	进口额（万美元）	占比（%）	出口额（万美元）	占比（%）
文化产品合计	1 39 807.156	100.00	65 788.687	100.00
出版物	316 65.134	22.65	27 43.548	4.17
音像制品及电子出版物	9 067.800	6.49	15 673.842	23.82
其他出版物	1 403.473	1.00	1 388.559	2.11
工艺美术品及收藏品	37 602.647	26.90	19 084.800	29.01
文具	5.041	0.00	30.743	0.05
乐器	2 291.585	1.64	5 384.681	8.18
玩具	2 478.864	1.77	8 274.789	12.58
游艺器材及娱乐用品	3 120.482	2.23	7 112.852	10.81
文化专用设备	18 539.785	13.26	2 486.210	3.78
广播电视专用设备	33 632.350	24.06	3 608.666	5.49

资料来源：北京海关 2016 年数据。

表 9—7　　　　　　　　2016 年北京市文化产品进口数量

商品编码 8 位	第一数量（万）	第一数量（同比）	美元值（万）	美元值（同比）
文化产品合计	2 121.710	20.23	139 807.156	−10.44
图书	419.275	13.12	18 116.359	16.06
报纸和期刊	292.520	−15.54	13 548.775	−42.32
磁带	0.1451	105.23	2 035.470	61.13
光盘	34.4569	12.20	178.714	4.69
唱片	5.4318	38.25	14.066	101.59
胶片	0.205	−63.82	106.435	−54.48
新型存储媒介	32.7027	2.58	6 733.115	5.74
其他出版物	64.0965	−30.32	1 403.473	5.96
雕塑工艺品	15.7151	37.21	1 740.618	0.26
金属工艺品	6.4166	−44.34	155.386	−5.39
花画工艺品	3.1974	84.83	2 261.730	−13.29
天然植物纤维编织工艺品	0.4372	7.05	5.6125	114.31

续表

商品编码 8 位	第一数量（万）	第一数量（同比）	美元值（万）	美元值（同比）
抽纱刺绣工艺品	1.4078	−20.86	159.813	−45.75
地毯、挂毯	0.0382	−79.15	1.4186	−54.68
珠宝首饰及有关物品	606.091	32.09	30 392.494	−33.20
园林、陈设艺术陶瓷制品	4.5066	−13.88	177.456	6.72
蚕丝及机织物	11.4422	−17.80	1 170.611	−23.60
收藏品	5.0211	48.05	1 537.508	77.11
文具	3.7931	−48.02	5.0408	56.97
乐器	48.8959	65.19	2 291.585	26.15
玩具	281.653	82.22	2 478.864	28.81
露天游乐场所游乐设备	101.732	72.35	2 830.572	32.47
游艺用品及室内游艺器材	0.5385	−69.80	114.741	−30.41
其他娱乐用品	16.3713	9.31	175.169	27.55
胶印机	0.0032	−34.69	3 677.383	−44.95
印刷机	57.9804	63.15	14 862.402	4.31
广播电视接收及发射设备	0.1289	−32.51	2 616.050	26.36
广播电视节目制作设备	73.9484	31.56	20 619.403	21.09
电影制作及放映设备	33.56	60.95	10 396.897	21.55

资料来源：北京海关 2016 年数据。

表 9—8　　　　　　　　　**2016 年北京市文化产品出口数量**

商品编码 8 位	第一数量（万）	第一数量（同比）	美元值（万）	美元值（同比）
文化产品合计	44 197.229	19.15	65 788.687	24.99
图书	492.809	−31.03	2 622.187	−17.40
报纸和期刊	18.279	−32.72	121.361	14.17
磁带	0.0002	0.00	0.002	−99.86
光盘	1.951	−64.68	470.758	486.03
唱片	14.2	14.79	6.4031	−0.97
胶片	—	—	—	—

续表

商品编码 8 位	第一数量 （万）	第一数量 （同比）	美元值 （万）	美元值 （同比）
新型存储媒介	458.244	−9.46	15 196.679	2032.64
其他出版物	143.543	24.38	1 388.559	54.68
雕塑工艺品	499.673	32.11	4 672.121	108.00
金属工艺品	54.8762	68.80	664.385	58.89
花画工艺品	187.260	225.20	6 208.511	42.43
天然植物纤维编织工艺品	52.3655	2.32	245.789	4.73
抽纱刺绣工艺品	40.873	−49.13	268.006	−28.27
地毯、挂毯	0.0038	−97.73	1.8153	−73.81
珠宝首饰及有关物品	2 258.034	2987.40	2 384.693	−83.89
园林、陈设艺术陶瓷制品	107.904	1310.86	1 170.217	780.74
蚕丝及机织物	55.5162	−69.09	1 370.831	−59.49
收藏品	4.4332	133.45	2 098.432	660.85
文具	266.740	−4.28	30.7427	−43.28
乐器	124.697	−90.94	5 384.681	6.80
玩具	38 319.754	18.10	8 274.789	204.22
露天游乐场所游乐设备	45.1794	201.47	198.635	120.07
游艺用品及室内游艺器材	22.6366	88.51	687.438	−79.18
其他娱乐用品	971.975	54.37	6 226.779	212.09
胶印机	0.0001	−93.75	9.68	−88.79
印刷机	3.6032	96.60	2 476.530	54.94
广播电视接收及发射设备	0.031	−20.51	1 212.163	−48.16
广播电视节目制作设备	39.4579	−47.45	1 904.066	−49.14
电影制作及放映设备	13.1902	−12.84	492.437	9.08

资料来源：北京海关 2016 年数据。

4. 出口的文化产品结构更加多元化

从 2016 年北京文化出口结构看，印刷品等传统意义上的核心文化产品出口已经不再是主要出口产品，新型存储媒介在出口中发挥着巨大的拉动作用。同时文化产品出口单一化的现象逐渐消失，不断向多元化发展，诸如光盘、雕塑工艺品、金属工艺品、花画工艺品、园林、陈设艺术陶瓷制品、收藏品、玩具、露天游乐场所游乐设备、其他娱乐用品及印刷机等产品出口大幅增长。尽管当前这几种产品的出口总额还不是很大，但是增速极快，如光盘增速486.03％，园林、陈设艺术陶瓷制品增长780.74％，收藏品增长660.85％，玩具增长204.22％，其他娱乐用品增长212.09％，表明北京的文化产品得到了国际市场的认可，有利于进一步向国际展现中国的文化内涵。

同时，数据显示，出口产品中，磁带、地毯、挂毯、珠宝首饰及有关物品、蚕丝及机织物、文具、游艺用品及室内游艺器材、胶印机、广播电视接收及发射设备、广播电视节目制作设备下降较快，如磁带同比下降99.86％，地毯、挂毯下降73.81％，珠宝首饰及有关物品下降83.89％，胶印机下降88.79％。反观进口产品中上述产品却是快速增长的，虽然这些产品在出口产品中占比并不是很大，但是都是承载着当代文化价值的产品，具有重要的战略意义，也是产品多元化结构的重要组成部分。进一步提升这些产品所需要的工艺水平是必不可少的。

5. 欧美、亚洲市场为主要贸易目标市场

北京文化贸易的主要目标市场仍以欧美、亚洲市场为主。以演艺市场对外贸易为例，2013 年北京交响乐团在欧洲、美洲巡演，在奥地利、瑞士、捷克、墨西哥、美国五国成功举办 11 场高水平的音乐会，将中国音乐带入欧洲主流音乐市场。图书版权输出地集中度较高，向中国台湾、美国和英国三地输出版权之和占到将近一半。2015 年，中国台湾超越美国成为北京最大版权输出地，图书版权贸易伙伴结构有待优化。在文化服务出口贸易领域，北京超过 70％的广告、宣传服务贸易伙伴为美国、中国香港、德国、英国和韩国。美国是北京最大的电影、音像服务贸易伙伴，占到 38.45％。动漫网游出口区域也由日韩向东南亚、欧洲、北美等全球市场不断拓展。

6. 对外文化贸易平台数量和规模进一步扩大

近年来，北京市积极培育文化产品市场，汇集全国乃至世界的文化信息、文化资讯，举办优秀剧目、动漫、艺术品交易会，为对外文化贸易发展积极搭建文化交流与合作平台。

2016 年赴捷克举办"漂亮的兵马俑"北京灯彩艺术展，赴葡萄牙、希腊举办"北京之夜"音乐会，并签署了《北京市文化局与雅典市文化体育青年机构文化艺术合作协议》《展览合作框架协议书》，成立"齐白石艺术国际研究中心希腊中心"，还与斯洛文尼亚、巴西、秘鲁三国进行了文化交流。文艺演出在国家重大外交活动发挥了重要作用，同时中华文化得到了很好的传播，让更多其他国家的人进一步了解中华文化，为文化贸易的开展提供了更多的可能性。2016 年，北京积极推动与"一带一路"沿线相关国家的文化交流，成功举办"中国—中东欧国家艺术合作论坛"，同期在园博园举办 2016 北京戏曲文化周活动，是迄今为止中国与中东欧国家在艺术领域最大规模的交流活动；在卡塔尔举办当代艺术展，促进中卡两国文化对话；话剧《雷雨 2.0》赴以色列参加以色列艺术节，受到一致好评。

成功打造"欢乐春节""北京之夜"等文化活动品牌，其中"欢乐春节"活动已成功连续举办 15 年，在三十多个国家和地区留下足迹。芬兰赫尔辛基"欢乐春节"活动已成功举办 10 届，成为赫尔辛基的本土节日；爱沙尼亚塔林市"欢乐春节"活动，拉开中国与爱沙尼亚建交 25 周年纪念活动序幕；赴美举办"百猴快闪闹新春"活动，在国内外产生热烈反响。

在对外文化交流中，中国传统文化得到极大弘扬。成功举办第三届全球吉庆生肖设计大赛（2017 丁酉鸡年），来自全球的 2 000 多件作品参赛。赴捷克、匈牙利两国三地举办昆曲《牡丹亭》巡演活动，举办京津冀非物质文化遗产大展驻华使节专场活动，生动介绍中国文化。深化友城文化交流交往，持续举办"打开艺术之门"青少年赴德国、匈牙利交流活动，推动北京和科隆、布达佩斯友谊进一步深化。2016 年举办爱沙尼亚塔林市内乐团来华文化交流活动，加强了北京市与波罗的海以及北欧国家（地区）的交往。

7. 对外文化贸易企业发展迅速，原创能力不断提升

近几年，越来越多的文化企业主动加入"走出去"的队伍中，成为海外传播中国文化的主力军，如完美世界（北京）网络技术有限公司、狮凰文化（北京）有限公司、北京四达时代软件技术股份有限公司等。需要特别关注的是，越来越多的北京民营文化企业参与其中，在文化"走出去"中发挥了越来越重要的作用。例如，北京四达时代，目前已在 23 个国家注册成立子公司，在 12 个国家开展运营，业务遍布全球 100 多个城市，用户超过 400 万人，成为泛非地区发展最快的数字电视运营商。蓝海电视台北美卫星频道覆盖了美国、加拿大、墨西哥、古巴；亚太卫星频道覆盖了亚洲 50 多个国家和地区、东欧部分国家及大洋洲的澳大利亚、新西兰等，成功成为在西方主流社会具有很大影响力的强有力传播弘扬中华文化内容的民营媒体。

文化企业对外文化投资的步伐正在加快，投资方式也越来越多元化，如在海外设立分公司、跨国并购和签署合作协议等。2015 年 4 月，华谊兄弟和美国 STX 签署合作协议，约定双方在 3 年内将联合投资、拍摄、发行不少于 18 部影片。这是中国电影公司第一次参与从投资、拍摄到发行的好莱坞完整工业流程体系，同时也是中国电影公司第一次按份额享有合作影片的著作权。

8. 传统文化得到进一步弘扬

中国文化源远流长，博大精深，其内涵极为宽泛，既包括语言、书法、绘画等具体的符号和形式，也包括文化传统、价值观念、生活习惯等无形而抽象的内容。总的来说，中国文化主要包括两方面的内容：一方面指代代相传、历久弥新的传统文化；另一方面指富含现代科技、文化、经济元素的当代文化。

文化在"走出去"的过程中，不仅当代文化走出了国门，传统文化也得到了极大弘扬。经过多年的经验积累和探索，以京剧为代表的北京传统文化"走出去"不仅在数量、覆盖范围上有了大幅提升，内容与效果也呈现出明显变化。在对外传播当代文化时，北京也始终走在前列。例如，北京出版集团与德国梅尔杜蒙公司开展合作，推动中国精品图书走向世界。

9. 对外文化贸易规模化、产业化程度将进一步加深

北京正在逐渐成为中外文化合作与贸易的中心，世界各大文化企业的聚集之地。在此过程中对外文化贸易经营主体正在日益走向成熟，文化产品和服务输出的国际渠道不断扩展。北京文化产业的发展已经为世界提供了新的发展空间，文化产业政策扶植力度的加大，文化资源优势等综合因素作用的发挥，对于北京的对外文化贸易而言，不仅文化产品出口面临良好局面，而且在服务贸易输出方面，将呈现规模扩大的发展趋势。北京文化企业已经进入全球产业链，但是国际化经营战略与管理模式方面，仍然存在欠缺，竞争力有待进一步提升。

9.1.3 天津对外文化贸易发展基本情况

地处京津冀城市群和环渤海经济圈交汇点的天津，历史文化底蕴深厚，地域特色鲜明。作为"一带一路"倡议中"陆丝路"东端与"海丝路"北端的交会点，天津拥有着中国规模最大、开放度最高、政策最优惠的保税港区，也是先行先试的自由贸易试验区，同时还是距离北京最近的文化贸易集散区。

1. 对外文化贸易规模依然偏小

"十二五"期间，天津市文化贸易规模呈现不断扩大的态势，但是整体规模依然偏小，不足以成为支柱产业。根据天津市海关统计数据，2011 年前 10 个月，文化产品进出口总额仅为 3.15 亿美元，同比增长 8.7%；到 2014 年，前 6 个月出口的文化产品规模约 2.4 亿美元，较同期增长了 11.1%；2015 年，文化娱乐服务进出口总额 0.7 亿美元，虽增幅较大，但与北京相比差距极其明显。广告、宣传表现较为突出，2013 年进出口总额达到 2.45 亿美元（见表 9-9）。

表 9—9 　　　　　　　　2013～2015 年天津市文化娱乐服务贸易
进出口情况统计 　　　　　　　　　　单位：亿美元

年份	进出口总额	
2013	广告、宣传	2.45
	电影、音像	0.19
2014	文化娱乐服务	0.4
2015		0.7

资料来源：《中国商务年鉴》2014～2016 年。

2. 文化产品进出口结构单一

天津文化产品进出口结构较为单一，文化产品贸易主要集中在动漫、广播影视、出版发行领域。其中，动漫产业优秀的作品层出不穷，但是作品的影响力有限，鲜有作品走向国际。随着国家级动漫产业园的建成，在产业聚集效应和园区示范带动作用下，天津动漫产业得到了飞速的发展，对外贸易也取得了很大的改善，优秀作品逐渐登上国际舞台，影响力得到提升。在天津，广播影视和出版发行业存在着同样的问题。在政策和资金的双重保障下，广播影视行业发展条件优越，但是优秀的影视作品较为缺乏。近年来，鉴于滨海新区先行先试的政策倾斜，以及国家级动漫产业园内配套设施的健全，天津广播影视行业的发展势头迅猛，国内外的影视巨头都开始加速向滨海新区集聚。天津出版发行业对外贸易发展起步较早，态势相对平稳，但对外的影响力一直处于弱势。

以上一系列问题使天津市文化产业整体贸易规模偏小，导致文化贸易主体实力较弱。虽然天津市文化产业近些年实现了快速增长，越来越多的文化企业向园区集中，但是企业竞争力没有得到相应提升，一直缺少具有核心竞争力的跨国公司。

3. 文化企业传播力、竞争力亟待增强

在天津文化"走出去"的战略引导下，天津文化产业实力得到提升，相关

企业数量快速增长，但是文化产业衍生品和服务在国际服务贸易市场上影响力不够，国际竞争力较弱，文化产品在"走出去"的过程中尚未形成品牌效应。

目前，入驻天津动漫产业园的一些企业虽然在国内是佼佼者，但是在国际市场上依然不能与好莱坞的大企业相提并论，差距巨大，富有人文底蕴和国际影响力的知名文化企业与文化产品少之又少。在 2015~2016 年度国家文化出口重点企业（项目）中，天津共有 6 家企业、6 个项目入选（见表 9-10）。

表 9-10　　　　　　　2015~2016 年天津市国家文化出口重点项目

项目名称	承办企业名称
基于 4K 分辨率的胶片修复项目	灵然创智（天津）动画科技发展有限公司
电视剧《女医明妃传》	天津唐人影视有限公司
非物质文化遗产"京万红"出口项目	天津达仁堂京万红药业有限公司
"中国互联网电视"海外传播	未来电视有限公司
天津中新药业非物质文化遗产中医药出口项目	天津中新药业集团股份有限公司
童子山动画电影	天津画国人动漫创意有限公司

9.1.4 河北对外文化贸易基本情况

1. 对外文化贸易规模整体较小

河北近几年在文化产业交流合作上取得了一定成就，已连续举办 5 届河北省特色文化产品博览交易会、5 届中国国际（河北）茶文化博览交易会和 12 届石家庄国际动漫博览交易会，实现了社会效益和经济效益双丰收，逐步形成独具特色的文化会展品牌。总体来说，虽然近年来河北省对外文化贸易发展迅速，市场发展前景广阔，但相比发达地区，整体规模小、结构不合理、实力弱、贡献率不高的问题还比较突出①。2015 年，文化娱乐与服务进出口总额

---

① 王离湘：《千帆竞流——推动对外文化贸易"抢滩"文化强国发展新高地》，河北文化网，2017 年 7 月 27 日。

823.4 万美元，仅占到服务贸易总额的 1%，其中出口 112.65 万美元，进口 710.75 万美元，增幅较大，同比上升 100.3%。文化产品进出口总额 14 375 万美元，同比上升 3.5%，占商品进出口总额 0.4%。与京津相比，河北文化创意产业的规模和层次相对落后，大部分企业规模小，创意产品质量低、形式单一，普遍存在科技含量低、创新能力差等问题[①]。文化产业总量仍相对较小，教育娱乐、动漫游戏、传媒广告、音像影视等文化相关产业实力相对较弱。出版业是目前屈指可数的有良好发展势头的文化产业，但仍需进一步整合、规划（见表 9—11）。

表 9—11 　　　2013～2015 年河北省文化和娱乐服务贸易进出口情况统计

年份	进出口		出口		进口	
	金额（万美元）	同比（%）	金额（万美元）	同比（%）	金额（万美元）	同比（%）
2013	108.44	−33.91	83.94	−28.75	24.5	−47.04
2014	554.32	411.18	208.53	148.44	345.79	1 311.26
2015	823.4	45.5	112.65	−46.63	710.75	100.3

资料来源：《中国商务年鉴》（2014～2016 年）。

2. 对外文化交流工作有序开展

近几年来，河北民间工艺、京剧、杂技、河北梆子、民族舞蹈等陆续赴港澳台地区及国际展演，引起了强烈反响。积极配合对外经贸洽谈，并举办了一系列文化活动。杂技国际商演也愈加活跃。吴桥杂技、京剧、河北梆子等传统文化纷纷走出国门，走向国际，进一步扩大了河北文化对外的影响，加快了文化"走出去"的步伐。

3. 文化贸易发展潜力大

京津冀良好的合作基础为河北提供了巨大的发展空间和最佳的发展机遇，

---

① 刘光宇、张京成：《打造首都经济圈协同发展京津冀文化创意产业》，收录于《2011 京津冀区域协作论坛论文集》，北京市社会科学联合会，2011 年。

有望实现文化要素、创新人才资源在三地的多向流动。河北可以借助于跨省文化贸易，先实施省外的文化传播，营造文化氛围，在展现河北文化魅力的同时增加文化产业对经济的贡献。借京津冀文化产业协同发展之势，发挥河北区位优势，做到承接与融入并重、协同与互补结合，大力提升河北文化产业的特色优势和吸引力。立足国内，充分借助京津对外文化贸易平台，极力发挥河北文化资源、文化政策等优势的同时，也要形成自己的品牌，进一步提升文化竞争力，有效利用国际文化市场、文化资源，以应对外部环境变化，积极主动参与到国际文化竞争合作中去，大力推动国内国外两个市场互利共赢、共同发展。

9.2　京津冀地区对外文化贸易发展基础

文化产业的高质量发展是成功开展对外文化贸易的前提。京津冀近几年来对外文化贸易的迅速开展，主要源于各地的文化产业的不断发展，而这又主要归因于京津冀显著的政治、经济、区位优势以及丰富的文化资源禀赋。本节着重对以上几个方面进行探讨，以对京津冀地区对外文化贸易的进一步拓展进行分析。

9.2.1　显著的政治、经济、区位优势

京津冀是中国的"首都圈"，位于环渤海湾地区、华北平原北部，包括北京市、天津市以及河北省的保定、唐山、廊坊、秦皇岛、张家口、承德、石家庄、沧州、邯郸、邢台、衡水等 11 个地级市。其中北京、天津、保定、廊坊为中部核心功能区。

北京作为中国的政治、经济、文化中心，在发展文化产业和进行文化对外贸易方面具有天然的优势。北京作为中国高校和科研机构的集中地，为文化产业的发展和对外文化贸易的推进提供着充足的人才和智力支撑。2012 年 3 月，经国家文化部批准，北京国家对外文化贸易基地在北京天竺保税区正式成立，成为继上海之后中国第二个国家级对外文化贸易基地。2012 年 6 月，作为中国

第三个荣获联合国教科文组织"设计之都"称号的城市，北京正式被该组织批准加入联合国创意城市网络。在 2006 年开始承办中国北京文化创意产业博览会，至 2017 年已举办 12 届，在 2017 年第十二届中国北京国际文化创意产业博览会共签署文化创意产业的产品交易、艺术品交易、银企合作等协议总金额达 977.28 亿元人民币，文化贸易签约金额 138 亿元人民币，占比 14%，文化"走出去"项目显著增加。

天津作为京津冀地区连接东北亚与中西亚的海上门户、中蒙俄经济走廊的东部起点，属于 21 世纪"海上丝绸之路"的重要支点城市。近几年来，文化产业在政策保证、资金扶持下，进入快速发展期，取得了极大的进步，尤其是在传媒、动漫、影视、艺术节等方面，现拥有天津中国数字出版基地、国家动漫园、卡梅隆佩斯中国集团、天津曹禺国际戏剧节等一大批文化产业资源。

河北与京津地区互联互通，有着深厚的文化底蕴，有着丰富的物质文化与非物质文化遗产，如吴桥杂技、河北梆子、京剧、唐山皮影、杨式太极等。

9.2.2 丰富的文化资源禀赋

京津冀地区历史悠久，有着浓厚的文化底蕴，丰富的文化资源，在文化"走出去"上可以说有着得天独厚的优势。

北京有 3000 多年的建城史、860 多年建都史，截至 2015 年，北京市辖区共有不可移动文物 3 840 处、6 处世界文化遗产，其中包含 126 家全国重点文物保护单位，216 家市级文物保护单位。市属文博机构数 96 家，其中文物科研机构 2 家，文物保护管理机构 25 家，博物馆 41 家，文物商店 2 家，其他文物机构 26 家。北京是全球最大的中国文物艺术品交易中心和全国最大的传统工艺品交易集散地、高端文物流通中心。2015 年天津列入"全国文化文物统计报表制度"范围并上报文物统计年报表的文物业机构 39 个（包括博物馆、文物保护管理机构、文物商店、其他文物机构）。其中，文物保护管理机构 9 个，占 20.51%；博物馆 22 个，占 56.41%。2015 年末天津市文物机构拥有文物藏品 102.53 万件，比上年末减少 9 373 件，降低 0.91%。其中，博物馆文物藏品

673 291 件，占文物藏品总量的 65.67%；文物商店文物藏品 349 791 件，占
34.12%。文物藏品中，一级文物 1 043 件，占 0.1%；二级文物 5 367 件，占
0.52%；三级文物 134 187 件，占 13.09%。天津还有着丰富的京剧、曲艺等传
统演艺形式。

河北拥有万里长城（山海关与金山岭）、避暑山庄与外八庙、清东陵与清
西陵 3 处世界文化遗产，5 座国家历史文化名城——保定、正定、邯郸、承德、
山海关等；以及现存最高的砖塔定州开元寺塔，最早的敞肩石拱桥——赵州安
济桥，最早的建筑规划图——战国中山国王墓兆域图，最大的铁狮子——沧州
铁狮子，最早的邮政驿站——怀来鸡鸣驿，迄今发现最早保存最完整的金缕玉
衣等；还有独具地方特色的河北梆子、评剧、西河大鼓、常山战鼓、沧州落
子、剪纸、秧歌、丝弦、哈哈腔、皮影等众多民间艺术形式，沧州武术、吴桥
杂技、永年太极拳、沙河藤牌阵等民间技艺，曲阳石雕、磁州陶瓷、衡水内
画、蔚县剪纸、易水砚、布糊画、苇编等民间艺术品牌。截至 2015 年底，河北
省博物馆机构达 107 个，共有文物藏品 271 992 件；非物质文化遗产博物馆 182
座，收藏实物 11 426 件，独立的非遗保护中心 48 个，比 2014 年又增加一处，
其中省（区市）、地（市）、县（市区）分别为 1、8、39 个。

9.2.3　文化产业水平领先

北京文化产业发展成熟，是北京经济的第二大支柱产业。2016 年，北京市
文化创意产业实现增加值 3 570.5 亿元，比 2015 年增长 12.3%，占地区生产总
值的 14.3%，对地区生产总值的贡献率达到 20.3%，居全国首位，远远领先于
排在第二名的上海，在带动首都经济增长、促进提质增效上发挥了重要作用①。
2016 年，天津文化产业增加值超过 800 亿元，占全市生产总值的 5%。2016
年，河北文化产业增加值达 1 106.4 亿元，比 2012 年增长 52.3%，年均增长
11.1%；文化产业增加值占全省生产总值的比重由 2012 年的 2.7%提高到

---

① 第二届中国—中东欧国家文化创意产业论坛暨第十一届国际服务贸易论坛。

2016 年的 3.5％，对经济社会发展的贡献率显著提升。

从文化机构数量来看，在全国范围，北京仅次于广东成为文化产业法人单位数量第二多的地区，数量达 97 886 个，占到全国的将近 10％，天津 22 118 个、河北 32 673 个，相对来说较少，分别排到全国的第 16 位和第 12 位。整体而言，北京、天津文化企业规模更大，竞争力、影响力较其他地区而言也更高，创新型企业较多；河北则是保持在全国平均水平上。京津冀文化产业总体发展较快，文化产业综合竞争力远远领先与其他地区，但天津、河北文化产业明显落后北京，地区间发展极不平衡（见表 9—12）。

表 9—12　　　　　　2014 年京津冀地区文化及相关产业法人　　　　单位：个

地　区	法人单位数	文化制造业	文化批发和零售业	文化服务业
全国	996 208	172 619	152 836	670 753
北京	97 886	2 398	16 786	78 702
天津	22 118	3 120	4 020	14 978
河北	32 673	5 391	5 565	21 717

资料来源：《2016 年中国文化产业及相关产业统计年鉴》。

9.2.4　文化消费潜力持续释放

京津冀地区经济优势明显，经济发展一直领先于其他地区。随着人民生活水平日益提升，北京对文化娱乐消费的需要不断提升，文化消费需求也更加多样化。北京文化消费综合指数和文化消费能力指标位居全国首位，2014 年全市居民人均文化和娱乐消费支出 2 333.7 元，远高于全国平均水平的 671.5 元，比上年增长 9.4％，增速明显。天津人均文化娱乐消费 998.5 元，同比上年增长 19％。河北人均文化娱乐消费为 443.4 元，低于全国水平，但增速极快为 18％。如表 9—13 所示，无论是城镇居民支出还是农村居民支出，北京、天津文化娱乐消费均高于全国水平。以城镇居民文化娱乐消费支出为例，2014 年北京、天津城镇居民文化娱乐消费人均支出分别为 2 632.99 元、1 150.32 元，明显高于全国平均水平的 1 087.9 元，而河北落后于全国平均水平。在文化娱乐消费占人均消费支出比重上，北京明显高于全国平均水平，天津、河北基本与全国平均水平持平，消费潜力有待进一步开发与释放。

表9—13　　　2014年京津冀地区人均文化娱乐消费支出　　　单位：元

地区	城镇居民			农村居民		
	人均消费支出	文化娱乐	占比（%）	人均消费支出	文化娱乐	占比（%）
全国	19 968.08	1 087.90	5.45	8 382.57	207.03	2.47
北京	33 717.45	2 632.99	7.81	14 535.06	437.18	3.01
天津	24 289.64	1 150.32	4.74	13 738.62	327.35	2.38
河北	16 203.82	723.04	4.46	8 247.99	202.36	2.45

资料来源：《2016年中国文化产业及相关产业统计年鉴》。

9.2.5　文化产业投资规模稳步增长

2014年，京津冀地区共完成文化产业固定资产投资2 149.58亿元，比上年增长8.4%，占全社会固定资产投资的比重为9.07%。分地区看，河北在文化产业固定投资远超北京、天津，投资高达1479.86亿元，增速为11.03%，说明河北对文化产业发展重视程度不断加大，文化产业发展不可限量；天津投资441.78亿元，同比上升23%；北京最小为228.34亿元，出现下降。分领域看，广播电视电影、软件网络及计算机服务以及旅游休闲娱乐三大领域固定资产投资完成额较高（见表9—14）。

表9—14　　　2013～2014文化及相关产业固定资产投资情况

地区	2013年		2014年	
	数量（亿元）	占比（%）	数量（亿元）	占比（%）
全国	19 046.01	100	23 695.03	100
京津冀	1 982.77	10.41	2 149.58	9.07
北京	291.99	1.53	228.34	0.96
天津	358.36	1.88	441.78	1.86
河北	1 332.43	6.70	1 479.46	6.24

资料来源：《2016年中国文化产业及相关产业统计年鉴》。

9.2.6　科技创新驱动文化产业发展

20 世纪 90 年代以来，国家综合国力的竞争，已明显前移并集中到科技创新领域。如今，世界主流文化产品已成为文化和现代科技有机结合的产物。党的十九大报告提出要"倡导创新文化"，并强调"健全现代文化产业体系和市场体系，创新生产经营机制，完善文化经济政策，培育新型文化业态"的重要性。在实施新旧动能转换的新趋势下，文化产业如何以知识、技术、人才等创新资源为基础实现跨越式成长成为亟待解决的重要问题。京津冀地区已经初步形成一批资金雄厚、创新能力强的文化企业。这些文化企业通过开展技术创新和创新合作，有效促进了文化产品与服务的出口。如表 9－15 所示，在从事 R&D 的文化企业上，2014 年北京、天津和河北企业数量分别为 27 家、117 家和 34 家，在数量上落后于长三角地区。其中天津从事 R&D 文化企业数量最多，远超北京、河北。在 R&D 内部经费支出上，2014 年京津冀地区 R&D 内部经费支出总量高达 262 031.3 万元，占全国比重的 7%，文化产业创新研发投入水平有待进一步提高。在创新产出上，2014 年北京、天津和河北有效发明专利数分别为 613 件、457 件和 168 件。

表 9－15　　　　　　　　2014 年京津冀文化企业科技创新情况

地区	有 R&D 活动的企业（个）	R&D 经费内部支出（万元）	有效发明专利数（件）
全国	3 060	3 765 506.0	17 754
北京	27	29 215.6	613
天津	117	200 780.9	457
河北	34	32 034.8	168

资料来源：《2016 年中国文化产业及相关产业统计年鉴》。

总体来看，科技创新改造文化传统产业的程度越来越深。文化产业的发展已不是量的叠加而是质的飞跃。科技创新革新文化业态的速度越来越快。科学理论、科研成果不仅走在技术的前沿，而且为文化产业的发展开辟了新途径，为文化走出去提供了强有力的保障。

9.3 京津冀地区促进文化贸易的重要举措

9.3.1 对外文化贸易基地陆续启动

1. 国家对外文化贸易基地（北京）

在 2012 年 3 月，经国家文化部批准，北京国家对外文化贸易基地在北京天竺保税区正式成立，成为继上海之后中国第二个国家级对外文化贸易基地。2016 年北京市印发《关于加快发展对外文化贸易的实施意见》，指出当前的主要任务是进一步加快国家对外文化贸易基地（北京）建设，完善对外文化贸易服务保障。2017 年，《北京城市总体规划（2016～2035 年）》明确指出，要"发挥国家对外文化贸易基地等文化功能区的示范引领作用"。

国家对外文化贸易基地（北京）由三个大功能区组成。其中，国际文化贸易企业集聚中心作为基地的核心功能区，将发挥创意、集聚、转接、协作、传播五大功能；国际文化产品展览展示及仓储物流中心提供运输中转、长期保税存储、检测修复、商品入境缓冲等专业服务；国际文化商品交易服务中心将提供国际文化贸易进出口代理、贸易咨询、法律、金融、交易交割等中介服务。

在产业定位上，国家对外文化贸易基地（北京）将方向聚焦在影视贸易、艺术品贸易、设计贸易、科技研发及贸易、金融服务、互联网电商、电商物流七大方向，并根据产业定位，进行企业招商。截至目前，已入驻的企业有中央财经出版集团等央企，已有 20 余家中外企业达成合作并签约。

2. 天津对外文化贸易基地

天津对外文化贸易基地（以下简称"基地"）于 2016 年启动。天津对外文化贸易基地坐落于天津东疆保税港区，服务"一带一路"倡议和京津冀协同发展战略、促进文化产品进出口和展销活动，欲加强政策引导，统筹国际国内两个市场、两种资源，探索文化贸易发展新模式，成为天津及腹地文化产品和服务"走出去"的桥头堡和主阵地。

基地采取"平台＋园区"的建设模式，以"一个中心、五大平台"为抓手统筹资源。"一个中心"指综合服务中心，主要为国内外文化机构投资融资、文化产品展示交易、创意制作、进出口配套服务提供支持，其具体载体便是"五大服务平台"：政府综合服务平台、线上国际文化服务平台、线下国际文化交易平台、国际文化金融服务平台和国际版权交易平台。天津对外文化贸易基地已经具备了几项独特功能：

（1）基础设施完备。天津对外文化贸易基地不仅拥有现代化的码头、仓库、车间等用于物流、仓储、加工等基础设施，还拥着有亚洲最大的国际邮轮母港、面积多达13万平方米的国际商品展销中心、京津地区唯一的亲水岸线以及两公里长的东疆沙滩景区。

（2）独具特色的国际文化艺术口岸。天津对外文化贸易基地建立了国际艺术品保税仓库和展示交易场所，开发了国际艺术品保税状态下进出口和展示交易软件，争取了海关《艺术品保税进出口管理办法》的优惠政策，形成了有利于文化艺术产品国际化交流的安全、高效、低成本运作的通道。

（3）兼收并蓄的国际文化商品贸易中心。天津对外文化贸易基地将在建设具有地域特色和民族特色的文化展馆的同时，重点引进国际特色文化主题展馆，如俄罗斯展馆、法国展馆等，使大量具有本国、本地区特色的文化产品在这里展示、交易，打造出一个世界性文化商品的博览会。

（4）便捷安全的跨境文化电子商务平台。天津对外文化贸易基地运用新一代信息技术，积极开展跨境电子商务试点，建设国内外文化市场快捷、安全的跨境文化电子商务新模式，将基地建设成为文化创意产业综合信息化应用服务的重要平台。

9.3.2　积极搭建文化交流平台，拓宽贸易渠道

为加快对外文化贸易发展，推动中国文化进一步"走出去"，北京、天津、

河北纷纷积极培育文化产品和要素市场，汇集全国乃至世界的文化信息、文化资讯，举办优秀剧目、动漫、艺术品交易会，为对外文化贸易发展搭建平台。通过文化交流将中国文化传播出去，扩大文化影响力，带动文化贸易快速发展。

北京充分利用中国（北京）国际服务贸易交易会、中国北京国际文化创意产业博览会等大型文化交易平台和北京国际设计周、北京国际电影节等文化专业交易平台，促进国际间的文化交流与商业合作。支持文化企业参加重要国际性文化展会，扩大国际影响力。加强对外文化贸易公共信息服务，及时发布国际文化市场动态和国际文化产业政策信息。依托会展平台，加强与"一带一路"沿线国家（地区）的文化互动、项目合作和贸易往来。充分发挥各类会展平台作用，在促进文化贸易的同时，讲好中国故事，传播好中国声音。

天津结合自由贸易试验区建设，搭建对外文化贸易平台，开拓对外文化贸易渠道，积极推进国家数字内容贸易服务平台建设。鼓励和支持演艺、影视、动漫、游戏、工艺美术等符合国外受众特点和文化消费习惯，代表"美丽天津"品牌的文化产品和服务以商业形式进入国际市场，不断扩大贸易份额。

河北积极搭建对外文化贸易服务平台，以及时发布文化产品和服务出口信息，为企业与用户提供服务。大力建设一批特色明显、聚集度高的对外文化贸易基地，做大做强一批具有国际竞争力的对外文化贸易龙头企业，开发一批具有河北特色、符合国际市场需求的文化产品和服务，打造"河北文化周"等具有国际知名度和美誉度的对外文化品牌，把更多具有中国特色、河北特点的优秀文化产品和服务推向世界。

9.3.3　不断增强文化贸易主体实力

只有形成一批影响力、竞争力、传播力强的文化企业，文化贸易才能更加深入、全面发展。发展北京重点扶持有北京特色的文化产品和项目，着力培养外向型知名文化企业和文化品牌，鼓励企业通过新设、收购、合作等方式，在境外开展文化创意领域投资合作。天津积极建设对外文化贸易项目资源库，推动更多文化企业和项目进入国家文化出口重点企业和重点项目目录；支持文化企业参加国际性文化展会，拓宽对外文化贸易渠道。河北全力支持重点文化出口企业，以培育一批竞争力强的外向型骨干文化企业，争取更多企业和项目进入国家级文化出口重点企业目录及重点项目目录；鼓励文化企业借助海外中国文化中心"河北文化周"、国际文化展会、跨境电商等平台拓展业务。支持有实力的文化企业在境外开展投资并购，建立文化实体，实现落地经营；配合国家"一带一路"倡议，充分借助北京、天津等自贸区平台发展对外文化贸易；完善文化"走出去"扶持政策，激发文化企业出口活力。

9.3.4 对接中东欧16国以及"一带一路"沿线重点国家与地区

京津冀地区在推动文创企业"走出去"过程中，加大交流力度，促进中国—中东欧国家间的文化创意产业交流与互利合作。注重对接中东欧16国以及"一带一路"沿线重点国家与地区，密切双边、多边交流与合作。此外，进一步健全完善文化创意产业投融资服务体系，为文创产业发展和对外文化贸易提供有力支撑。在"一带一路"建设背景下，进一步创新文创企业的对外文化贸易投融资服务，促进文化和资本市场深度对接，推动文化投资与文化贸易相互促进，为北京文化贸易发展提供有力支撑，进一步提升北京文创产业"走出去"的有效性和影响力。

为加快推进天津融入"一带一路"文化建设。天津已经制定完成《中蒙俄经济走廊合作规划（文化部分）》，并起草了《关于进一步加强对外和对港澳台文化交流工作的规划》。2017年2月，天津市文化广播影视局为积极推进落实"一带一路"重大国家发展规划文化文物项目，编制出台了《天津市文化广播影视局落实"一带一路"国家战略实施意见（2017—2019年）》。该意见表示，"结合天津实际，完善'一带一路'文化交流合作平台，打造'一带一路'文化交流品牌"，并提出要"发挥天津自贸区政策优势，用好用足国家部委对文化贸易的支持政策，以国家数字内容贸易服务平台为基础，为天津文化企业参与'一带一路'倡议实施搭建坚实平台"。借助文化部"海外文化中心"的交流平台，与斯里兰卡、尼泊尔等国家的文化中心建立合作对口关系，拓展文化交流形式①。河北大力配合国家"一带一路"倡议，充分借助北京、天津等自贸区平台发展对外文化贸易；完善文化"走出去"扶持政策，激发文化企业出口活力。

9.4　京津冀对外文化贸易存在的问题及建议

京津冀地区除北京文化产业增加值达到 3 570.5 亿元，占地区生产总值的比重为 14.3%，远高于国家比重之外，天津基本与国家比重持平，河北则远低于国家比重，经济拉动仍然以重工业为主。虽然京津冀整体文化产业发展较快，但还不足以成为支柱产业。北京文化产业发展成绩显著，但考虑到其全国文化中心地位和自身资源优势，仍有很大进步空间。同时，北京市各种资源要素的整合利用程度还不高，国有文化骨干企业还不强、市场影响力还不大，文化产品原创能力还有待提升，文创企业融资依然面临较大困难，产业园区的集约化、差异化还有待强化，文化与相关产业的融合创新还需加强。天津、河北文化产业方面落后北京太多，发展极不平衡。

具体到各个行业，京津冀地区的演艺产业情况比较均衡，但各地区从业人员配置状况依然不够均衡，北京、天津艺术表演机构人员存在供需不匹配，需要通过更深入的市场化改革加以解决；动漫产业及文化市场发展情况典型依附于经济发展情况和国家政策，区域经济发展的不均衡及政策导向性必然会造成这些行业发展的不均衡；电视节目制作、图书出版空间集聚水平低，过度依赖政府扶持，而非专注于市场需要的开发；音像制品出版业空间集聚水平很高，表现出较强的市场特征，这是因为音像业在中国出版业中是最先市场化的行业。

总体上，在中国城市文化产业集聚竞争力排名中，北京居于首位，天津在第 15 位，河北远落后于北京、天津。在各动力要素竞争力排名中，北京只有创新竞争力居于首位，资源竞争力、市场竞争力分别位于第 2 位、第 13 位。天津市场竞争力较为突出居于第 2 位，资源竞争力排名第 18 位，创新竞争力比较落后。河北在这三个方面均处于较落后位置①。京津冀地区在文化产业领域的成果和表现为该区域对外文化贸易的开展提供产业依托，京津冀文化产业协同发展有助于地区整体的文化产业发展，在很大程度上优化了京津冀对外文化贸易环境，便于文化实现"走出去""引进来"。

总体来看，京津冀经济圈地缘政治、经济优势显著，但在文化产业的发展上，存在着地区发展不平衡，产业发展不协调的问题。在文化"走出去"方面北京一家独大，而津冀文化产品及服务竞争力有待增强，京津冀地区整体存在贸易逆差明显，贸易产品单一等问题。为此提出以下建议：

9.4.1 继续大力开展文化外交，助力文化贸易开展

由于各国人民思想、价值观的不同，文化贸易的开展会遇到更多的贸易壁垒，加之对于中国文化缺乏深入的了解和认识，文化产品和服务也不容易为初次接触的国外消费者所接受和喜爱。这就需要大力发展与世界各国和国际组织政府间的文化交流，构建畅通的政府间文化交流合作机制。以重要外事活动为契机，积极开展对外文化交流，充分展示中华文化精粹。按照品牌化、本土化、市场化的发展方向，支持在各大洲举办中国文化年（节）等大型文化交流活动，持续提升"欢乐春节"等品牌的影响力。大力推动与"一带一路"沿线国家和地区的文化交流活动，输出文化产品和服务。在继续推进文化交流的同时，着重强化文化贸易建设，充分利用市场渠道推动文化"走出去"，从而形成文化交流与文化贸易相互促进、相互协调的良性发展路径。

---

① 熊建练、肖楚博、任英华：《中国城市文化产业集聚竞争力比较研究》，载于《统计与决策》2017 年第 1 期。

9.4.2　加大人才培养力度，强化智力支撑

经济是基础，人才是关键，文化贸易的发展需要优秀的专业性人才为其提供智力支撑。鉴于文化产品的特殊性，文化产品贸易人才既需要有跨国经营和管理的能力，还需要擅长跨文化交流、具有文化艺术思维、熟悉文化贸易业务流程。目前，由于北京的虹吸效应导致津冀两地文化贸易产业对于专业人才还很匮乏，因此在对外合作时难以找准市场定位，错失了诸多发展机遇。

加强高端文化贸易人才引进和培养，凝聚和培养一批既懂文化创意又懂市场营销、既熟悉国内市场又熟悉国际市场运作的复合型文化贸易人才。实施文艺人才培养工程，加大文化人才培养力度。加强文化专业人才培养，提高文化产业领域的管理服务能力。深入落实《京津冀三地文化人才交流与合作框架协议》，实施京津冀三地文化人才联培工程，强化人才资源统筹，加大人才交流培养，创新人才互动模式，探索人才共建共享合作机制，依托三省市重点院校、研究机构等智力资源，建设文化创意人才培训基地，分层次培育文化创意、网络开发设计、经营管理、文化贸易、战略研究等各类人才，为文化产业发展提供有力支撑。

9.4.3　推进文化产业结构优化升级

充分挖掘京津冀自然环境、民族遗迹、历史人文等文化资源特色，以项目为载体，发挥聚合作用，围绕环境、区位、资源等因素，打破行业间的界限，整合资源、资金、人才、技术，形成优势品牌项目，鼓励特色品牌和优势项目走出去，提高市场知名度和美誉度。

加快发展创意设计、网络文化、动漫游戏、数字创意、创意农林等新兴文化产业。积极推动"互联网＋文化"整合发展，提升物联网、大数据、云计算、智能化等数字技术对文化产业的支撑力度，促进文化产业关键技术研发和组织模式、商业模式创新。注重构筑文化传播的虚拟平台，借助新媒体展示技

术，如借助诸如 VR、AR 等新兴虚拟现实、增强现实展示技术，通过不同媒体渠道和个人终端实现对中国文化的立体化、现场感展示，增加文化活动的互动性、趣味性和体验感。充分运用创意、科技手段和互联网营销平台，推动工艺美术、文化装备制造等生产性行业做大做强，推动演艺娱乐、文化旅游等服务性行业提档升级。着力提高演艺娱乐、文化旅游业的服务质量，打造知名品牌，增强内容吸引力和市场竞争力。进一步加快传统媒体和新兴媒体融合发展步伐，努力推动新闻出版业数字化转型升级，大力支持广播电视电影产业加快发展，加强文化文物单位文化创意产品开发，迅速提升文化产业三大核心产业的规模和实力。

9.4.4 加强文化精品内容生产，树立品牌形象

深入实施新闻出版广播影视和舞台艺术精品工程，繁荣发展文学艺术、新闻出版、广播影视、舞台艺术和网络文艺，打造具有时代性与民族性的京津冀特色文化精品和品牌。品牌不仅是企业的名片，而且是一个国家软实力的象征，甚至决定着这个国家在全球经济体系中的话语权。倡导文化创新理念，重视创意和 IP（版权）的价值，建立健全知识产权保护机制，强调、鼓励和推广原创，通过文化资源的挖掘、文化创意的提升、文化品牌的打造，推动文化内容创新创造，打造更多文化精品、文化传世之品。集中塑造一批在国内外有较强影响的代表性文化产品品牌。挖掘历史、文学、美术、歌舞、演艺、影视、动漫等成果中有价值的文化内容、元素符号，对经典故事内容、人物形象、代表符号等进行深度创意设计，开发衍生产品，拓展传播的方式渠道。利用现代科技手段，发挥工艺美术大师的创造力，有重点地开展非物质文化遗产技艺和产品的嫁接推广，并积极开发衍生品，形成品牌合力。鼓励有实力的文化企业大胆整合传媒、影视、音乐、文学、演艺、网络游戏市场，以网络内容版权（IP）为源头，扩大新闻服务、影视制作、出版服务、演艺等内容生产行业的规模，加快转型升级和跨界融合，完善互联网文化全产业链。

9.4.5 推进文化与相关产业融合发展

充分挖掘文化资源，增强资源转化能力。树立"文化＋"战略思维，改善文化产业的供给侧结构，进一步推进文化产业与科技、旅游、工业、农业、建筑、信息、体育、教育、金融等相关产业融合发展，不断丰富文化产品内容和形式，拓展文化产业发展的载体、平台和空间，提高相关产业的文化附加值，打造文化产业全产业链，建立文化与相关产业全方位、深层次、宽领域融合发展的文化产业格局，培育一批文化与相关产业融合示范企业、基地、园区。

9.4.6 加速优化对外文化贸易环境

政策引导，优化市场环境，壮大市场主体，改善贸易结构，加快发展对外文化贸易。京津冀文化产业协同发展对于京津冀文化更快走出去至关重要。作为全国文化中心的北京应充分利用自身政治、经济、资源优势，引领天津、河北文化产业稳步向前，使文化逐步成为支柱产业。天津要充分发挥自贸区政策优势、体制优势和服务优势，发挥国家级重点项目的示范带动作用，尤其是滨海新区，文化产业政策环境好，科技含量高，高新技术文化产业方面发展迅猛，在与互联网相关的动漫、游戏等领域有明显技术优势。充分借助其优势，加强以北京、天津、河北为中心的华北动漫产业发展带的建设。将河北的特色文化产业和非物质文化遗产精华与滨海新区的高技术文化产业合作、对接，提升河北文化产业的现代化水平，以更好融入京津冀文化产业协同发展。

在行动上要以互联网为推手，以特色化产业为抓手，重点加强三地在文化旅游、动漫游戏、艺术品、创意设计、广告会展等领域的深度合作，推动三地文化消费的便利化，促进文化资源有序流动，提高文化产业的发展效率，提高文化产业竞争力，共同推动文化产业"走出去"。

9.4.7　优先提供通关便利，促进贸易便利化

第一，尽快培育文化出口重点企业成为海关高信用企业，享受海关便捷通关措施。对图书、报纸、期刊等品种多、时效性强、出口次数频繁的文化产品可采用保税仓库模式，经海关批准后开展集中申报。为文化产品出口提供 24 小时预约通关服务等便利措施。对文化企业出境演出、展览、进行影视节目摄制和后期加工等所需暂时进出境货物，按照规定加速验放。积极支持进出口文化企业参与海关通关作业无纸化改革，促进贸易便利化。

第二，通过京津冀区域通关一体化改革，实现三地海关文化贸易信息互换、监管互认、执法互助，促进通关便利，减少通关环节，降低通关成本，进一步提升京津冀区域贸易便利化水平，为三地文化贸易合作创造更加便捷的条件。

9.5　本章小结

京津冀地区已经成为中国对外文化贸易的集散窗口，在推动中国文化"走出去"，实现同"一带一路"沿线国家文化交流与合作上起着至关重要的作用。本章首先对京津冀地区文化贸易的开展情况进行整体叙述，然后分别对京津冀三地文化贸易现状一一分析讨论，再进一步对京津冀地区文化产业发展情况、文化贸易开展现状、文化贸易开展基础、产业依托等方面进行了综合分析。最后就京津冀对外文化贸易现存的问题，提出了相应建议。

第10章

长三角地区对外文化贸易可持续发展的路径研究

　　加快推进对外文化贸易发展，是优化中国外贸结构，实现中国外贸发展方式转型升级，培育外贸竞争新优势的重要途径，也是中国文化"走出去"，增进国外民众对中国文化认知和认同的重要方式。长三角地区是中国第一大经济区，是中国综合实力最强的经济中心，是面向亚太地区最重要的经济门户，在中国国家现代化建设大局和全方位开放格局中占有举足轻重的作用。长三角地区历史悠久，文化底蕴深厚，南京、杭州和苏州三座最具历史感、文化味的城市享誉世界。现存的吴越文化及其演变而来的海派文化赋予了长三角地区特殊的文化印记，使得长三角地区在对外文化贸易发展上拥有了丰富、独特的文化资源禀赋优势。长期以来，长三角地区制造业通过劳动力和资源优势主动融入国际分工，积极承接国际制造业生产环节的转移，使长三角地区制造业发展水平大幅提升，地区基础设施环境明显改善，生产性服务行业产值在地区服务业产值占比迅速增加，形成了世界制造中心，为该地区文化产品和服务的进出口创造了较为完备的硬件条件。

　　"十二五"以来，中国文化产业迎来了蓬勃发展的重大机遇期，上海、浙江和江苏围绕"一带一路"等国家重大规划，主动适应和引领经济新常态，紧紧抓住文化产业大发展和转型升级的有利时机，紧盯国际文化市场的重大需求，纷纷出台若干重要保障措施，着力推进文化与科技的有机融合，大力推动地区对外文化贸易发展，实现了文化产品和服务结构的进一步优化，对外文化贸易功能不断提高，国际文化企业竞争力和品牌影响力的显著提升，为培育外贸竞争新优势，推动外贸发展方式转型升级奠定了坚实基础。

10.1　长三角地区对外文化贸易发展现状

长三角地区主要由上海、浙江和江苏组成，这三个省份历史文化悠久，经济发达，人均文化消费水平较高，文化产业发展速度较快，文化企业众多，文化贸易保障性措施完善，是中国对外文化贸易发展的重要力量，在推动中国文化"走出去"发挥着十分重要的作用。

10.1.1　长三角地区对外文化贸易发展概况

近年来，长三角地区文化贸易取得了快速发展，文化贸易进出口规模逐年递增，文化贸易结构不断优化，文化出口企业国际竞争力日益增强。如表 10—1 所示，2012 年长三角地区文化产品出口总额约 95 亿美元，占全国文化产品出口比重达 43.5%，成为中国文化产品出口的主要地区[①]。其中，上海文化产品出口规模最大，2012 年上海文化产品出口额达 56.85 亿美元，占全国文化产品出口比重 26.2%，成为当年全国第二大文化产品出口地区[②]。

---

① 由于中国区域层面文化贸易数据可获性问题，本章结合现有资料及研究的完整性，选择 2012 年长三角地区文化产品出口数据进行比对与分析。

② 2012 年广东省文化产品出口总额为 59.30 亿美元，占全国文化产品出口比重 27.3%，是当年中国文化产品出口规模第一大的地区。

表 10—1　　　　　2012 年长三角地区文化产品出口额及比重

省份	出口额（亿美元）	占全国比重（%）
上海	56.85	26.2
浙江	23.60	10.9
江苏	14.10	6.5

资料来源：汪素芹、汪丽，《京沪粤苏浙五省市文化贸易比较研究》，载于《浙江树人大学学报》2015 年第 1 期。

在文化企业方面，2007 年以来，商务部、中宣部和文化部等国家部委结合中国文化企业贸易规模、创汇能力、品牌影响力及出口竞争力等多方面，每两年评选出"国家文化出口重点企业"，并给予项目和政策等方面的支持。目前，评选出的文化企业在推动中国对外文贸易可持续发展上发挥着重要的引领与示范作用。为此，通过比较国家文化出口重点企业数量，可以从一定程度上反映出地区间文化贸易企业竞争实力。

如表 10—2 所示，2009～2016 年，长三角地区文化重点出口企业数量总体保持快速增长，2015～2016 年该地区文化重点出口企业数量为 84 家，较 2009～2010 年增长了 45%。同时，长三角地区文化重点出口企业占全国的比重为 23% 左右，成为继北京外，全国第二大文化出口企业聚集地。在长三角地区内部看，上海文化重点出口企业数量较多，2015～2016 年上海文化重点出口企业占长三角地区比重为 41.67%，而浙江和江苏文化重点出口企业数量水平相当，从一定程度反映出，在文化贸易发展上，上海文化贸易企业在全国影响力和竞争力要明显强于浙江与江苏，因而得到了更多政府层面的扶持。

表 10—2　　　　　2009～2016 年长三角地区文化重点出口企业统计

地区	2009～2010 年		2011～2012 年		2013～2014 年		2015～2016 年	
	数量（家）	占比（%）	数量（家）	占比（%）	数量（家）	占比（%）	数量（家）	占比（%）
全国	211	—	485	—	366	—	353	—
长三角	58	27.49	125	25.77	87	23.77	84	23.80
上海	20	34.48	39	31.20	35	40.23	35	41.67
浙江	17	29.31	39	31.20	25	28.74	25	29.76
江苏	21	36.21	47	37.60	27	31.03	24	28.57

资料来源：根据《国家文化重点出口企业目录》整理而得。

最后，在文化贸易政策方面，长三角地区政府认真贯彻落实国务院《关于加快发展对外文化贸易的意见》，相继出台了一系列地方性文化贸易政策，有助于该地区对外文化贸易快速发展。例如，2015 年，浙江省商务厅出台了《浙江省文化出口重点企业项目管理办法》，新认定了 2015～2016 年省级文化重点出口企业名单和项目。国家对外文化贸易基地坐落于上海自贸区，为国内外文化企业提供国际展销、国际采购、国际结算、进出口代理、保税展示、保税租赁、保税仓储、金融投资、商贸咨询、政策研究、人才培训等全方位的服务和支持。2016 年，江苏省出台了《开拓海外文化市场行动方案（2016～2020）》等一系列方案，旨在促进江苏省文化产业及对外文化贸易的持续发展。

10.1.2 上海市对外文化贸易发展基本情况

1. 对外文化贸易规模持续扩大

2015 年，上海对外文化贸易规模达 90.63 亿美元，较 2014 年增长了 8.63%，对外文化贸易规模持续扩大。其中，文化产品进出口规模为 53.19 亿美元，文化服务进出口规模为 37.44 亿美元，分别占对外文化贸易规模的 58.69% 和 41.31%，文化产品进出口贸易依旧是上海对外文化贸易的重要组成。特别地，文化专用设备、文化和娱乐服务、广告服务等领域当年增幅已超过 10%。受互联网及新媒体迅速发展的影响，音乐、电影等传统消费模式正迅速发生变化，对新型视听产品和服务产生了大量需求，导致视听和相关服务进出口规模较去年增长了 111.15%（见表 10-3）。

表 10-3　　　　2014～2015 年上海对外文化贸易基本情况　　单位：亿美元

类别	2014 年	2015 年
对外文化贸易	83.43	90.63
文化产品进出口	50.79	53.19
文化服务进出口	32.64	37.44

资料来源：《2016 年上海对外文化贸易发展报告》。

2. 文化产品贸易逆差，文化服务贸易顺差

在文化产品贸易结构上，上海市核心文化产品贸易占文化产品贸易比重偏低，而相关文化产品贸易占比较高。如表 10-4 所示，2015 年上海核心文化产品进出口额为 4.51 亿美元，仅占文化产品贸易比重的 8.47%，且核心文化产品净贸易为逆差，反映出上海在核心文化产品竞争力仍有待进一步提升。在相关文化产品上，2015 年上海相关文化产品进出口额为 48.67 亿美元，占文化产品贸易比重 91.35%，且相关文化产品净贸易也为逆差。从具体产品来看，文化设备是上海相关文化产品贸易主要组成，文化设备进出口额达 22.37 亿美元，占相关文化产品贸易比重 45.96%，其次为工艺美术及收藏品和文化用品。在净贸易额上，除了文化用品为贸易顺差外，其余两类文化产品均为贸易逆差，特别是文化专用设备贸易逆差高达 13.99 亿美元。总体来看，无论是核心文化产品还是相关文化产品，上海在国际文化产品市场上存在较大的文化需求，且文化产品生产企业供给能力应进一步增强。

表 10-4　　　　2015 年上海对外文化贸易结构基本情况　　单位：亿美元

类别	进出口额	出口额	进口额
文化产品	53.19	45.33	45.30
核心文化产品	4.51	1.50	3.02
相关文化产品	48.67	18.29	30.38
工艺美术及收藏品	13.70	6.71	6.99
文化用品	12.60	7.39	5.21
文化专用设备	22.37	4.19	18.18
文化服务	37.44	25.54	11.90
文化和娱乐服务	6.61	3.44	3.18
广告服务	26.99	20.05	6.94
会展服务	3.83	2.05	1.78

资料来源：《2016 年上海对外文化贸易发展报告》。

在文化服务贸易上，上海文化服务出口表现出强劲的增长势头，文化服务

贸易呈现顺差。2015年，上海文化服务出口额达25.54亿美元，文化服务贸易顺差为13.64亿美元。在具体文化服务上，广告服务是上海文化服务贸易的重要组成，2015年上海广告服务进出口总额26.99亿美元，占文化服务贸易的72.08%，贸易顺差达13.11亿美元，反映出上海广告服务企业在海外拥有较大的市场需求，服务竞争力水平较高。值得注意的是，在文化服务中，最能体现中国核心文化价值观的服务主要集中在文化和娱乐服务，然而上海文化和娱乐服务进出口总额仅为6.61亿美元，远低于广告服务进出口总额，且贸易顺差为0.36亿美元。这从一定程度上反映出诸如演艺、音乐等核心文化服务企业文化竞争力仍需进一步提高。

3. 服务贸易为对外文化贸易主要方式

按照贸易方式来看，上海对外文化贸易主要以服务贸易为主。如表10-5所示，2015年服务贸易为上海对外文化贸易发展的主要方式，服务贸易占比达41.35%。一般贸易占比25.76%，为上海对外文化贸易第二大贸易方式。值得注意的是，随着中国（上海）自由贸易试验区文化市场开放项目实施，海关特殊监管区成为上海对外文化贸易发展的又一大重要方式，2015年海关特殊监管区文化贸易进出口规模达14.55亿美元，占比16.05%。

表10-5　　　　　　按不同贸易方式分上海对外文化贸易基本情况

贸易方式	进出口规模（亿美元）	占比（%）
一般贸易	23.35	25.76
加工贸易	15.01	16.56
海关特殊监管区	14.55	16.05
其他贸易	0.16	0.18
服务贸易	37.44	41.35

资料来源：《2016年上海对外文化贸易发展报告》。

4. 发达国家为上海对外文化贸易的重要伙伴

在贸易伙伴方面，上海对外文化贸易来往密切的国家主要以美国、韩国、日本、意大利、法国、德国、新加坡、加拿大、英国和澳大利亚为主，其中美国、韩国和日本为上海三大文化贸易伙伴。如表 10－6 所示，2015 年上海与美国文化产品进出口总额达 6.67 亿美元，占上海对外文化贸易比重12.54％。此外，上海与韩国、日本文化进出口总额分别为 5.27 亿美元和4.67 亿美元，占上海对外文化贸易比重分别为 9.91％和 8.87％。从文化贸易差额来看，上海对美国、日本、英国、加拿大和澳大利亚为文化产品贸易顺差，其中上海对美国文化产品贸易顺差最大为 3.34 亿美元，这可能得益于上海发达的制造业，让上海在文化专用设备等相关文化产品上具备一定的竞争优势，以及美国庞大的华裔人口也从一定程度上增进了美国对上海文化产品的需求。

表 10－6　　　　　　2015 年上海与主要文化贸易伙伴文化产品贸易情况

单位：亿美元

国家	进出口额	出口额	进口额
美国	6.67	5.01	1.67
韩国	5.27	0.82	4.45
日本	4.67	2.76	1.91
意大利	2.04	0.26	1.78
法国	1.88	0.37	1.51
德国	1.73	0.60	1.13
新加坡	1.67	0.17	1.50
英国	1.20	0.61	0.59
加拿大	0.63	0.32	0.31
澳大利亚	0.62	0.61	0.01

资料来源：《2016 年上海对外文化贸易发展报告》。

上海对韩国、意大利、法国、德国和新加坡为文化产品贸易逆差，其中上海对韩国的文化产品逆差额最大，达 3.63 亿美元，说明在文化产品方面，上海对韩国存在着较大的文化产品购买需求。对日本、新加坡等儒家文化圈国家来说，韩国文化企业在上海文化产品市场占据重要的贸易地位，是上海在亚洲第一大文化贸易伙伴。

10.1.3 浙江省对外文化贸易发展基本情况

1. 对外文化贸易发展势头良好

2015 年，浙江对外文化贸易总规模达 5.03 亿美元，较 2014 年实现大幅增长，增长率达 15.10%，且对外文化贸易规模占服务贸易规模的 1.14%。在出口方面，浙江对外文化贸易出口额达 9 800 万美元，较 2014 年增长了 24.78%。在进口方面，浙江对外文化贸易进口额达 4.05 亿美元，较 2014 年增长了 12.81%。值得注意的是，在净贸易额上，浙江对外文化净贸易呈现贸易逆差，2015 年浙江对外文化贸易逆差达 3.05 亿美元，对外文化贸易进口规模远远大于出口，反映出浙江在国际文化市场上存在着较大需求，本土文化企业国际竞争力有待进一步提升。

2. 对外文化贸易结构逐渐优化

近年来，随着浙江文化产业快速发展，文化企业"走出去"的加速，浙江文化产品和服务进出口呈现多元化特征，对外文化贸易结构日趋优化。以文化服务贸易为例，2015 年，浙江文化服务出口主要以文化创意和设计服务、广播影视服务为主，当年上述文化服务出口占浙江省文化产品和服务总出口接近 80%，且省内影视剧出口规模逐渐增加，说明浙江在影视服务上的海外竞争力日益增强，获得了更多国家的认同，促进了中国文化的海外传播。具体来看，2015 年，以高科技、高附加值为特征的文化创意和设计服务以及文化价值凝聚的广播影视服务出口规模分别为 4 128 万美元和 3 445 万美元，占浙江文化服务出口总比 41.12%和 35.15%，成为推动浙江文化服务出口的重要动力（见表 10—7）。

表 10—7　　　　　　　2015 年浙江省文化服务出口基本情况

类别	出口规模（万美元）	占比（%）
文化创意和设计服务	4 128	42.12
广播影视服务	3 445	35.15
文化艺术服务	961	9.81
新闻出版服务	482	4.92
其他文化服务	784	8.00

资料来源：《2015 年浙江省文化贸易发展分析及 2016 年工作思路》。

3. 同新兴市场国家文化贸易往来日益频繁

2015 年，浙江对外文化贸易三大出口贸易伙伴主要为美国、英国和日本，当年对上述三个国家文化产品和服务出口规模分别为 2 464.7 万美元、982 万美元和 921.2 万美元，分别占全省总额的 25.15%、10.02%和 9.40%。同时，根据浙江省商务厅的最新统计，2016 年上半年，除了美国、英国和日本等发达国家外，浙江文化产品和服务出口至新兴市场国家（地区）规模也逐渐增加。2016 年上半年，浙江文化产品和服务出口至阿尔及利亚达 4 562.99 万美元，占比 12.52%。此外，吉尔吉斯斯坦和尼日利亚也成为继法国、韩国、意大利等发达国家外浙江文化产品和服务出口排名第 9 位、第 10 位的出口国。可以预见，伴随着"一带一路"倡议进一步推进，文化产品和服务作为国家文化价值观传播的重要载体，将增进"一带一路"沿线国家对中国文化理解与认同，对中国正面大国形象的树立以及实现中国同"一带一路"沿线国家民心相通发挥重要作用。

4. 省内各地区文化产品和服务出口呈现差异

受经济、科技及产业发展不均衡的影响，浙江省各地区文化企业文化创新能力不尽相同，文化产品和服务出口呈现差异。2015 年，杭州市文化产品和服务出口在省内规模最大，占全省文化产品和服务出口 48.77%，继续领跑全省对外文化贸易。宁波市文化产品和服务出口规模占全省文化产品和服务出口达

15.03％，位居全省第二。同时，金华、湖州和温州文化产品和服务出口规模迅速上升，成为继杭州和宁波外浙江省五大文化产品和服务出口地区。

5. 文化企业"走出去"步伐加速

随着国家对文化企业"走出去"支持力度的加强，近年来浙江文化企业海外投资速度逐渐加快。2016 年上半年，杭州夏天岛影视动漫制作有限公司 5 月投资了 2 0631.71 万元在日本成立从事动漫和文化创意的杭州夏天岛影视动漫制作有限公司—东京事务所，进一步开拓了日本文化市场。浙江天鹏传媒有限公司加速在欧美海外投资，以国际间接投资方式在美国、韩国和瑞士三国共计投资 7 205 万元，用于影视文化、传媒娱乐服务的制作与国际影响。同时，2015～2016 年，共有 7 家单位获得了国家文化出口重点项目的资助，为促进浙江文化企业参与文化市场海外竞争提供了资金支持，有效带动了浙江省文化企业"走出去"，助力更多省内优秀文化作品走出国门，面向全球（见表 10－8）。

表 10－8　　　　2015～2016 年浙江省国家文化出口重点项目

项目名称	承担单位
华策影视境外投资入股韩国 NEW	浙江华策影视股份有限公司
浙江大学出版社国际合作创新项目	浙江大学出版社有限责任公司
华麦专业影视视频产品版权跨境交易平台建设	浙江华麦网络技术有限公司
发展与建设海外华文媒体	温州日报报业集团有限公司
吉尔吉斯德隆电视台	浙江金华邮电工程有限公司
吉尔吉斯视频点播网络项目	浙江金华邮电工程有限公司
吉博文化传播数字化平台	浙江吉博教育科技有限公司

资料来源：浙江省商务厅 2015 年 12 月 15 日公示。

10.1.4　江苏省对外文化贸易发展现状

1. 对外文化贸易加速发展

近年来，江苏文化产业快速发展，文化市场开放程度进一步提高，文化企业国际竞争力不断加强，对外文化贸易加速发展。当前，江苏共有文化法人单位 10 万多家，年营业额 500 万以上企业 6 500 余家，江苏文化产业发展综合指数居全国第二位。在文化产业蓬勃发展的背景下，一批批科技创新能力强的文化企业纷纷"走出去"，江苏对外文化贸易呈现多元化格局，特别是在演艺产业、动漫游戏业、艺术品行业取得了显著的成绩。同时，数字、互联网等高新技术的迅速发展，助推了江苏新兴文化产业的形成，实现了"互联网"与文化贸易的有机结合，促进了江苏省对外文化贸易的迅速发展。

2. 对外文化交流为对外文化贸易发展搭建广阔平台

通过开展或举办丰富多彩的对外文化交流活动、展现本国多元文化，增强外国居民对本国文化的了解与认同，带动国家对外文化贸易发展，搭建国家间理解与友谊桥梁，实现民心相通。近年来，江苏积极开展对外文化交流活动，为促进对外文化贸易发展搭建了广阔平台。例如，江苏充分发挥本省海外友城众多的优势，通过成功举办第三届中美文化论坛（南京会场）、世博会江苏活动周文化艺术演、"精彩江苏"进剑桥及音乐杂技剧《猴西游记》美国林肯中心商演等大型对外文化交流活动，打造多彩江苏文化品牌，增进全球对江苏文化的了解，为更多江苏优秀文化贸易企业"走出去"搭建广阔的平台。

3. 文化企业国际竞争力增强，文化市场不断开拓

随着江苏文化产业的快速发展，文化企业"走出去"步伐日益加快，江苏文化企业国际竞争力实力日益提升，文化产品和服务出口的广度与深度进一步开拓，越来越多的文化出口企业得到了国家政策的扶持与资助。2015～2016 年，共有 24 家江苏文化企业被纳入国家重点文化出口企业目录中，这些企业主要集中在传媒出版业、工艺品、创意设计、文化设备等主要行业，反映出江苏文化企业在上述行业具备了一定的国际竞争实力。

在海外文化市场方面，近些年江苏海外文化市场得到深入开拓，一大批优秀的本土文化企业纷纷涌向欧美、东南亚等地区，一系列优秀的中国文化作品走向全球。例如，江苏凤凰出版传媒集团是 2015～2016 年度国家文化出口重点

企业，连续多年在新闻出版行业总体经济规模和实力评估中居第一位。自成立以来，该集团已与全球 30 多个国家和地区的著名出版机构保持合作，先后在英国、美国、加拿大、智利、澳大利亚和新加坡设立分支机构，并于 2014 年并购美国出版国际公司，2015 年新设立凤凰美国投资公司，建设海外文化促进中心，成为促进中国出版业"走出去"的领军人物，也带动了中国对外文化贸易的快速发展。

此外，2015～2016 年，江苏共有 5 个项目入选国家文化重点出口项目，其中包括"越南美术用品生产基地""定向日本出口创意产品创作设计""英国雄狮影视合作纪录片"这三个项目。可以预见，随着项目的进一步实施与开展，未来将有更多凝结中国核心文化价值的艺术品、创意设计及影视产品走向越南、日本和英国，浙江同上述国家的文化贸易也将得到进一步强化。

10.2 长三角地区对外文化贸易发展基础

近年来，长三角地区对外文化贸易快速发展与其地区独有的文化、经济、区位优势等因素是密不可分的。那么，与中国其他地区相比，长三角地区对外文化贸易发展有何优势？优势体现在哪里？明确长三角地区对外文化贸易基础和优势对该地区以及全国文化贸易的进一步发展有重要的意义。

10.2.1 文化产业水平

与中国其他地区相比，长三角地区文化产业发展水平总体较高，文化企业规模较大，文化市场劳动力供给相对充足，在推动地区经济增长方面发挥了一定的作用。表 10-9 给出了中国文化产业发展较快的几个省份。从统计数据来看，广东文化产业法人单位数量相对较多，数量达 3.63 万个；其次为浙江，文化产业法人单位数量达 3.13 万个；江苏文化产业法人单位在上述地区数量最低，达 2.66 万个。在从业人员数量上，长三角地区文化产业劳动供给量相对充足，其中江苏和浙江文化产业从业人员数量分别为 71.57 万人和 79.22 万人。

表 10-9　　　2016 年中国主要地区文化产业发展情况概述

地区	法人单位数量 （万个）	从业人员数量 （万人）	增加值 （亿元）	占 GDP 比重 （%）
北京	3.03	55.51	385.9	6.37
上海	3.00	50.12	269.5	3.34
江苏	2.66	71.57	258.6	1.72
浙江	3.13	79.22	273.1	2.34
广东	3.63	231.14	698.9	3.70

资料来源：《2016 年中国文化产业及相关产业统计年鉴》。

受区位、政策、历史和经济发展等多方面因素影响，广东在文化市场上拥有较大的劳动力供给，当年从业人员数量高达 231.14 万人，与之相对应的是其文化产业增加值，当年其文化产业增加值达 689.9 亿元。在其他四个地区，2016 年北京市文化产业增加值排名第二，增加值达 385.9 亿元。值得注意的是，除了广东外，浙江和江苏就业人员数量均高于北京，但其文化产业增加值明显低于北京。这表明，虽然长三角地区拥有充足的劳动力供给，促进了文化产业发展。但这些劳动力可能主要集中在一些技术含量低、非核心的文化产业，造成增加值也相对较低。最后，在占 GDP 比重上，长三角地区文化产业在带动本地经济增长上均发挥了一定的作用，其中上海文化产业占 GDP 比重达 3.34%，排全国第三位。然而，同北京和广东相比，长三角地区文化产业带动地区经济增长上仍需进一步提升。

10.2.2　文化消费需求

当地经济的快速发展以及较高的人均收入水平，使长三角地区蕴藏着旺盛的文化消费需求。文化消费需求的增加，又会进一步促进地区文化产品供给，促进文化产业发展，实现对外文化贸易持续发展。如表 10-10 所示，无论是城镇居民支出还是农村居民支出，2014 年长三角地区文化娱乐消费人均支出明显高于全国水平。以城镇居民文化娱乐消费支出为例，2014年上海、浙江和江苏城镇居民文化娱乐消费人均支出分别为2 149.6亿元、1 204.6亿元和927.2亿元，明显高于全国平均水平（671.5亿元）。同时，较2013年，长三角地区文化娱乐消费人均支出均呈上升趋势。2014年，长三角地区城镇居民文化娱乐消费人均支出较2013年增长率分别为17.9%、5.4%和5.2%，其中上海城镇居民文化娱乐消费人均支出水平和增幅最高。

表 10—10 　　　　　2014年长三角地区文化娱乐消费人均支出　　　　单位：元

地区	城镇居民		农村居民	
	2013 年	2014 年	2013 年	2014 年
上海	1 822.1	2 149.6	313.7	344.9
浙江	1 141.9	1 204.6	465.9	469.6
江苏	880.5	927.2	328.1	334.6
全国	576.7	671.5	174.0	207.0

资料来源：《2016年中国文化产业及相关产业统计年鉴》。

值得注意的是，长三角地区农村居民文化娱乐消费人均支出水平却远远低于城镇居民支出水平。2014年上海、浙江和江苏农村居民文化娱乐消费人均支出仅为为344.9元、469.6元和334.6元，远低于城镇居民支出，这主要受农村居民较低的收入水平影响，使得农村居民将大部分支出主要用于生活必需品，而非用于文化消费。

10.2.3　文化创新能力

加强文化企业科技创新能力，是实现文化企业转型升级，提升文化产品国际竞争力的重要方式。目前，长三角地区已拥有一批资金雄厚、创新能力强的文化企业。这些文化企业通过开展技术创新和创新合作，有效提升了长三角地区文化企业的科技创新能力，实现了文化与科技的有机融合，为其文化产品和服务注入科技内涵，带动了一批创新型文化企业产品与服务的出口。如表10—11

所示，在从事 R&D 的文化企业上，2014 年上海、浙江和江苏企业数量分别为 75 家、635 家和 797 家，占全国比重 49.24%，成为全国创新型文化企业重要的集聚地，其中江苏从事 R&D 文化企业数量最多，占全国比重 26.54%。在 R&D 内部经费支出上，2014 年长三角地区 R&D 内部经费支出总量高达 1 176 661 万元，占全国比重 31.24%，已成为全国文化产业创新研发投入水平较高的区域。在创新产出上，2014 年上海、江苏和浙江有效发明专利数分别为 1 309 件、3 282 件和 932 件，长三角地区有效发明专利数占全国比重达 31.10%，其中江苏成为长三角地区文化制造企业创新产出成果最为丰富的省份。

表 10－11　　　2014 年长三角地区规模以上文化制造企业科技创新活动

地区	R&D 企业		R&D 内部经费支出		有效发明专利	
	数量（家）	占比（%）	支出（万元）	占比（%）	数量（件）	占比（%）
上海	75	2.5	142 380	3.7	1 309	7.37
浙江	635	20.75	339 265	18.46	932	5.25
江苏	797	26.04	695 016	9.01	3 282	18.48
广东	502		782 274	20.07	4 706	50.52
全国	3 060		3 765 506		9 315	

资料来源：《2016 年中国文化产业及相关产业统计年鉴》。

然而，与广东相比，上海、江苏和浙江文化企业科技创新投入和产出仍有待进一步提高。根据表 10－11 所示，2014 年广东文化制造企业 R&D 内部经费支出高达 782 274 万元，占全国比重 20.07%；有效发明专利数达 4 706 件，占全国比重 50.52%。可以说，无论从创新投入还是创新产出，广东文化制造企业均高于上海、浙江和江苏。为此，加大创新投入，促进科技创新成果有效转化，将成为未来长三角地区文化企业创新能力提升，实现地区对外文化贸易可持续性发展的关键。

10.2.4　文化资源禀赋

一般而言，一个拥有悠久历史的地区，其文化资源往往越丰富，越具有一定的文化资源禀赋优势。充裕的文化资源禀赋又会激发当地企业文化供给能力，刺激企业文化创新，促进外向型文化企业产品和服务出口。长三角地区拥有南京、杭州、苏州等历史名城，蕴藏着深厚的文化底蕴，具有一定的文化禀赋优势。这从一定程度上也为当地文化创作提供了更多素材与灵感，有利于激发企业文化创新活力，带动外向型文化企业出口或进行国际直接投资。文物馆藏数和图书总藏量可以从一定程度上反映出地区文化资源充裕程度。如表 10—12 所示，在图书馆总藏量方面，2014 年长三角地区上海图书馆总藏书量规模最大，达 7 362.2 万册，占长三角地 38%。当年，长三角地区图书馆总藏书量达 19 276 万册，占全国 24.39%。在博物馆藏品数方面，2014 年长三角地区博物馆藏品数最大的地区为上海，达 2 359 064 件，占长三角地区 45.88%，明显高于江苏和浙江。当年，长三角地区博物馆藏品数量总数达 5 141 515 件，占全国 17.54%。

表 10—12　　　　2014 年长三角地区图书馆总藏量和博物馆藏品数基本情况

地区	图书馆		博物馆	
	总藏量（万册）	占比（%）	藏品数（件）	占比（%）
上海	7 362.2	38.00	2 359 064	45.88
江苏	6 279.7	32.00	1 721 406	33.48
浙江	5 634.1	29.22	1 061 045	20.63
长三角	19 276	24.39	5 141 515	17.54
全国	79 010.6		29 299 673	

资料来源：《2016 年中国文化产业及相关产业统计年鉴》。

10.3　长三角地区促进文化贸易发展的重要举措

10.3.1　搭建文化产品与服务交流平台，为文化贸易发展保驾护航

为促进区域对外文化贸易快速发展，近年来上海、浙江和江苏通过建立对

外文化贸易基地、服务平台等形式，为促进地区文化产品和服务出口搭建平台。例如，上海积极培育和认定一批在文化贸易领域具有典型性、引领性的对外文化贸易基地，特别支持市内文化创意产业园做细、做强对外文化贸易，重点支持国家对外文化贸易基地对服务模式的创新，实现服务能力的有效提升，深化同世界各国间的文化交流与合作。建立国家版权贸易基地（上海），打造国际艺术品交易中心，来不断推动文化项目和资本的对外输出。

浙江积极推线上、线下文化交易平台建设，一方面通过推进 Mega Media 线上平台建设，加大对文化服务出口企业的扶持力度，加强与相关部门协调，增加政策扶持力度及便利性，为省内更多文化服务企业出口搭建平台。另一方面，积极推进文化服务贸易合作与交流，通过搭建线下对接服务平台，组织省内文化企业参加境内外优质服务贸易展会，做好国内外文化资源的对接，带动省内文化服务企业"走出去"。

江苏通过批准江苏省文化产权交易所有限公司、江苏紫金文创传媒股份有限公司、江苏睿泰数字产业园有限公司等六家企业为江苏省版权贸易基地，分别加挂江苏省版权贸易基地、江苏省文创版权贸易基地、江苏省影视版权贸易基地等，集聚优质版权资源，做大做强版权交易规模，推动江苏省对外文化贸易发展。

10.3.2 以"一带一路"为契机，推进与"一带一路"国家文化贸易发展

文化部颁布了《"一带一路"文化发展行动计划（2016—2020）》，强调促进"一带一路"文化贸易合作，要围绕演艺、电影、电视、广播、音乐、动漫、数字文化、创意设计、文化科技设备、艺术品及授权产品等领域，开拓完善国际合作渠道。推广民族文化品牌，鼓励文化企业在"一带一路"沿线国家和地区投资。

浙江大力推进文化贸易走出去，文化企业积极参与"一带一路"建设工作。继续推进实施浙江吉尔吉斯斯坦德隆电视台文化贸易平台作为"一带一路"建设工作的重点项目。该项目是由国家商务部、浙江省商务厅等国家及省

部级单位联合评定的 2013～2014 年国家级文化出口重点项目和浙江省文化出口重点项目，不仅带动了同"一带一路"沿线国家媒介类文化产品与服务的往来，增进国家间文化认同，也在促进浙江省与"一带一路"沿线国家文化交流与合作，实现文化融通、民心相通上发挥了十分重要的作用。

上海大力推进与"一带一路"沿线国家文化贸易往来。2016 年，上海大宁剧院正式签约成为"丝绸之路国际剧院联盟"的首家国内成员单位。同时，以"一带一路"等国家重大规划为契机，上海市政府与文化部合作共建了首个海外中国文化中心——布鲁塞尔中国文化中心。中心建立后，上海积极利用其中心地理优势，着力将其该中心打造成展示中国文化力量的重要阵地，成为向"一带一路"乃至全球展示中国文化，促进国家间文化交流与合作的重要平台。未来，上海也将继续改革与创新文化事业机制，在共商、共建、共享原则的基础上，积极推动文化企业服务"一带一路"建设，让丝绸之路焕发新的生机，将更多优秀的中国文化传播到"一带一路"国家中去。

江苏依托友好城市，积极推动"一带一路"文化建设。截至目前，江苏已同 51 个国家缔结友好城市 234 对，友好城市交流将近 200 对，友好城市总数全国第一。江苏十分重视文化领域多层互访，特别是与"一带一路"沿线国家和地区间文化交流，积极参与"丝绸之路国际艺术节""丝绸之路文化之旅"等系列活动，深化与沿线国家和地区在舞台艺术、视觉艺术、影视产品等核心文化产品方面的交流与合作。

10.3.3 加大对重点文化企业和文化项目的支持力度

加大对重点文化企业支持，打造文化企业出口重点项目，已成为长三角地区促进文化产业转型升级，实现文化贸易可持续发展的重要措施。近年来，长三角地区持续增强对重点文化企业和文化项目的资助力度，长三角地区文化贸易得到了快速发展，成为中国文化"走出去"的重要区域。

例如，江苏参照《国家文化出口重点企业目录》和《国家文化出口重点项目目录》，统筹考虑本省文化产业结构、重点扶持文化企业出口规模、产品结构、科技创新能力、市场潜能等，制定江苏省重点文化出口企业和项目的评价，定期发布《江苏文化出口重点企业目录》和《江苏文化出口重点项目目录》，以促进本省优秀的文化企业出口，带动中国文化"走出去"。

上海按照《文化产品和服务出口指导目录》的要求，组织开展了"上海市文化出口重点企业"和"上海市文化出口重点项目"的认定工作，加大了对关键领域文化企业的支持力度，包括文化信息、文化创意设计、动漫版权等。同时，上海进一步加快文化服务类企业的支持，进一步推动演出演艺、影视制作、数字出版、艺术品交易、休闲娱乐等文化贸易的快速发展。

浙江加快培育外向型重点文化出口企业，积极引导本省文化企业制定开拓国际文化市场的发展战略与规划，主动设计文化出口企业绩效评价指标，以评促建，带动浙江文化企业出口。此外，浙江鼓励有条件的文化企业通过独资、合资、并购、参股等方式在海外兴办文化经营实体，推动文化企业对外投资；鼓励和支持各类所有制文化企业从事国家法律法规允许的对外文化贸易业务；健全浙江文化出口重点企业和项目目录年度发布制度，对列入目录的重点企业和项目予以重点支持，实现浙江文化贸易的蓬勃发展。

10.3.4　推动文化与科技有机融合，提升外向型文化企业创新水平

不断推动文化与科技的深度融合，提升文化产品或服务的科技含量，增强中国外向型文化企业创新实力，已成为长三角地区文化贸易发展的重要方式。例如，江苏进一步促进文化与科技创新的深度融合，充分发挥现代科学技术在改造和提升演艺娱乐、广播电视、出版及版权服务、工艺美术等传统文化产业上的作用，大力推进数字影视、数字出版、网络电视、动漫游戏等核心文化创意产业的发展，培育具有高附加值的新型文化业态，为江苏文化贸易发展创造新的增长点。同时，江苏支持文化企业从事生产研发活动，支持文化企业增加对文化出口产品和服务的研发投入，引进吸收国外先进技术，实现技术的再创造，培育本省文化企业具有自主知识产权的关键技术和核心技术。

上海依托张江国家级文化与科技融合示范基地，加快各类创新要素集聚，通过发展高新技术文化装备行业，支持一批本土文化企业引进国际先进技术，实现技术的消、吸收，提升本土文化企业的自主创新能力；通过组织落实文化科技融合创新示范工程，包括互联网原创影视制作与创播、立体电视内容制播设备系统等，来提升本土文化企业科技创新实力；通过聚焦文化创作、传播、展示等关键环节，着力推动"四个下一代"规划实施和重大项目落地上海，推动本市在关键技术领域实现突破。这"四个下一代"主要是指"下一代大型5D剧场、下一代舞台、下一代半导体彩色激光源和下一代广播电视网"。

浙江积极推进文化与科技融合发展，加大对文化领域科技创新的支持力度，省、市、县各级科技计划要倾斜支持文化领域的科技创新；鼓励高校、科研机构及有条件的行业骨干企业开展文化创新研究开发，引导跨国文化企业和海外高端文化人才在本省建立文化技术服务机构；不断推进传统媒体与新媒体的有机融合，通过利用大数据、云计算等新技术，来发展和带动网络电视、手机游戏等新兴文化业态的发展；进一步支持杭州、宁波、横店三个国家级文化和科技融合示范基地建设，为本省文化企业创新营造有利氛围，增强文化产品和服务的科技含量。

10.3.5 加大对国际文化市场的开拓力度，拓宽区域文化贸易合作伙伴

通过贸易便利化、举办境外展览等方式，加大对国际文化市场的开拓，是长三角地区推动文化贸易发展的又一重要手段。例如，江苏支持省内文化企业参加对外文化贸易展会，并对列入省内贸易促进计划展会的参展商提供适当的费用补助，逐年增加对外文化贸易展占服务贸易展的比重，力争在2020年将这一比重提升至40%。此外，江苏加快政府职能转变，不断提升省内贸易便利化程度，减少对文化出口的行政审批事项，简化手续，缩短时限，特别加强了对图书、报纸、期刊等品种多、时效性强、出口次数频繁的文化产品，经海关批准，实行集中申报管理，为文化产品出口提供24小时预约通关服务等便利措施；对文化企业出境演出、展览、进行影视节目摄制和后期加工等所需暂时

进出境货物，按照规定加速验放；对暂时出境货物使用暂准免税进口单证册（ATA 单证册）向海关申报的，免予向海关提供其他担保。简化因公出国（境）审批手续，对国有文化企业从事文化出口业务的编创、演职、营销人员等，不设出国（境）指标，出国一次审批、全年有效。

上海根据《中国（上海）自由贸易试验区文化市场开放项目实施细则》要求，进一步做好文化领域扩大开放政策在自贸区的实施工作，研究制定新的文化服务业开放举措，进一步调整和缩减设计文化服务业的外商投资准入特别管理措施（负面清单），加强对具有持久、稳定的海外文化贸易营销渠道、品牌影响力和国际竞争力的外资文化企业、总部基地等的引进力度，不断搭建国内外文化企业的合作交流平台，拓宽上海市文化贸易合作渠道。此外，浙江积极利用中国国际动漫节等大型展会，开展动漫、影视、游戏等产业合作与授权洽谈会，开拓国际文化市场，有力地推动了浙江文化企业产品和服务品牌的培育及转型升级，带动省内文化企业"走出去"。

10.3.6　强化资金支持，完善税收政策，带动文化"走出去"

加大对文化企业资金扶持力度，完善各类税收政策，是长三角地区解决文化企业融资困难，助力文化贸易快速发展的重要方式之一。例如，江苏不断加大和扩大对省内各类文化专项资金、基金等扶持力度与范围，综合运用多种政策手段，对省内文化服务出口、境外文化投资、市场开拓、营销渠道和公共服务平台建设等给予资金支持；通过利用财政资金，来加强对融资担保的支持，发挥贷款风险的补偿机制，降低更多外向型文化企业融资的风险。

在税收政策上，江苏对国家重点鼓励的文化产品出口试行增值税零税率，对国家重点鼓励的文化服务出口试行营业税免税；对纳入增值税征收范围的文化服务出口试行增值税零税率或免税；对承担国家鼓励类文化产业项目并进口国内不能生产的自用设备及配套条件等的企业，实现免征进口关税；对经认定符合软件企业相关条件的动漫企业，可申请享受国家现行鼓励软件产业发展所得税的优惠政策。

上海积极争取中央各类对外文化贸易扶持资金，按照国家，对获得中央资金奖励的，提供配套支持；设立了文化创意产业发展财政扶持资金项目，对文化贸易公共服务平台、创新项目、国家级及市内文化出口重点企业和项目给予重点支持。在税收政策上，上海对国家重点鼓励的文化产品出口实行增值税零税率，对国家重点鼓励的文化服务出口实行营业税免税；对符合现行税收优惠政策规定的技术先进性服务企业条件，符合上海从事服务外包业务的文化企业，经认定后可继续享受减按15％的税率征收企业所得税和职工教育经费不超过工资薪金总额8％的部分税前扣除政策。同时，上海积极引导金融机构对列入国家和上海市重点文化出口企业和项目给予信贷支持，不断创新融资方式，积极开展供应链融资、海外并购融资、应收账款质押等业务，降低文化企业海外业务的融资风险，拓宽融资渠道，带动上海文化产品与服务的出口。

10.4　典型案例分析：上海国家对外文化贸易基地

上海国家对外文化贸易基地成立于2011年11月18日，是贯彻党的十七届三中全会精神，积极落实中央关于推动中华文化"走出去"指示精神的重大举措，是中国首个国家级对外文化贸易基地，经过近六年的发展，已成为上海、长三角乃至全国文化产品进出口重要集散中心，对于上海对外文化贸易发展起到了极大的推动作用，是长三角地区全面落实中华文化"走出去"的一项重大举措。

10.4.1　总体思路

第一，集聚文化资源，推动对外文化贸易发展。在对外文化贸易发展上，通过构建文化贸易基地，实现文化资源的集聚；在战略上赋予基地更多内涵与功能，突破对外文化贸易发展"瓶颈"；完善文化贸易政策，引进重点项目，发挥基地在带动上海乃至全国文化贸易发展上的重要作用。

第二，提升文化创新力，完善和创新对外文化贸易政策。通过建立文化基地，关注新形式新时期下文化企业发展需求，以基地为平台，不断完善、创新各项文化贸易政策，使之与文化产业发达国家政策相互接轨，进而为中国文化企业"走出去"创造更加利于企业创新的政策环境，提升文化企业海外竞争力。

第三，实现基地与园区结合，放大扩张效应。通过实现文化贸易基地与文化产业园区的有效对接，扩大文化贸易基地的辐射范围，形成"一地多园"的格局。为此，一方面壮大了文化贸易基地中文化企业规模，壮大了基地力量；另一方面通过不断完善园区进出口政策，使更多进出口文化企业享受优惠政策，带动基地内文化产品与服务出口，助力更多文化企业"走出去"，放大基地的扩张效应。

第四，强化服务功能，突出对外文化贸易综合服务。立足上海"三个服务"，即服务长三角地区、服务长江流域、服务全国，基地将建设成为包括扶持资金运用、文化贸易信息提供、文化贸易前瞻性问题研究等综合服务性机构。同时，基地辐射范围将更多地汇集在长三角地区、长江流域及全国的高端文化资源，为更好地推动文化产业发展，带动区域文化贸易持续发展打下坚实基础。

10.4.2　功能定位

上海国家对外文化贸易基地作为全球文化资源服务平台，为文化企业提供了全方位、高效率、低成本的配套服务；不断推动文化企业集聚，形成文化创意产业集群；通过汇聚全球文化资源，打造文化"引进来"与"走出去"的总体格局；不断打造各类文化服务平台，实现文化资源的优化配置；不断创新文化贸易政策，实现与多部门政策的有效对接，为文化贸易发展搭建有效平台。该基地功能定位可以总结为以下几点：

一是对外文化贸易政策创新示范区。不断创新国家文化贸易政策，积极在文化贸易市场的市场准入、税制、管制及重大机制方面先行试点，主动对接国际惯例，适应全球文化市场的新特点与新要求。

二是对外文化贸易保税服务基地。依托对外文化贸易基地，立足境外文化资产的保税仓储服务、艺术品保税展示、文化设备保税租赁、国际艺术品分拨管理、"保税物流园区"出口服务等，进一步拓展新型保税业务，提升文化企业国际竞争力。

三是对外文化贸易出口服务基地。加强与上海主要文化创意产业园区的合作，发挥基地与园区的联动作用，通过不断探索外汇投资、文化产品出口退税、大型文化展览展会、海外文化市场合作等方式，带动文化产品和服务"走出去"。

四是对外文化贸易行业服务基地。通过开展教育培训、会展会务、交易投资、专业资讯、信息交流等活动，大力发展文化贸易行业协会，不断为入驻文化企业提供良好的行业服务，做好长三角地区文化贸易发展的综合服务工作。

10.4.3 主要政策

1. 税收政策概况

依托自贸区，其总体税收政策鼓励创新型的商业模型的建立，主要包括：通过出口增值税返还的政策，鼓励融资租赁公司在自贸区内成立；通过实物资产投资公司，有效降低企业收入税和个人所得税。同时，与保税区不同的是，上海自贸区将实施"一线逐步彻底放开、二线安全高效管住、区内货物自由流动"的创新监管服务新模式，简化手续、降低成本，使区内人与货物高效快捷流动。其中，"一线"是指国境线；"二线"是指国内市场分界线，也就是自由贸易区的空间分界线。

在税收补贴方面，注册在洋山保税港区内试点纳税人提供的国内货物运输服务、仓储服务和装卸搬运服务等将实行增值税即征即退。在对外投资税收方面，自贸区内因非货性资产对外投资等资产重组行为而产生的资产评估增值部分，可在不超过五年内分期缴纳所得税，同时正在取得离岸业务所得税率15%优惠等税收政策，以增强国际竞争。在融资租赁方面，将试验区内注册的融资租赁企业或金融租赁公司在试验区内设立的项目子公司,纳入融资租赁出口退税试点范围,以达到促进自贸区内贸易发展的目的。

2. 外商投资政策概况

为了引进外资企业,促进本土文化企业"走出去",基地从"准入前国民待遇""负面清单管理新体制""扩大文化领域开放"这三个方面给予了优化政策,有效地促进了外商直接投资。

在准入前国民待遇上,取消了外商投资企业合同审批章程,其中包括取消前置审批、改为备案管理;一表登记、一口受理;注册资本认缴登记制度;先取得法律主体地位、再取得经营主体地位;取得企业年检、改为公示备案制度等。

在负面清单管理新体制上,2014 年新版负面清单特别管理措施共计 139 条,比 2013 版减少 51 条,缩减近 1/3。从开放的角度来看,实质性取消 14 条,实质性放宽 19 条,进一步开放的比率达到 17.4%。

所有 139 条特别管理措施,按措施类型分,限制性措施 110 条,禁止性措施 29 条;按产业分,第一产业 6 条、第二产业 66 条(其中制造业 46 条)、第三产业 67 条。对负面清单之外的领域,按照内外资一致的管理原则,外商投资项目实行备案制(国务院规定对国内投资项目保留核准的除外);对负面清单之内的领域,外商投资项目实行核准制(国务院规定对外商投资项目实行备案的除外);外商投资企业设立和变更实行审批管理。

在扩大文化领域开放上,依托自贸区,该基地允许在试验区内设立外资经营的演出经纪机构、演出场所经营单位,为上海市提供服务;允许在试验区内设立外资经营的娱乐场所和演出场所;允许在外资企业在试验区内从事游戏游艺设备的生产和销售,通过文化主管部门内容审查的游戏游艺设备可面向国内市场销售。

3. 贸易政策与企业发展概述

结合文化企业发展需求,在自贸区内,不断创新业务及流程,促进自贸区内文化贸易持续发展。其具体的贸易政策见表 10—13。

表 10—13　　　　　　　　　　　**贸易政策与企业发展概况**

企业需求	创新业务及流程	效用
经由自贸区进口中国的流程，以及实际效用是怎样的	海外运输至港口；港口直接入自贸区；区内自由运输至仓库；相关人员仓库查验清点货物，如有遗漏、损坏可运回生产国，或 14 天内马上替换；货物入区后，14 天内报关，报关手续所需文件与非自贸区所需文件相同；检验；入境（智能化卡口管理）；缴税	1. 企业物流成本将降低 20%～30%； 2. 节省运人力成本； 3. 如果进口货物需要替换或者运回生产国，自贸区政策避免重复递交关税； 4. 进口商品入库速度加快，从 2～3 日缩短至半日； 5. 自由运输让每车速度缩短 30 分钟
进口货物需要当天入境送达客户，自贸区提供的便利是什么	海外运输至港口；港口直接入区；区内自行运输到仓库；电子发送给海关送货请求；收取回执；凭借回执送货至客户处；事后报关；缴税	1. 运输成本降低； 2. 海关成本降低； 3. 进口货物 2 小时内送给顾客
中国生产运往海外	直接运入区内；区内自由运输至仓库；相关人员仓库查验清点货物，如有遗漏、损坏可运回生产国，或 14 天内马上替换；货物可以集中申报海关退税；出境	1. 运输成本降低； 2. 运输人力成本降低； 3. 海关成本降低
自贸区内可操作的商业活动	简单组合加工；保税展示交易；转口贸易；保税维修	1. 降低海关税收成本； 2. 保税展示扩大市场

资料来源：http：//www. tcdic. com/。

10.5　提升长三角地区文化贸易可持续发展的对策与建议

10.5.1　加强顶层设计，优化全球布局，确定优先发展文化贸易的重点区域和国家

第一，要不断加强长三角地区文化贸易发展的顶层设计，建立长三角区

域内政府部门间的联动机制，聚焦区域文化发展需要，整合区域文化创新资源，互通有无，形成差异化的区域文化生产优势；明确不同地区间重点支持和发展的文化行业，打造具有区域特色文化产品与服务，实现优势互补、互联互通、协同发展的文化贸易区域发展模式，带动长三角地区文化贸易的持续发展。

第二，进一步优化长三角地区文化贸易的全球布局，加强对不同国家文化产业、文化市场需求及相关政策的调查研究，及时跟踪、研判世界主要国家文化产业发展现状及需求，结合区域文化产业发展优势及文化特性，确定优先发展文化贸易的重点区域和国家。特别地，要加强与"一带一路"沿线国家（地区）的合作，带动更多优秀的中国文化产品"走出去"，让更多沿线国家（地区）民众了解中国文化，实现民心相通。这是因为与欧美发达国家相比，大多数"一带一路"沿线国家（地区）与中国同属于发展中国家，与中国拥有相似的历史文化背景，相似的经济发展历程。例如，东南亚与上海均为古丝绸之路的发生地，上海青龙镇是古丝绸之路的起点之一，东南亚是古丝绸之路的繁华地区，且上海与东南亚国家拥有天然的地缘优势，地理距离较近，语言和文化风俗具有相似性，加之东南亚国家一直以来是上海重要的贸易伙伴，这为上海开展同东南亚国家文化贸易往来奠定了良好的经济与文化基础。

10.5.2　继续加强对重点外向型文化企业的扶持，打造区域特色文化品牌

与欧美等文化产业发达国家相比，中国无论是全国还是地区，都缺少一个具有广泛影响力、核心竞争力的全球文化品牌。品牌建设一直以来成为中国文化企业"走出去"的短板。一些文化企业往往忽视文化做企业，另一些文化企业往往过于拘泥于文化。对于文化企业而言，其发展的核心是文化资源，品牌的建立正是依托于已有文化资源上而产生的。然而，当企业过多地拘泥于文化的时候，即过多地强调文化资源之时，就会造成文化品牌的重复打造，难以形

成特色。

未来要进一步对国家、省市重点支持的文化出口企业和项目给予支持，依托特色文化资源，培育一批长三角地区具有国际竞争力的特色骨干文化企业，打造具有区域特色的文化品牌，提升长三角地区文化企业的国际知名度和影响力。一是要依托区域文化产品和服务竞争优势及优势文化资源，制订差别化的企业国际化实施方案。二是要依托国家文化创新工程项目、国家文化重点出口企业和国家级、省部级项目，有效集聚区域文化资源，加大对重点出口文化企业的培育和扶持力度，完善已有文化企业的财政、税收等政策，优化通关审批程序，推动更多优秀的、具有地方特色的文化产品和服务"走出去"。三是要做好长三角地区优秀文化作品的对外宣传，鼓励和支持地方优秀的文化企业参加国际服务贸易、图书等境外展会，将更多优秀的文化作品向全球展示，增强本土文化企业的海外知名度，带动中华文化"走出去"。

10.5.3 不断创新文化贸易发展方式，打造"互联网＋"的文化贸易模式

新型的移动互联网技术实现了互联网与传统产业的紧密结合，渗透到各个领域，已形成一种全新业态。近年来，长三角地区具备了"互联网＋"发展的产业基础和资源优势，区域互联网经济取得了快速发展。其中，浙江已成为国内电子商务集聚度最高的地区之一；江苏紧抓"智能制造创新示范省"机遇，以工业互联网为先发优势，打造了沙钢集团、徐工集团等多个全国机械制造行业的龙头企业，实现了从研发设计、生产制造到销售、服务等各环节的信息化。

因此，长三角地区应充分发挥区域信息化优势，不断创新文化贸易方式，充分利用互联网技术，实现互联网技术与文化的对接，提供文化交易的电子化和数据化服务，推动"互联网＋"文化贸易新模式的普及与发展。具体来看，一是要进一步推动文化产业的信息化水平，推动互联网技术在文化产业中运用的普及，实现不同文化形态的数据化表达。二是要拓宽文化与用户间的渠道，

推动文化作品在互联网上的传播推广，实现用户的有效认知。三是要解决文化价值的呈现与转化。与传统贸易不同，文化贸易的电子商务平台不只是简单的C2C、B2B 或 B2C，不同文化产品和服务价值的有效转化也有所不同，商品、服务和资金的流转也呈现差异。针对不同的文化产品的特性，互联网将提供不同的交易模式和平台，差异化的技术与运营服务，辅助其有效地流转，实现文化价值的转化。为此，结合文化产品的特性，研究制定不同的"互联网＋"文化贸易模式，实现文化产品和服务的价值有效呈现与转化，实现经济和文化上的共赢。

10.5.4　继续加强文化交流与合作平台建设，加强沟通，化解分歧，促进文化产品和服务出口

加强文化交流与合作平台的建设是增强全球民众对中国文化认同，降低文化贸易中的文化折扣，带动长三角地区文化贸易持续发展的重要方式。未来长三角地区应继续用好已有文化交流平台，结合区域文化贸易发展需要，有效利用区域文化资源，继续打造新型的文化交流与合作平台，让更多的外国民众了解区域文化，化解分歧，带动区域文化产品和服务的出口。

一是要梳理和研究长三角地区在海外建立的孔子学院数量和分布，要利用已有孔子学院，宣传中国文化，特别是长三角区域特色文化，促进沟通交流，提升文化认同。二是要充分发挥长三角地区科研优势及创新合作优势，汇聚省内的专家学者，打造文化类研究智库。同时，要加强与金砖国家、"一带一路"沿线国家（地区）等文化研究智库的交流与合作，打造国际文化智库联盟，加强国家与区域文化政策的沟通，增进彼此了解与信任。三是要积极参加中国—亚欧博览会、欧亚经济论坛、长三角洲合作机制等重要机制与活动，使长三角地区与"一带一路"沿线国家（地区）、世界主要国家和地区，与国内各区域、各城市有效地连接在一起，有利于国外国内文化资源的有效整合，通过承办国际会议、国际展览等活动，扩大长三角地区在全球的影响力，让全球更多民众了解长三角地区，带动区域文化贸易的发展。

10.5.5 进一步加强与"一带一路"沿线国家（地区）在重点领域的文化贸易合作

按照《文化部"一带一路"文化发展行动计划》的要求，未来长三角地区要继续围绕重点文化领域，开展与"一带一路"沿线国家（地区）文化贸易的交流与合作。一是要结合区域文化产业优势，依托区域特色文化资源，加强在演艺、电影、广播、音乐、动漫、数字文化、科技设备等重点领域文化产品与服务的进出口，不断拓宽和完善国际合作渠道。二是要鼓励和引导有条件的区域优秀文化企业通过并购、合资、控股等形式在"一带一路"沿线国家（地区）进行投资，不断向"一带一路"沿线国家（地区）培育与推广民族文化品牌，树立正面的大国形象，增强中国文化企业在"一带一路"沿线国家（地区）的文化影响力。三是要鼓励国有文化企业和社会资本参与到"一带一路"文化贸易中，推动公私合营的投资模式在长三角与"一带一路"沿线国家（地区）合作中的普及。四是依托国家对外文化贸易基地，推动长三角地区骨干和中小文化企业的联动整合，实现融合创新，带动长三角地区文化生产和消费良性互动。五是要加强"一带一路"海外文化园区建设，依托海外园区，让更多有实力却缺乏资金的中小型文化企业"走出去"，真正融入全球文化市场中。

10.5.6 加强文化贸易人才培养，为长三角地区文化贸易发展提供智力支持

人才培养是推动长三角地区文化贸易发展的重要因素。文化产品与服务的特殊性决定了文化贸易人才培养模式也有别于传统贸易人才培养的模式。正因如此，文化贸易人才不仅要有经济学科人才必备的经贸类知识，也需要了解和掌握文化产业的理论知识、全球文化市场的发展趋势以及文化贸易交易模式等。然而，在文化贸易人才培养上来看，全国设立文化贸易专业的高校屈指可数，大部分主要集中在北京，高校与企业间的产学研互动教学，文化贸易人才

培养环境需要进一步优化与改善。基于上述事实，长三角地区一是要加快高校文化贸易人才的培养，制订文化贸易类人才培养计划，鼓励和支持高校开展文化贸易专业建设，建立文化贸易人才培养基地，深化高校、研究院所和文化企业间互动与合作，为更多在校文化贸易专业学生了解市场，加强知识应用能力提供更多实践机会。二是要加强对已有文化贸易从业者的培训和教育，可根据实际需要邀请领域专家开展有针对性的讲座、培训和学习考察，提高文化贸易从业者的综合素质和业务水平，特别要加强文化贸易从业者外语技能的培养，提升文化贸易从业者对国际文化市场运作规律的了解与掌握。三是要加强与国外文化贸易人才的交流与合作，鼓励和支持一批国内优秀文化贸易人才去国外进修、深造学习，掌握国外文化贸易发展情况，了解国际文化市场需求。同时，要完善长三角地区海外人才的引进政策，吸引更多高端文化创意高级人才、文化相关专业的硕士、博士回国工作，形成一致高素质的文化贸易人才队伍，为长三角地区文化贸易持续发展提供人才保障。

10.6　本章小结

长三角是中国对外文化贸易快速发展的重要区域，在推动中国文化"走出去"，实现同"一带一路"沿线国家（地区）文化交流与合作上发挥着重要作用。本章以长三角地区为研究对象，对长三角地区文化贸易发展现状、发展基础、现有举措等方面进行了全面分析，并以上海国家对外文化贸易基地为案例，就上海促进文化贸易持续发展进行了分析。在上述事实分析的基础上，围绕"一带一路"建设、文化贸易人才培养、国际文化市场开拓、贸易方式创新、重点企业和领域支持等多个角度，就未来推动长三角地区文化贸易可持续发展提出相应的对策与建议。

第11章

泛珠江三角洲地区文化贸易

文化贸易作为国际服务贸易的重要组成部分，日渐成为当今全球服务贸易竞争的重点领域之一。加快发展对外文化贸易，不仅对于拓展中国文化发展空间、提高对外贸易发展质量具有重要意义，也是深化改革开放、转变经济发展方式的有效途径。泛珠江三角洲地区历史文化源远流长，少数民族众多，是中国发展对外文化贸易的黄金地带。同时，该地区的文化产业基础深厚，拥有一批规模大、效益好、实力强的文化产品制造企业，发展对外文化贸易具有显著的比较优势。

11.1 泛珠江三角洲地区文化贸易概况

文化贸易既包括国际间文化产品的输入与输出，还包括不同地区间文化服务贸易的往来，是一国文化软实力的具体表现。2016 年以来，泛珠江三角洲地区文化产品贸易规模不断扩大，核心文化产品竞争力增强，图书贸易活跃，重点文化品牌涌现，具有广阔的发展前景。

11.1.1 文化产品贸易概况

1. 文化产品贸易规模

2016 年泛珠江三角洲地区文化产品进出口贸易往来频繁，除海南外均处于贸易顺差状态。其中，广东、福建两省的出口优势明显，2016 年文化产品贸易顺差额分别达到 2 645.63 亿元和 163.32 亿元。

出口方面，2016 年广东以约 2 777.15 亿元出口额高居泛珠江三角洲地区榜首，占当年全国文化产品出口总额的 53.15％，高比重领跑全国。福建以 166.99 亿元紧随其后，这表明福建省文化产品的竞争力进一步增强。2016 年江西省文化出口产品额为 105.74 亿元，较上年同比增长 21.33％，增速较快，国际影响力扩大。湖南省对外文化贸易在经过 2015 年的短暂低迷期后，在 2016 年迅速恢复，文化产品出口额达到 69.94 亿元。海南省和广西壮族自治区的文化产品出口总值分别为 8.39 亿元和 0.08 亿元，占全国文化产品出口总额的比重较低，甚至不足 1％。其原因可能是这三省文化贸易尚处于起步阶段，对国际市场偏好的把握不足，缺乏具有吸引力的文化产品打开国际市场。

进口方面，2016 年泛珠江三角洲地区文化产品进口总额远小于其出口总额。进口额最高的省份为广东，约 131.52 亿元，其次为福建省（3.67 亿元）。海南和广西两省文化产品进口额尚未突破 1 000 万元大关（见表 11—1）。

表 11—1   2016 年泛珠江三角洲地区文化产品进出口总额   单位：亿元

省份	出口额	进口额	贸易差额
广东	2 777.15	131.52	2 645.63
湖南	69.94	18.13	51.81
福建	166.99	3.67	163.32
广西	8.39	0.08	8.31
海南	0.07	0.08	−0.01
江西	105.74		

注：其中广东、湖南两省文化产品出口额、进口额及贸易差额的单位为亿美元，其余省份各项单位均为亿元。且考虑到贵州省数据缺失，暂时未将其列入表中。

资料来源：2016 年各省海关统计数据。

2. 核心文化产品竞争力指数

核心文化产品的出口市场占有率用于衡量一地区核心文化产品出口额占全国文化产品出口总额的比重。2011 年泛珠江三角洲地区核心文化产品出口市场占有率排名进入全国前十位的省份为广东、湖南、江西和福建，分别为 25.14%、15.72%、7.86% 和 2.69%，排名第一、第二、第四和第九位，四省合计接近当年全国文化产品出口总额的一半，市场份额较高。显示性比较优势指数用于衡量一地区核心文化产品贸易相对于全国来说的比较优势程度。从这一指标来看，湖南和江西两省分别以 15.72 和 7.86 的得分占据全国前两位，广西和广东次之，分别排名全国第四和第十位，这说明相对于其他贸易形式，泛珠江三角洲地区整体上具有发展核心文化产品贸易的比较优势。贸易竞争力衡量的是一地区核心文化产品出口相较于该地区文化产品进口的竞争力，受该指标计算方式的影响，泛珠江三角洲地区广西、湖南、江西和贵州四省的贸易竞争力指数均为 1，广东、福建和海南三省排名较为靠后（见表 11-2）。

表 11-2　　　2011 年泛珠江三角洲地区核心文化产品贸易竞争力测量指标及排名　　　　　单位：%

省份	出口市场占有率排序	出口市场占有率	显示性比较优势指数排序	显示性比较优势指数	贸易竞争力指数排序	贸易竞争力指数
广东	1	25.14	10	0.90	25	0.77
福建	9	2.89	18	0.59	27	0.71
广西	10	2.69	4	4.10	1	1.00
海南	27	0.02	26	0.13	23	0.81
湖南	2	15.72	1	30.15	6	1.00
江西	4	7.86	2	6.82	9	1.00
贵州	31	0.00	30	0.01	1	1.00

注：出口市场占有率＝该地区核心文化产品出口额/全国文化产品出口总额；显示性比较优势指数＝（该地区核心文化产品出口额/该地区贸易出口额）/（全国核心文化产品出口额/全国贸易出口额）；贸易竞争力指数＝（该地区核心文化产品出口额－该地区核心文化产品进口额）/（该地区核心文化产品出口额＋该地区核心文化产品进口额）。

资料来源：中国文化贸易力区域分析。

11.1.2　文化服务贸易概况

以版权输出与引进为例，2014 年泛珠江三角洲地区共输出版权 1 342 个，引进版权 1 680 个，分别占当年全国输出和引进版权总数的 13.04％和 10.06％。总体来看，泛珠江三角洲地区多数省份处于贸易逆差状态，与此相区别的是福建与江西两省，尤其是福建，版权输出远多于版权引进，出现明显的贸易顺差。

泛珠江三角洲地区的版权贸易多集中于图书行业，其中，2014 年该地区图书版权总输出 1 233 个，总引进 1 235 个。输出和引进活动都较为频繁。版权活跃程度其次的项目是录像、录音及电子，2014 年录像版权共引进 356 个，输出 66 个，处于贸易逆差状态。录音版权也表现出贸易逆差，泛珠江三角洲地区 2014 年共引进录音版权 68 个，输出 24 个。电子类版权输出 19 个，引进 12 个，处于贸易顺差状态。其他诸如电视、电影、软件等项目的贸易往来几近为零，总体上呈现出种类分布不平衡的特点。

从不同省份的版权输出状况来看，江西以 420 个版权输出总数位居泛珠江三角洲地区榜首，占该地区的 31％。福建紧随其后，2014 年共输出版权 377 个。两省合计 797 个，占比约为 60％，这意味着 2014 年泛珠江三角洲地区有一半以上的版权输出来自江西和福建两省。从不同省份的版权引进状况来看，广东版权引进数量最多，为 492 个。广西与江西以 318 个并列该地区版权引进数量的第二位。这三省是该地区版权引进的主要省份，合计占当年该地区版权引进总数的 67％。泛珠江三角洲地区的版权贸易呈现出以下特点：江西、福建、广东、广西及湖南等省的版权贸易较为活跃，发展状况良好；海南与贵州两省仅局限于版权贸易的引进阶段，输出能力有限（见表 11—3）。

表 11—3　　2014 年泛珠江三角洲地区版权输出和引进情况　　单位：个

种类		福建	江西	湖南	广东	广西	海南	贵州
图书	输出	364	414	110	181	164	0	0
	引进	50	315	269	74	318	163	46
录音	输出	0	0	0	24	0	0	0
	引进	1	3	0	64	0	0	0
录像	输出	0	0	0	66	0	0	0
	引进	0	0	2	354	0	0	0
电子	输出	13	6	0	0	0	0	0
	引进	0	0	4	0	0	8	0
软件	输出	0	0	0	0	0	0	0
	引进	0	0	1	0	0	0	0
电视	输出	0	0	0	0	0	0	0
	引进	0	0	4	0	0	0	0
其他	输出	0	0	0	0	0	0	0
	引进	0	0	4	0	0	0	0
合计	输出	377	420	110	271	164	0	0
	引进	51	318	284	492	318	171	46

注：考虑到该地区每个省份的电影版权输出和引进个数均为 0，为节省篇幅，此处略去。
资料来源：国家版权局 2014 年全国版权贸易引进与输出情况。

11.1.3　文化出口重点企业与重点项目概况

为鼓励和支持中国文化企业参与国际竞争，扩大文化产品和服务出口，推动中华文化"走出去"，每年以《文化产品和服务出口指导目录》为指导，在企业自主申报的基础上，经过各地初审、第三方专业机构合规性审核、专家评审和相关部门复核等程序，由商务部、中央宣传部、财政部、文化部、新闻出版广电总局认定，确定每年度国家文化出口的重点项目及重点企业的名单。因此，一个省份国家文化出口重点企业与重点项目的数量反映着该省文化产业的对外开放水平，以及该省份在文化贸易中的参与程度。

2011~2012 年、2013~2014 年、2015~2016 年三期，泛珠江三角洲地区文化出口重点企业的总数分别为 121 个、94 个和 91 个，分别占当年全国总数的 24.94%、25.68% 和 25.85%。虽然在绝对数量上呈现出下降的趋势，但整体占比却不断提高，重点文化出口企业个数超过全国总数的 1/4。各省份分布情况见表 11-4。2011~2012 年、2013~2014 年、2015~2016 年三期广东文化出口重点企业个数分别为 65 个、48 个和 42 个，约占整个泛珠江三角洲地区文化出口重点企业总数的一半，规模较大，远超其他省份，数量优势明显。福建和湖南两省在总体平稳中略有波动，处于地区领先水平。其中，2011~2012 年、2013~2014 年、2015~2016 年三期福建文化出口重点企业个数分别为 21 个、18 个和 22 个，总数较广东省差距较大。2011~2012 年、2013~2014 年、2015~2016 年三期湖南文化出口重点企业数量分别为 17 个、18 个和 17 个，与福建文化出口重点企业数量大致持平。江西企业总数落后于以上三省，2011~2012 年、2013~2014 年、2015~2016 年三期个数分别为 13 个、7 个和 5 个，逐年下降。贵州、海南和广西三省份文化重点出口企业的数量相对较少，文化产业处于劣势地位，有待进一步发展。

表 11-4　2011~2016 年泛珠江三角洲地区文化出口重点企业个数　　单位：个

年份	广东	湖南	福建	江西	贵州	海南	广西
2011~2012	65	17	21	13	1	1	3
2013~2014	48	18	18	7	1	2	0
2015~2016	42	17	22	5	0	2	3

资料来源：商务部 2011~2016 年《国家文化出口重点企业目录》。

在文化出口重点项目方面，泛珠江三角洲地区 2011~2012 年、2013~2014 年、2015~2016 年三期文化出口重点项目的个数分别为 33 个、17 个和 18 个，占当年全国项目总数的比重分别为 30.56%、13.82% 和 12.94%，文化出口重点项目总数量在大幅缩减后虽略微回升，但占全国比重下降。该地区各省份分布情况见表 11-5。其中，广东重点出口项目的数量最多，2011~2012 年、2013~2014 年、2015~2016 年三期分别为 12 个、7 个和 6 个。湖南和福建在不同年份的波动较为明显，湖南在 2011～2012 年这一期文化出口重点项目个数最多，为 8 个。福建在 2013～2014 年这一期与广东并列当期地区第一，为 7 个。贵州、海南、广西三省份文化出口重点项目的数量相对落后，具有较大的增长空间。虽然江西已经拥有一定数量的文化出口重点企业，但近几年来，在文化出口重点项目上却颗粒无收，这意味着江西未来还需进一步挖掘地方文化产业潜力，因地制宜，开发更多文化项目，以填补该部分的空白。

表 11—5　2011～2016 年泛珠江三角洲地区文化出口重点项目个数　　单位：个

年份	广东	湖南	福建	江西	贵州	海南	广西
2011～2012	12	8	5	0	4	4	0
2013～2014	7	0	7	0	2	0	1
2015～2016	6	4	3	0	3	0	2

资料来源：商务部 2011～2016 年《国家文化出口重点项目目录》。

11.2　代表性省份对外文化贸易发展现状

泛珠江三角洲地区各省份文化贸易的发展存在极大的差异性，具体表现为：广东在不断扩大地区领先优势的基础上，已发展成为全国文化"走出去"的范例；福建、湖南两省处于该地区发展的第一梯队，对外文化贸易开放程度不断提高，国际影响力进一步增强，文化出口大省的地位不可动摇；江西赶超趋势明显，近年来文化产品出口规模扩大，版权贸易活跃，成为对外经济新的增长点；海南、贵州及广西对外文化贸易发展水平暂时落后于以上各省份，增长潜力有待释放。

11.2.1　广东对外文化贸易发展现状

近年来广东对外文化贸易发展迅速，2016 年文化产品进出口总额约 2 908.67

亿元，其中，出口约 2 777.15 亿元，进口约 131.52 亿元，实现贸易顺差约 2 645.63 亿元，增长势头强劲。如今广东已形成较为完备的文化出口体系，出口覆盖 160 多个国家和地区，在出版、动漫游戏、创意设计、文化设备制造等领域培育了一批具有国际竞争力的重点出口企业和品牌，逐步建成了全方位、多层次、宽领域的文化贸易格局。具体表现如下：

（1）全方位、多元化文化贸易体系逐步形成。广东文化出口产品种类日渐丰富，囊括各个领域，出口产品的主要构成开始向高科技含量和高附加值的产品倾斜，国际影响力逐步增强。出口市场与出口方式日趋多元，出口市场扩展到 160 多个国家及地区，出口方式除传统的文化实物贸易、加工贸易出口外，还开发和形成了版权输出、联合制作、投资办企业等多种方式。

（2）以网络游戏、动漫等为代表的文化新型业态产品和服务异军突起。2016 年，广东游戏企业出口额达到 176 亿元，同比增长 76％。其中，网络游戏出口 127.9 亿元，占出口总额的 73.7％；游戏游艺设备出口 45.5 亿元，占出口总额的 25.8％；其他涉家用游戏出口 2.8 亿元，占出口总额的 1.6％。截至 2016 年底，广东游戏已出口 160 多个国家和地区，其中包括美日韩等游戏发达国家。同时，广东省动漫行业以多年领跑全国的姿态，开始逐步走向世界。广州蓝弧通过代理机构拓展新 IP《铁甲威虫》在东南亚、中东和欧美的市场份额，销售额同比增长 30％；广州易动文化《美食大冒险》在印度尼西亚、印度、阿联酋、新加坡等 60 多个国家（地区）及海外航空媒体发行，斩获 2015 年印度国际微电影节"最佳动画片奖"；深圳方块继《正义红师》在泰国、越南等 20 多个国家（地区）播出后，《超智能足球》于 2017 年初在美国主流频道播出，成功打入美国市场；广州达力《神兽金刚Ⅱ》出口至中国台湾、马来西亚，《数学荒岛历险记Ⅰ、Ⅱ》出口至马来西亚、新加坡。

（3）重点企业和品牌项目不断涌现。近年来，广东出口重点企业和项目的质量明显提升。例如：广东省出版集团有限公司从单一的版权转让，发展成为融联合出版、成品出口、渠道共享、股权合作、印刷、复制服务、数字出版等多种形态、多种领域业务为一体的出版企业，每年进出口贸易总额超过 2 亿元，连续多年实现了版权贸易顺差。集团旗下广东新世纪出版社的《少年文摘》杂志出口到澳大利亚、东南亚等多个国家（地区），以每年近20万册的外销量成为国内出口量最大的期刊。

（4）新闻媒体海外合作步伐加快，文化制造业产品出口优势突出。广东多家报纸传媒集团，如南方报业、广州日报等与国外媒体巨头合作等开办海外版。电视频道境外落地取得新成效，广东电视台国际频道、南方卫视、深圳卫视等频道在北美、东南亚及港澳台地区的覆盖影响不断扩大。随着LED舞台灯具在国际范围内的兴起，广东省演艺设备企业与国际市场潮流同步研发新产品，由生产传统的舞台电脑灯及时转向LED灯具，出口多个国家和地区。

11.2.2　福建对外文化贸易发展现状

2016年福建文化产品出口166.99亿元，进口3.66亿元，较上年存在不同程度的下滑。从月度数据来看，出口总额整体呈上升趋势。出口额在2月探至年内最低点的8.81亿元后，开始逐月增长，持续至2016年8月，达到当年文化产品出口总额的最大值20.41亿元。在同年9月出现一定程度下滑后，从10月开始小幅攀升。

文化产品进口总额呈波动趋势，年内最低值163万元，最高值3 960万元，极差较大。各月度均处于贸易顺差状态，在文化产品贸易中出口贸易占据了一定优势（见图11-1）。

从福建文化产品出口结构来看，出口产品主要为文化附加值较低的视觉艺术品。2016年福建出口的文化产品为雕塑工艺品、金属工艺品、园林、陈设艺术陶瓷制品及玩具，分别占当年该省文化产品出口总额的26.25%、13.79%、12.13%及14.34%。雕塑工艺品和金属工艺品的出口比重合计为40%，占较高份额。但这类产品普遍深加工层次低，科技含量及附加值不高，难以获取较高的市场利润，因此，福建文化产品的出口结构还有待优化。从不同类型文化产品出口额的增长来看，雕塑工艺品和金属工艺品较去年分别下降了3.1%和5.4%，玩具类文化产品出口增幅抢眼，较上年同期上涨39.2%（见表11-6）。

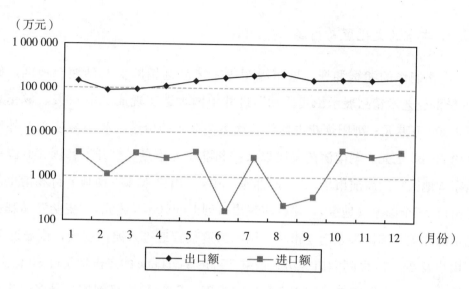

图 11—1　2016 年福建文化产品进出口月度数据

资料来源：福建海关。

表 11—6　　　　　　　**2016 年福建主要文化产品出口金额、增长及占比**

文化产品类型	金额（亿元）	增长（%）	占比（%）
雕塑工艺品	43.84	−3.1	26.25
金属工艺品	23.02	−5.4	13.79
园林、陈设艺术陶瓷制品	20.25	3.0	12.13
玩具	23.95	39.2	14.34

资料来源：福建海关。

11.2.3　湖南对外文化贸易发展现状

2016 年湖南文化产品进出口总额累计约 88.07 亿元，同比增长 82.9%，其中出口额约 69.94 亿元，进口额约 18.13 亿元。在经过 2015 年的短暂低迷期后迅速恢复，并开始逐步确立以出版、广电、动漫、演艺、工艺美术为基本框架的文化产品和服务出口体系，在发展对外文化贸易的过程中，湖南表现出以下特点：

1. 丰富的文化贸易内涵

湖南制作的湘绣湘瓷、城市雕塑等工艺品远销欧美及港澳台地区，如"湘绣湘瓷艺术精品展示拍卖活动"进驻中国香港实现成交率 69%、成交总额 3 200 万港元；浏阳烟花占据伦敦奥运会 3/4 的份额，2016 年实现对外出口约 39.85 亿元。湖南演艺集团以杂技和歌舞为重点，打开了韩国、泰国等国家（地区）的商演市场。"动漫湘军"中，"山猫吉咪"动画节目和衍生产品出口 71 个国家（地区），累计实现出口创汇 5 000 万美元，"麦咭"品牌也已走向北美、澳洲和东南亚市场。国际频道整频道进入澳门有线，覆盖近 10 万用户及 26 000 多间酒店客房。芒果 TV 在 YouTube 的点击量超过 30 亿次，共推送 6 000 个湖南卫视综艺视频，成为 YouTube 频道订阅用户最多的华语视频内容平台。

2. 广泛的多边交流

2013 年以来，湖南在深港台澳沪等地分别举办专题活动，在台举办"2013 湖南两岸文化创意产业合作周"达成合作意向 50 多个、合作金额 40 多亿元。2014 年 12 月在泰国曼谷举办的"湖南文化走进泰国"活动生动全面地展示了湖湘文化魅力，在泰国掀起一股"湖南热"。2015 年 4 月，作为主宾省参加第六届海峡两岸文化创意产业展，组织湖南省内 40 家文创企业、400 余件文创产品赴台参展，共有 36 家参展企业达成了合作意向，意向金额逾 4.3 亿元。2015 年 6 月，湖南传统村落保护与发展专题招商项目亮相"港洽周"，湖南省湘西州永顺县双凤村等 11 个传统村落项目备受关注，所在地政府与 11 家粤港澳企业成功签约。

3. 初见成效的海外营销网络

目前，湖南出版集团已在欧美设立海外工作站，与美、俄、英、法、德、日等国家和地区的 100 多家出版机构建立合作关系，产品出口进入欧美主流营销渠道。湖南卫视通过长城平台顺利在北美、欧洲落地，成功开拓美国、澳大利亚及东南亚等市场。湖南广播电视台制作的《我是歌手》《爸爸去哪儿》《奇妙的朋友》《一年级》《偶像来了》等节目，发行至中国台湾、中国香港以及马来西亚、新加坡、美国等主流电视平台，甚至在马来西亚、新加坡、美国电视平台实现了保留台标的同步直播，成为文化企业"一带一路"的标志性事件。金鹰卡通与芬兰合作，推进"麦咭"品牌走出去，打造幼教、影视、乐园相关产品的动漫产业链。

11.2.4　江西对外文化贸易发展现状

江西坚持"走出去"与"引进来"相结合，文化交流与合作取得新成效。2016 年江西文化产品出口总额达到 105.74 亿元，较 2015 增长 21.33%，增幅较大，仅次于机电产品、高新技术产品、服装及衣着附件产品。2016 年文化产品出口额月度数据见图 11-2，总体上呈现出较大的波动。在 2016 年2 月达到该年度文化产品出口额的最小值 4.80 亿元后，开始持续上升至当年5 月，突破 10 亿元大关，达到当年文化产品出口额的最高值。后半年出现了波动频繁，其中，7 月、8 月、9 月及 10 月四个月份文化产品出口额均保持在 10 亿元以上。

江西文化贸易虽然起步较晚，但展现出了强劲的后发优势，在贸易规模扩大的同时，逐步形成以陶瓷、烟花、影视、书报刊、演艺、工艺美术品为主要内容的化产品和服务出口体系。

1. 文化交流频繁

2015 年江西实施文化交流项目 147 项，其中"走出去"项目 17 项，文化交流出入境 2 114 人次，分别较上年增长 33.7%、47.4%、54.6%。其中包括对俄罗斯、伊朗、意大利以及港澳台等国家与地区的人文交流与合作，举办中国（南昌）国际演出交易会、首届驻华外交官"中国文化之旅"等一系列重大文化交流展示活动，这些交流项目和展示活动增进了江西与外界的交流，扩大了江西文化产业的国际影响力。

（万元）

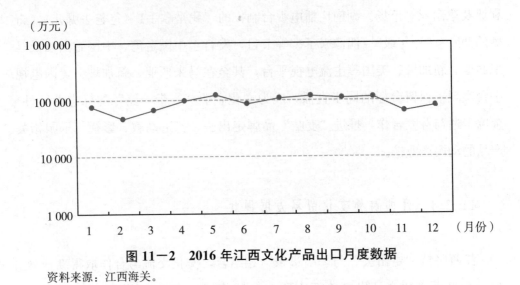

图 11—2　2016 年江西文化产品出口月度数据

资料来源：江西海关。

2. 版权输出优势凸显

2010～2015 年江西省的版权输出达到 910 种，图书国际贸易额超过 305.55 万元。新闻出版业的产品（包括新媒体、动漫、游戏）等出口额达到 33.7 亿元，主要出口美国、韩国、日本、欧洲等国家和地区。为了进一步扩大江西的版权输出优势，江西省政府于 2016 年 12 月正式设立"江西省版权输出奖"，用以表彰本省新闻出版广播影视业实施并取得显著成效的版权输出项目。江西是全国首个以省政府名义设立版权输出奖的省份。在相关政策的扶持下，未来江西版权的国际贸易数量和效益无疑会取得新突破。

11.2.5　广西对外文化贸易发展现状

近年来，广西与东盟的文化贸易往来频繁。2016 年广西文化产品出口额为 8.39 亿元，进口额为 0.09 亿元，实现贸易顺差 8.3 亿元，主要产品出口种类是以雕塑品及刺绣品为主的视觉艺术品。虽然相对于泛珠江三角洲地区其他省份而言，广西文化贸易存在着起步晚、层次低的缺陷，但经过几年的发展取得了以下成绩。

1. 文化"走出去"广度拓展

2015 年广西完成重点文化交流合作项目 55 个，来访 29 起 380 人次，出访 98 起 1 803 人次。成功打造"美丽中国·美丽广西"文化交流品牌，在世界各地开展一系列"广西文化周"活动，合作共建首尔、悉尼、曼谷等海外中国文化中心。成功举办 10 届中国—东盟文化论坛，该论坛成为加强中国与东盟文化交流合作、增进了解与友谊的重要平台，为进一步夯实双方战略伙伴关系注入了新的动力。

2. 图书、影视作品卓有成效

从图书报刊贸易来看，2015 年广西与 30 多个国家（地区）达成版权贸易图书 2 600 多种。广西师范大学出版社集团完成对澳大利亚视觉出版集团股权交易交割的收购手续，实现资本"走出去"零的突破。《中国—东盟博览》杂志落地印度尼西亚、马来西亚、泰国，中越文杂志《荷花》落地越南，幼儿期刊《小聪仔》发行到马来西亚。从电视电影贸易来看，广西的电视栏目《中国剧场》落地柬埔寨、老挝等东盟国家，广西电视台电视节目覆盖东盟、东亚、欧洲、北美、澳洲约 30 个国家（地区），并成功举办"聚焦广西"国际电视采访等多项大型外宣活动。专题片《海上新丝路》、纪录片《寻找巴布什金中校》和电影《夜莺》成为对外文化宣传的重点项目。译制的国产优秀电视剧《老马家的幸福往事》《北京青年》陆续在东盟国家电视台播出，引起热烈反响。

11.3　泛珠江三角洲地区文化贸易发展的基础

泛珠江三角洲地区文化贸易的快速发展，得益于其坚实的文化产业基础和数量众多文化制造企业，使该地区具备了较强的文化产品供给能力，能够生产丰富多样的文化产品以供消费。地理区位优势和文化资源禀赋是该地区发展文化贸易的独特优势，两大博览会为该地区提供了文化交流和展示的平台，提高了其贸易便利化水平。

11.3.1 文化产业发展概况

文化产业是文化贸易发展的重要基础，文化产业层次直接决定着文化产品在国际市场上的竞争力和影响力。

1. 文化产业增加值及占地区 GDP 比重

从文化产业及其相关产业增加值在地区的占比来看（见表 11—7），2015 年泛珠江三角洲地区文化及相关产业增加值为 7 481.31 亿元，占全国比重的 27.47%，这意味着泛珠江三角洲地区贡献了全国文化及相关产业增加值的 1/4。该地区的整体特征表现为各省文化及相关产业增加值逐步提升，地区 GDP 占比不断扩大。其中，广东文化产业蓬勃发展，连续多年领跑全国，成为当之无愧的"文化大省"。2015 年广东文化及相关产业增加值为 3 648.84 亿元，约占全国总量的 1/7，排名全国各省份首位。文化及相关产业增加值占地区 GDP 的比重超过 5%，这意味着文化产业，毫无疑问地成为广东的支柱性产业和战略性新兴产业。福建和湖南在总体上处于珠江三角洲文化产业发展的第二梯队，2015 年两省文化及相关产业增加值分别达到 1 070.94 亿元和 1 371.56 亿元，虽然近年来增长速度出现了一定程度的下滑，地区占比也小幅降低，但其总量依然具有领先优势。海南、广西、江西因起步较晚造成了现阶段文化产业基础薄弱、结构层次较低等问题，但发展势头迅猛，增幅较大。2015 年，海南、广西、江西文化及其相关产业增加值的增速分别为 13.08%、10.10% 及 5.52%。其中，广西与海南文化及相关产业增加值占地区 GDP 比重提升，2015 年达到 2.52% 和 2.98%，成为经济增长亮点之一。

表 11—7　　　　　泛珠江三角洲地区文化产业增加值及 GDP 占比

省份	2015 年			2014 年		
	增加值（亿元）	增长率（%）	地区 GDP 占比（%）	增加值（亿元）	增长率（%）	地区 GDP 占比（%）
广东	3 648.84	2.65	5.01	3 552.3	17.94	5.24
福建	1 070.94		4.12			
广西	424.22	10.10	2.52	381.39	3.89	2.43
海南	110.29	13.08	2.98	95.86		2.73
湖南	1 371.56	−10.38	4.75	1 513.86	11.8	5.24
江西	613.89	5.52	3.67	580	15.6	3.70
贵州	241.57	−22.88	2.3	296.85	41.55	3.21

资料来源：历年《第三产业统计年鉴》及各省份文化厅数据。

2. 文化产业指数

在 2016 年最新发布的中国文化产业指数中，泛珠江三角洲地区综合指数排名进入前十的省份为广东和江西。其中广东以 79.23 的得分排名第五，名次与去年持平。江西则是在 2015 年综合指数排名下降的情况下，以 74.03 的得分排名第九，重新跻身前十之列。在生产力指数方面，各省份较去年排名浮动较小，广东与江西分别以 80.16 分和 74.59 分位列第三与第七，取得较好名次。影响力指数中广东以 81.42 的高分排名第三，仅次于北京、上海，湖南以 74.72 分位列第十。驱动力指数中仅海南上榜，名次较上年下降一位，得分 77.06。

结合 2015 年泛珠江三角洲地区的文化产业指数排名，可以明显看出 2016 年广东在综合指数、生产力指数及影响力指数上较 2015 年变化不大，维稳趋势明显，保持着国内领先水平。江西进步显著，三项指数（综合指数、生产力指数及驱动力指数）排名前十，这标志着江西文化产业发展指数进入全国的第一方阵。福建和湖南两省排名较 2015 年的下降浮动较大，2015 年福建的文化产业综合指数、影响力指数及驱动力指数分别为 76.24 分、75.97 分及 80.85

分，名列当年全国的第七、第七及第三。湖南的综合指数、生产力指数、影响力指数和驱动力指数分别为 75.18 分、74.10 分、74.44 分及 76.90 分，排名第九、第十、第九及第十。然而 2016 年福建和湖南两省的各项指数排名仅湖南的影响力指数上榜（见表 11—8）。

表 11—8　　　　　　2016 年部分省份文化产业指数排名

排名	综合指数		生产力指数		影响力指数		驱动力指数	
1	北京	84.72	江苏	81.92	北京	87.32	北京	87.51
2	上海	80.6	山东	80.71	上海	82.59	上海	81.45
3	江苏	80.12	广东	80.16	广东	81.42	浙江	79.96
4	浙江	79.72	浙江	78.67	江苏	80.3	江苏	79.03
5	广东	79.23	四川	76.06	浙江	80	青海	77.33
6	山东	74.98	上海	74.93	山东	76.77	重庆	77.24
7	四川	74.47	江西	74.59	四川	75.85	天津	77.13
8	天津	74.4	河北	74.5	辽宁	75.37	海南	77.06
9	江西	74.03	河南	74.04	山西	74.9	广东	76.59
10	辽宁	73.73	北京	73.96	湖南	74.72	江西	75.63

资料来源：中国人民大学、文化部文化产业司 2016 年全国各省份文化产业指数。

11.3.2　文化制造企业

文化制造企业反映着一地区对文化产品的供给能力。如表 11—9 所示，2015 年泛珠江三角洲地区规模以上文化制造企业的总数为 7 265 个，占当年全国总数的 36.18%，优势显著。其中，亏损企业 818 个，仅占该地区规模以上文化制造企业总数的 10%。利润总额为 828.84 亿元，占当年全国规模以上文化制造企业利润总额的 31.40%，这表明泛珠江三角洲地区文化制造企业经营效益较好，具有较大的盈利空间。

就不同省份的表现而言，广东文化制造企业数量占优，为 3 459 个，同时，利润总额最高，为 331.25 亿元。福建与湖南两省规模以上文化制造企业数量仅次于广东，分别为 1 387 个和 1 417 个。这两省相比较，湖南规模以上文化制造企业利润总额较高，为 175.42 亿元。并且亏损企业的数量也明显少于福建，为 47 家，仅为福建省的一半。江西规模以上文化制造企业在个数上虽然并不占优势（仅为 621 个，占该地区总数的 8%），但企业生产力较高、效益较好，2015 年实现了 127.46 亿元的利润总额，排名靠前，占该地区利润总额的 15.38%。贵州、广西、海南的文化产业尚在起步阶段，总计规模以上文化企业个数和利润总额仅占该地区的 5.2% 和 5.6%，这表明贵州、广西、海南的文化制造企业还有待成长和发展，未来具有较为广阔的增长空间和较强的增长潜力。

表 11—9　　　　　　2015 年泛珠江三角洲地区规模以上文化制造企业

省份	总企业个数（个）	亏损企业个数（个）	利润总额（亿元）
福建	1 387	97	148.26
江西	621	29	127.46
湖南	1 417	41	175.42
广东	3 459	604	331.25
广西	268	32	27.34
海南	8	3	6.34
贵州	105	12	12.78
总计	7 265	818	828.84

资料来源：历年《第三产业统计年鉴》。

11.3.3　地理区位优势

泛珠江三角洲地区拥有独特的区位优势，具体表现为广东毗邻港澳、福建闽台同源、广西背靠东盟。独特的地缘和亲缘优势有助于泛珠江三角洲展开与其他地区深度的文化交流合作，取长补短，增强文化产品的国际竞争力，带动相关产业的繁荣。

1. 毗邻港澳

广东借助毗邻港澳的优势地理区位，多次与香港特区、澳门特区签订文化合作规划，设立粤港澳文化交流合作示范点，联合制作舞蹈诗《清明上河图》、现代舞剧《情书》及"海上瓷路""岭南印记"等主题文物展览，合办"粤港澳青年文化之旅""粤港澳青少年粤剧艺术培训夏令营"等青年文化交流活动。并于 2014 年制订了《粤港澳文化交流合作发展规划（2014—2018 年）》，推进粤港澳文化交流合作，继续举办"世界阅读日""国际博物馆日""文化遗产日""粤剧日"等一系列文化推广品牌活动，增加三地公共图书馆数字化联网、为港澳居民在深圳借阅图书提供同等公民待遇，增加粤港澳区域博物馆证、三地异地售票网络以及手机文化生活地图等，这将为三地分享文化资源、参与文化交流、开展文化合作提供更多机会与平台，推动广东对外文化贸易发展。

2. 闽台同源

福建与台湾隔海相望，交通条件便利。闽台地区在历史、语言、宗教、生活习俗等方面有许多相似点和渊源，具备良好的文化贸易合作基础和条件。台湾地区的文化创意产业起步较早，法制健全，并通过发展文化创意产业推动了经济增长，这些都为福建发展文化贸易提供了有利借鉴。近年来，两岸动漫产业合作频繁。福建神画时代文化产业集团携手台湾和利得多媒体斥资 1.45 亿元新台币，拍摄高清动画电影《小星星的愿望》；台湾西基等知名动漫企业在福建布局；2017 年福建功夫动漫集团正式进军台湾市场，其自主开发的《笨笨鼠与小童猫》将在台湾的网络与电视媒体推广、播放。海峡两岸的文化交流与合作，将进一步扩展闽台之间的文化贸易的合作空间。

3. 背靠东盟

广西地处中国东南沿海与西南地区的交汇地带，与东盟国家既有陆地接壤又有海上通道连接，是中国对接东盟的重要桥梁与纽带，是中国走向东亚、东南亚各国的窗口。广西目前已与东盟国家合作拍摄了《海上新丝路》《江边的孩子》《光阴的故事》《再见，再也不见》等反映中国和东盟文化元素的优秀电视剧、纪录片和电影。2015 年 5 月，译制《三国演义》等影视剧在柬埔寨和老挝播出。广西与东盟国家广播影视的频繁交流，有助于增强双方的文化认同感，打开文化产品和服务贸易市场。同时，借助文化部《中国—东盟文化交流合作发展规划》和《中国—东盟文化产业互动计划》的政策东风，广西开展对东盟的文化贸易具有其他省份所不具备的独特优势。

11.3.4　文化资源禀赋

泛珠江三角洲地区具有多元性的少数民族文化及旅游资源，其独特性、地域性的特点为文化产品的制造提供了丰富的来源，有利于生产差异化的文化产品，是泛珠江三角洲地区文化走出去的巨大优势。

福建依山傍海，八闽文化源远流长，具有鲜明的矛盾性、海洋性的区域特征，茶文化、妈祖文化、闽南文化和客家文化等差异性的风情风俗，具有较强的挖掘潜力和增长空间。

湖南拥有各类历史遗迹 1 000 多处，是土家族、苗族、侗族、瑶族等 40 多个民族的聚集地。各个民族在居住、装饰、饮食、习俗上的差异构成了多姿多彩的民俗文化。深厚的文化内涵与底蕴是开发文化品牌，形成湖南文化产业走出去的重要支撑。

江西历史文化源远流长，工人运动策源地安源、人民军队诞生地南昌、红色革命根据地井冈山、苏维埃共和国首都瑞金等红色资源遍布省内各地，并坐拥庐山、井冈山、三清山、龙虎山、汤山、赣江、鄱阳湖等景区，正在建设旅游产业的"一区两圈"——鄱阳湖生态旅游区、赣中南红色经典旅游圈、赣西绿色精粹旅游圈。除此之外，还有傩文化、陶瓷文化、茶文化、书院文化、民居文化、戏剧文化、民俗文化以及区域色彩浓厚的豫章文化、客家文化、庐陵文化、临川文化，等等。

海南拥有黎族苗族文化、流贬文化、南洋文化、归侨文化、热带雨林文化、海岛文化、红色娘子军文化等在内的多样化文化生态，这些文化生态催生和丰富了当地旅游业的发展。海南较好地依托了特色文化进行旅游资源进行开发，开创了文化产品新模式，呀诺达雨林文化旅游区在打造热带雨林自然景观、特色景点的基础上，嵌入了雨林文化、生态文化、民俗文化、黎苗文化、南药文化等多种元素，迅速成长为国家 5A 级旅游景区。

贵州是中国典型的喀斯特地貌区，亚热带高原气候赋予了贵州省独特的自然风光，省内群山环绕，景色秀逸，形成了大范围高质量的旅游资源。贵州省内 17 个世居民族（如侗族、苗族、仡佬族、羌族、白族、水族等）在这片土地上代代相续、薪火相传，留下了众多物质和非物质文化遗产，出现了"十里不同风、五里不同俗、一山不同族"的独特景象。

广西是壮族等少数民族的主要集聚地，民间工艺品如铜鼓、壮锦、绣球、三皮画、瑶族服饰、坭兴陶、竹编和芒编等，品种丰富，特色鲜明。壮族干栏式建筑、侗族风雨桥、鼓楼等民族建筑，瑶、苗等民族的医药，苗族的《牛角舞》、壮族的《扁担舞》和瑶族的《铜鼓舞》等传统民间舞蹈，歌剧《刘三姐》、壮剧《金花银花》和《羽人梦》等艺术精品，都是广西各少数民族文化艺术的瑰宝。

11.3.5　文化贸易平台

文化贸易平台是文化"走出去"的重要渠道，泛珠江三角洲地区坐拥两大文化贸易平台，分别为深圳文博会和中国—东盟博览会。深圳文博会是唯一的国家级、国际化、综合性的文化产业博览交易会。2017 年深圳第十三届文博会以"文牵一带，博汇丝路"为主题，开展了一系列配套的论坛、洽谈、签约活动，例如，以中国以色列建交 25 周年为契机，在文博会期间举办 2017 中国文化产品国际营销年会（中以数字创意产业论坛），邀请两国的行业权威和知名专家，围绕数字文化创意领域进行深入交流探讨；广邀"一带一路"沿线国家（地区）的客商与会，打造中国美术行业权威展示交易和出口平台等。第十三届深圳文博会吸引了来自欧洲、亚洲、非洲、南美洲、北美洲、大洋洲的 40 个国家和地区的 117 家海外机构参展，海外展区面积占比达总面积 20%。邀请了来自美国、英国、法国等全球 99 个国家（地区）的约 2 万名海外展商前来参会、参展和采购。国际化影响力进一步提升，开始成长为引领中国文化产业发展、催生文化产业新业态促进产业融合、加快新常态下文化体制机制改革创新的重要引擎，逐渐发挥中华文化走出去、中国文化产品走向世界的平台作用。

中国—东盟博览会每年在南宁举办，由中国和东盟 10 国经贸主管部门及东盟秘书处共同主办，广西壮族自治区人民政府承办，是中国境内由多国政府共办且长期在一地举办的展会之一。2017 年中国—东盟博览会文化展以"共建 21 世纪海上丝绸之路、共促中国东盟民心相通"为主题，重点展示了符合中国—东盟文化产业市场需求的文化展品，包括创意文化产品、非物质文化遗产、新闻出版、广播影视、微映像文化、民间工艺等。展会上专设了国际（东盟）特色商品展区，重点展示东盟国家及"一带一路"沿线国家（地区）的特色文化产品。通过增进中国与东盟国家的文化交流及合作，有利于增强国家间的文化认同感，促进文化产品的出口。尤其是考虑到东盟各国的邮票、书画、钱币、红木、玉石、手工艺品等具有深厚民族文化底蕴的特色，与中国的文化产品既有共同点，又有差异性，收藏价值高，借鉴性强。以中国—东盟文化产品交易平台为窗口，能够吸引许多中国—东盟文化生产主体，促进文化企业间的交流与合作，推动文化贸易发展。

除上述两大平台外，泛珠江三角洲地区对于扩宽文化贸易渠道还进行了一些有益的尝试，例如，福建与马来西亚合作重点推进"福建文化海外驿站"的建设，旨在通过展览展示、文化体验等方式，将福建文化元素、文化企业、文化产品展示推介出去，打造福建在海外举办文化活动、开展文化培训、提供信息服务、举行学术研讨、促进文化贸易的新阵地；湖南出版集团在欧美设立海外工作站，与美国、俄国、英国、法国、德国、日本等国家（地区）的 100 多家出版机构建立贸易关系，以及湖南卫视通过长城平台顺利在北美、欧洲落地等。

11.4　泛珠江三角洲地区促进文化贸易发展的措施

泛珠江三角洲地区积极响应国家号召，制定了一系列促进文化贸易发展的政策，以发挥其文化资源和对外开放优势，推动该地区在更大范围、更广领域和更高层次上参与国际文化合作和竞争。

11.4.1 培育对外文化贸易主体

泛珠江三角洲地区积极地鼓励和支持国有、民营、外资等各种所有制文化企业从事对外文化贸易业务，鼓励大中型文化企业发挥在对外文化贸易中的领军作用。例如，广东建立了文化出口重点企业、重点项目目录和产品数据库，加大对入选企业和项目的扶持力度，并在新闻出版、广播影视、文化艺术、动漫游戏、创意设计等对外文化贸易主要领域，培育具有国际竞争力的本土跨国文化企业。

湖南积极培育湖南文化贸易品牌，鼓励文化企业在境外申请商标、推广品牌，对获得全国性、国际性品牌的企业给予支持。并建立健全行业中介组织，发挥其在出口促进、行业自律、国际交流等方面的作用。

福建鼓励和引导传统行业内容创新提升，加强核心文化产品和服务贸易，组织实施福建精品翻译出版工程、闽版出版物精品工程、闽版出版物国际营销渠道拓展工程、福建影视精品工程等。并大力发展创意设计、网络文化、文化产品数字制作、动漫游戏、手机应用等新兴文化和服务贸易，支持开展福建省工艺美术创意设计大赛、海峡两岸信息服务创新大赛等活动。

江西加大了对创意陶瓷、传统雕刻等具有江西特色的文化出口重点企业和项目的扶持。鼓励海外资本和民间资本来赣投资，采取合资、合作、重组、并购等方式开展合作，用以培育一批产品优特、主业突出、核心竞争力强的文化企业。支持符合条件的文化出口企业开展管理体系认证、产品认证、境外专利申请、国际市场开拓、电子商务、境外广告和商标注册、文化贸易培训、境外收购技术和品牌等工作，扶持一批本土文化贸易企业做大做强。

海南使用中央外经贸发展专项资金，对省内企业对外文化贸易业务给予资金支持。使用文化产业发展专项资金，对文化贸易企业从事开拓国际市场、境外商演、跨境电子商务等活动给予支持。

广西实施重点企业海外发展扶持计划，重点推动阐释中国梦、传播当代中国价值观、展示中国优秀传统文化的演艺、电影、电视剧、动画、纪录片等进入国际主流市场。支持影视机构在境外开办中国影视节目播出时段，支持影视机构参与国外数字电视投资、建设和运营。

11.4.2　推进文化金融合作

泛珠江三角洲地区积极推进文化金融合作，鼓励金融机构对符合信贷条件的文化出口重点企业和项目提供优质金融服务。例如，广东针对外向型企业众多的特点，完善适合对外文化贸易特点的金融产品及服务。支持银行业金融机构有效衔接信贷业务与结算业务、国际业务和投行业务，满足广东文化"走出去"的金融需求。支持符合条件的文化出口企业通过发行企业债券、公司债券、非金融企业债务融资工具等方式融资；推动在信用保险保单下的无抵押融资和借助出口信用保险业务进行再融资；鼓励信保机构为文化出口企业提供海外提单报告、买家资信报告等资信服务和风险控制管理咨询服务。

湖南鼓励担保机构通过商标权、专利权、著作权、版权、收益权、应收账款、仓单、保单质押及企业联保互保等多种担保方式为文化企业提供融资担保服务。鼓励融资性担保机构和其他各类信用中介机构开发符合文化企业特点的信用评级和信用评价方法，通过直接担保、再担保、联合担保、担保与保险相结合等方式为文化企业提供融资担保服务，多渠道分散风险。鼓励保险机构开展知识产权侵权险，演艺、会展、动漫游戏、出版物印刷复制发行和广播影视产品完工险和损失险，团体意外伤害保险、特定演职人员人身意外伤害保险等新型险种和业务，优化文化企业投保手续。

福建提出要完善"政银企"融资对接平台，引导金融回归支持实体经济本源，缓解文化企业融资难、融资贵问题，推动企业精准融资、定向融资，提高金融资源对文化产业领域的配置效率。积极推广对外文化贸易企业"以展销促流转、以流转保融资、以售费还贷款"的融资抵押与销售还款"两不误"的商业模式，探索"文化＋旅游""文化＋科技"的文化贸易企业综合融资模式。鼓励省内金融机构在福州、厦门、泉州、莆田等文化出口重点地区，适时设立文化贸易项目的专营分支机构，探索开展对外文化贸易与金融合作示范区建设，创建文化出口和金融支持的合作新机制。积极发挥专业增信机构作用，鼓励符合条件的重点出口企业通过首发上市融资、"新三板"定向融资、发行优先股以及发行公司债、企业债、中小企业集合债、中小企业私募债、短期融资券、中期票据、中小企业集合票据等方式拓宽融资渠道，筹集发展资金。

江西积极创新金融服务产品，鼓励银行业金融机构加大对文化企业和项目"走出去"的融资支持力度，在授信额度、贷款条件、审批流程、抵押质押和对外担保、财务顾问等方面给予优惠和支持，推进符合条件的文化企业上市融资。充分发挥出口信用保险政策性保险作用，完善支持文化贸易企业"走出去"保障机制，扩大承保规模，增强文化贸易企业抗风险能力，推动社会投资机构与文化贸易企业合作发展。

海南鼓励各银行业机构开展多种担保方式有效破解文化企业贷款抵押担保难题。使用海南省文化产业发展专项资金对文化贸易企业利用银行、非银行金融机构等渠道融资发展予以支持，同时对文化企业上市融资、发行企业债券等活动予以支持。

11.4.3 财税支持力度

泛珠江三角洲地区积极落实国家的财税政策，按照国家有关部门确定的具体范围，对纳入增值税征收范围的文化服务出口实行增值税零税率或免税，并对国家重点鼓励的文化产品出口实行增值税零税率。除此之外，广东规定在国家级服务外包示范城市从事服务外包业务的文化企业，符合现行税收优惠政策规定的技术先进型服务企业相关条件的，经认定可享受减按15%的税率征收企业所得税和职工教育经费不超过工资薪金总额8%的部分税前扣除政策。

湖南对广播影视、出版印刷、动漫游戏、演艺娱乐、工艺美术、创意设计等领域的文化企业，按现行税收法律法规享受营业税、增值税和企业所得税等税收优惠政策。对在省级服务外包示范城市中注册从事服务外包业务的文化企业、技术出口型文化企业和高新技术文化企业，落实好企业研究和开发费用加计扣除及国家重点扶持的高新技术企业税收优惠等政策。

福建结合营业税改征增值税改革试点，逐步将文化服务行业纳入"营改增"试点范围，对纳入增值税征收范围的文化服务出口实行增值税零税率或免税。积极争取设立服务外包示范城市，对在厦门等服务外包示范城市从事服务外包业务的文化企业，符合现行税收优惠政策规定的技术先进型服务企业相关条件的，经认定可享受减按 15% 的税率征收企业所得税和职工教育经费不超过工资薪金总额 8% 的部分税前扣除政策。

为生产重点文化产品而进口国内不能生产的自用设备及配套件、备件等，江西按现行税收政策有关规定，免征进口关税。对有关主管部门认证的技术先进型文化类服务外包企业进口设备，按照有关规定给予保税政策。

除此之外，海南落实企业研究和开发费用加计税前扣除及国家重点扶持的高新技术企业税收优惠等政策；广西充分利用中央和自治区外经贸发展专项资金政策，加大对服务贸易发展的支持力度等。

11.4.4　完善通关便利化措施

珠江三角洲地区提供了许多提高文化产品通关便利化水平的措施，例如，为文化产品出口提供 24 小时预约通关服务，对文化企业出境演出、展览、进行影视节目摄制和后期加工等所需暂时进出境货物，按照规定加速验放。对暂时出境货物使用暂准免税进口单证册（ATA 单证册）向海关申报的，免予向海关提供其他担保。除此之外，广东提出将该省的文化出口重点企业培育成为海关高信用企业，享受海关便捷通关措施。

湖南对广播影视、新媒体、出版印刷、动漫游戏、演艺娱乐、创意设计、工艺美术等行业机构人员出境手续办理实行便利化措施。建立并启动海关绿色通关体系。

福建优先办理文化企业进出口货物接单、征税、验放和出口收汇核销证明联签发手续，按照"首问负责制"要求提供"一站式"服务。并实施"守法便利、违法惩戒"的差别化管理措施，对低风险、高诚信的企业，探索创新查验模式，提高通关速度。

海南建立了与文化产品和服务出口以及相关人员出入境相适应的通关管理模式，以提升通关效率，对符合出入境证件办理条件的灯展、杂技、演艺等企业人员出境手续实行加急办理措施。

11.5 泛珠江三角洲地区发展文化贸易的阻碍

泛珠江三角洲文化贸易发展迅速，进步突出，然而现阶段部分省份还存在着出口规模有限、结构不合理、专业人才欠缺、管理体制缺乏活力、文化产品缺乏民族特色等问题，阻碍其文化走出去的进程。

11.5.1 出口规模有限，结构不合理

除广东外，泛珠江三角洲地区文化贸易的发展阶段可大致分为以下两类：第一类为海南、贵州和广西，考虑到其文化产业刚刚起步，存在着"小""散""弱"的共同特征，文化贸易的主要问题表现为规模有限，尚未形成集群优势；第二类为福建、湖南和江西，这些省份文化产业基础较好，文化贸易有了一定规模的发展，其问题主要表现在文化产品出口结构不合理。

对于第一类省份而言，文化产业"走出去"还停留在"产品走出去"的初级阶段，主要以传统民族工艺品为主，版权、动漫、文化资本基本上处于空白。由于文化产业起步晚、底子薄，具有领头作用的骨干企业数量稀缺，带动下游产业的效应有限，循环产业链拉动乏力，抢占高端产业链的能力不强。文化产业企业群尚未形成，无法充分发挥规模优势。同时，现有规模较大的文化企业多由原本的事业单位改编改制而成，还在摸索如何进行市场营销和竞争，还不具备批量生产高附加值、高科技含量的文化产品。产业链断裂，集群程度较低，资源利用效率低下，新兴业态稀少，总体力量薄弱，使海南、广西和贵州的文化企业无力与其他企业在国际上展开竞争，出口规模有限。

对于第二类省份而言，文化出口产品种类在总数上虽有增加，文化贸易已经初具规模，但其发展存在着出口结构不合理的缺陷。例如，福建出口的文化产品多集中于服装产品以及工艺美术品（雕像、装饰品等），视觉艺术品分量过高。这类产品缺乏自主知识产权，多是通过简单的加工方式进行粗放型生产，创新性不强，文化附加值相对偏低，市场竞争力不高。湖南文化企业打开海外市场主要以"硬件产品"为主，这类产品通常依靠廉价劳动力取得成本优势，制作粗糙，科技含量较低。国际展会、音像制品、版权等文化产品交易稀少，文化创意创新领域发展缓慢，很少能以对外直接投资形式进入国际市场。高端文化产品类似动漫、电影、电视剧等出口数量较少，缺乏有影响力的动漫游戏品牌及研发能力强的动漫游戏企业。文化市场的对外开放程度尚浅，为市场所认可的精品品牌在广度和深度上还有一定欠缺，出口产品结构有待进一步改善。

11.5.2 专业人才欠缺，出口渠道有待扩宽

人才是发展文化产业和文化贸易的关键。尽管泛珠江三角洲地区已开始设立相关专业，但因课程设置的教学内容无法紧跟社会发展步伐，造成了产学脱节的现状，文化产业相关行业需求与人才储备之间依旧存在着巨大缺口，与文化产业有关的研究机构和研究人员仍处于分散的自然状态，没有形成文化发展战略研究、对策研究、项目策划的有效机制，缺乏能开发具有自主知识产权的、能引导市场需求的高端创意产业人才，以及熟悉文化产业管理同时又具备相关市场营销、融资、企业运作等知识的复合型人才。人才队伍结构不合理、专业化程度偏低等问题使得文化产品的设计缺乏科技含量，资源整合度不高，极大地阻碍了该地区文化贸易的发展。未来对于文化产业领域储备人才的培养应当坚持多管齐下、多元发展，更多地调动社会积极性，将学校教育和实践锻炼有机结合，从不同层面培养文化人才，以最大限度满足文化产业发展的需要。

文化产品出口不同于其他货物产品出口，存在着潜在受众群体小、缺乏高效合理的营销渠道等困难，需要投入更多的时间精力寻求解决问题的突破口。

现阶段泛珠江三角洲地区主要依赖两种渠道进行文化产品出口贸易：一种是通过国内外文化产业博览会，如深圳文博会等；另一种则是通过外国发行公司代理。然而，这两种渠道都存在一定的缺陷。对于第一种渠道，由于经费、时间等问题，博览会举行的次数有限，其经常性不足导致文化产品出口贸易的进行不能稳定持久。第二种渠道也因为国外发行公司征收较高的发行利润，而常常无法实现。尽管泛珠江三角洲地区对于扩宽文化贸易平台已经开始尝试了一些有益的探索，但规模较小，辐射范围有限。为了进一步扩大文化出口规模，还需有效利用现有贸易促进平台，开发新的贸易交流方式。

11.5.3 管理体制缺乏活力

近年来，泛珠江三角洲地区文化贸易的快速发展离不开各级政府发挥的主要推动作用，但现阶段依靠行政推动的局限性也有所显现：文化行政管理模式滞后于实际发展，与文化产业相关的立法及行业规则制定缓慢，文化行政管理结构呈现出的职能分散、多头管理、权责交叉的特征，远远不能满足文化贸易快速发展的需要。例如，广东采取统包统管的行政事业模式对文化产品出口进行管理，行业内企业单位市场观念淡薄，国际竞争力低下。以广东音像制品为例，通关手续烦琐，需要与普通的大宗货物出口一样，接受工商、外汇、海关、质检等多个部门的审核查验，大大延缓了广东音像制品走出国门的脚步。商务部门在对外文化贸易上凝聚力不大，号召力不强。对传统文化企业支持力度甚至不如这些企业各自线上获得的实惠，使得主动上门联系文化产品出口的工作不多，现有政策对企业缺乏吸引力。为使泛珠江三角洲地区文化企业及其产品具备同国外同类企业和产品进行竞争的能力，还需完善行政管理体制，积极争取支持基金，建立激励机制，调动文化企业出口的积极性。

11.5.4 文化产品缺乏民族特色

现阶段因为保护和开发工作滞后，泛珠江三角洲地区的民族文化及民间艺术资源在很大程度上还停留在资源优势阶段，没有获得产业化能力。例如，广西、贵州和海南等省份出口的民族文化产品多以手工艺术品为主，产品层次较低，品种不够丰富，在国际市场上缺乏较强的吸引力。同时，由于对文化个性的重要性缺乏系统认知，泛珠江三角洲地区对民族文化资源的发掘利用程度远远不足，未能形成具有独特个性的文化产业体系，资源转化有限。以湖南为例，虽然湖南在电视栏目、出版方面已经具备了国内的领先优势，但在其中很难发现湖南传统文化的影子。特色是文化产品生存的根本，在文化产品的设计和生产中，保持区域多样性、差异性、独特性、稀缺性和原生性等文化特征尤为重要。泛珠江三角洲地区在如何有效利用地方和民族特色上还存在巨大的进步空间，文化资源存在很大程度的闲置。这就需要在生产布局时选准突破口，找准切入点，集中自身优势，结合自己丰富的文化资源进行差异性竞争，最大可能地突出区域资源的特色，对现有文化进行选择性开发。

11.6　本章小结

本章首先从文化产品出口概况、版权贸易规模以及文化出口重点企业和项目数量三个方面介绍了泛珠江三角洲地区文化贸易的总体情况。其次，根据各省份文化贸易发展的情况，具体分析了代表性省份在发展对外文化贸易过程中呈现出的特点和所取得的突破。在此基础上，从文化产业基础、文化制造企业、地理区位、文化资源禀赋和文化贸易平台五个方面，分析了泛珠江三角洲地区发展文化贸易的比较优势和广阔前景。并结合近年来各省份出台的相关政策，总结了促进该地区文化贸易发展的重要举措。最后，指出现阶段泛珠江三角洲地区发展文化贸易所存在的规模有限、结构不合理、专业人才欠缺、管理体制缺乏活力、文化产品缺乏民族特色等问题。

专题篇

第 12 章

演出市场的文化贸易发展

12.1 文化贸易及演出市场概述

12.1.1 文化贸易概述

联合国教科文组织对文化产品和文化服务做了以下定义：文化产品一般情况下是指传播思想、符号和生活方式的消费产品。它能够提供娱乐和信息，进而形成群体认同且能够影响文化行为。在基于个人和集体创作成果的文化商品在产业化和在世界范围内销售的过程中，被不断复制并附加了新的价值。图书、杂志、多媒体产品、软件、录音带、电影、录像带、视听节目、手工艺品和时装设计组成了多种多样的文化商品。

从传统意义上讲，文化服务是一种满足人们文化兴趣和需要的行为。这种行为通常不以货物的形式出现，它是指政府、私人机构和半公共机构为社会文化实践提供的各种各样的文化支持。这种文化支持包括举行各种演出，组织文化活动，推广文化信息以及文化产品的收藏（如图书馆、文献资料中心和博物馆）等。文化服务可以是免费的，也可以有商业目的。

1. 文化贸易的分类

目前，关于国际文化贸易的分类方法，国际上并无统一标准，主要分为以下两种：

（1）国际上一些贸易研究机构和专家把文化贸易分为硬件贸易和软件贸易。具体分类，如表12—1所示。

表 12—1　　　　　　　　　国际研究机构对文化贸易的分类

	硬件	软件
商品	为了创造、复制和传播文化软件贸易的工具；包括那些大量且广泛应用在文化产业的装置和被生产者和消费者应用的其他物品（如未录制媒体、纸张、计算机、电视机和打印机等）；虽然很多国家仍然在这些商品上征收进口关税，但这是文化贸易中争议最少的领域	反映艺术家创意的商品。这部分商品的定义和一些古老的媒体息息相关，如图书、绘画和雕刻。也与部分新的媒体形式相连，如音频视频装置。软件商品贸易相对自由，在很多国家的关税都为零甚至为负。这一贸易相关问题更多地和知识产权保护相联系
服务	与文化软件传播相关的服务是最重要的一部分；包括书店、图书馆、博物馆、电影、电台和电视转播等；这是文化领域最敏感的部分，很多国家都对上述设施的外国人所有权和经营权施加了限制	文化表演、音乐、舞蹈和戏剧等。可以被分为两类：一种是稍纵即逝的现场表演，只有当观众或是演员跨越国境时才可以实现；另一种是通过录制和广播形式表现的，这种方式下的贸易更容易实现。总的规律是，可以复制的表演占据了贸易的绝大部分，也是文化贸易争议的主要来源

资料来源：Van Grasstek, Treatment of Cultural Goodsand Serviees in International Trade Agreements.

（2）目前，国际上通常采用的分类方法见表12—2，适用国家（地区）包括美国、英国、加拿大、欧盟、日本、中国内地等。

表 12—2　　　　　　　　　国际常用分类方法

国家（国际组织）	名称	分类
美国	版权产业	影视业、影碟唱片、图书业、文化艺术（包含表演出术、艺术博物馆）四类产业

续表

国家（国际组织）	名称	分类
英国	创造产业	广告、艺术、建筑、手工艺和古董市场、设计（含时尚设计）、电影、互动休闲、影月、广播和电视、表演出术、出版和软件等
加拿大	信息和文化产业	信息（电影、电视广播、录音业、因特网、信息服务业务、电信业、服务业）和文化产品（艺术、体育、游乐、古迹遗产机构、赌博和娱乐业等）两大类
欧盟	内容产业	开发、制造、包装和销售信息产品及服务产品、包括各种媒介上传播的内容，印刷品（报纸、杂志、书籍等），各种用作消费的数字化软件、音响传播内容
日本	感性产业	电视、电影、影像、书籍、音响、音乐
中国内地	文化产业	新闻、出版及版权服务、广播电视及电影、文化艺术、网络文化、文化休闲娱乐、文化产品代理、文化用品、设备及相关产品销售等 9 类

资料来源：金元浦，《数字时代的奥运与内容文化产业》，人文奥运网，2004 年；蒋三庚：《文化创意产业研究》，首都经济贸易大学出版社，2006 年版。

2. 文化贸易的特点

（1）独特性。文化贸易和其他贸易方式相比会创造非常高的商业价值，具有产业渗透力。文化服务和文化产品传达着价值观念、生活方式，在思想上、观念上对输入国产生潜移默化的影响，是一种极具个人选择的产品和服务贸易。

（2）相融性。不同的文化内涵和服务，可以融入几乎所有的产业和贸易领域，例如，酒文化、饮食文化、居住文化、旅游文化等，都含有了不同的文化背景和文化价值取向。同时，文化与信息技术的结合，使其传播范围扩大，传播速度加快，有效地促进了文化产业与其他产业相融合，进一步提高了文化产品和文化服务的可贸易性。

（3）多样性。文化多样性指的是世界上每个民族、每个国家都有自己独特的文化，民族文化是民族身份的重要标志。从民族节日和文化遗产中，人们能够深切感受到世界文化多姿多彩。由于不同的国家和民族都有着独特文化，文化贸易就有了丰富多彩的内容，体现了多种文化价值取向。

（4）公益性。文化产品和服务是社会生活中必不可少的公共内容和基本构成。传统观念认为，文化是上层建筑，是一种意识形态，于是很多国家将文化作为公益性事业来发展。随着社会经济的发展，也可以用马斯洛的需要层次理论来解释，即生理需要、安全需要、社交需要、尊重需要、自我实现的需要。当经济发展到一定阶段，人们对文化这种精神上的需要就属于高级需要。国家或社会对文化产品和文化服务进行相应的引导和管理，促使这类产业与整个社会的发展相协调，并向社会传输相应的观念、价值和方式。

（5）外部性。外部性是英国经济学家马歇尔最早提出的。萨缪尔森和诺德豪斯（1948）认为，外部性指的是企业或个人想市场之外的其他人强加的成本或效益。文化产品的外部性特征既有文化产品生产的外部性特征也有消费的外部性特征。消费性是指某一个体对文化产品的消费和对另一个体所产生的影响，这种影响没有通过市场价格机制反映出来。文化产品的外部性主要是指在满足消费者自身精神文化需求的同时，还会对第三方产生溢出效应，用数学语言来说，就是指某一个体对文化产品的消费活动对其他个体的福利函数（或消费集）所施加的间接影响，而且这种影响使得对其他个体造成的损失或收益均不能通过市场交易的价格反映出来。这种外部性成为国家支持文化产业和文化产品生产的一个重要的经济理由：具有积极外部性，表现为消费者以外的人通过文化产品的消费而受益。也可以理解为文化产品经济价值之外对人精神的影响力。

12.1.2 演出市场概述

1. 演出市场的定义

演出是指组织或个人在特定的时间和特定的环境下所举办的文艺表演活动。西方艺术史研究认为，戏剧演出源于早期人类社会的祭祀活动。古希腊时期，一名叫阿瑞翁的表演者在舞台扮演酒神狄俄尼索思被认为是演出活动的始源。公元前 443 年，伯利克里斯在雅典建立了观看演出的露天大剧场。公元前 534 年，雅典人忒思庇斯在阿瑞翁表演基础上融入了说唱和表演的形式，并在角色表演中使用服装和道具，将整个演出空间分为了演员区和观众区，出现了最早的"舞台"。中国最早的演出活动可追溯到商周时期的宫廷丝乐表演。演出活动已伴随人类历史发展延续了两千多年。

演出市场就是进行演出活动的场所，即指所有文化娱乐表演活动以商品形式进入流通领域，并实现交换的场所。而广义的演出市场则是指参与整个演出活动的所有组织、策划、营销和管理人员机构等，即包含艺术表演市场、演出场地市场和演出经纪服务市场。

2. 演出市场的分类

演出市场的要素就是指演出单位（供给方）、演出观众（消费者）以及维系演出活动的演出中介。演出单位就是文艺表演团体或者从事演出的个人，演出中介则是指从事演出组织、制作、营销及经纪等服务的机构。演出场所则特指依法共专业演出场地及服务的各类剧院、剧场及展演场地。演出团体和观众之间，存在"供给—需求"的市场关系，也符合了"创作—观演"的审美关系，以及"编码—解码"的信息传播关系。

根据艺术的种类，演出市场可以分为戏剧、音乐、舞蹈、戏曲以及歌剧等；根据演出活动性质，可分为营利性演出和公益性演出；根据演出地域，可分为国内演出市场和国际演出市场。

3. 演出市场的特点

（1）市场的特点。

第一，自发性。在市场经济中，商品生产者和经营者的经济活动都是在价值规律的自发调节下追求自身的利益，实际上就是根据价格的涨落决定自己的生产和经营活动。因此，价值规律的第一个作用，即自发调节生产资料和劳动在各部门的分配、对资源合理配置起积极的促进作用的同时，也使一些个人或企业由于对全身的利益的过分追求而产生不正当的行为，比如生产和销售伪劣产品，扰乱市场秩序等。

第二，盲目性。在市场经济条件下，经济活动的参加者都是分散在各自的领域从事经营，单个生产者和经营者不可能掌握社会各方面的信息，也无法控制经济变化的趋势。因此，进行经营决策时，仅仅观察市场上什么价格高、有厚利可图，并据此决定生产、经营什么，这显然有一定的盲目性。这种盲目性往往会使社会处于无政府状态，必然会造成经济波动和资源浪费。

第三，滞后性。在市场经济中，市场调节是一种事后调节，即经济活动参加者是在某种商品供求不平衡导致价格上涨或下跌后才做出扩大或减少这种商品供给的决定的。这样，从供求不平衡—价格变化—做出决定—实现供求平衡，必然需要一个长短不同的过程，有一定的时间差。也就是说，市场虽有及时、灵敏的特点，但它不能反映出供需的长期趋势。

（2）演出的特点。

第一，传统演出与现代传媒相结合。现代传媒以巨大的力量改变着人们的生活。演出市场具有厚重的传统和现代内涵、独特的艺术表现形式、真实形象的艺术感染力、视听设备及现场互动性，演出市场的这些特点使其在与现代传媒相结合方面具有一定的独特优势。与大众传媒相结合，使得演出市场的受众群体数量大大增加，在演出产业的融资、宣传、成本分摊等方面起到了巨大的推动作用。

第二，演出与其他产业互相结合。由于演出行业的场所可以是不固定的，既可以在剧场内也可以在公园、旅游场地、餐馆酒店、网络上，等等。演出产业与其他产业相融合，也成为当今演出产业发展的重要特征之一。因此开展演出市场与旅游、餐饮、主体公园以及网络的跨产业结合，有利于演出产业的发展和产业链条的完善。演出市场与旅游业的融合，创新出了旅游演出市场。例如，广西南宁经过7年的不懈努力，深入挖掘开发广西民歌资源，全力打造了中国第一个国际民歌节，成功造就了赢得国际大奖的《大地飞歌》演出品牌。杭州宋城集团打造出了充满南宋文化韵味的《宋城千古情》，成为游览古宋城的游客们印象深刻的演出精品。昆明大力支持以杨丽萍担任主创的印象派作品《云南印象》成为赴昆明旅游标志性演出。

第三，整体带动效应比较明显。随着文化经济和经济文化步伐不断加快，文化产业和其他产业之间相互渗透、融合的趋势变得越来越明显。对于很多国家和地区来说，大力发展文化产业本身就是在以文化产业为龙头，进而带动后续产业链乃至国家、地区整体形象的提升。

第四，盈利标准的特殊性。在计算演出活动所产生的经济效益时，不应该单纯地把剧院或剧团本身是否在演出活动中盈利作为唯一的衡量标准，还必须认识到演出活动对区域经济的拉动作用。英国学者温特翰姆的《温特翰姆报告》中指出：人们通常会把到剧场观看演出作为晚间外出和社交的一个重要活动，会约上朋友情侣和商业伙伴、家人等一起去观看演出。观看演出的人除了买卖门票意外，还有很多的附带开支。例如，观看演出需要通勤，演出之前会在演出剧场附近就餐等。演出不仅是观看了演出，同样也带动了当地其他经济的发展，为演出当地的经济发展带来巨大推动。

（3）演出市场的特点。

第一，演出市场观演活动的同步性。表演团体或个人的演出活动与观众的欣赏和消费是同步进行的。

第二，演出市场观演活动的直接体验性。不同于电影和电视等文化市场，观众在剧场和剧院的观演活动是与表演者面对面的体验活动。

第三，演出市场剧目内容的社会性。由于剧目内容附带文化和社会要素，演出市场活动同时产生经济影响和社会影响。

本章主要通过对文化、文化贸易、演出、市场、演出市场等概念的阐述，进而分析以上概念的特点和分类，从而较为清晰地总结了演出市场文化贸易所蕴含的深刻内涵及特点。

12.2 中国演出市场贸易现状及与国外演出市场的比较

近年来，中国演出市场的场次数、票房和演出收入呈现稳步增长的态势，对外演出的贸易状况也不断改善。中国艺术表演团体无论是整体规模、从业人员，还是演出市场收入，对外贸易都保持着稳步的增长。全国各级艺术表演团体，在繁荣演出市场、传播先进文化、开展艺术教育等方面均发挥着重要作用。

12.2.1 中国演出市场贸易现状

演出市场是文化产业的重要子业态。近年来，在文化产业繁荣发展的背景下，中国演出市场无论是演出场次、票房及观众人数等市场规模指标，还是艺术表演团体、剧目原创等微观主体内在要素，都呈现出稳步上升的趋势。其中，国有文艺院团在"转企改制"的推动下，组建了一批上规模、高层次、具有国际影响力的演出集团；民营演出企业紧抓演出市场改革的时机，在文化市场中不断夯实做强，年度演出场次和观众上座率等均实现了稳步增长。

1. 演出市场呈持续增长态势

2011～2015 年，中国演出市场的场次数、票房和演出收入都呈持续稳步增长的态势。2015 年全年演出总场次 210.78 万场，比 2011 年翻一番。2011～2015 年全国艺术表演团体演出场次见图 12-1。

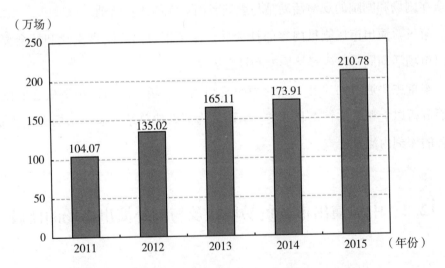

图 12-1　2011～2015 年全国艺术表演团体演出场次

资料来源：根据《中国文化文物统计年鉴》（2012～2016 年）数据整理。

演出收入方面，2011~2015 年演出收入从 187 188.4 万元增长至 939 310.3 万元，其中，2015 年比 2014 年增长 24.1%，见图 12—2。

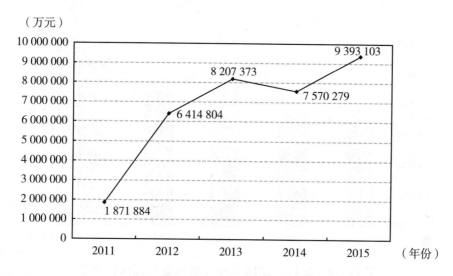

图 12—2　2011~2015 年全国艺术表演团体演出收入

资料来源：根据《中国文化文物统计年鉴》（2012~2016 年）数据整理。

2. 艺术表演团体规模稳步增长

艺术表演团体是中国演出市场的主要组成部分，主要是指由文化部门主办或实行行业管理的专门从事表演术等活动的文化机构，涵盖了戏曲、话剧、歌舞剧、杂技、木偶、皮影等众多艺术门类。根据国家统计局官方数据，近十年来无论是中国艺术表演团体的整体规模、从业人员，还是演出市场收入，都保持着稳步的增长。2011 年，全国共有各类艺术表演团体 7 055 个，2015 年时增长至 10 787 个，见图 12—3 所示。

全国的文艺表演团体在所有制方面主要以公有制（国有、集体）和其他所有制（民营、私人）为主，且多数集中在县市级。艺术表演团体的所有制性质方面，2015 年公有制艺术表演团体为 2 125 个，其中文化部门为 2 037 个，其他性质为 8 662 个。按照剧种分类看，话剧、儿童剧、滑稽剧类表演团体为 1 223 个，歌舞、音乐类表演团体为 2 128 个，京剧、昆曲类表演团体为 130 个，地方戏曲类为 2 916 个，杂技、魔术、马戏类为 335 个，曲艺类为 428 个，乌兰牧骑为 120 个，综合性艺术表演团体为 3 507 个。2015 年，艺术表演团体各剧种分类比重见图 12—4。

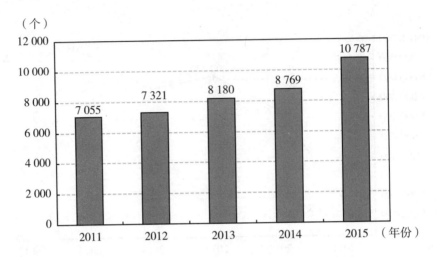

图 12—3　2011～2015 年全国艺术表演团体机构数

资料来源：根据《中国文化文物统计年鉴》（2012～2016 年）数据整理。

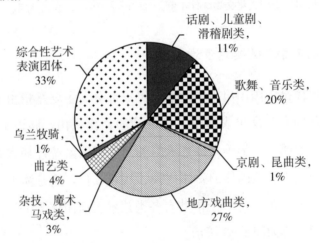

图 12—4　2015 年艺术表演团体各剧种分类比重

资料来源：《中国文化文物统计年鉴 2016》。

同样，艺术表演团体从业人员也一直呈现着增长的趋势，从 2011 年的 160 323 人增加到了 2015 年的 301 878 人。根据 2015 年全国艺术演出团体人员结构的统计显示，公有制艺术表演团体从业人员共计 120 044 人，其中专业技术人才为 81 938 人，占公有制从业人员的 68.25％；非公有制艺术表演团体从业人员为 181 834 人，其中专业技术人才为 62 027 人，占比为 34.11%，见表 12—3。可见，专业技术人才集中在公有制表演团体中，演出市场的高水平人才欠缺。

表 12—3　　　　　　2015 年全国艺术演出团体人员结构　　　　单位：人

人员结构	总数	公有制艺术表演团体	非公有制艺术表演团体
从业人员	301 878	120 044	181 834
专业技术人才	143 965	81 938	62 027

资料来源：《中国文化文物统计年鉴 2016》。

3. 剧目原创和演出硬件有所提升

2011～2015 年，全国各级艺术表演团体加大了对公用房屋、排练场所的建设力度，院团演出硬件设施条件有所改善。2015 年为 800.30 万平方米，比上年增加了 84.3 万平方米，增长 11.73%。同时，各地纷纷兴建了一大批功能完善、设施完备的艺术表演场馆，演映场次逐年增加，为艺术院团提供了更为优质的演出保障。艺术表演场馆机构数从 2011 年的 1 956 个增长至 2015 年的 2 143 个，座席数从 1 532 842 个增长至 1 786 688 个，如表 12—4 所示。

表 12—4　　　2011～2015 年全国艺术表演场馆机构数和座席数　　　单位：个

场馆硬件指标	2011 年	2012 年	2013 年	2014 年	2015 年
机构数	1 956	2 364	1 344	1 338	2 143
座席数	1 532 842	1 915 677	1 027 946	1 187 359	1 786 688

资料来源：根据《中国文化文物统计年鉴》（2012～2016 年）数据整理。

根据中国演出行业协会的《2016 中国演出市场年度报告》，2016 年演出市场总体经济规模 469.22 亿元，相较于 2015 年的经济规模 446.59 亿元，上升 5.07%，其中，演出票房收入 168.09 亿元，比 2015 年上升 3.93%；农村演出收入 24.24 亿元，比 2015 年上升 8.60%；娱乐演出收入 71.04 亿元，比 2015 年上升 2.01%；演出衍生品及赞助收入 31.57 亿元，比 2015 年上升 7.97%；经营主体配套及其他服务收入 54.54 亿元，比 2015 年降低 1.25%；政府补贴收入（不含农村惠民）119.74 亿元，比 2015 年上升 10.42%，见图 12—5。

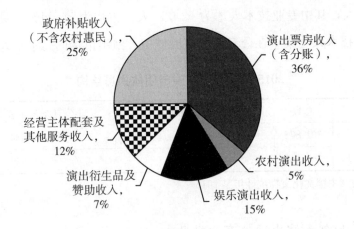

图 12—5　2016 年演出市场各类收入占比

资料来源：《2016 中国演出市场年度报告》。

12.2.2　中国演出市场对外贸易和交流情况

1. 2011～2015 年对外及对港澳台文化交流活动项目情况

2011～2015 年的对外及对港澳台文化交流活动项目情况的数据主要从活动总数、活动性质、活动类型及活动范围四个方面进行统计。

图 12—6 反映了从 2011～2015 年对外及对港澳台文化交流活动项目的总数

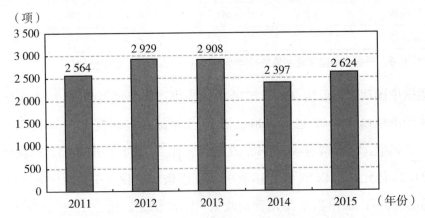

图 12—6　2011～2015 年对外及对港澳台文化活动总数

资料来源：根据《中国文化文物统计年鉴》（2012～2016 年）数据整理。

变化。2011 年的项目数量为 2 564 项，2012 年上涨至 2 929 项，2013 年为 2 908
项，2014 年回落至 2 397 项，2015 年又稍微上涨至 2 624 项。总体而言，近五
年的对外交流项目数量较为稳定。

图 12—7 反映了 2011～2015 年对外及对港澳台的文化交流项目中，出访与
来访的数量比例。从图中可以看出，这五年出访项目的数量始终高于来访项目
的数量。表明中国的演出市场兼顾文化的"走出去"和"引进来"，同时在
"走出去"的态度上更为积极。

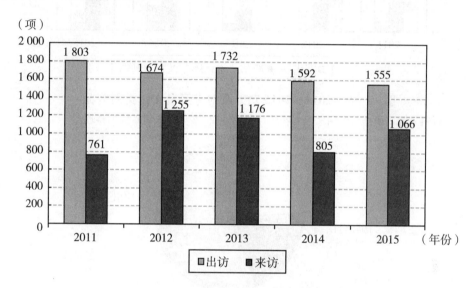

图 12—7　2011～2015 对外及对港澳台文化性质情况
资料来源：根据《中国文化文物统计年鉴》（2012～2016 年）数据整理。

图 12—8 反映了 2011～2015 年对外及对港澳台文化交流项目中不同活动类型
所占的数量。从图中可以看出，演出项目的数量远远高于其他三项，这表明，中
国的对外文化交流项目主要以演出类项目为主。2015 年中国对外文化贸易年度报
告中指出，"2012～2014 年间，在政府利好产业政策、行业规范和配套服务平台
不断健全的影响下，依托国内演出产业的规模性发展，对外演出在剧目数量、巡
演场次、观演人次以及演出贸易额等方面呈现了稳步增长的态势。"

在图 12—9 中可看出，演出市场占比为 56%，占到全部文化交流活动的一
半以上。

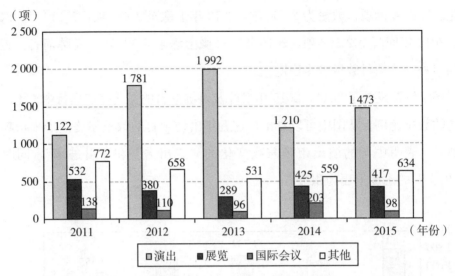

图 12－8 2011～2015 对外及对港澳台文化类别情况

资料来源：根据《中国文化文物统计年鉴》（2012～2016 年）数据整理。

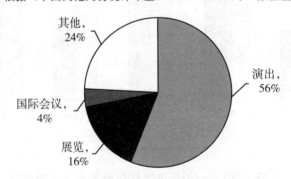

图 12－9 2015 年对外文化分类占比情况

资料来源：《中国文化文物统计年鉴 2016》。

2. 2011～2015 年对外及对港澳台文化活动参与人员情况

本部分探讨 2011～2015 年对外及对港澳台文化交流活动参与交流人员情况，主要从人员总数、活动性质、活动类型、活动范围四个方面的数据进行整理与统计。

图 12－10 反映了 2011～2015 年对外及对港澳台文化交流项目参与人员总数的变化趋势。2011 年共有 77 223 人参与了对外文化交流项目，2012 年为 54 588 人，2013 年为 81 127 人，2014 年为 58 967 人，2015 年为 41 904 人。该

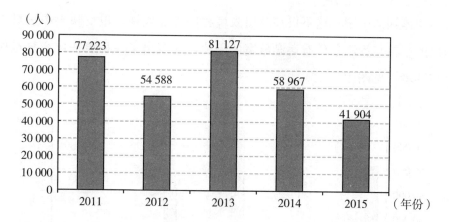

图 12－10　2011～2015 年对外及对港澳台文化活动参与人数

资料来源：根据《中国文化文物统计年鉴》（2012～2016 年）数据整理。

数目包含了表演者，同样也包含了艺术管理者。

图 12－11 反映了 2011～2015 年对外文化交流项目中出访与来访人员数量的对比。根据图 12－11 所反映的情况，中国出访的项目数量上虽然高于来访的项目，但是在人员总数上并非如此。在 2011 年、2013 年中，来访人员的数量都高于出访，尤其是 2013 年，来访人员几乎是出访人员数量的 2 倍。这一数字虽然可能带有一定的偶然性，但是也表明在对外文化交流中，越来越多的国

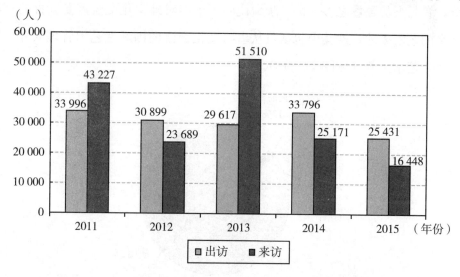

图 12－11　2011～2015 年对外及对港澳台文化活动人员访问情况

资料来源：根据《中国文化文物统计年鉴》（2012～2016 年）数据整理。

外大型团体到访中国，这不仅涉及出入境程序更加便捷，也反映出中国对于涉外演出的审核与管制条件有逐渐放宽的趋势，体现出了一种更加包容与宽松的态度与环境（见图 12—12）。

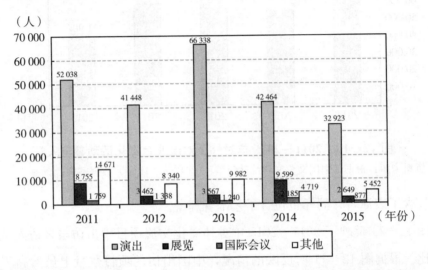

图 12—12 2011～2015 年对外及对港澳台文化活动各类人员人数

资料来源：根据《中国文化文物统计年鉴》（2012～2016 年）数据整理。

在各类文化交流项目的参与人员数量中，演出和展览依然是最主要的两个部分，参与人员数量之多更进一步地说明了中国对外文化交流需要大批具有国际水平的艺术人才，这其中包括可从事跨文化交流的国际性艺术管理人才、策展人才、艺术家等（见图 12—13）。

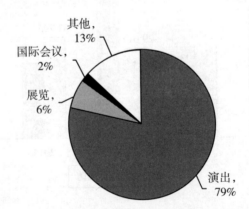

图 12—13 2015 年对外及对港澳台文化分类参与人数占比情况

资料来源：《中国文化文物统计年鉴 2016》。

12.2.3　中国演出市场文化贸易的新特点

近几年，中国演出市场总体规模呈现稳中有增的平稳发展态势。中国演出行业协会相关报告数据显示，2014 年中国演出市场总体经济规模为 434.32 亿元，2015 年达到 446.59 亿元，比 2014 年上升 2.8%。伴随着中国演出市场的稳步增长，中国对外演出贸易也得到了长足发展。对外演出贸易模式上，逐步从过去单纯的剧目、产品引进，走向共同合作运营，推动了中国演出企业经营水平的提升。在"走出去"方面，中国演出产品不再单纯依靠"动作产品""香蕉产品"，中国元素明显增加。

1. 中国演出市场"引进来"

近几年，中国引进演出产品数量不断增加，类型不断丰富，从韦伯经典音乐剧《剧院魅影》到百老汇秀《极限震撼》，各类型、各层次的演出产品纷纷进入中国内地市场。从引进方式看，演出产品的引进正从过去的单一产品、项目引入，转向双方共同合作开发和全产业链运营，合作深度不断加强。

第一，演出季、戏剧节成为国外经典演出产品引进的重要平台。经过多年发展，如北京国际戏剧舞蹈演出季、北京国际音乐节、杭州国际戏剧节等逐渐成为演出剧目集中展示的重要平台。在戏剧节蓬勃发展的同时，中国也出现了一批针对细分市场的演出季和戏剧节，并引进国外经典演出作品，成为中外演出产品交流、展示的重要平台。

第二，世界知名音乐剧引领演出市场。2003 年，经典音乐剧《猫》被引入中国，国外的市场化运作模式才正式引入中国。2015～2016 年，《剧院魅影》在广州、北京、上海三地连续上演 150 多场，上座率达 95% 以上，截至 2015 年底，仅在广州、北京的演出票房就已过亿。近年来，随着中国国人教育水平的提高，音乐剧、交响乐等高端演出产品引进来的数量和质量不都呈现上升态势。但是，同时，受经济基础、欣赏水平等方面的影响和制约，音乐剧高端演出产品的引进主要集中在北上广等一线城市。

第三，演唱会引进持续火爆。由于一线城市对欧美音乐的市场培育已较为成熟，日韩、欧美大牌明星来华举办演唱会，大部分都将北京、上海、广州选为演出城市。但是演出会数量的增多并不代表演唱会质量的提高，虽然中国引进的演唱会越来越多，市场越来越火热，但是离真正成熟的演出市场还有一定的距离。歌迷专业素质的提高、演出场馆的技术、演唱会的细节关注等都高于对引进演唱会数量的追求。

第四，中外合作演出不断推进。2015 年中国国家话剧院与英国国家剧院共同打造的《战马》舞台剧中文版，在北京开始演出，出票率达 85%，上座率达 95%，近 45 000 人观看演出，票房高达 1 100 多万元。这对中国演出市场打破传统营销策略，充分利用联盟国内剧场资源优势是一个有益的探索。

2. 中国演出市场"走出去"

在中国演出市场引进产品数量不断增加、类型不断丰富的同时，中国演出市场"走出去"的步伐也逐渐加快，方式不断创新，模式不断丰富。

第一，充分利用国际平台。作为中国演出市场"走出去"经典案例之一的京剧版《王子复仇记》，应丹麦"哈姆雷特之夏"艺术节的邀请，自 2005 年开始海外演出开始，已经赴丹麦、荷兰、德国、西班牙等十多个国家进行演出。同时，打造自身展示平台，《清明上河图》《又见国乐》等通过"相约北京"演出季走向世界。

第二，探索海外驻演新模式。2004 年以来，以《印象刘三姐》《印象丽江》等"印象"系列为代表的山水实景演出剧成为中国演出产品走出国门的重要演出产品，得到了国外观众的认可。此外，文化企业也开始与国外合作，联合打造驻场演出产品，2010 年，云南文投集团的柬埔寨演出投资有限公司投资 500 万元在柬埔寨吴哥窟打造驻场演出《吴哥的微笑》。截至目前，已有累计 110 多万观众观看了该演出。

第三，演出市场对外贸易，中国元素更为明显。在中国演出产品对外贸易的初级阶段，主要依靠"香蕉产品"。所谓"香蕉产品"是指演出产品在形式上采用中国化表现手段，但在内容上则是对西方元素的重新开发和演出。例如，早期的《王子复仇记》、杂技芭蕾《天鹅湖》等。从长远看，单纯依靠这些产品，不利于中国演出市场对外贸易的继续扩大。

本章通过对中国演出行业的整体现状分析，得出目前中国演出行业的发展现状。然后，重点从项目情况和人才交流情况分析了当前中国演出行业的贸易及对外交流情况，进而得出了中国目前演出市场在"走出去"和"引进来"等方面的新特点。

12.3 中国演出市场贸易面临的竞争和困难

12.3.1 中国演出市场贸易面临的国际形势

联合国教科文组织（下文简称 UNESCO）在其出版的《文化、贸易和全球化：问题与答案》一书中指出，在过去二十多年中，文化商品的国际贸易额呈几何级数增长，世界 50 家跨国媒体娱乐公司占据了当今世界 95％以上的文化市场份额。虽然中国在对外演出及其他文化贸易方面也实现了稳步持续增长。然而，不可否认的是与美国、欧盟及日本这些传统的文化经济强国相比，中国对外演出市场仍面临很多难题。例如，中国具有国际水平的演出团体对外演出收入平均每场不到 4 000 美元，即使是在海外演出价最高的芭蕾舞剧《天鹅湖》，每场也只有约 3 万美元的收入，而海外著名乐团在上海的单场演出价就高达 33 万欧元。中国杂技在海外的每场演出价格只有 1 000～6 000 美元不等，且多数只是简单的劳务输出，缺乏具有自主知识产权和品牌的演出剧目。

（1）国际对外演出市场的格局作为文化市场中表现最为活跃的演出市场，其和图书、电视、电影及网络等文化产品一样，在跨国化的运动中也面领着对外贸易和竞争。西方发达国家为了产业升级和稳固对外文化贸易的优势，纷纷加速了对外演出活动的频率。

从国际演出市场的宏观格局可见，英国、美国及日本等国依旧是引导欧洲、北美和亚洲演出市场的中坚力量。这一时期，发达国家的对外演出活动主要表现出以下三个特点：

第一，大规模制作的音乐剧和歌舞剧开始成为国际演出市场中的核心产品。各个国家的演出制作公司、艺术教育机构及文化主管部门积极投身于大型剧目的创作，寄希望于成为国际演出市场中的流行指标。例如，《大河之舞》自 1995 年 2 月在都柏林首演以来，已经在全世界演出超过 1.2 万场，现场观众达到了 2 500 万人，《大河之舞》的 DVD 在全球销售超过 1 500 万张。2009 年 12 月到 2010 年 2 月，在长达两个半月的时间里，《大河之舞》的热浪席卷中国 13 个城市，连续演出 60 场。《大河之舞》所到之处，场均上座率达 90％以上。

第二，大型的传媒集团纷纷开始涉足演出领域。演出产品和传媒产品之间的渗透趋势加速，演出市场的传统剧场媒介开始出现了数字化和网络化的创新探路。这种竞争趋势也促使各国的文化、艺术研究者开始对于演出市场话语权以及文化主权都提出了诸多的不同看法。

第三，对外演出贸易不再依靠单纯的剧目输出，越来越多的对外演出机构开始通过版权贸易、对外直接投资剧院和剧场以及本土化合资经营等方式开拓国际演出市场，从而推动了演出市场相关的剧目、人才及资金等竞争要素的跨国化流动。例如，2006 年，美国百老汇音乐剧《狮子王》就曾在中国创下演出 101 场、吸引 16 万观众、总票房收入 7 200 万元的成绩。2011 年，上海亚洲联创文化发展有限公司通过版权引进制作的中文版音乐剧《妈妈咪呀！》仅首轮北京巡演就达到了 112 场，吸引 14 万名观众走进剧院，取得 4 500 万元的票房佳绩。2012 年，音乐剧《猫》中文版在上海站的第 50 场演出后，票房也已突破了 3 000 万元大关。2015 年，舞台剧《战马》出票率达 85％，上座率达 95％，近 45 000 人观看演出，票房高达 1 100 多万元。综观当前中国演出市场在全球文化舞台上的现状，既要面对海外演出市场的激烈挑战，又得不断地在文化体制改革的背景下发展和提升本土演出企业的竞争力。

（2）国际对外演出市场的贸易竞争英国、美国和日本三国是欧洲、北美和亚洲演出市场中的中坚代表者，尤其是美、英两国凭借着大型音乐剧和歌舞剧在对外演出贸易中的突出贡献，成为国际演出市场中的主要贸易出口国。综观美国、英国、日本及中国对外演出市场，在演出规模和演出特色方面彼此差异明显（见图 12—14）。

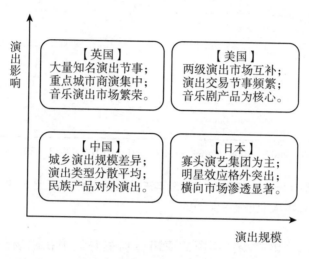

图 12—14 四个国家的对外演出贸易的核心特色

资料来源：根据《中国国际文化贸易及其展望》等资料整理。

第一，美国演出市场。美国演出市场由表演团体、演出中介经纪和相关演出协会和联盟等主题组成，发展较为完善，机制较为健全。美国在舞蹈、戏剧、交响乐等各类表演门类中都有着较为强势的表演团体。2014～2015 年，百老汇上演了 42 部音乐剧，收益达到了 11.08 亿美元，戏剧收入达到了 2.48 亿美元，对纽约市经济贡献 125.7 亿美元，提供了 8.9 万个就业岗位，观众人次高达 1 310 万人次。在剧目市场销售方面，美国主要包括自产自销、经纪代销以及交易会销售等 3 种方式。例如，2015 年 1 月，在纽约举行的全美表演出术演出交易会，全球知名演出公司和机构共有 3 500 多人参与。同时，美国演出产业的增加值显著。作为国际演出市场的重要支柱力量，美国演出市场在近 20 年的发展中，演出机构数量未有较大增长，但是其创造的产值规模却有了较大增幅。根据美国经济分析局数据可知 2006 年艺术及娱乐休闲产业增加值为 804 亿美元，而到了 2015 年增至 1 833 亿美元，见图12—15。

（十亿美元）

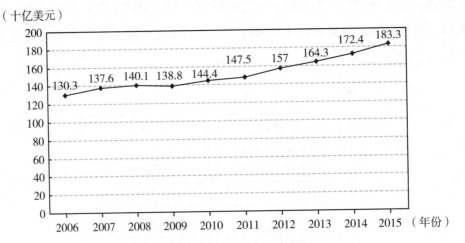

图 12—15　2006～2015 年艺术及娱乐休闲产业增加值

资料来源：《国际文化市场报告 2016》。

　　第二，英国演出市场。英国的演出市场主要集中在剧场演出和艺术节演出。根据英国戏剧联盟统计，英国目前共有 541 家剧院，600 多个规模不等的艺术节，包括爱丁堡艺术节、大不列颠艺术节等，每年吸引近 2 000 多万的观众。英国的音乐演出市场也具优势。英国音乐产业年报数据显示，2014 年，英国的音乐产业为经济贡献了 41 亿英镑的收入，其中出口达到了 21 亿英镑，出口同比增长 17％。在音乐销量方面英国市场居世界第三位，2014 年现场音乐演出的收入达到 9.24 亿英镑，同比增长 17％。英国演出市场的优势总体来看，一是剧目内容制作体系完善，演出配套机制健全。英国剧场演出剧目较为丰富，包括戏剧、舞蹈、音乐剧等。在剧目内容制作方面细化程度非常高。二是在市场配套机制方面，英国的票务营销网络发达，英国的票务销售公司和地铁、旅行社、电影院等机构建立长期的合作关系，观众通过这些地方和网络均可以订票。英国的演出票价也实行同一剧目多档位、不同剧目多层次的设置，广泛地吸引了各个阶层的观众。

　　第三，日本演出市场。日本是高度工业化、城市化和市场化的世界经济大国。在日本，文化产业已经成为重要的支柱产业，演出市场也有很强的实力。根据日本音乐协会调查数据显示，2014 年日本全国音乐会公演次数相比 2013

年增加了 25.5%，达到了 27 581 场，观众人数同比增加 9.7%。日本政府对演出市场实行"不干预内容"的文化政策，中央政府主要是通过文化厅和内阁官方为演出市场发展提供政策辅导和指导。日本的国税和地税细则中都规定了捐赠艺术演出的减税细则，如大型公司对演出的资助中，总收入的 5% 或总资产的 0.25% 可以计入公司税进行减免。同时，日本政府对剧场演出和内容版权均给予较高的重视和保护。每年日本政府会组织文化管理部门、日本知识产权保护组织以及警察局共同合作打击盗版。2011 年文化事务预算达 1 031.27 亿日元，其中知识产权保护方面共投入了 651.3 亿日元，占整个预算支出的 65.3%。日本音乐节演出和旅游性演出也是日本演出市场的重要组成部分。以富士摇滚乐音乐节为例，平均每年有超过 200 组日本国内外的乐团参与演出，音乐节吸引观众和游客约 12 万人，票房收入超过 22 亿日元，经济影响力达到 88 亿日元。

12.3.2 中国演出市场贸易面临的困难及原因分析

1. 中国演出市场贸易面临的困难

通过中国演出行业现状与西方发达国家演出行业的对比可以看出，中国的演出市场文化贸易仍存在许多方面的不足。

从外部环境看，中国演出市场文化贸易主要面临市场秩序混乱、中介机制不完善、存在"文化折扣"等困难。

（1）市场秩序混乱。海外商演市场秩序不规范、企业水平参差不齐、市场竞争不规范。随着中国提倡发展文化以来，国内涌现出了一大批演出公司，但其公司规模和经营实力和水平上却参差不齐，且国内有没有完善的法律体系和正规的市场管理，所以市场竞争上非常不规范。中国杂技海外商业存在互相压价、恶性竞争的局面。大团推出新节目的成本很高，而小团却通过压低价格来提高竞争力，使得大团为了生存只好也卖低价，于是没有办法为创作新节目投入足够的资金，节目质量提高非常困难。

（2）存在国际贸易壁垒。在世界经济一体化影响的当下，国际文化贸易的规则对文化产品的出口有着举足轻重的作用。从国际组织发展情况来看，目前，世界贸易组织针对文化贸易进行了多次的制度修订，初步建立起了文化贸易的规则框架。但从具体国家来看，对待文化贸易政策的态度上还存在很大的分歧。例如，美国作为自由文化贸易的代表，认为应将文化贸易等同于一般商品进行自由流动。在这种文化贸易观点的指导下，美国开展了较为强势的文化贸易政策，将迪士尼、时代华纳、新闻集团等文化企业进行了全球化的运营。英法作为贸易保护主义的代表国家，认为贸易伙伴从地位角度来看并不平等，需要对本国文化进行贸易保护。从中国文化贸易发展现状来看，中国文化贸易起步晚。国际文化贸易市场已经从过去的自由竞争向寡头垄断过渡，市场进入门槛较高，竞争激烈。

（3）国外市场竞争激烈。2012 年美国仅在上海建设梦工厂的投资就超过了20 亿美元。韩国在"文化产业振兴"运动的推动下，大力扶持电影电视产业、网络选秀等，"韩流"来势汹涌。此外，日本动漫和英国的演出也都形成了较为成熟的文化产出市场，在国际上获得了相当可观的市场份额。从全球文化发展布局情况来看，欧美和日韩等文化大国竞争力强。它们经过多年的发展，已经积累了大量的资本和丰富的经验，文化产业链条也较为完整，拥有颇具规模的商业网络，便于通过网络化商业运作将文化产品推向全球。与之相较，处于发展初期的中国文化产业处于十分不利的地位。中国演出市场的国际贸易在资金、市场以及营销等方面发展还不够成熟，发展模式上还处于探索阶段。与国际文化强国相比，还属于弱势地位。

从自身发展水平看，中国演出市场主体面临很多问题。

第一，缺乏自主品牌。文化产品知名品牌匮乏，对国际市场的占有力不强，中国文化产品无法"走出国门"，现代文化新产品稀少，现代文化精品罕见，缺乏高质量的文化产品。品牌对于服务以及文化产品贸易来说是一项极其重要的无形资产，当今以及未来的国际市场是品牌的竞争。中国的文化产品由于缺少具有代表中国特色的知名品牌，不能得到国际市场的广泛接受和认可，所以想进入发达国家主流市场就相当困难。

第二，营销能力不足。目前，有实力的市场主体不多，涉外项目由于成本很高，纯粹商业运营演出几乎没有可能，所以要依赖资助、赞助资金运营。找不到赞助，大型演出项目就只好被迫放弃。如果经营者因为没有资金保证引起项目合同方纠纷，会造成社会负面影响，演出地政府将对中国企业进行严肃惩戒，企业法人将有被列入文化市场禁入黑名单的危险。一些团体由于找不到足够的赞助而放弃涉外演出也时常发生。中国艺术团体的经营观念没有跟上国际文化产业发展的步伐，在国际文化产业营销上没有给予足够的重视，往往在节目的制作上花费大量的成本，而在文化产品的国际营销上力度不足，在资金上不舍得投资，甚至有时候连稍好一点的宣传文字、影像资料都提供不出来，这使中国的文化产业在国际市场的营销环节上处于非常劣势的位置。

第三，销售网络不畅。中国文化产业在国际市场上的营销网络不够畅通。中国在海外营销队伍的数量和水平都处于非常劣势的水平，在掌握国际市场信息，把握国际市场机遇上的能力不强，还远远不能中国演出产业对外发展的需求。中国的演出团体应该清醒地认识到，善于与中介机构沟通和合作，充分利于它们的经营智慧和营销渠道，对中国发展对外演出产业的重要性（可以起到事半功倍的效果）。只有通过与业界各个环节大众的角色整体努力，中国的对外演出才能真正地走入国际市场。

第四，中介机制不完善。由于演出信息的不对称和外语障碍，许多演出商很难拿到第一手的项目报价，繁杂的手续等又造成项目信息的失真。演出的利润很大一部分被国外的演出代理商获得。这就需要强大的中介机构来为国内外供需双方提供沟通渠道。而中国中介机构发展缓慢，中介机制尚不完善，企业或中介机构缺乏在国际文化贸易市场上进行生产、创造、推销的能力。

2. 中国演出市场文化贸易存在问题的原因

（1）政策体系不完善。一是鼓励政策不具体。如文化部印发的《关于促进商业演出展览、文化产品出口的通知》，关于支持演出市场文化贸易的政策都缺少实质性的支持，如税收问题、投资优惠等没有进行详细的规定。虽然中国采用了鼓励文化产品出口的贸易政策，也积极通过财政、贸易、金融等政策进行支持，但仍然存在由于政出多门造成的缺乏衔接和配套等问题。二是对外演出审批程序复杂。一般演出团体出国演出必须提前半年提出申请，得到许可后才能出国演出，这大大增加了涉外演出的机会成本，易使企业丧失商机，致使一些具有时效性的演出失去了意义。三是统计手段和制度滞后。当前，中国文化主管部门和演出行业协会在演出数据和演出贸易统计方面依旧处于非规范的状态，也凸显了对外演出贸易监管的缺位。这就导致我们无法较为精确地判断对外演出的市场规模、剧目类型、观众票房以及社会影响力等，国内各级省市没有实时票房统计制度，行业年度报告统计口径差异较大。国内关于文化贸易的统计分析落后于发达国家，难以对国家政策的制定和调整以促进文化贸易的发展起到促进作用，也发挥不了数据统计作为一个严谨的科学研究手段为文化产业的市场行为提供决策的作用。四是国有演出团体与民营演出团体的地位并不平等。从中国对外文化贸易现状分析可以看出，目前，中国对外文化贸易和交流主要靠国有演出团体，但是国有演出团体依附于政府，以财政拨款作为经费的主要来源，缺乏面向市场的意识和竞争力；而民营演出团体则得不到相应的扶持和奖励。

（2）演出市场缺乏文化精品。中国对文化产品的进口和投资存在严格限制，导致国内文化供应不足，难以适应人民群众日益增长的文化需求。著名经济学家霍利斯·钱纳里提出，当人均 GDP 超过 3 000 美元时，居民文化消费应占到总支出百分比重的 23%，并且这一比率将保持递增趋势。2008 年中国人均 GDP 首次超过 3 000 美元，但居民文化消费却只占到总支出的 7%，其中很重要的原因是国内文化精品供给的严重短缺。正是因为主流文化精品供给不足而导致庸俗、低俗、媚俗等亚文化的蔓延，引发了 2010 年全国文化市场开展的文化"反三俗"活动。从经济学的角度来看，对国外文化产品进口的严格限制加重了这种供给短缺现象发生。国内文化体制改革缓慢，文化企业在短期利益的驱使下相互压价，导致文化贸易市场恶性竞争严重，甚至为了自身经济利益而不顾社会利益，大量粗制滥造的产品充斥文化市场，严重影响了中国文化产品在国际上的声誉，阻碍了中国的对外文化贸易的良性发展。

（3）人才资源匮乏。文化贸易专业人才一直是文化产业经济发展的关键要素。国外文化贸易发展的经验告诉我们，人才的培养必须放在首要位置，一支专业能力强、分工协作明显的文化贸易人才队伍十分重要。中国的文化产业人才队伍存在很多问题，如人才结构不合理、人才专业化程度不高、人力资源区域分布不合理、文化产业人才培养教学实践不足等。文化产业长期的人才短缺，现有从业人员知识结构不合理，基本素质参差不齐，高端人才储备短缺现象严重。从 2004 年开始，虽然部分高校开设了文化产业管理专业，但文化贸易专业开设的高校较少。2006 年中国传媒大学经教育部批准开设了"国际文化贸易"专业，但仅限于本科层次。2007 年开办与文化产业管理相关专业的高校已有 69 所，但是截至 2012 年，国内只有中国传媒大学等几所院校开设了国际文化贸易专业，与中国文化贸易大发展极不协调，培养文化产业复合型人才队伍十分迫切。

（4）对文化和贸易的重视程度不足。中国具有五千年传统文化，是世界公认的文化大国，但长期以来，在文化产业发展上，中国还存在一定程度的偏重于传统文化的倾向，对世界先进文化经验的吸收不足，导致文化产业的创新能力不强。同时，对于文化贸易认识肤浅，忽视传统文化在文化贸易中的作用中国传统的观念认为做生意就是做生意，文化就是文化，两者毫无关联，忽视了传统文化在文化贸易中的作用，当前，对于中国传统文化的认可、弘扬和文化产业、文化贸易的发展处于一个模糊的认识和犹豫的状态。

（5）"文化折扣"影响文化输出。文化折扣是指因文化背景差异，国际市场中的文化产品不被其他地区受众认同或理解而导致其价值的减低。任何文化产品的内容都源于某种文化，因此对于那些生活在此种文化之中以及对此种文化比较熟悉的受众有很大的吸引力，而对那些不熟悉此种文化的受众的吸引力则会大大降低，从而其兴趣、理解能力等方面都会大打折扣，语言、文化背景、历史传统等都可以导致文化折扣的产生。因此，很多演出在国内市场很具吸引力，但在国外的吸引力就会减退，文化结构差异是导致出现"文化折扣"现象的主要原因。

本章首先分析了目前中国演出市场文化贸易所面临的国际环境，通过具体分析美国、英国、日本等文化贸易大国的优势，指出中国演出市场需要应对的问题。然后，分别从外部环境和自身发展两个方面分析了中国演出市场文化贸易存在的困难和问题，从外部环境看，主要有市场秩序混乱、中介机制不完善、存在"文化折扣"等；从自身发展水平看，存在缺乏自主品牌、营销能力不足、销售网络不畅、中介机制不完善等问题。最后，深刻分析了存在上述问题的原因分别是，政策体系不完善、缺乏文化精品、人才资源匮乏、对文化和贸易的重视程度不足以及存在"文化折扣"等。

12.4 提升中国演出市场文化贸易的建议

通过对演出市场文化贸易和交流的现状分析后，发现了目前中国演出市场文化贸易存在的困难和背后深层次的原因。为了更好地发展中国的演出市场贸易，实现文化的"走出去"和"引进来"，提出以下建议。

12.4.1 完善政府管理

1. 建立健全政策体系

（1）促进文化贸易法律、法规建设。健全政府扶持保障机制，对文化贸易市场进行规范，相关部门应当对文化贸易出口制定倾斜政策，对文化产品进行优惠税率以及出口补贴，实行出口优惠政策；同时成立推广文化产品的专门机构，调节出口相关部门的关系，维护文化产品出口秩序，保障文化企业的合法权益，收集和了解文化产品出口的相关信息，畅通文化出口环节，为文化产业的发展提供有力的保障。

（2）简化审批程序，促进中华文化"走出去"。减少对文化出口的行政审批事项，简化手续，缩短时限。对国有文化企业从事文化出口业务的编创、演职、营销人员等，简化因公出国（境）审批手续，实现出国一次审批、全年有效。对面向境外市场的民营演出企业，给予一定的审批支持政策。

（3）建立健全演出市场数据监测和贸易统计。一方面，应在上海、北京及广州一线演出市场建立数据统计收集和监测试点平台，为分析和判断演出市场提供有力的论据保证。另一方面，统筹各级文化主管部门和统计局，逐渐完善对外演出剧目的类型、主创团队、演出票房及演出影响力等要素的备案和数据统计。

（4）加强相关知识产权保护。文化产业也属于知识密集型产业，产品的可复制性强，其知识产权的保护程度决定了其创造力是否能得到尊重以及文化产业能否可持续发展。因此，要研究开展文化知识产权价值评估，及时提供海外知识产权、法律体系及适用等方面咨询，支持文化企业开展涉外知识产权维权工作。要加强执法，对侵犯知识产权的盗版、伪造、侵犯著作权等行为要采取严厉的制裁措施，坚决予以惩处。通过法律的规范作用来不断提高对知识产权的保护能力，进而自觉养成保护知识产权的意识。

2. 转变政府职能

（1）放宽政府对文化产品的干预。减少文化企业发展对政府的依赖程度，降低演出市场文化贸易中国有企业和院团所占的比重，逐步减少政府占用资源大而供给小的现象，促进中国演出市场文化贸易的健康发展。

（2）进一步下放政府权力。要将可以由市场自行调节和社会自我管理的职能交给行业协会和中介组织；进一步加大演出行业协会建设的力度，加强协会的制度化建设；利用协会团结、联系同业人员的优势，发挥行业自律、维护经营者合法权益的基本功能，以及在规划行业发展、制定行业规范、认证专业资质等方面的作用。

（3）优化发展环境。政府部门要根据"经济调节、市场监管、社会管理、公共服务"的要求转变职能，改变行政干预、直接插手、具体操办演出活动的做法，将主要精力放在明确导向、制定政策、优化环境、提供服务方面，从而充分发挥市场在配置演出资源方面的基础作用。

（4）一定时期内的文化资源是有限的，需要将文化资源从行政体制中释放出来，加快对民间资本开放的力度，加快文化体制改革的步伐，转变政府在文化领域的管理模式，形成企业为市场主体、政府依靠法律法规和税收为手段的需求管理模式的发展。

12.4.2 培育市场主体

1. 优化整合资源

品牌竞争是国际文化市场竞争的关键。中国人口众多，地大物博，文化积淀从未中断。文化企业要增强品牌竞争意识，争取在国际市场上创造属于中国传统文化的品牌。积极促进经济效益好、社会影响力大的民族文化企业加强合作与交流，提高生产效率，扩大生产规模同时提高文化产品的国际竞争力，在国际市场站稳脚跟，获得一席之地。文化企业应当整合资源，重点发展原创性强的产品，充分吸收世界优秀文明成果，生产出对国际消费者具有诱惑力和吸引力的文化精品，在国际市场上打造出具有民族特色的文化知名品牌。

2. 打造演出精品

第一，创作和生产符合国际演出市场观众的剧目。从英国和美国对外演出市场的剧目内容优势中看到，其投身海外演出的演出产品以音乐剧和大型舞剧为主。这两种剧目类型在降低"文化折扣"和迎合观众需求方面确实具有一定的优势。创作和生产符合国际演出市场观众的剧目，尤其是包含多种艺术元素的音乐剧和歌舞剧等，集中力量在核心演出精品的创作、开发上，在演出产业"走出去"的战略上进行排位。第二，对于承载中国文化的演出精品进行重点投入，对于国际演出市场能够容易接纳的剧目应该进行重点推介。

3. 树立知名品牌

提升中国对外演出业的国际竞争力，开展演出对外贸易的主体是优秀的企业以及它们打造的产品，尤其是名牌产品。着力培育一批跨地区、跨部门、跨所有制和跨国经营的具有规模性、导向性、主业突出、核心竞争能力强，具有国际影响力的演出产业集团。深化文化体制改革，使一批市场前景好、运作能力强的国有艺术表演团体转制为文化企业，成为文化市场经营实体和文化产业的主力军。让国内演出行业的知名品牌在内容制作、人才素质、经营理念、管理体制等方面进一步提升国际竞争力。

4. 探索营销模式

增加对国际营销的投入，充分了解国际市场消费者的需求，重视市场调查工作，对国际市场进行细化。用现代意识对文化产品包装同时对民族文化元素进行整合营销。演出市场的营销，是品牌的营销而不仅仅是产品的营销，品牌的销售除了销售产品本身，同样也包含了品牌的无形资产。

5. 提升创新能力

文化产业作为知识密集型产业，其自主创新能力直接决定了产业的生命力。因此，我们应以丰富的传统民族文化为基础，推进高新技术在文化产品生产中的运用。要重视国际化文化特征，在文化产品创造过程中对内容进行适度调整，使文化产品内容的本土化和形式的国际化相结合，让国外消费者产生文化共鸣，进而使他们乐于接受来自中国的文化产品，为文化产业的"走出去"战略实施奠定基础。加强对民众的宣传教育，让人们充分认识文化产业的经济属性，进而提高其主动维护文化产业知识产权的自觉性。

12.4.3　建立高素质人才队伍

文化产业的发展离不开文化人才队伍。人才是文化产业的推动者和基础。因此，应根据演出行业文化贸易的实际需求，不断完善和调整人力资源结构，以创新发展为动力，着力培养具有民族文化特色的人才队伍。

（1）要不断增加人才总量，建立一支结构优化的人才队伍。要保持更新理念，统筹人才，挖掘人才，必须以适应文化创意产业发展为前提，建立复合型人才和专门型人才。要积极吸引发达地区和国家的高精尖人才，从而建立起一支结构稳定、科技含量高以及有创意的人才队伍。

（2）培养多样化、复合型人才。文化的实质是"人化"、是"化"人，而且是"内化"人。通过培养全面发展的人，通过对文化的传承与弘扬，提升国民的文化素质和综合素养，通过人际交流渠道推动演出行业的文化贸易发展；通过教育战略和人才战略，为文化人才、国际化人才的培养营造良好的环境，满足文化创意人才、对外汉语教学人才、文化产业经营管理人才、高端翻译人才等的需要。

（3）充分发挥高校的作用。高等院校是复合型人才培养的基地。随着高校改革的不断深入和推进，充分利用中国现有高等学校的教育资源，对中国文化和经济贸易专业进行有效整合，从而进一步提高对文化贸易人才的培养层次。要注重对学生创新精神以及文化素养的提升。可以采取国际合作办学，与发达国家高等学校进行文化贸易专门人才的联合培养等方式，拓宽国际教育的交流平台，为文化贸易人才进一步适应国际贸易环境提供良好的环境。还可以与企业进行实习签约，开办实习基地，培养实用型、技能型和复合型人才。

（4）重视企业在文化贸易人才培养的作用。企业是创意文化产业人才成长的孵化器。企业不但内部之间要建立完整的人才培养机制，而且企业与企业之间、企业与高校之间，企业与政府之间也要建立完善的可持续的培养制度。注重职前的素质教育和技能培训，为高校提供实验和实践基地。对不同阶段的人才，实行不同的培育理念和奖惩制度，充分保证人才在成长过程中有一个宽松、稳定的环境。

12.4.4　拓展对外贸易渠道

1. 举办国际交易会和设立演出贸易协会

目前国内对外演出的交易平台是由中国演出家协会主办的年度中国国际演出交易会和中国上海国际演出交易会。但是这些交易会的主要参与者基本上是以国内的演出商和院团为主，能够在这些交易会上达成或签约的对外演出合同则是寥寥无几。下一步，我们必须建立一个有着国际影响力的专业性演出交易会，邀请各国主要的演出经纪公司和表演团队参与，提供给中国及国外演出企业展示的平台，只有这样才能出现更多如天创、云南印象等成功的文化贸易产品。

2. 利用财政金融工具扶持对外演出贸易

针对当前中国对外演出规模不大、剧目种类分散的现状，为了提升在国际演出市场中的竞争优势，应该对于涉及对外演出业务和剧目的公司给予税收优惠政策或者演出补贴。可以每年从国内演出市场税收收入中按照一定比例建立对外演出专项发展基金，由文化部或直属机构运营该项基金。明确给予能够在海外演出超过规模场次的公司或团体资金补贴，鼓励推动更多的演出公司进入国际演出市场。同时，可以尝试进出口银行在出口信贷额度方面对于对外演出予以适当倾斜，积极为对外演出贸易出口项目提供金融支持。

3. 健全中介机构工作机制

大力发展演出中介机构，继续完善演出经纪人制度，积极引进国内外有影响的专业演出公司、经纪人，培植、引进一批演出娱乐、艺术培训行业的品牌机构。发挥中介"摆渡者"的作用，发展对外文化中介机构，健全中介机构工作机制。重点发展从事展览演出等业务的对外文化中介机构。增强与国际知名电影、演出、展览经纪人或中介机构合作交流，向品牌化和规模化的方向发展。吸收国外中介机构工作机制，培养文化中介机构的语言专家，为中西文化交流以及国内演出企业的文化贸易发展发挥"桥梁"的作用。

12.4.5 转变文化贸易观念

1. 加强对文化贸易的认识

重视传统文化在贸易当中的作用。加深现代意识，摒弃传统认识，用科学的眼光来观察和整合传统文化资源，减弱中西文化中的差异的不利影响。附加值高是文化生产和贸易的显著特点，文化贸易使国民经济实现可持续发展，增加国民财富积累，同时也能为其他相关产业开辟广阔的国际市场空间。其对于提升国家形象和整体竞争力以及传播生活方式和文化理念而言具有相当重要的作用。因此，加大文化贸易的发展力度，扭转当前文化贸易逆差的形势，从而改进中国演出市场的文化贸易的格局。

2. 摆脱传统观念束缚

从战略角度重视对外文化演出行业受到传统思想的束缚，目前，普遍的观念认为，文化就是文化，做生意就是做生意，没有把文化内容和文化服务的输出看作一种贸易行为。因此，目前的对外文化活动以对外宣传为主，只有文化交流而没有文化贸易。文化产品的内容和质量以及传播手段都不适应当今国内市场和国际市场的需求。因此，只有转变观念，把文化竞争上升到国家战略的高度，针对国际市场的需求，经过产业化的再创造和生产，把中国传承下来的优秀资源配合高科技，进行创造性转化和创新型发展，以多种形式表现出来，打造一批在世界上被普遍接受的名牌演出剧目，从而打入国际演出市场。

3. 树立自由开放的发展观

加快文化领域内的体制改革，鼓励私人投资参与到演出行业中，放宽演出领域的经营限制，提高文化贸易的自由度，进而促进文化贸易的多元化发展。同时要积极采取"走出去"战略，将文化企业融入贸易目标国中去，采用就地创作、生产、销售的文化产业战略，提高文化契合度。积极采用专业化的发展战略，采用专业化的发展道路，打破国内行政区划造成的文化交易壁垒，降低国内演出产品生产流动的成本，促进演出的创作、表演、销售及相关衍生品的专业化分工。

12.5 本章小结

本章主要结合分析中国演出市场文化贸易发展中存在的问题和原因，从五个方面提出了对策建议，一是建立健全政策体系；二是转变政府职能；三是建立高素质人才队伍；四是拓展对外贸易渠道；五是转变文化贸易观念。通过上述措施，旨在进一步发展中国演出市场的文化贸易水平，促进中国演出市场的文化贸易发展。

第13章

文化企业对外直接投资发展

按照商务部《对外直接投资统计制度》规定，对外直接投资是指中国境内投资者以现金、实物、无形资产等方式在国外及港澳台地区设立、参股、兼并、收购国（境）外企业，拥有该企业 10% 或以上的股权，并以拥有或控制企业的经营管理权为核心的经济活动。国务院在《关于加快发展对外文化贸易的意见》中提出，要"加大文化领域对外投资，力争到 2020 年，培育一批具有国际竞争力的外向型文化企业，形成一批具有核心竞争力的文化产品，打造一批具有国际影响力的文化品牌，搭建若干具有较强辐射力的国际文化交易平台"，要"支持文化企业拓展文化出口平台和渠道，鼓励各类企业通过新设、收购、合作等方式，在境外开展文化领域投资合作，建设国际营销网络，扩大境外优质文化资产规模"。因此，对文化行业对外直接投资的现状进行梳理，摸清文化行业对外直接投资的发展状况具有重要意义。

本部分通过对文化行业 2011～2015 年对外直接投资的总体情况和细分行业层面的具体情况进行梳理后发现，中国文化行业对外直接投资在 2011 年以前规模较小，自 2013 年以来增长明显提速，2015 年出现了爆发式增长。进行对外投资的境内文化企业主要分为生产文化产品和提供文化服务两大类，文化服务类企业在其中占主要地位，并集中在互联网文化信息服务（网络游戏和网络广告等）、影视制作、工艺美术品以及创意设计等领域。总体而言，这些领域的产品和服务时代性强，数字化、市场化、国际化程度高，具有较强的竞争实力，是推动中国文化产业未来更快更好发展、引领中国文化产业"走出去"的重要力量。

13.1　中国文化行业对外直接投资发展概况

13.1.1　2011～2015 年文化行业对外直接投资净额

对外投资是中国文化行业开拓海外市场、拓展合作领域以及扩大影响力的重要方式。图 13—1 来自国家统计局的数据显示，2007～2013 年，文化、体育和娱乐行业对外直接投资净额的增长趋势一直弱于中国对外直接投资净额的整体增长趋势，部分原因在于这一阶段中国文化企业体量较小、国际竞争力相对较弱，因而通过海外投资拓展市场、收购资源的需求较小。自 2013 年以来，中国文化行业对外直接投资进入了快速增长期，增长势头甚至超过了中国对外直接投资净额的整体增速。2013 年中国文化行业对外直接投资规模达 3.11 亿美元，2014 年升至 5.19 亿美元，2015 年更进一步跳升至 17.48 亿美元，较 2007

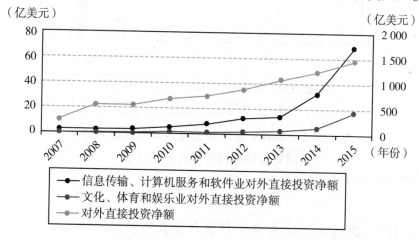

图 13—1　2007～2015 年文化、体育和娱乐行业对外直接投资净额
资料来源：国家统计局。

年的 5 100 万美元增长了约 33 倍。文化行业对外直接投资的增长速度虽然较
快，但与信息传输、计算机服务和软件业对外直接投资净额相比，文化行业对
外直接投资在规模上仍存在较大差距，未来增长空间广阔。

目前文化行业对外直接投资净额在中国对外直接投资总额中所占比重仍然
较小。由图13－2可以看出，2013年以前文化行业对外直接投资净额占比一直
在0.2%以下的区域徘徊；2014年文化行业对外直接投资开始提速，但由于基
数较小，占总体规模比重仍只有0.4%；2015年文化行业在对外直接投资领域
的重要性明显提升，在中国对外直接投资总额中所占比重跃升至了1.2%，表
明受国内对文化产品及服务的巨大需求支撑，受资本力量助力文化行业加快发
展推动，文化企业现已成为对外直接投资领域不可忽视的重要力量。虽然目前
国家统计局还未公布2016年的对外直接投资数据，但考虑到国内文化产业持
续快速的发展趋势，预计文化行业2016年的对外直接投资规模相对2015年还
将有进一步显著增长。

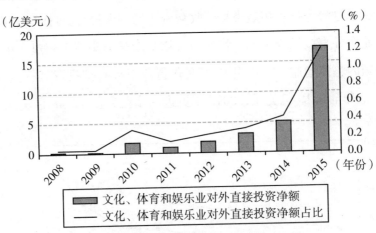

图13－2　2008～2015年文化、体育和娱乐行业
对外直接投资净额占总体比重

资料来源：国家统计局。

13.1.2　2011～2015年文化行业对外直接投资存量

图13－3显示，2008～2013年，中国文化行业对外直接投资存量一直在较

低水平徘徊，增长不明显；2014 年当年的对外直接投资规模虽有一定增长，但由于前期较小，文化行业对外直接投资存量的提升仍不显著；2015 年文化行业对外直接投资存量上了一个台阶，较 2014 年水平增长约 1 倍，但与存在交集的信息传输、计算机服务和软件业相比，文化行业对外直接投资存量仅为前者的1/7，差距较大。鉴于党的十九大报告提出，要"坚定文化自信，推动社会主义文化繁荣兴盛"和"提高国家文化软实力"，预计未来文化行业对外直接投资存量还将有较为显著的增长空间，为中国文化在海外发挥更大的影响力做出贡献。

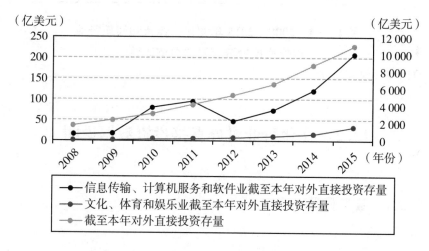

图 13－3　2008～2015 年文化、体育和娱乐行业对外直接投资存量
资料来源：国家统计局。

由图 13－4 可以看出，2008～2014 年，文化行业对外直接投资存量占总体比重一直在 0.2％以下水平徘徊；2015 年占比相对于上年增长 1 倍，达到 0.3％，但仍未突破 1％的关口。目前，文化行业对外直接投资存量占总体比重与文化行业在中国社会经济领域的重要地位与人民群众对优秀文化产品的巨大需求以及中国提升文化国际影响力的勃勃雄心不相匹配。随着中国文化产业不断发展、越来越多的参与国际竞争合作，这一状况将逐渐得到改变。

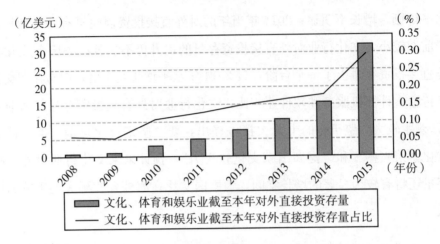

图 13-4 2008～2015 年文化、体育和娱乐行业
对外直接投资存量占总体比重

资料来源：国家统计局。

13.2 文化行业对外直接投资数据说明

13.2.1 数据概况

目前，中国文化行业对外直接投资有关数据的基本情况表现为：2015 年以前政府部门没有相关专项统计；2015 年以后，随着文化行业对外直接投资数量和规模的快速增长，政府部门开始要求填报有关文化行业对外直接投资的专项报表，但由此收集到的企业层面微观数据到目前为止没有公开。目前仅能通过商务部的《境外投资企业（机构）备案结果公开名录》筛选文化企业，借此了解文化企业对外直接投资的基本情况，若想进一步了解对外投资金额、投资进展等更细化的信息，仅能通过查询信息披露要求较高的上市企业公报来管中窥豹。

国务院 2014 年 3 月发布的《关于加快发展对外文化贸易的意见》指出，要"完善文化领域对外投资统计，统一发布对外文化贸易和对外投资统计数据"。根据该文件精神，商务部、国家统计局、国家外汇管理局联合发布了关于印发《对外直接投资统计制度》的通知，对 2012 年 12 月印发的《对外直接投资统计制度》进行了修订和补充，自 2015 年 1 月 1 日起增加反映中国文化及相关产业对外投资情况的年报表和月报表，其中包含境内企业名称、行业代码、资产负债利润规模，境外企业所在的国家和城市、中方持股权重，员工人数等重要微观数据。文化及相关产业的统计口径是以境内企业的行业归属为依据，按照国家统计局《文化及相关产业分类（2012）》，指为社会公众提供文化产品和文化相关产品的生产活动的集合。具体包括：（1）以文化为核心内容，为直接满足人们的精神需要而进行的创作、制造、传播、展示等文化产品（包括货物和服务）的生产活动；（2）为实现文化产品生产所必需的辅助生产活动；（3）作为文化产品实物载体或制作（使用、传播、展示）工具的文化用品的生产活动（包括制造和销售）；（4）为实现文化产品生产所需专用设备的生产活动（包括制造和销售）。

　　但商务部目前定期公开发布的对外投资统计数据大多为全国分行业汇总数据，如每年一度的中国对外直接投资统计公报，从中难以观察到国内不同文化类别细分行业、不同地区、不同所有制的文化企业的对外投资状况。针对这一情况，本专题将商务部网站上不定时更新的《境外投资企业（机构）备案结果公开名录》作为切入点。截至 2015 年底，该名录中包含的变量包括对外直接投资证书号、境内投资企业名称、境外投资企业名称、境内企业所在省市、投资国别/地区、核准日期等除投资金额以外的基本信息。2016 年以后商务部对该名录进行了调整，目前仅包括境内投资企业名称、境外投资企业名称、投资国别/地区三个变量，由此导致在 2015 年以后发生的对外投资时点难以区分。

　　鉴于此，本章采用了如下的数据筛选方法：将研究时段设定为 2011～2015年，参照《文化及相关产业分类（2012）》所列的七个大类 25 个小类，确定"文化""艺术""图书""电视""传媒""影视""广告""游戏""演出""工艺品"等关键词，并从《境外投资企业（机构）备案结果公开名录》中初步筛选出境内投资企业名称中包含关键词的企业；再将初筛得到的企业名单通过逐一输入提供企业工商信息的第三方网站①以及访问企业主页查看企业简介等方式

---

① 本报告主要使用的是企业工商信息查询网站：www.qichacha.com。

做进一步筛查，剔除主营业务实际与文化行业无关的企业，并加入主营业务、所属细分文化类别、企业所有制等信息，由此得到 2011~2015 年的样本共 756 个，能够较为全面准确地反映 2011~2015 年文化行业对外投资的基本情况。接下来将以这 756 个样本为基础，在对样本总体进行基本统计描述的基础上，按细分文化行业，通过境内投资的主营业务、所在省市、所有制结构，以及境外投资企业所在国家地区等角度展开分析。

13.2.2 样本描述统计量

1. 总体年度统计量

2011~2015 年，文化行业对外投资企业数量快速增长。表 13-1 第一列显示的是从《境外投资企业（机构）备案结果公开名录》中筛选得到的文化行业每年新获准的对外投资企业数量。由第一列可见，文化行业对外投资企业数量在 2011~2015 年的年均增速约达 68%；其中 2013 年是突破性的一年，对外投资企业数量首次达到 3 位数；2014 和 2015 年保持了这一增长势头并进一步加速，2015 年的增长尤为迅猛，当年文化行业对外投资企业数量多达 388 家，较 2011 年时增长了 7 倍。

表 13-1　　　　2011~2015 年文化行业对外投资企业数量　　　　单位：家

年份	文化行业对外投资企业数量	文化、体育、娱乐业年末境外企业增量	文化、体育、娱乐业年末境内投资企业数	文化行业对外投资企业数量增长率（%）
2011	48	7	—	—
2012	83	42	101	72.92
2013	97	35	81	16.87
2014	140	75	109	44.33
2015	388	68	168	177.14
合计	756	227	—	—

资料来源：商务部网站，2011~2015 年中国对外直接投资统计公报。

表 13—1 第二列的数据来自商务部 2011～2015 年发布的中国对外直接投资统计公报，为文化、体育、娱乐业年末境外企业增量。其统计口径为"国家统计局 2012 年发布的《文化及相关产业分类》"，与第一列的统计口径相同。两列之间数据存在差异，原因可能为从企业获准对外直接投资到境外企业建立之间存在时滞、期内部分境外企业停止经营导致期末境外企业增量小于当年新增的境外企业数量，以及部分获准的境外投资项目没有最终进行。由于第二列的数据受到以上多种因素影响，或难以准确及时地反映文化行业对外直接投资情况，仅具参考意义。

表 13—1 第三列的数据来自商务部 2011～2015 年发布的中国对外直接投资统计公报，为文化、体育、娱乐业年末境内企业数量。由于该指标仅为总量，从中难以区分一年中有多少境内文化企业新进行了对外直接投资（增量），有多少境内文化企业退出了对外直接投资（减量），因此该指标仅具有相对于各行业境内企业总量比重的参考意义。2012～2015 年，文化企业在境内企业中所占比重一直在 0.5%～0.8% 之间徘徊，表明文化行业对外直接投资虽然增长较快，但数量仍然较少。

2. 细分文化行业统计量

表 13—2 将从《境外投资企业（机构）备案结果公开名录》中筛选得到的文化行业 2011～2015 年的 756 笔对外直接投资细分到了国家统计局 2012 年《文化及相关产业分类》所列的 2 个大类 10 个子类，同时又增添了一个文化产业投资集团/基金子类。

表 13—2　　　　2011～2015 年细分文化行业对外投资企业数量　　　　单位：家

细分文化行业	对外投资企业数量	占比（%）
文化产品——出版物	32	4.23
文化产品——工艺美术品及收藏品	115	15.21
文化产品——文化用品	52	6.88
文化产品——文化专用设备	9	1.19

续表

细分文化行业	对外投资企业数量	占比（%）
文化服务——广播影视服务	124	16.40
文化服务——其他文化服务	36	4.76
文化服务——文化创意和设计	110	14.55
文化服务——文化信息传输	186	24.60
文化服务——文化艺术服务	40	5.29
文化服务——新闻出版服务	34	4.50
文化投资集团/基金	18	2.38
合计	756	100.00

资料来源：商务部网站。

文化行业首先分为文化产品与文化服务两个大类，文化产品又进一步细分为出版物（主要包括图书、音像制品和其他印刷品）、工艺美术品及收藏品（主要包括工艺品和珠宝）、文化用品（主要包括文具、玩具、乐器）、文化专用设备（主要包括印刷机、摄影机等）。文化服务则进一步细分为广播影视服务（主要包括影视音乐制作与影视版权交易）、文化信息传输（主要包括互联网广告、网络游戏、网络视频、网络音乐以及广播电视传输）、文化创意和设计（主要包括传统广告、专业设计、建筑设计等）、文化艺术服务（主要包括演出和文化艺术培训等）、新闻出版服务（主要包括图书出版、网络出版和通讯社等）以及其他文化服务（主要包括会展、代理经纪、室内娱乐等）。文化产业投资集团/基金子类则是指以投资海外文化企业和优质文化资源为主要业务的专业投资机构，其资金可来自单一企业，也可通过有限合伙等形式向社会募集。

表13-2显示，从文化产品与文化服务的大分类来看，2011～2015年，文化服务类企业的境外投资数量占到了文化行业对外投资总数的70.11%，文化产品类企业境外投资数量在总体中所占比重则为27.51%，远低于前者，这反映出了网络游戏、影视制作、网络广告等细分文化领域的蓬勃活力。这些领域

的市场化、数字化、国际化程度都较高，国际竞争力相对较强，是引领中国文化产业"走出去"的"领头羊"。

从表 13—2 中可以看出，文化信息传输类企业的对外投资数量最多，2011～2015 年达 186 笔，占比 24.6%，这主要是受近两年来互联网游戏尤其是手机游戏以及网络广告公司井喷式增长，并且迅速与国际市场接轨影响。广播影视类企业的对外投资数量居第二位，2011～2015 年达 124 笔，占比 16.4%，这主要是由于影视制作类企业近年来迅猛发展，并且在全球范围内进行内容采购、版权分销以及合作拍摄的原因促成的。工艺美术品及收藏品行业的对外投资数量居第三位，2011～2015 年达 115 笔，占比 15.21%，这反映出近年来具有中国文化特色的工艺品日益受到世界其他国家欢迎，销路拓宽。文化创意和设计行业的对外投资数量居第四位，2011～2015 年达 110 笔，占比 14.55%，这主要是受广告营销策划以及动漫设计类企业近两年快速发展推动。

2011～2015 年，以上对外直接投资数量居前四位的细分类文化企业在文化行业对外直接投资总数中占比合计达到了 70.77%，居主导地位，引领文化行业对外直接投资的未来发展方向。文化用品、文化艺术服务、新闻出版服务、出版物、其他文化服务所占比例较为接近，均在 4%～7%。文化专用设备占比最低，仅约 1%，这在一定程度上反映出了中国文化领域科技水平相对于全球技术前沿的差距。值得关注的是，以向某个细分文化领域投资或者多领域组合式投资为主业的文化投资集团/基金，目前其占比虽然不高，但由于其是国内非文化类企业投资文化市场的重要模式，并且对海外文化市场上的新潮流新趋势颇为敏感，因此是推动中国文化行业发展壮大并与国际接轨的重要力量。

从表 13—3 中可以看出，2015 年文化信息传输行业的对外投资企业数量增幅最猛，较 2014 年增长了 5 倍以上；广播影视服务行业以及文化投资集团/基金 2015 年的对外投资企业数量也出现了大幅增长，较 2015 年增长了 4 倍以上；文化创意和设计行业 2015 年的对外投资企业数量较 2014 年增长了超过 2 倍，而工艺美术品和收藏品行业的对外投资企业数量在 2011～2015 年则较为平稳，呈稳步增长态势。

表 13－3　　　　　2011～2015 年主要细分文化行业对外投资数量　　　　单位：家

年份	文化信息传输	广播影视服务	工艺美术品及收藏品	文化创意和设计	文化投资集团/基金
2011	5	3	11	6	2
2012	9	10	23	8	0
2013	16	11	25	14	3
2014	25	15	24	22	2
2015	131	85	32	60	11
合计	186	124	115	110	18

资料来源：商务部网站。

3. 细分文化行业境外企业所在国家（地区）统计量

表 13－4 按照文化信息传输、广播影视服务、工艺美术品及收藏品、文化创意和设计等四个细分行业企业的境外企业所在国（地区）对其海外直接投资数量进行了拆分。由表 13－4 可以看出，中国香港仍是中国文化企业对外直接投资的最重要的桥头堡，四个细分行业的企业中，超过 1/2 以上的境外投资企业设在中国香港。美国、韩国是四个细分行业企业对外投资的另外两个主要国家（地区），代表着中国文化产业与国际接轨的发展方向。值得注意的是，文化信息传输行业投向英属维尔京群岛的企业比重为四个行业中最高的；在对外投资的 186 个文化信息传输企业中，有 11 个的境外投资目的地为英属维尔京群岛。根据现行统计制度，即使维尔京群岛仅为对外投资的中转站，在统计对外投资流向时仍会将维尔京群岛计为对外投资的目的地。这或许是因为部分文化信息传输类企业具有与科技创投企业类似的复杂股权结构，使得此类复杂的财务操作成为必要。

表 13—4　　　　　　细分文化行业境外企业所在国家（地区）　　　　单位：家

境外企业 所在地	文化信息 传输	广播影视 服务	工艺美术品及 收藏品	文化创意 和设计	合计
美国	21	33	18	24	96
英国	2	0	1	0	3
中国香港	110	66	60	60	296
尼泊尔	0	0	0	0	0
澳大利亚	3	2	3	1	9
新加坡	3	0	1	1	5
波兰	0	0	0	0	0
加拿大	2	2	3	3	10
韩国	10	7	3	1	21
法国	0	0	1	1	2
德国	0	1	0	1	2
芬兰	1	0	1	0	2
巴西	0	0	2	0	2
白俄罗斯	0	0	1	0	1
新西兰	0	0	1	1	2
孟加拉国	0	0	1	0	1
肯尼亚	0	0	1	0	1
柬埔寨	0	1	1	0	2
中国台湾	0	0	3	0	3
俄罗斯联邦	1	1	1	1	4
马达加斯加	0	0	1	0	1
英属维尔京群岛	11	3	1	0	15
朝鲜	0	0	1	0	1
古巴	0	0	1	0	1
荷兰	0	0	2	3	5
印度	1	0	2	0	3
瑞典	0	0	1	1	2

续表

境外企业所在地	文化信息传输	广播影视服务	工艺美术品及收藏品	文化创意和设计	合计
阿拉伯联合酋长国	0	0	2	0	2
埃塞俄比亚	0	0	1	0	1
沙特阿拉伯	0	0	1	0	1
墨西哥	0	0	0	0	0
奥地利	0	0	0	0	0
比利时	0	0	0	0	0
西班牙	0	0	0	0	0
日本	2	1	0	3	6
塔吉克斯坦	1	0	0	0	1
哥伦比亚	0	0	0	0	0
马来西亚	0	0	0	0	0
越南	0	1	0	0	1
开曼群岛	6	1	0	0	7
土耳其	0	1	0	0	1
泰国	0	1	0	1	2
文莱	0	1	0	0	1
斐济	0	1	0	0	1
约旦	0	1	0	0	1
智利	0	0	0	0	0
格鲁吉亚	0	0	0	0	0
意大利	0	0	0	4	4
缅甸	0	0	0	1	1
中国澳门	0	0	0	2	2
匈牙利	0	0	0	1	1
塞舌尔	3	0	0	0	3
菲律宾	1	0	0	0	1
加纳	1	0	0	0	1
津巴布韦	2	0	0	0	2

境外企业 所在地	文化信息 传输	广播影视 服务	工艺美术品及 收藏品	文化创意 和设计	合计
卢旺达	1	0	0	0	1
尼日利亚	1	0	0	0	1
坦桑尼亚	1	0	0	0	1
博茨瓦纳	1	0	0	0	1
葡萄牙	1	0	0	0	1
黎巴嫩	0	0	0	0	0
阿根廷	0	0	0	0	0
南非	0	0	0	0	0
瑞士	0	0	0	0	0
合计	186	124	115	110	535

资料来源：商务部网站。

总体而言，文化信息传输企业的境外投资目的地主要集中在中国香港、美国、欧洲等科技发达国家（地区）以及较为落后的非洲国家；其中在非洲的境外投资主要为电视频道等形式的文化输出。广播影视服务的海外投资目的地主要集中在中国香港、美国和韩国，反映出这三个国家（地区）与中国的影视行业日益相互融合。文化创意和设计行业的海外投资目的地则主要集中在中国香港以及欧美发达国家，体现出了中国相对于这些国家（地区）高技能劳动力成本较低的比较优势。工艺美术品及收藏品行业的境外投资目的地则较为分散，除中国香港和美国外，还分布在大量欧洲、亚洲以及阿拉伯国家；一方面反映出了中国工艺品的文化魅力；另一方面也反映了中国中低技术水平制造业相对其他发展中国家的成本比较优势。

4. 细分文化行业境内企业所在省市统计量

表13-5按照文化信息传输、广播影视服务、工艺美术品及收藏品、文化创意和设计四个细分行业企业的工商注册地对其海外直接投资数量进行了拆分。从表13-5的第一列和第二列可以看出，在进行对外直接投资的文化信息

传输和广播影视服务类企业中，注册地在北京的企业最多，数量超过 1/3，这与北京作为影视制作大本营和科技中心的地位是相符的；上海是这两个细分行业企业第二青睐的城市，这或主要归功于上海成熟规范的营商环境以及与海外市场的密切联系。此外，广东和浙江作为经济市场化程度以及对外开放程度较高的省份，也有不少进行了对外直接投资的文化信息传输和广播影视服务类企业在这两个省注册。在进行了对外直接投资的工艺美术品及收藏品、文化创意和设计类企业中，注册地在深圳的企业最多，比重约占 1/3，这或得益于深圳作为主要出口口岸的地位、连通港澳的地域优势以及对中小型企业的优惠政策。由于工艺品和创意设计类企业的平均规模较小，较为宽松的优惠政策对其的扶持作用也更加明显。

表 13—5　　　　　　　细分文化行业境内企业所在地　　　　　　　单位：家

境内企业所在地	文化信息传输	广播影视服务	工艺美术品及收藏品	文化创意和设计	合计
北京	77	51	12	16	156
天津	3	8	0	1	12
湖南	1	4	4	1	10
深圳	16	3	34	39	92
西藏	0	0	0	0	0
上海	39	16	4	17	76
安徽	2	0	5	0	7
河北	0	0	1	1	2
湖北	2	0	0	1	3
吉林	0	0	0	0	0
四川	2	2	1	2	7
山东	1	0	7	0	8
黑龙江	1	0	2	0	3
广东	16	6	2	7	31
浙江	12	9	17	6	44
福建	2	2	3	0	7

续表

境内企业所在地	文化信息传输	广播影视服务	工艺美术品及收藏品	文化创意和设计	合计
青岛	0	0	3	3	6
河南	0	2	2	0	4
江苏	2	6	5	4	17
江西	0	0	2	0	2
宁波	0	3	7	5	15
山西	0	0	1	0	1
辽宁	0	0	1	0	1
新疆	2	1	0	0	3
厦门	3	1	0	0	4
广西	0	1	0	0	1
重庆	0	1	0	0	1
大连	0	1	0	1	2
陕西	1	1	0	0	2
云南	1	1	0	3	5
内蒙古	1	0	0	1	2
中央企业	2	5	2	2	11
合计	186	124	115	110	535

注："中央企业"属于国务院国有资产监督管理委员会主管，不属于地方，故单独列出。
资料来源：商务部网站。

从表 13—5 的各行横向来看，对外直接投资的四类文化企业中，注册在北京的数量最多，占综述的约 1/3，北京作为文化中心的地位无可争议。值得注意的是，深圳已经超过上海，占据了第二的位置，这体现出了深圳文化行业发展的蓬勃活力和巨大潜力。

5. 细分文化行业注册类型统计量

表 13—6 按照文化信息传输、广播影视服务、工艺美术品及收藏品、文化创意和设计四个细分行业企业的注册类型对其海外直接投资数量进行了拆分。其中 A 股上市项下包括了 A 股上市公司通过直接或间接方式控股的下属企业，

以及 A 股上市公司参与投资、持有股权比重超过 10％的非并表企业。

表 13—6　　　　　　　　　　细分文化行业境内企业注册类型　　　　　　　　单位：家

境内企业注册类型	文化信息传输	广播影视服务	工艺美术品及收藏品	文化创意和设计	合计
外企	1	1	1	1	4
A 股上市	35	25	5	12	77
国有企业	9	6	8	4	27
其他私营企业	78	50	94	79	301
央企	1	1	1	2	5
新三板	19	19	5	6	49
集体企业	0	0	1	0	1
财务投资者	42	22	0	6	70
纽交所上市	1	0	0	0	1
合计	186	124	115	110	535

资料来源：商务部网站。

从第一列和第二列中可以看出，进行对外直接投资的文化信息传输类企业和广播影视服务类企业的资本化程度较高，在 A 股市场上市和在新三板挂牌的企业占比约达 1/3，广播影视服务行业因市场化发展早于文化信息传输行业，其资本化程度更高一筹，较高的资本化程度又促进了广播影视服务业通过海外投资合作的形式进一步快速发展。另在进行海外投资的文化信息传输企业中，具有财务投资者的超过了 1/4，而广播影视服务企业的这一比例仅为 1/6，这表明文化信息传输企业具有更丰富的资本化发展储备，未来文化信息传输行业的上市公司数量或将迎来更快增长。而工艺美术品及收藏品、文化创意和设计的资本化程度则较低，七至八成为一般私营企业。一方面符合这两个细分行业以中小企业为主、行业增速较文化信息传播和广播影视服务相对较低的特点；另一方面也说明政府有必要加强对这两个行业的优惠扶持，推动相关企业更快更好地发展起来。

13.3 细分行业分析

13.3.1 文化信息传输行业

文化信息传输行业主要包括互联网文化信息服务（如网络广告、网络音乐、网络游戏、网络演出剧目或节目、网络动漫以及其他网络出版物和网络视听节目），提供文化内容的电信增值服务，以及广播电视传播服务。文化信息传输是文化行业当中对外直接投资最活跃的领域。

1. 文化信息传输细分行业 2011～2015 年对外直接投资统计

从表 13－7 可见，在 2011～2015 年对外投资的文化传输类企业中，主营业务为网络游戏的企业所占权重约达 2/3，占绝大多数；互联网广告类企业所占比重约为 1/6，IPTV 和数字电视类企业所占比重则均约为 1/18。由此可以看出互联网信息服务类企业近年来随着智能手机等移动终端的日益普及而快速发展，并且其发展模式高度国际化，现已取代了传统的有线电视等广电电视服务，成为文化信息传输行业的最主要组成部分。

表 13－7 2011～2015 年文化信息传输细分行业对外直接投资数量

文化信息传输细分行业	2011～2015 年境内对外投资企业数量（家）	占比（％）
IPTV	10	5.38
电视节目传输	5	2.69
电信增值服务	1	0.54
广告（互联网）	30	16.13
互联网视频	7	3.76
全媒体	1	0.54
数字电视	9	4.84
网络新闻	1	0.54
移动教育应用	2	1.08

续表

文化信息传输细分行业	2011~2015 年境内对外投资企业数量（家）	占比（%）
移动阅读	1	0.54
游戏（互联网）	118	63.44
有线电视	1	0.54
合计	186	100.00

资料来源：商务部网站。

2. 网络游戏、网络广告、IPTV、数字电视行业 2011~2015 年度对外投资量统计

由表 13-8 可见，网络游戏和网络广告均在 2015 年实现了快速增长。而 IPTV 和数字电视行业的对外直接投资数量则较为平稳，这主要是由于前两者市场化、资本化程度较高，更具发展活力，互联网行业赢家通吃的行业属性也推动了这两个行业的企业更加急切地进行海外拓展。其中网络游戏和网络广告企业 2015 年的对外投资数量分别是其 2011 年时水平的约 40 倍和 30 倍，发展势头极为迅猛。而 IPTV 和数字电视所属的电视行业近年来呈下行走势，电视受众萎缩，逐渐向网络端移动端转移，同时这两类企业大多具有国资背景，对市场变化的反应与私营企业相比或较为迟缓，因此这两类企业的海外投资数量较少，并且主要集中于经济社会发展较中国更加落后的国家和地区。

表 13-8　　　　　文化信息传输主要子类年度对外直接投资数量　　　　单位：家

年份	游戏（互联网）行业境外投资公司数量	广告（互联网）行业境外投资公司数量	IPTV	数字电视
2011	3	1	0	0
2012	4	0	4	0
2013	4	1	3	3
2014	17	1	1	0
2015	90	27	2	6
合计	118	30	10	9

资料来源：商务部网站。

3. 网络游戏、网络广告、IPTV、数字电视行业境外投资目的地统计

由表13—9可见，网络游戏和网络广告行业的境外投资地区分布较为集中，将中国香港作为目的地的投资比重占到了2/3，这或是由于中国香港具有较为宽松的营商环境、健全的法制制度、较高的对外开放度以及背靠深圳的地理位置优势，能够满足网络游戏和网络广告等技术密集型行业对知识产权的保护需求以及参与国际竞争合作的需求，同时也有助于保持与内地市场的紧密联系。而数字电视行业大量投资于非洲欠发达国家（地区），主要通过在当地合资建立电视频道的方式进行技术输出，使中国制作的影视节目能在这些国家（地区）播放，对外宣传中国文化。进行海外直接投资的IPTV企业多为A股上市公司或国有企业，资金实力雄厚，技术水平较高，其海外投资目的以市场拓展和境外技术收购为主，因此其海外投资实体主要位于发达国家（地区）。

表 13—9　　　网络游戏、网络广告、IPTV、数字电视行业
境外投资目的地　　　　　　　单位：家

境外企业所在地	游戏（互联网）	广告（互联网）	IPTV	数字电视	合计
中国香港	81	19	4	1	105
开曼群岛	3	1	1	0	5
美国	6	5	3	1	15
澳大利亚	0	0	1	0	1
加拿大	0	1	1	0	2
芬兰	0	0	0	0	0
博茨瓦纳	0	0	0	0	0
葡萄牙	0	0	0	0	0
塔吉克斯坦	0	0	0	0	0
新加坡	1	2	0	0	3
英属维尔京群岛	10	1	0	0	11
英国	1	1	0	0	2
加纳	0	0	0	1	1

境外企业所在地	游戏（互联网）	广告（互联网）	IPTV	数字电视	合计
津巴布韦	0	0	0	2	2
卢旺达	0	0	0	1	1
尼日利亚	0	0	0	1	1
坦桑尼亚	0	0	0	1	1
印度	0	0	0	1	1
韩国	10	0	0	0	10
塞舌尔	3	0	0	0	3
菲律宾	1	0	0	0	1
日本	2	0	0	0	2
俄罗斯联邦	0	0	0	0	0
合计	118	30	10	9	—

资料来源：商务部网站。

4. 网络游戏、网络广告、IPTV、数字电视行业境内企业所在省市统计

由表13—10可见，IPTV、数字电视行业的境内企业注册地分布非常集中，绝大部分IPTV和数字电视企业在北京注册，部分原因可能在于这两个行业中国有企业占比较高，以及北京本身作为广电行业中心的关键地位。网络游戏、网络广告这两个行业的境内企业注册地分布相对较为分散，在北京注册的比例约为1/3。进行海外投资的网络广告企业除北京外主要位于经济发达的东部沿海地区，这可能是由于这些地区民众的购买力较强，对海外进口商品的需求较高，是相关网络广告投放的主要目标。而海外投资的网络游戏企业除了大量分布在北京和东部沿海地区以外，在一些内陆省份也有分布，这或是因为这些内陆省份具有较为丰富的技术人才储备，具有人力资本性价比优势。

表 13－10　　　　**网络游戏、网络广告、IPTV、数字电视行业**
境内企业所在地

单位：家

境内企业所在省 （区、市）	游戏（互联网） 行业	广告（互联网） 行业	IPTV	数字电视	合计
北京	41	10	8	7	66
上海	25	11	1	0	37
新疆	1	0	0	0	1
广东	12	4	0	0	16
深圳	13	2	0	0	15
陕西	0	1	0	0	1
浙江	10	1	0	0	11
湖北	1	1	0	0	2
天津	2	0	0	0	2
山东	0	0	0	1	1
云南	0	0	0	1	1
厦门	3	0	0	0	3
四川	2	0	0	0	2
安徽	2	0	0	0	2
湖南	1	0	0	0	1
江苏	2	0	0	0	2
福建	2	0	0	0	2
内蒙古	0	0	0	0	0
黑龙江	1	0	0	0	1
中央企业	0	0	1	0	1
合计	118	30	10	9	—

注："中央企业"属于国务院国有资产监督管理委员会主管，不属于地方，故单独列出。
资料来源：商务部网站。

5. 网络游戏、网络广告、IPTV、数字电视行业境内企业注册类型统计

由表 13－11 可见，IPTV 是四个细分行业中资本化程度最高的行业，A 股
上市以及拥有财务投资者的企业数量占到了进行海外投资 IPTV 企业总数的

60%。这或许是因为 IPTV 行业对资金实力和技术水平的要求较高，没有通过资本市场进行融资的中小型企业难以具备运营 IPTV 业务获取利润所需的用户规模。IPTV 企业的这一特点决定了其必然会通过海外投资拓宽市场，进一步提高资本回报率。网络游戏和网络广告行业的资本化程度同样较高，其中 A 股上市、新三板挂牌，以及拥有财务投资者的企业数量分别占到了网络游戏和网络广告行业海外投资企业总数的 60% 和 50%。这或是因为网络游戏和网络广告行业近年来出于迅猛发展期，利润率水平较高，吸引了大量资本蜂拥而入；这两个行业本身与国际市场接轨程度较高的特点也推动了具备资本支撑的相关企业积极参与国际竞争合作。

表 13—11 　　　　网络游戏、网络广告、IPTV、数字电视行业
境内企业注册类型　　　　　　　　　　　　　单位：家

境内企业注册类型	游戏（互联网）行业	广告（互联网）行业	IPTV	数字电视	合计
A 股上市	27	3	6	0	36
财务投资者	32	6	3	0	41
国有企业	0	0	1	1	2
其他私营企业	49	14	0	7	70
新三板	10	6	0	0	16
外资	0	1	0	0	1
纽交所上市	0	0	0	1	1
中央企业	0	0	0	0	0
合计	118	30	10	9	—

资料来源：商务部网站。

6. 网络游戏行业境外企业主要职能统计

表 13—12 根据《境外投资企业（机构）备案结果公开名录》中的境外企业经营范围一栏进一步梳理了网络游戏行业境外企业的主要职能。在网络游戏类企业 2011~2015 年投资的境外企业中，主要职能为研发的占到了 1/2，这符合网络游戏行业技术密集型的行业特点，同时表现出中国网络游戏行业产品设

计、软件开发等研发职能的高度国际化。主要职能为销售与营销的境外企业占
到了总数的 1/3，包括代理外国游戏在本国市场发行，也包括将本土游戏在海
外生产发行推广。此类以销售和营销为主要职能的企业资本化程度较高，其中
在 A 股上市、新三板挂牌或拥有财务投资者的比重高达约 2/3，参与游戏代理
权的国际贸易符合这类企业追求资本回报率最大化的经营目标，同时也从一个
侧面表明了中国网络游戏企业现有具有了较强的国际竞争力，开始积极向海外
市场输出。

表 13-12　　　　　　网络游戏行业境外企业主要职能　　　　　　单位：家

境外投资公司所在地	研发	销售与营销	管理与服务	投资	合计
中国香港	44	29	7	1	81
美国	1	4	1	0	6
英属维尔京群岛	4	3	2	1	10
韩国	8	1	1	0	10
日本	1	0	1	0	2
开曼群岛	2	0	0	1	3
菲律宾	0	1	0	0	1
塞舌尔	3	0	0	0	3
新加坡	1	0	0	0	1
英国	1	0	0	0	1
合计	65	38	12	3	118

资料来源：商务部网站。

13.3.2　广播影视服务行业

广播影视服务行业包括广播影视制作服务和广播影视授权服务（版权贸
易）两大类，前者主要包括电视制作、影视制作、音乐制作和广播制作，后者
则主要包括影视节目授权、电视节目授权、音乐授权以及广播节目授权。广播
影视服务行业是中国文化领域市场化、资本化发展最早的子行业，也是最早通

过合拍片、引进好莱坞电影等模式参与国际市场运作的子行业。

1. 广播影视服务细分行业 2011～2015 年对外直接投资统计

从表 13－13 可见，在 2011～2015 年对外投资的广播影视服务类企业中，主营业务为影视制作（主营制作电影和电视剧）的企业所占权重超过 2/3，占绝对多数；电视制作（主营制作电视节目）类企业所占比重约为 1/10，动漫影视（主营制作动画片）和版权贸易类企业所占比重则均约为 1/20。由此可以看出，在国内市场对优质影视剧巨大需求的推动下，影视制作行业积极参与国际竞争合作，通过合作拍摄、投资海外影视项目、收购海外优质制作公司股权等模式学习海外成熟影视市场的先进制作经验。

表 13－13　　　　2011～2015 年广播影视服务细分行业对外直接投资

广播影视服务细分行业	2011～2015 年境内对外投资企业数量（家）	占比（%）
影视制作	91	73.39
动漫影视	7	5.65
电视制作	14	11.29
音乐制作	2	1.61
版权贸易	6	4.84
视觉技术	4	3.23
合计	124	100.00

资料来源：商务部网站。

2. 影视制作、电视制作、动漫影视、版权贸易类企业 2011～2015 年度对外投资量统计

由表 13－14 可见，影视制作和电视制作行业海外投资企业数量在 2011～2015 年快速增长，其中 2015 年影视制作和电视制作类企业的海外直接投资数量较上年分别增长了近 5 倍和 3 倍，这反映出中国影视制作和电视制作企业正越来越积极地参与国际合作，学习国际先进制作经验，借此提高自身作品质

量，满足人民群众对优秀电视电影作品的巨大需求。2011～2015 年，动漫影视行业更是实现了海外直接投资从无到有的突破，通过与梦工厂等海外动画巨头成立合资公司的形式参与外国动画影视制作。版权贸易类企业 2011～2015 年海外直接投资的数量则较为平稳，这从一个侧面反映出中国影视作品面向海外市场的版权输出还在起步阶段，其进一步发展有赖于中国影视作品质量的不断提升。

表 13—14　　2011～2015 年影视制作、电视制作、动漫影视、
版权贸易类企业对外投资量　　　　　　　　单位：家

年份	影视制作行业境外投资公司数量	电视制作行业境外投资公司数量	动漫影视行业境外投资公司数量	版权贸易境外投资公司数量
2011	1	0	0	2
2012	6	3	0	0
2013	8	1	1	1
2014	11	2	0	1
2015	65	8	6	2
合计	91	14	7	6

资料来源：商务部网站。

3. 影视制作、电视制作、动漫影视、版权贸易行业境外投资目的地统计

由表 13—15 可见，影视制作、电视制作、动漫影视和版权贸易行业的境外投资地区分布均较为集中，将中国香港作为目的地的投资占比约为 1/3～1/2，部分原因或许是中国香港的影视制作行业在 20 世纪 90 年代即已发展成熟，并且沿影视制作产业链建立起了包括演艺培训、特效制作、版权分销网络在内的一整套影视生态系统，具备电影电视制作企业开展业务的有利环境。同时中国香港也是最早与内地开展合作拍摄的地区，国内影视圈与香港影视界的紧密联系由来已久。美国是影视制作、电视制作、动漫影视和版权贸易行业境外投资的第二个主要地区，好莱坞在整个影视产业链中的影响力无可取代，随

着中国影视行业的不断发展，与好莱坞的联系合作必将进一步加深。对电视制作、动漫影视和版权贸易行业来说，中国香港和美国基本概括了其境外直接投资企业的所在地。影视制作企业出中国香港和美国外，在亚洲、欧洲等其他国家也有分布，这或与影视制作企业为拍摄影视作品而在拍摄所在地设立专属项目公司的行业惯例操作有关。

表 13—15　　　　　　　　　影视制作、电视制作、动漫影视、
版权贸易行业境外投资目的地　　　　　单位：家

境外企业所在地	影视制作行业	电视制作行业	动漫影视行业	版权贸易	合计
中国香港	53	7	2	2	64
越南	0	0	0	1	1
美国	21	4	3	3	31
德国	0	1	0	0	1
韩国	4	1	1	0	6
澳大利亚	1	1	0	0	2
日本	0	0	1	0	1
加拿大	1	0	0	0	1
英属维尔京群岛	3	0	0	0	3
俄罗斯联邦	1	0	0	0	1
开曼群岛	1	0	0	0	1
土耳其	1	0	0	0	1
柬埔寨	1	0	0	0	1
泰国	1	0	0	0	1
文莱	1	0	0	0	1
斐济	1	0	0	0	1
约旦	1	0	0	0	1
合计	91	14	7	6	—

资料来源：商务部网站。

4. 影视制作、电视制作、动漫影视、版权贸易行业境内企业所在省
市统计

由表 13—16 可见，版权贸易行业的境内企业所在地分布非常集中，所有
进行海外投资的版权贸易企业均位于北京，其中原因可能在北京作为全国文化
中心具有信息优势，同时早期有资格进行影视版权贸易的企业多为央企，也都
位于北京。在进行海外投资的影视制作企业中，位于北京的也占到了 1/2，原
因或在于北京是国内影视制作行业无可争议的中心，北京电影学院、中央戏剧
学院、北京电影制片厂等引领影视行业发展方向的机构均位于北京，推动了北
京影视行业相对国内其他地区更早、更快地发展起来。除北京外，进行海外直
接投资的影视制作企业在东部沿海地区也有较多分布，部分原因或在于这些经
济发达地区的社会富余资金较多，能为影视投资提供较为充足的资金支持。进
行海外投资的电视制作企业中，除约 1/3 位于北京以外，另有约 1/3 分布在湖
南省，全部来自湖南广电相关企业，这从一个侧面湖南广电领先的节目制作水
平和市场开拓意识。

**表 13—16　　影视制作、电视制作、动漫影视、版权贸易行业
境内企业所在地**　　单位：家

境内企业注册地	影视制作行业	电视制作行业	动漫影视行业	版权贸易	合计
北京	40	4	1	3	48
深圳	1	1	0	0	2
厦门	0	1	0	0	1
天津	6	1	0	0	7
上海	11	1	3	0	15
浙江	8	1	0	0	9
广东	5	1	0	0	6
湖南	0	4	0	0	4
河南	0	0	2	0	2
重庆	1	0	0	0	1
宁波	3	0	0	0	3

续表

境内企业注册地	影视制作行业	电视制作行业	动漫影视行业	版权贸易	合计
四川	2	0	0	0	2
新疆	1	0	0	0	1
江苏	6	0	0	0	6
福建	1	0	1	0	2
广西	1	0	0	0	1
大连	1	0	0	0	1
陕西	1	0	0	0	1
云南	1	0	0	0	1
中央企业	2	0	0	3	5
合计	91	14	7	6	—

注："中央企业"属于国务院国有资产监督管理委员会主管，不属于地方，故单独列出。
资料来源：商务部网站。

5. 影视制作、电视制作、动漫影视、版权贸易行业境内企业注册类型统计

由表 13—17 可见，影视制作、电视制作、动漫影视等三个细分行业的资本化程度均较高。在进行海外直接投资的影视制作和电视制作企业中，A 股上市、新三板挂牌以及拥有财务投资者的企业占比约达 1/2，而在动漫影视行业中，该比例达 5/7。这反映出影视行业近年来的迅速发展和较高的利润水平已经使其成为资本市场的宠儿，资本市场的资金支持或有助于影视行业以更快的速度向更加专业化的方向发展，更有力地参与国际竞争合作。相比之下，版权贸易行业的资本化程度较低，发展态势落后于其他三个细分行业。

表 13—17　　　　影视制作、电视制作、动漫影视、版权贸易
行业境内企业注册类型　　　　　　　　单位：家

境内企业所有制	影视制作行业	电视制作行业	动漫影视行业	版权贸易	合计
其他私营企业	37	7	1	2	47
国有企业	2	1	0	3	6
新三板	15	2	2	0	19

续表

境内企业所有制	影视制作行业	电视制作行业	动漫影视行业	版权贸易	合计
财务投资者	14	1	3	1	19
A股上市	22	3	0	0	25
外资	0	0	1	0	1
中央企业	1	0	0	0	1
合计	91	14	7	6	—

资料来源：商务部网站。

6. 影视制作行业境外企业主要职能统计

表 13—18 根据《境外投资企业（机构）备案结果公开名录》中的境外企业经营范围一栏进一步梳理了影视行业境外企业的主要职能。在影视制作类企业 2011~2015 年投资的境外企业中，主要职能为销售与营销（主要包括发行宣传、营销策划、版权引进与分销）的占到了 1/3，其中原因或为影视制作企业通过版权贸易等形式寻找优质题材以供翻拍，也反映出了有实力的影视制作企业正积极向产业链下游渗透，通过发展发行宣传业务提高自身在产业内的议价能力和利润水平。主要职能为投资的海外直接投资企业数量占到了 2/9，这反映出了中国影视制作企业积极参与国际合作，利用自身的资金优势抢占上游优质制作资源的经营策略。主要职能为制作的海外直接投资企业数量占比也为 2/9，并且集中分布在中国香港和美国，这反映出中国影视制作企业正以这两个地区为主要阵地，通过合作拍摄等模式积极学习其他国家（地区）的先进制作经验。

表 13—18　　　　　　　**影视制作行业境外企业主要职能**　　　　单位：家

境外子公司所在地	投资	制作	销售与营销	管理与服务	合计
韩国	0	0	0	4	4
中国香港	12	15	19	7	53
土耳其	0	0	0	1	1
美国	7	3	6	5	21

续表

境外子公司所在地	投资	制作	销售与营销	管理与服务	合计
柬埔寨	0	0	0	1	1
泰国	0	0	0	1	1
约旦	0	0	0	1	1
英属维尔京群岛	2	0	1	0	3
开曼群岛	1	0	0	0	1
斐济	1	0	0	0	1
加拿大	0	0	1	0	1
俄罗斯联邦	0	0	1	0	1
文莱	0	0	1	0	1
澳大利亚	0	1	0	0	1
合计	23	19	29	20	91

资料来源：商务部网站。

13.4　本章小结

本章从商务部《境外投资企业（机构）备案结果公开名录》中有关文化企业对外直接投资的微观数据入手，对 2011～2015 年文化行业对外直接投资的总体趋势和细分行业发展状况进行了梳理。本章指出，自 2013 年以来中国文化行业对外直接投资规模进入快速增长期，对外投资企业数量自 2014 年以来加速上升；以网络游戏、影视制作、网络广告等细分行业为代表的文化服务类企业在文化行业境外设立企业中占到了半数以上，是引领中国文化产业"走出去"的领头羊。从境外企业所在国（地区）来看，中国香港是中国文化企业对外投资的桥头堡，约 1/2 的文化行业境外投资企业设在中国香港，美国、韩国等引领文化产业发展潮流的国家（地区），另外，英属维尔京群岛等监管宽松地区也是文化企业出海的主要落脚点。从境内企业所在省市来看，约 1/3 的文化企业位于北京，凸显出北京作为文化中心的核心地位；值得注意的是，受本地高度发达的互联网产业推动，深圳超过上海成为境内文化企业分布第二密集的地区。从境内企业的注册类型来看，网络游戏类企业和影视制作类企业的资本化程度较高，在 A 股上市和在新三板挂牌的企业占比约达 1/3，远高于其他细分文化行业的资本化占比，这表明拓展海外市场、开展国际合作已经成为网络游戏和影视制作类企业寻求新的业绩增长点、提高资本回报率的重要手段。展望未来，随着中国文化产业深化与国际接轨、市场化程度持续提高，预计文化企业对外直接投资仍将保持较快的增长态势，在中国对外直接投资中的重要性进一步提升。政府应为网络游戏、影视制作、网络广告等市场竞争力较强的细分文化行业对外直接投资创造更加有利的政策环境，同时也应出优惠政策，促进文化产品类企业扩大对外投资、更好地融入国际市场。

参 考 文 献

[1] Alfred Kroeber, Clyde Kluckhohn, *Culture: a Critical Review of Concepts and Definitions*, 1952.

[2] Anderson, Bruce, 1980, "Hit Record Trends: 1940—1977", *Journal of Communication*, 30 (2): 31—43.

[3] Andy Stirling, 1999, "On the Economics and Analysis of Diversity", *SPRU Electronic Working Papers Series*, 28.

[4] Andy Stirling, 2007, "A General Framework for Analyzing Diversity in Science, Technology and Society", *The Royal Society*: 707—721.

[5] Andy Stirling, 2009, "Multi—Criteria Diversity Analysis: A Novel Heuristic Framework for Appraising Energy Portfolios", *Energy Policy*: 1622—1635.

[6] Becker, G. S. and Murphy, K. M., "A theory of Rational Addiction", *Journal of Political Economy*, 96 (4), pp. 675—700, 1988.

[7] Blank, David M, 1966, "The Quest for Quantity and Diversity in Television Programming", *The American Economic Review*, 56 (2): 448—456.

[8] Boisso, D. and Ferrantino, M., "Economic Distance, Cultural Distance, and Openness in International Trade: Empirical Puzzles", *Journal of Economic Integration*, 12 (4), pp. 456—484, 1997.

[9] Chaloupka, F., "Rational Addictive Behavior and Cigarette Smoking", *Journal of Political Economy*, 99 (4), 1991.

[10] Cowen T., 2002, *Creative Destruction: How Globalization is Changing the World's Culture*, Princeton: Princeton University Press.

[11] Creative Economy Outlook and Country Profiles: Trends in International

Trade in Creative Industries, United Nation: UNCTAD, 2015.

[12] Creative Economy Report 2008: The challenge of Assessing the Creative Economy: Towards Informed Policy-making [2008], United Nation: UNCTAD, 2008.

[13] Creative Economy Report 2010: A Feasible Development Option [2010], United Nation: UNCTAD, 2010.

[14] Creative Economy Report 2010: A Feasible Development Option [2010], United Nation: UNCTAD, 2010.

[15] David Throsby, "Economics and Culture", University of Cambridge, 2001.

[16] Deardorff, A. V. , "Local Comparative Advantage: Trade Costs and the Pattern of Trade", Research Seminar in International Economics Discussion Paper, University of Michigan, 500, 2004.

[17] Disdier, A. C, Head, K. and Mayer, T. , "Exposure to Foreign Media and Changes in Cultural Traits: Evidence from Naming Patterns in France", Revised version of CEPR Discussion Paper 5674, 2009.

[18] Eichengreen, B. and Irwin, D. I. , "The Role of History in Bilateral Trade Flows", In J. A. Frankel (ed.), the Regionalization of the World Economy, National Bureau of Economic Research Project Report series, Chicago: University of Chicago Press, 1998.

[19] Elsass, P. M. and Veiga, J. F. , "Acculturation in Acquired Organizations: A Force-Field Perspective", *Human Relations* 47, 431—453, 1994.

[20] Francoise Benhamou, Stephanie Peltier, "Diversity Analysis in Cultural Economics: Theoretical and Empirical Consideration", *Group de Recherche Angevin en Economie et Management*: 1—26, 2009.

[21] Geert Hofstede, "Cultural Roots of Economic Performance: A Research Note", *Strategic Management Journal*, 12 (1): 165—173, 1991.

[22] Geert Hofstede, 2001, *Culture's Consequences: Comparing Values*, Be-

haviors, Institutions and Organizations across Nations, Thousand Oaks, London, New Delhi, Sage Publications.

[23] Geert Hofstede, Michael Minkov, 2010, *Cultures and Organizations: Software of the Mind*, The Third Edition.

[24] GIP Ottaviano, G. Peri, "The Economic Value of Cultural Diversity: Evidence from US Cities", *Journal of Economic Geography*: 196—212, 2006.

[25] Grossman, S., Hart, O., "Corporate Financial Structure and Managerial Incentives", *The Economics of Information and Uncertainty*: 107 — 140, 1982.

[26] Guiso L, Zingales, "Cultural Biases in Economic Exchange", *Quarterly Journal of Economic*, 124 (3): 1095—1131, 2009.

[27] IMD, The World Competitiveness Yearbook, Lausanne, Switzerland.

[28] Inglehart, R. and Baker, W. E., "Modernization, Cultural Change, and the Persistence of Traditional Values", *American sociological Review*, 65 (1), 19 — 51, 2000.

[29] Linders, G. M. et al., "Cultural and Institutional Determinants of Bilateral Trade Flows", *Tinbergen Institute Discussion Paper*, 2005.

[30] Macarthur R. H., "Patterns of Species Diversity", *Biological Reviews*, 40 (4): 510—533, 1965.

[31] Marvasti, A. and Canterbery, E. R., "Cultural and other Barriers to Motion Pictures Trade", *Economic Inquiry*, 43 (1), pp. 39—54, 2005.

[32] Maystre, N. and Olivier, J. and Thoenig, M. and Verdier, T., "Product-based Cultural Change: Is the Village Global?", Manuscript, University of Geneva, 2005.

[33] Melitz, J., "Language and Foreign Trade", *European Economic Review*, 52 (4), pp. 667—699, 2008.

[34] Michael E. Porter, "The Competitive Advantage of Nation", The Free Press, N. Y. 1990.

［35］National Design Competitiveness Report，2008，Korea：KIDP，2008.

［36］Rose，A. K.，"One Money，One Market：Estimating the Effect of Common Currencies on Trade"，*Economic Policy*，30：9—45，2000.

［37］Schulze，G. G. and Rose，A.，"Public Orchestra Funding in Germany-an Empirical Investigation"，*Journal of Cultural Economics*，22（3）：227—247，1998.

［38］Shannon C. E.，Wiener W.，1962，"The mathematical theory of communication"，*University of Ⅲinois Press*，Urbana，177.

［39］Tadesse B. and White R.，"Does Cultural Distance Hinder Trade in Goods?"，*Open Economies Review*，21（2），237—261，2010.

［40］Taylor，E. B.，*The Origins of Culture*，1958.

［41］安耀康：《论广东省文化产品贸易现状、问题及对策》，载于《经营管理者》2014年第5X期。

［42］白远：《论文化创意产业投资的行业界定和发展条件》，载于《国际贸易》2007年第11期。

［43］白远：《中国文化创意产品消费需求现状与趋势研究》，载于《商业时代》2012年第7期。

［44］陈大龙：《海南省金融机构支持文化产业发展之浅见》，载于《现代经济信息》2011年第23期。

［45］陈海英、付玉霞、王振楠等：《河北省文化"走出去"战略框架研究》，载于《山东农业工程学院学报》2015年第7期。

［46］陈亮、刘寰：《广西文化产业实施"走出去"战略问题研究》，载于《广西社会科学》2007年第4期。

［47］陈芊羽：《贵州文化产业发展路径探析》，贵州省社会科学学术年会，2011年。

［48］陈如辉：《浅析广东省对外文化贸易的现状、问题与对策》，载于《现代职业教育》2017年第13期。

［49］陈忠、林航：《促进海西文化贸易发展对策探讨》，载于《福州党校学

报》2011 年第 2 期。

[50] 邓鹏飞、郭婧、李康铭等：《湖南省对外文化贸易发展初探》，载于《文学界：理论版》2010 年第 4 期。

[51] 邓微：《发展文化产业，促进湖南经济发展方式转型》，载于《湖湘论坛》2011 年第 1 期。

[52] 丁智才、林义斌、宋西顺：《闽台文化发展报告（2015）》，厦门大学出版社 2015 年版。

[53] 董依明：《在"走出去"与"管得住"中抉择——从国家广电总局近年政策解析中国电视剧国际贸易出口逆差》，载于《新闻传播》2012 年第 7 期。

[54] 董玉玲：《中国电视节目版权贸易问题研究》，山东大学硕士学位论文，2013 年。

[55] 杜唯：《贵州民族文化产业发展研究》，重庆工商大学硕士学位论文，2015 年。

[56] 段莉：《中国文化产业就业与人才问题研究》，载于《华中师范大学学报》（人文社会科学版）2017 年第 2 期。

[57] 范波：《贵州少数民族文化资源开发的思考》，载于《贵州民族研究》2007 年第 4 期。

[58] 范周、齐骥：《2017 中国文化产业年度报告》，知识产权出版社 2017 年版。

[59] 方英、魏婷、虞海侠：《"中日韩文化创意产品贸易竞争关系的实证分析"》，载于《亚太经济》2012 年第 2 期。

[60] 房志民：《公共文化服务工作中的群众艺术培训》，载于《青海师范大学学报》（哲学社会科学版）2017 年第 4 期。

[61] 高超：《中国广告产业的"走出去"之路——2012～2013 中国广告业对外文化贸易发展撮要》，载于《中华文化论坛》2014 年第 4 期。

[62] 高小康：《非物质文化遗产的保护与公共文化服务》，载于《文化遗产》2009 年第 1 期。

[63] 高云龙：《中国"复进口"现象的独特性分析》，载于《现代经济探讨》2013 年第 6 期。

[64] 耿茹、赫鹏飞、刘建军，等：《京津冀文化产业协同发展：基本思路与重点业态分析》，载于《河北企业》2016 年第 5 期。

[65] 国家新闻出版广电总局统计公报：《2007～2015 年全国新闻出版业基本情况》。

[66] 韩筱旭：《中国对外演出贸易模式新思路初探——以"天创国际"为例》，载于《财经视点》2011 年第 8 期。

[67] 何丹华：《21 世纪"海上丝绸之路"建设与广东文化外贸发展战略研究》，收录于《海上丝绸之路建设与琼粤两省合作发展——第三届中国（海南·广东）改革创新论坛论文集》，2014 年。

[68] 胡飞葛、秋颖：《中国内地创意产品贸易的发展及国际竞争力分析》，载于《国际贸易问题》2009 年第 12 期。

[69] 花键：《"一带一路"战略下增强中国对外文化贸易新优势的思考》，载于《中共浙江省委党校学报》2015 年第 4 期。

[70] 花键：《"一带一路"战略与提升中国文化产业国际竞争力研究》，载于《同济大学学报》2016 年第 10 期。

[71] 华欣、桑丽丽：《天津市文化产品对外贸易发展现状及对策研究》，载于《中国集体经济》2016 年第 4 期。

[72] 黄斐、梁香伟：《京沪深对外文化贸易竞争态势的比较研究》，载于《特区实践与理论》2015 年第 2 期。

[73] 黄娟：《"基于林德模型的国文化贸易现状的实证分析"》，载于《价格月刊》2009 年第 8 期。

[74] 黄淑瑶：《海南省文化产业现状浅析》，载于《新东方》2009 年第 10 期。

[75] 黄勇：《贵州文化产业发展初探》，载于《理论与当代》2007 年第 12 期。

[76] 霍步刚：《"中国文化贸易偏离需求相似理论的实证检验"》，载于《财经问题研究》2008 年第 7 期。

[77] 季琼：《国际文化产业发展理论、政策与实践》，经济日报出版社 2016 年版。

[78] 贾佳、于思齐：《文化折扣视角下中国纪录片出口的困境与对策》，载于

《对外传播》2016 年第 7 期。

[79] 蒋述卓、郑焕钊：《从文化产业到创意社会：广东文化产业发展对策研究》，载于《探求》2016 年第 3 期。

[80] 雷春龙、杨理：《广西—东盟文化贸易发展分析》，载于《广西大学学报（哲学社会科学版）》2014 年第 2 期。

[81] 黎淮西：《增强贵州文化自信》，收录于《贵州省写作学会 2012 年学术年会交流论文集》，2012 年。

[82] 李冰燕、刘新霞、孙艳茹：《京津冀协同发展视域下河北省文化产业集群发展路径探索》，载于《产业与科技论坛》2017 年第 13 期。

[83] 李冰燕、刘新霞：《京津冀一体化视角下文化产业整合优化发展》，载于《当代经济》2016 年第 16 期。

[84] 李怀亮：《国际文化贸易格局下的中国文化出口策略》，载于《现代经济探讨》2008 年第 3 期。

[85] 李嘉珊：《北京文化"走出去"的理论探索与实践创新》，载于《人民论坛》2016 年第 12 期。

[86] 李嘉珊：《首都文化贸易发展报告》，中国商务出版社 2016 年版。

[87] 李嘉珊：《文化贸易在自由竞争与多样性保护下的发展博弈》，载于《国际贸易》2008 年第 12 期。

[88] 李凌云、杜志民、刘晓磊，等：《河北省县域文化产业发展研究》，载于《石家庄经济学院学报》2017 年第 3 期。

[89] 李倩：《海南文化产业发展的现状与出路》，海南大学硕士论文，2013 年。

[90] 李清亮：《中国文化产品出口现状分析及政策研究》，载于《中国改革》2009 年第 8 期。

[91] 李孝敏：《中国文化产业"走出去"的思考》，载于《全国流通经济》2017 年第 4 期。

[92] 李炎、陈曦：《世界文化产业发展概论》，云南大学出版社 2014 年版。

[93] 厉敏萍、丁功谊：《江西文化产业发展的现状与思考》，载于《金融教育研究》2014 年第 1 期。

［94］林香红、高健、张玉洁：《福建省"海上丝绸之路"建设的优势与发展路径研究》，载于《海洋经济》2014 年第 6 期。

［95］刘波：《关于湖南文化贸易出口的若干思考》，载于《中南林业科技大学学报》（社会科学版）2007 年第 4 期。

［96］刘光宇、张京成：《打造首都经济圈协同发展京津冀文化创意产业》，收录于《北京市社会科学联合会会议论文集》，2011 年。

［97］刘敏、李健美：《中国区域文化协调发展的基本思路》，载于《全球化》2017 年第 3 期。

［98］刘婷：《广西民族文化资源评估与文化产业开发研究》，载于《广西社会科学》2011 年第 2 期。

［99］刘薇：《"一带一路"战略下北京文化贸易发展新思路》，载于《中华文化论坛》2017 年第 3 期。

［100］刘雪玉：《国家对外文化贸易 北京基地正式开园》，载于《投资北京》2014 年第 9 期。

［101］柳斌杰：《文化产业是经济新常态下的优势产业》，载于《出版广角》2016 年第 13 期。

［102］柳青：《浅谈推动贵州文化产业发展的几点方法》，载于《现代经济信息》2012 年第 1 期。

［103］卢冰洁、余高峰：《出口贸易视角下韩剧对中国电视剧的借鉴作用探究》，载于《戏剧之家》2016 年第 2 期。

［104］卢杰、李红勇：《基于文化资源开发的江西特色文化产业集群发展路径》，载于《企业经济》2015 年第 12 期。

［105］鲁娜：《天津探索对外文化贸易新模式》，载于《中国文化报》2016 年 6 月 4 日。

［106］逯小莹：《中国文化贸易存在的问题和发展对策》，载于《产业研究》2016 年第 2 期。

［107］罗晋京、秦建国、秦禧：《海南省文化产业地方立法探究》，载于《现代国企研究》2016 年第 8 期。

[108] 罗立彬、孙俊新：《中国文化产品贸易与文化服务贸易竞争力：对比与趋势》，载于《财贸经济》2013 年第 2 期。

[109] 罗能生：《全球化、国际贸易与文化互动》，中国经济出版社 2007 年版。

[110] 罗艳：《粤台文化贸易竞争力及影响因素比较分析》，载于《嘉应学院学报》2016 年第 4 期。

[111] 马明：《中国对外演艺业发展的问题与探索》，载于《同济大学学报社会科学版》2014 年第 10 期。

[112] 马冉：《"WTO 框架内的中国文化贸易问题"》，载于《南京政治学院学报》2009 年第 5 期。

[113] 马献林：《加快建设天津社会主义文化强市的思考》，载于《天津经济》2014 年第 1 期。

[114] 梅国平、甘敬义、朱清贞：《江西文化产业发展评价及发展路径研究》，载于《江西社会科学》2014 年第 11 期。

[115] 蒙英华、蔡宏波：《沪津闽粤自贸试验区对文化贸易的管理措施差异比较》，载于《国际贸易》2016 年第 3 期。

[116] 蒙英华、李艳丽：《文化货物贸易与文化服务贸易决定因素差异的实证研究》，载于《经济经纬》2013 年第 3 期。

[117] 莫茜茜：《中国影视文化贸易的现状和对策分析》，载于《桂林师范高等专科学校学报》2010 年第 3 期。

[118] 聂慧株、袁珠：《盈中国文化贸易的现状及对策分析》，载于《时代金融》2016 年第 6 期。

[119] 聂园英：《江西文化产业竞争力研究》，江西财经大学硕士论文，2012 年。

[120] 潘桑桑：《江西省文化创意产业竞争力评价与提升策略》，江西财经大学硕士论文，2015 年。

[121] 彭育园：《国际文化贸易产业发展的研究与对策》，载于《统计与决策》2006 年第 21 期。

[122] 秦淑娟、李邦君、陈朝霞：《"一带一路"下的上海对外文化贸易发展新机遇及路径研究》，载于《上海对外经济贸易大学学报》2016 年第 7 期。

[123] 曲如晓、韩丽丽：《中国图书版权贸易发展的问题与对策》，载于《国际经济合作》2010 年第 8 期。

[124] 任广斌：《中国文化产业发展分析——以天津市文化产业发展为例》，载于《山东农业大学学报》（社会科学版）2016 年第 2 期。

[125] 上海市发展改革研究院课题组：《上海国家对外文化贸易基地加速发展的思路和举措》，载于《科学发展》2013 年第 9 期。

[126] 史艳红、王蕾：《探索河北文化产业国际交流平台构建及发展》，载于《中外企业家》2016 年第 21 期。

[127] 帅志强、朱志敏：《闽台文化产业园区集聚效应及特征》，载于《今传媒》2014 年第 10 期。

[128] 孙雪霏：《中国纪录片在国际市场遭遇传播困境的原因分析》，载于《科技传播》2015 年第 9 期。

[129] 覃雪香、徐晓伟：《广西文化产业与旅游业融合发展研究》，载于《广西社会科学》2012 年第 8 期。

[130] 陶喜红、胡正荣：《中国电视产业对外依存度的测度与分析》，载于《新闻大学》2013 年第 1 期。

[131] 陶晓红、刘晓青：《江西文化产业发展的对策建议》，载于《求实》2012 年第 4 期。

[132] 汪名立：《天津服务，筑梦滨海文化领航》，载于《国际商报》2016 年 5 月 31 日。

[133] 汪素芹、汪丽：《京沪粤苏浙五省市文化贸易比较研究》，载于《浙江树人大学学报》2015 年第 1 期。

[134] 王海平：《北京文化创意产业发展的思路和举措》，载于《行政管理改革》2011 年第 12 期。

[135] 王海文：《以文化自信助推中国对外文化贸易的繁荣发展》，载于《服务贸易》2016 年第 10 期。

[136] 王杰、陈静：《试论广西文化产业发展战略与对策》，载于《广西师范大学学报（哲学社会科学版）》2005 年第 1 期。

[137] 王婧：《国际文化贸易》，清华大学出版社 2015 年版。

[138] 王丽：《河北文化产业品牌打造策略研究》，载于《河北师范大学学报》（哲学社会科学版）2016 年第 6 期。

[139] 王琪延、徐玲：《中国城市文化发展指数》，中国人民大学出版社 2016 年版。

[140] 王欣：《基于"钻石模型"的中国文化产业国际竞争力分析》，载于《时代金融》2013 年第 12 期。

[141] 魏鹏举、戴俊骋、魏西笑：《中国文化贸易的结构、问题与建议》，载于《山东社会科学》2017 年第 10 期。

[142] 魏婷、夏宝莲：《中国影视文化贸易现状及原因分析》，载于《国际经贸探索》2008 年第 3 期。

[143] 魏雪莲：《福建省文化产业发展影响因素及对策研究》，载于《福建农林大学学报》（哲学社会科学版）2014 年第 6 期。

[144] 吴轶群：《"一带一路"战略背景下湖南省文化贸易"走出去"对策研究》，载于《新商务周刊》2017 年第 2 期。

[145] 肖黎、王飞智：《湖南文化贸易促进措施研究》，载于《企业导报》2016 年第 3 期。

[146] 肖叶飞：《电视节目版权贸易的问题与策略》，载于《声屏世界》2014 年第 7 期。

[147] 谢卓华：《"一带一路"背景下广西对接东盟文化产业发展研究》，载于《广西社会科学》2016 年第 3 期。

[148] 熊建练、肖楚博、任英华：《中国城市文化产业集聚竞争力比较研究》，载于《统计与决策》2017 年第 1 期。

[149] 项玉卿、江朝力：《京津冀协同发展背景下河北省文化创意产业发展对策研究》，载于《价值工程》2015 年第 24 期。

[150] 徐明华、廖欣：《中国电视剧的海外市场与对外传播策略研究》，载于《对外传播》2015 年第 2 期。

[151] 徐晓：《中国电视剧的国际传播策略分析》，载于《今传媒》2011 年第 9 期。

[152] 薛义：《"京津冀与中东欧国家文化贸易创新合作"论坛——天津创意产业资源与创新发展》，载于《文化产业导刊》2017年第3期。

[153] 颜肃：《新一轮西部大开发中的贵州文化产业发展研究》，贵州财经大学硕士论文，2012年。

[154] 杨睿、苏玉珠：《"互联网＋"视角下中国文化产业发展路径探究》，载于《改革与战略》2017年第3期。

[155] 姚新超：《保障文化多样性与WTO规则的冲突及其协调措施建议》，载于《国际贸易问题》2008年第6期。

[156] 叶飞：《京津冀文化资源对接中东欧——第二届中国—中东欧国家文化创意产业论坛侧记》，载于《中国文化报》2017年6月9日。

[157] 于文夫：《中国对外文化贸易的发展现状及原因探析》，载于《社会科学辑刊》2014年第3期。

[158] 张彬、杜晓燕：《美国文化产业国际竞争力现状及影响因素分析》，载于《国际商务——对外经济贸易大学学报》2012年第4期。

[159] 张斌：《国际文化贸易中文化保护所面临的局限性》，载于《湖北社会科学》2011年第3期。

[160] 张春颖、王建华等：《河北省文化产业结构升级优化》，载于《北华航天工业学院学报》2016年第3期。

[161] 张国庆：《努力提高文化产业国际竞争力》，载于《中国国情国力》2016年第12期。

[162] 张海涛、张云、李怡：《中国文化对外贸易发展策略研究》，载于《财贸研究》2007年第2期。

[163] 张华：《高校图书馆服务非物质文化遗产保护的探索（社会科学版）》，载于《山西大同大学学报》2016年第5期。

[164] 张思静：《中国电视产品贸易现状、问题、对策研究》，收录于《中华新闻传播学术联盟第六届研究生学术研讨会论文集》，2014年。

[165] 张炜：《中国纪录片海外传播中的价值观问题》，载于《新闻爱好者月刊》2012年第5期。

[166] 张晓明、王家新、章建刚：《中国文化产业发展报告（2012－2013）》，社会科学文献出版社 2013 年版。

[167] 张晓星、赫鹏飞：《京津冀文化产业协同发展研究》，载于《人民论坛》2016 年第 11 期。

[168] 张雄辉、黄凤莲：《福建省文化产业对外贸易发展及对策研究》，载于《江苏商论》2014 年第 36 期。

[169] 张佑林：《上海文化贸易发展的成功经验与对策研究》，载于《国际服务贸易评论》2013 年第 7 期。

[170] 赵有广：《中国文化产品对外贸易结构分析》，载于《国际贸易》2007 年第 9 期。

[171] 郑红玲：《京津冀协同发展背景下河北文化产业发展研究》，载于《湖北职业技术学院学报》2017 年第 1 期。

[172] 中国人民共和国文化部：《文化发展统计分析报告》，中国统计出版社 2015 年版。

[173] 中华人民共和国文化部对外文化联络局（港澳台办）、北京大学文化产业研究院：《中国对外文化贸易年度报告》，北京大学出版社 2014 年版。

[174] 周林兴：《基于公共档案馆与公共图书馆网站的政府信息公开服务研究》，载于《档案学通讯》2010 年第 1 期。

[175] 周升起、兰珍先：《中国创意服务贸易及国际竞争力演进分析》，载于《财贸经济》2012 年第 1 期。

[176]《〈媳妇的美好时代〉火热非洲说斯瓦希里语的毛豆豆》，新华网，http：//news. xinhuanet. com/edu/2013－03/28/c_124512318. htm。

[177]《法国坚持"文化例外"原则，有效保护本国文化产业》，人民网，http：//culture. people. com. cn/n/2014/1210/c22219－26183521. html。

[178]《福建省人民政府办公厅关于印发福建省"十三五"文化改革发展专项规划的通知》，中国福建，http://www. fujian. gov. cn/yy/wxym/zgfjwxts/201606/t20160607_1176731. htm，2016 年 5 月 27 日。

[179]《福建省人民政府关于加快发展对外文化贸易的实施意见》，中国福建，

http：//www. fujian. gov. cn/zc/zxwj/szfwj/201410/t20141030_ 889278. htm，2014 年 10 月 28 日。

[180]《关于有效促进文化产业对外开放的 12 条新政》，中国经济网，http：// district. ce. cn/newarea/roll/201302/27/t20130227_24148121. shtml，2013 年 2 月 27 日。

[181]《广东省加快发展对外文化贸易的实施方案》，广东省人民政府，http：// zwgk. gd. gov. cn/006939748/201503/t20150304_570860. html，2015 年 2 月 16 日。

[182]《广东省外经贸厅、广东省文化厅关于印发促进对外文化贸易发展的实施意见》，深圳市科技创新委员会，http：//www. szsti. gov. cn/info/policy/gd/ 64，2013 年 11 月 3 日。

[183]《广东省文化产业为何成了支柱》，南方网华南金融，http：//finance. southcn. com/f/2017－10/11/content_178060149. htm，2017 年 10 月 11 日。

[184]《广东文化产品年出口 400 多亿美元 连续多年居全国首位》，新浪财经，http：//finance. sina. com. cn/roll/2017 － 05 － 11/doc － ifyfekhi7267373. html，2017 年 5 月 17 日。

[185]《广西关于加快发展服务贸易实施方案》，广西北部湾网，http：// www. bbw. gov. cn/Article_Show. asp?ArticleID=56793，2017 年 2 月 5 日。

[186]《广西文化发展"十三五"规划》，广西壮族自治区文化厅，http：// www. gxwht. gov. cn/affairs/show/17914. html，2016 年 12 月 29 日。

[187]《贵州省人民政府办公厅关于推进文化创意和设计服务与相关产业融合发展的实施意见》，贵州省人民政府，http：//www. qxn. gov. cn/ViewGovPublic/ Article. GZGovWJ. 3/146437. html，2015 年 12 月 31 日。

[188]《贵州省人民政府关于振兴文化产业的意见》，贵州省人民政府，http://gzsrmzfgb. gzgov. gov. cn/show. aspx? id=7241，2011 年 5 月 17 日。

[189]《贵州省十三五文化事业和文化产业发展规划》，中国经济网，http：// www. ce. cn/culture/gd/201706/21/t20170621_23759411. shtml，2017 年 6 月 21 日。

[190]《海南省加快发展对外文化贸易实施方案》，海南省人民政府，http：// xxgk. hainan. gov. cn/hi/HI0101/201604/t20160426_1962097. htm，2016 年 4 月 14 日。

[191]《海南省人民政府关于支持文化产业加快发展的若干政策条文解读》，海南省政府，http：//www. hainan. gov. cn/data/zfwj/2011/09/3754/，2012 年 2 月 3 日。

[192]《海南省文化产业重点项目认定管理暂行办法》，中华人民共和国人民政府，http：//www. gov. cn/gzdt/2013-03/22/content_2359950. htm，2013 年 3 月 22 日。

[193]《湖南省人民政府关于加快发展对外文化贸易的实施意见》，http：//www. hunan. gov. cn/fw/frfw/swsw/zcfgyjd_55912/201506/t20150623_1753642. html，2015 年 6 月 1 日。

[194]《湖南省文化产业发展专项资金管理办法》，中国经济网，http：//www. ce. cn/culture/gd/201706/14/t20170614_23619640. shtml，2017 年 6 月 14 日。

[195]《江西省人民政府办公厅关于印发文化创意和设计服务与相关产业融合发展行动计划的通知》，中国知网，http：//www. cnki. com. cn/Article/CJFDTotal-HXZB201511008. htm，2015 年 5 月 15 日。

[196]《江西省人民政府关于加快发展文化贸易的实施意见》，江西省人民政府，http：//www. jiangxi. gov. cn/zzc/ajg/szf/201411/t20141119_1096818. htm，2014 年 8 月 29 日。

[197]《江西省商务厅关于贯彻落实国务院办公厅转发发展改革委等部门关于加快培育国际合作和竞争新优势指导意见的实施意见》，万安县人民政府，http：//www. wanan. gov. cn/intours/tzja/tzzc/jxtzzc/201702/t20170214_2416124. html，2017 年 2 月 14 日。

[198]《习近平在坦桑尼亚尼雷尔国际会议中心的演讲》，中央政府门户网站，http：//www. gov. cn/ldhd/2013-03/25/content_2362201. htm，2013 年 3 月 15 日。

[199]《越南因南海争端限制播出中国电视剧》，网易新闻，http：//news. 163. com/12/0818/04/895NH1L200014JB6. html，2012 年 8 月 18 日。

[200]《中共湖南省委关于加快建设文化强省的意见》，湖南领导人才网，http：//www. hnleader. gov. cn/Index/ViewNews/? NewsID＝1223154721，2012 年 2 月 3 日。

[201]《中国（福建）自由贸易试验区总体方案》，国务院，http：//www.

gov. cn/zhengce/content/2015-04/20/content_9633. htm，2015 年 4 月 20 日。

［202］《中国纪录片〈舌尖上的中国〉海外每集售价 4 万美元》，http：//cnci. sznews. com/content/2013-12/17/content_10444871. htm，2013 年 12 月 17 日。

［203］《2015 浙江省文化贸易发展分析及 2016 工作思路》，商务部网站，http：//www. mofcom. gov. cn/article/difang/201601/20160101233114. shtml。

［204］上海市普陀区人民政府：《上海市人民政府关于加快发展本市对外文化贸易的实施意见》，http：//www. ptq. sh. gov. cn/etcms/wdit/index. html。

［205］中国文化产业网：《江苏加快发展对外文化贸易 促进文化"走出去"》，www. cnci. net. cn。

后　记

  本书探讨了中国文化产品贸易可持续发展，是继《中国对外贸易可持续发展报告——基于经济、生态、社会效益的评价》《中国对外贸易可持续发展报告——气候变化篇》《中国对外贸易可持续发展报告——"一带一路"篇》之后第四部有关中国对外贸易发展的报告，是作者及北京师范大学全球化与创新中心研究团队在这一领域长期研究的重要成果，得到了北京师范大学"双一流"学科建设项目的资助。

  在课题主持人的组织下，研究团队从研究框架的设计，到文献整理、数据统计与分析、发展报告的撰写，经过了数次的深入探讨与交流。研究团队由北京师范大学经济与工商管理学院曲如晓教授、国际关系学院国际经济系曾燕萍博士、中国科学技术交流中心杨修博士组成，参加写作的还有刘霞、李雪、肖蒙、邓颖、李婧、王叶、于晓宇、臧睿、楼悦聪、高利、张旭等博士及硕士研究生。

  本书是集体智慧的结晶。全书由曲如晓教授负责统稿、修改及定稿，曾燕萍负责排版和校对。团队中每一位成员都付出了辛勤的汗水，贡献了智慧和思想，在此向所有参与人员表示衷心的感谢。

  北京师范大学经济与工商管理学院、全球化与创新研究中心对本书给予了大力支持，经济科学出版社赵蕾女士对本书的出版给予了高度关注，付出了辛勤的劳动，在此致以诚挚的谢意！

  由于时间仓促，水平有限，本书难免存有错漏和不足，恳请广大读者批评指正。

曲如晓

2018 年 10 月

图书在版编目（CIP）数据

中国对外贸易可持续发展报告．文化贸易篇/曲如晓，曾燕萍，杨修著．—北京：经济科学出版社，2018.7

ISBN 978 - 7 - 5141 - 9662 - 7

Ⅰ.①中… Ⅱ.①曲…②曾…③杨… Ⅲ.①对外贸易-可持续性发展-研究报告-中国 Ⅳ.①F752

中国版本图书馆 CIP 数据核字（2018）第 193009 号

责任编辑：齐伟娜 赵 蕾
责任校对：郑淑艳
责任印制：李 鹏

中国对外贸易可持续发展报告
——文化贸易篇

曲如晓 曾燕萍 杨 修/著
经济科学出版社出版、发行 新华书店经销
社址：北京市海淀区阜成路甲 28 号 邮编：100142
总编部电话：010 - 88191217 发行部电话：010 - 88191540
网址：www. esp. com. cn
电子邮件：esp@esp. com. cn
天猫网店：经济科学出版社旗舰店
网址：http://jjkxcbs. tmall. com
北京季蜂印刷有限公司印装
787×1092 16 开 27.25 印张 410000 字
2018 年 10 月第 1 版 2018 年 10 月第 1 次印刷
ISBN 978 - 7 - 5141 - 9662 - 7 定价：78.00 元
（图书出现印装问题，本社负责调换。电话：010 - 88191502）
（版权所有 翻印必究 举报电话：010 - 88191586
电子邮箱：dbts@esp. com. cn）